第四次工业革命与"一带一路"的实践

蓝迪国际智库报告

2018

THE FOURTH INDUSTRIAL REVOLUTION
AND "B&R" PRACTICES
RDI ANNUAL REPORT 2018

荣誉主编　王伟光
主　　编　赵白鸽　蔡　昉
副主编　王　镭　卢　山　冯　奎

中国社会科学出版社

图书在版编目（CIP）数据

第四次工业革命与"一带一路"的实践：蓝迪国际智库报告 . 2018 ／赵白鸽，蔡昉主编 . —北京：中国社会科学出版社，2019.3

ISBN 978－7－5203－4142－4

Ⅰ. ①第… Ⅱ. ①赵…②蔡… Ⅲ. ①咨询机构—研究报告—中国—2018 Ⅳ. ①C932.82

中国版本图书馆 CIP 数据核字（2019）第 045904 号

出 版 人	赵剑英
责任编辑	喻 苗
责任校对	胡新芳
责任印制	王 超

出 版	中国社会科学出版社
社 址	北京鼓楼西大街甲 158 号
邮 编	100720
网 址	http://www.csspw.cn
发 行 部	010－84083685
门 市 部	010－84029450
经 销	新华书店及其他书店
印 刷	北京明恒达印务有限公司
装 订	廊坊市广阳区广增装订厂
版 次	2019 年 3 月第 1 版
印 次	2019 年 3 月第 1 次印刷
开 本	710×1000 1/16
印 张	29.75
插 页	2
字 数	399 千字
定 价	99.00 元

凡购买中国社会科学出版社图书，如有质量问题请与本社营销中心联系调换
电话：010－84083683
版权所有　侵权必究

序

当今世界，人类面临着纷繁复杂的挑战，习近平主席预见性地指出"我们面对的是百年未有之大变局"。这一重大变局的重要变量是第四次工业革命，这次革命不同于其他几次工业革命，其规模、速度、广度和深度以及全方位的系统性的作用都将极大地影响人类发展进程。就其规模而言，第四次工业革命将涉及全社会和每一个家庭，每一个人；就其速度而言，它呈现出指数级而非线性的发展速度；就其广度和深度而言，它将给人类带来前所未有的改变，不仅改变我们的生活、工作和生产方式，甚至改变人类自身；它将系统地影响人类的生存和发展，改进甚至重塑人类赖以生存的环境。第四次工业革命表现为各种新兴的、突破性的技术集中出现，涵盖了诸如人工智能、机器人、物联网、3D打印、纳米技术、生物技术、材料科学、量子计算等诸多领域。尽管许多技术目前仍处于初级阶段，但由于跨界、跨产业的整合，这些技术将相互促进，不断融合。"2025"将是第四次工业革命技术发展的关键引爆点，与之伴随的将是原有治理模式、商业模式、分配模式和消费模式的改变。这对人类发展而言将是巨大的机遇和挑战。

中国拥有世界五分之一的人口，她在这一变革中的作用是不言而喻的。中国作为世界四大文明古国，5000年的历史使她拥有极大的智慧和知识的积淀。中国在应对第四次工业革命的浪潮中正在做出积极的准备：一是让人们认识技术革命的特征及全方位的影响；二是构建技术革命的框架和路径；三是形成合作平台，实现全面的资源整合。中国的"十三五规划""中国制造2025"就是我们在新时代吹响的新的进军号。需要强调的是，中国的积极准备和应对不仅在中华大地，还将通过新型全球化和"一带一路"的倡议和实践，带动全球在和平与发展的旗帜下前进。

蓝迪国际智库成立于第四次工业革命的萌动期、"一带一路"倡议的初始期。自成立之初，即始终遵循需求导向、项目导向和结果导向的原则：一是认真研究新型全球化、"一带一路"与工业革命之间的关系，并就核心问题与可能的应对措施提供方案；二是严密组织相关产业群、企业群和技术群，为这一伟大变革做好基础性工作，通过挖掘、培育和推荐企业与技术为全球发展服务。目前聚集在蓝迪平台的319个企业，分为15个类别，其中国有企业占比40%，民营及混合制企业占比60%。2018年我们正式评选出20个蓝迪平台优秀创新企业，它们中既有实力雄厚的国有企业，为"一带一路"中的"五通"做出了重大贡献，也有充满创新精神的民营企业；既有国家培养的优秀中年企业家团队，也有脱颖而出的80后、90后的年轻创业团体，让我们看到了中国的希望之所在。

正在兴起的第四次工业革命为中国创造了重要机遇，使其与发达国家站在同一起跑线上。"一带一路"倡议使中国进一步参与并引领全球化。让我们携手为新型全球化的实现、为中华民族的复兴做出我们新的更大贡献。

人民政协第十三届全国民族和宗教委员会主任
中国社会科学院"一带一路"国际智库理事长　　**王伟光**
中国社会科学院原院长

2019年3月

目 录

第一章　蓝迪国际智库2018年的工作 ……………………（1）
第一节　重要会议 ……………………………………………（1）
一　　出席第三届空中丝绸之路国际论坛 ………………（1）
二　　出席中国健康医药特色小镇高峰论坛 ……………（2）
三　　出席江西省科技装备业商会成立大会 ……………（2）
四　　出席航空产业与空中丝绸之路论坛合作研讨会 ………（3）
五　　出席第四次中国——塞尔维亚圆桌会议
　　　——"一带一路"下的中国和巴尔干国家合作研究 ……（4）
六　　出席中国社会科学论坛——"一带一路"
　　　高端人文对话 ……………………………………（4）
七　　出席"防范化解重大金融风险：法治思维和法律
　　　服务"论坛 ………………………………………（5）
八　　出席蓝点人才计划会议 ………………………………（5）
九　　出席生态文明贵阳国际论坛2018年年会 ……………（6）
十　　出席第二届国际城市可持续发展高层论坛
　　　及博览会 …………………………………………（7）
十一　出席白沙岛金融生态小镇发展座谈会 ………………（7）
十二　出席南昌2018世界VR产业大会 ……………………（8）

十三	出席横琴十字门金融周闭门讨论会 ……………………	(8)
十四	出席第84次中国改革国际论坛 …………………………	(9)
十五	出席2018中国(贵港)绿色智慧城市发展 高峰会议 ……………………………………………………	(10)
十六	出席枫泾特色小城镇建设讨论会 ………………………	(11)
十七	举行3D打印技术助力"一带一路"科技产业 发展研讨会 ………………………………………………	(11)
十八	出席第二届精准医疗、医养结合国际高峰论坛 ………	(12)
十九	出席"中国的全球经济战略研究"课题专家 研讨会 ……………………………………………………	(13)
二十	出席2019空中丝绸之路论坛筹备工作会 ……………	(13)
二十一	出席2018中国智库治理暨思想理论传播 高峰论坛 …………………………………………………	(14)

第二节 重要会见 ……………………………………………… (14)

一	江西省常务副省长毛伟明接见蓝迪国际智库代表 ……	(14)
二	会见斯里兰卡国家经济委员会代表团 …………………	(15)
三	会见亚美尼亚驻华大使 …………………………………	(16)
四	会见缅甸僧王西亚多大和尚 ……………………………	(17)
五	四川省省长尹力接见蓝迪国际智库代表 ………………	(18)
六	广西壮族自治区党委书记鹿心社接见 赵白鸽博士一行 …………………………………………	(18)
七	丁仲礼副委员长接见蓝迪平台企业腾风集团 …………	(19)

第三节 调研与出访 …………………………………………… (19)

一	调研中国科学院大学 ……………………………………	(19)
二	调研莫干山高新区 ………………………………………	(20)
三	出访法国 …………………………………………………	(20)
四	调研中国民用航空局 ……………………………………	(21)

五　出访哈萨克斯坦 ………………………………………… (22)
第四节　研究工作 ……………………………………………… (23)
　　一　国内外军民融合战略分析及对我国的
　　　　相关政策建议 …………………………………………… (23)
　　二　韩国朝鲜半岛新经济政策构想与"一带一路"的
　　　　对接建议 ………………………………………………… (24)
　　三　关于中美贸易战的分析与建议 ……………………… (24)
　　四　深圳改革开放再出发——未来30年把深圳建成
　　　　世界最具创新力和竞争力的大都市的建议 ………… (24)
　　五　关于推动中巴经济走廊健康发展的若干建议 ……… (25)
　　六　关于基因科技发展的建议 …………………………… (25)
　　七　译作:《中国与国际秩序》 …………………………… (26)
　　八　译作:《恐惧:白宫中的特朗普》 …………………… (26)
　　九　哈内外政策走向及其战略影响 ……………………… (27)
　　十　中白工业园战略定位及创新发展思路 ……………… (27)

第二章　蓝迪国际智库专家委员会 ………………………… (30)
　　赵白鸽(专家委员会主席) ………………………………… (31)
　　蔡　昉(专家委员会联合主席) …………………………… (33)
第一节　国内专家学者 ………………………………………… (34)
　　曹文炼 ………………………………………………………… (34)
　　常修泽 ………………………………………………………… (35)
　　陈东晓 ………………………………………………………… (36)
　　迟福林 ………………………………………………………… (37)
　　董军社 ………………………………………………………… (38)
　　冯　奎 ………………………………………………………… (39)
　　韩秀桃 ………………………………………………………… (40)

贺文萍 …………………………………………………………… (41)
黄奇帆 …………………………………………………………… (42)
黄洁夫 …………………………………………………………… (43)
黄　平 …………………………………………………………… (45)
金　鑫 …………………………………………………………… (46)
李　铁 …………………………………………………………… (47)
李吉平 …………………………………………………………… (49)
李绍先 …………………………………………………………… (50)
李希光 …………………………………………………………… (51)
李向阳 …………………………………………………………… (52)
李永全 …………………………………………………………… (53)
刘世锦 …………………………………………………………… (54)
刘殿勋 …………………………………………………………… (55)
龙永图 …………………………………………………………… (56)
卢　山 …………………………………………………………… (57)
罗　熹 …………………………………………………………… (58)
穆显奎 …………………………………………………………… (59)
牛仁亮 …………………………………………………………… (60)
潘家华 …………………………………………………………… (61)
仇保兴 …………………………………………………………… (62)
沙祖康 …………………………………………………………… (64)
闪淳昌 …………………………………………………………… (65)
史育龙 …………………………………………………………… (66)
孙玉清 …………………………………………………………… (68)
孙壮志 …………………………………………………………… (69)
王忠民 …………………………………………………………… (70)
王晓红 …………………………………………………………… (71)

王　镭 …………………………………………………………… (72)

王灵桂 …………………………………………………………… (74)

王荣军 …………………………………………………………… (74)

王　文 …………………………………………………………… (75)

王益谊 …………………………………………………………… (76)

王义桅 …………………………………………………………… (77)

王玉主 …………………………………………………………… (78)

王伟光 …………………………………………………………… (79)

吴白乙 …………………………………………………………… (80)

吴崇伯 …………………………………………………………… (82)

徐　林 …………………………………………………………… (83)

张大卫 …………………………………………………………… (84)

张洪国 …………………………………………………………… (84)

张兴凯 …………………………………………………………… (85)

张宇燕 …………………………………………………………… (87)

郑国光 …………………………………………………………… (88)

郑功成 …………………………………………………………… (89)

第二节　国际专家学者 …………………………………………… (91)

德西·艾伯特·马马希特(Desi Albert Mamahit) ……………… (91)

萨利姆·曼迪瓦拉(Saleem Mandviwala) …………………… (92)

达丽加·纳扎尔巴耶娃(Dariga Nazarbayeva) ……………… (93)

让-皮埃尔·拉法兰(Jean-Pierre Raffarin) ………………… (94)

穆沙希德·侯赛因·萨义德(Mushahid Hussain Sayed) ……… (95)

鲁道夫·沙尔平(Rudolf Albert Scharping) ………………… (96)

格哈特·弗里茨·库尔特·施罗德
　(Gerhard Fritz Kurt Schroder) …………………………… (97)

伊萨姆·沙拉夫(Essam Sharaf) ……………………………… (98)

宋永吉(Young-gil Song/송 영 길) …………………… (99)
伊克巴尔·苏威(Iqbal Surve) …………………………… (100)
汤米·乔治·汤普森(Tommy George Thompson) ……… (101)

第三节 企业专家 ………………………………………… (102)
 刁志中 …………………………………………………… (102)
 黄代放 …………………………………………………… (103)
 靳新中 …………………………………………………… (104)
 靳　普 …………………………………………………… (105)
 李　强 …………………………………………………… (106)
 李仙德 …………………………………………………… (107)
 林庆星 …………………………………………………… (108)
 刘家强 …………………………………………………… (109)
 马义和 …………………………………………………… (110)
 邵　阳 …………………………………………………… (111)
 孙小蓉 …………………………………………………… (112)
 谭晓东 …………………………………………………… (113)
 田耀斌 …………………………………………………… (114)
 王丽红 …………………………………………………… (115)
 王济武 …………………………………………………… (116)
 杨　剑 …………………………………………………… (117)
 袁宏永 …………………………………………………… (117)
 袁建民 …………………………………………………… (118)
 张国祥 …………………………………………………… (119)

第四节 行业专家 ………………………………………… (120)
 包晓竹 …………………………………………………… (120)
 陈　锋 …………………………………………………… (122)
 房秋晨 …………………………………………………… (123)

胡卫平 ………………………………………………… (124)
柯志华 ………………………………………………… (125)
李爱仙 ………………………………………………… (126)
刘宗德 ………………………………………………… (127)
卢守纪 ………………………………………………… (128)
吕红兵 ………………………………………………… (129)
王　丽 ………………………………………………… (130)
王燕国 ………………………………………………… (131)

第三章　蓝迪国际智库平台企业名录 ………………… (133)

第一节　能源 ……………………………………… (134)

一　中国电力建设集团有限公司 ………………… (134)
二　中国能源建设集团有限公司 ………………… (135)
三　中国核工业建设集团公司 …………………… (136)
四　中国水电工程顾问集团有限公司 …………… (137)
五　中国水利电力对外有限公司 ………………… (138)
六　特变电工股份有限公司 ……………………… (139)
七　特变电工新疆新能源股份有限公司 ………… (140)
八　新疆金风科技股份有限公司 ………………… (141)
九　中国长江三峡集团有限公司 ………………… (142)
十　江苏省国信资产管理集团有限公司 ………… (143)
十一　正泰电气股份有限公司 …………………… (144)
十二　新奥集团股份有限公司 …………………… (145)
十三　杭州海兴电力科技有限公司 ……………… (146)
十四　中国电力国际发展有限公司 ……………… (146)
十五　远东智慧能源股份有限公司 ……………… (147)
十六　晶科能源控股有限公司 …………………… (148)

十七　江苏爱康太阳能科技股份有限公司 …………… (149)

十八　中国石油工程建设有限公司 ………………… (150)

十九　中国东方电气集团有限公司 ………………… (150)

二十　中国石油化工集团公司 ……………………… (151)

二十一　中石化胜利油建工程有限公司 …………… (152)

二十二　中国电力工程顾问集团有限公司 ………… (152)

二十三　远景能源(江苏)有限公司 ………………… (153)

二十四　浙江省能源集团有限公司 ………………… (154)

二十五　东旭集团 …………………………………… (155)

二十六　江苏润达光伏股份有限公司 ……………… (155)

二十七　协鑫(集团)控股有限公司 ………………… (156)

二十八　四川省能源投资集团有限责任公司 ……… (157)

二十九　江苏振发控股集团有限公司 ……………… (158)

第二节　制造 …………………………………………… (158)

一　山东天壮环保科技有限公司 …………………… (158)

二　至玥腾风科技投资集团有限公司 ……………… (159)

三　盈创建筑科技(上海)有限公司 ………………… (160)

四　安世亚太科技股份有限公司 …………………… (161)

五　江联重工股份有限公司 ………………………… (162)

六　华坚集团 ………………………………………… (163)

七　京东方科技集团股份有限公司 ………………… (164)

八　浙江诺迦生物科技有限公司 …………………… (165)

九　中国航天科技集团公司 ………………………… (166)

十　海尔集团 ………………………………………… (166)

十一　中国机械工业集团有限公司 ………………… (167)

十二　中国中车股份有限公司 ……………………… (168)

十三　中国重型汽车集团有限公司 ………………… (169)

十四	中国建筑材料集团有限公司	(170)
十五	上海电气集团股份有限公司	(171)
十六	江苏天明机械集团	(172)
十七	江苏阳光集团有限公司	(173)
十八	江苏双良集团有限公司	(173)
十九	江阴兴澄特种钢铁有限公司	(174)
二十	江苏法尔胜股份有限公司	(175)
二十一	江苏三房巷集团有限公司	(176)
二十二	江阴澄星实业集团有限公司	(177)
二十三	三一重工股份有限公司	(177)
二十四	北京安力斯科技发展有限公司	(178)
二十五	山东五征集团有限公司	(179)
二十六	北京仁创科技集团有限公司	(179)
二十七	广西丰林木业集团股份有限公司	(181)
二十八	万华生态板业股份有限公司	(181)
二十九	江苏华宏实业集团有限公司	(182)
三十	中国船舶重工集团公司七一一研究所	(183)
三十一	江西铜业集团公司	(184)
三十二	中信重工机械股份有限公司	(184)
三十三	中国一拖集团有限公司	(186)
三十四	北京碧水源科技股份有限公司	(186)
三十五	中国冶金科工集团有限公司	(187)
三十六	中国通用技术(集团)控股有限责任公司	(188)
三十七	中钢设备有限公司	(189)
三十八	中铝国际工程股份有限公司	(190)
三十九	山东科瑞石油装备有限公司	(191)
四十	大连冷冻机股份有限公司	(192)

四十一　江西大乘汽车有限公司 …………………………………（192）
四十二　中车株洲电力机车有限公司 ………………………………（193）
四十三　湖南科力远新能源股份有限公司 …………………………（195）
四十四　湖南永清投资集团有限责任公司 …………………………（196）
四十五　泰富重装集团有限公司 ……………………………………（197）
四十六　株洲硬质合金集团有限公司 ………………………………（198）
四十七　华纺股份有限公司 …………………………………………（199）
四十八　内蒙古鹿王羊绒有限公司 …………………………………（200）
四十九　美克国际家具股份有限公司 ………………………………（201）
五十　　惠达卫浴股份有限公司 ……………………………………（203）
五十一　江苏贝德服装集团 …………………………………………（203）
五十二　海澜集团 ……………………………………………………（204）
五十三　天津斯瑞吉高新科技研究院有限公司 ……………………（205）
五十四　远东电缆有限公司 …………………………………………（205）
五十五　大全集团 ……………………………………………………（207）
五十六　中国水环境集团 ……………………………………………（207）
五十七　圣华盾防护科技股份有限公司 ……………………………（208）
五十八　北京耐威科技股份有限公司 ………………………………（209）
五十九　连云港中复连众复合材料集团有限公司 …………………（210）
六十　　远东控股集团有限公司 ……………………………………（211）
六十一　南京康尼机电股份有限公司 ………………………………（212）
六十二　富通集团有限公司 …………………………………………（213）
六十三　上海太和水环境科技发展股份有限公司 …………………（214）

第三节　农林牧渔食品 …………………………………………………（215）
　　一　中国农业发展集团有限公司 ………………………………（215）
　　二　中农发种业集团股份有限公司 ……………………………（215）
　　三　中国水产总公司 ……………………………………………（216）

四	华润(集团)有限公司	(217)
五	江苏欧尔润生物科技有限公司	(218)
六	江西思派思香料化工有限公司	(219)
七	湖北省种子集团有限公司	(220)
八	中粮集团有限公司	(221)
九	青岛啤酒股份有限公司	(222)
十	内蒙古蒙牛乳业(集团)股份有限公司	(222)
十一	山东中农联合生物科技股份有限公司	(223)
十二	中粮屯河股份有限公司	(224)
十三	双汇集团	(225)
十四	正邦集团股份有限公司	(226)
十五	昭苏县西域马业有限责任公司	(226)
十六	圣元国际集团	(227)
十七	新希望六和股份有限公司	(228)
十八	新疆宇飞国际渔业有限公司	(229)
十九	内蒙古燕谷坊生态农业发展(集团)有限公司	(229)
二十	徐州一统食品工业有限公司	(230)
二十一	北京顺鑫控股集团有限公司	(230)

第四节 信息 (231)

一	中国电子科技集团有限公司	(231)
二	广联达科技股份有限公司	(232)
三	泰豪科技股份有限公司	(233)
四	抚州市创世纪科技有限公司	(234)
五	中科曙光	(235)
六	科大讯飞股份有限公司	(235)
七	东软集团股份有限公司	(236)
八	中国移动通信集团有限公司	(237)

九	中国联合网络通信集团有限公司	(237)
十	中国电信集团公司	(238)
十一	华为技术有限公司	(239)
十二	北京百度网讯科技有限公司	(240)
十三	阿里巴巴网络技术有限公司	(241)
十四	腾讯计算机系统有限公司	(241)
十五	用友软件集团	(242)
十六	浪潮集团	(243)
十七	宝驾(北京)信息技术有限公司	(244)
十八	北京证联信通科技发展有限公司	(244)
十九	青岛众恒信息科技股份有限公司	(245)
二十	北京辰安科技股份有限公司	(246)
二十一	广东一一五科技股份有限公司	(246)
二十二	乐辰科技有限责任公司	(247)
二十三	中国移动巴基斯坦公司	(248)
二十四	北京汇真科技股份有限公司	(249)
二十五	三胞集团有限公司	(249)
二十六	深圳市名家汇科技股份有限公司	(250)
二十七	杭州安恒信息技术股份有限公司	(251)

第五节 智库与服务业 (251)

一	中国生产力学会	(251)
二	中国电子信息产业发展研究院	(252)
三	国家发展和改革委员会城市和小城镇改革发展中心	(253)
四	中国标准化研究院	(254)
五	中国国家认证认可监督管理委员会认证认可技术研究所	(255)

六	国浩律师事务所	(255)
七	德恒律师事务所	(257)
八	中国(海南)改革发展研究院	(258)
九	蓝天救援队	(259)
十	北京标研科技发展中心	(260)
十一	中国国旅股份有限公司	(261)
十二	清华大学国际传播研究中心	(261)
十三	清华大学中美关系研究中心	(262)
十四	北京大学国家战略传播研究院	(262)
十五	国家机床产品质量监督检验中心(山东)	(263)
十六	国信招标集团股份有限公司	(264)
十七	中外友好国际交流中心	(265)
十八	E20 环境平台	(266)
十九	大余章源生态旅游有限公司(丫山风景区)	(267)
二十	北京大学海洋研究院	(267)
二十一	巴基斯坦中资企业服务有限公司	(268)
二十二	中国能源建设集团浙江省电力设计院有限公司	(269)
二十三	中国国际工程咨询有限公司	(270)
二十四	三川智慧科技股份有限公司	(271)
二十五	远盟康健科技有限公司	(272)

第六节 文化 (272)
一	野马集团有限公司	(272)
二	迪岸双赢传媒集团	(273)
三	贵州卫视《论道》	(275)

第七节 贸易、物流 (276)
| 一 | 中电科技国际贸易有限公司 | (276) |
| 二 | 湖南五江轻化集团有限公司 | (277) |

三　江苏省海外企业集团有限公司 ……………………………(277)
四　中国外运长航集团有限公司 ……………………………(279)
五　新疆亚欧国际物资交易中心有限公司 …………………(280)
六　广东省五金矿产进出口集团有限公司 …………………(281)
七　中国有色金属进出口江苏公司 …………………………(282)
八　中国石油国际事业有限公司 ……………………………(282)
九　新疆三宝实业集团有限公司 ……………………………(283)
十　新疆八钢国际贸易股份有限公司 ………………………(285)
十一　淮北皖宏贸易有限公司 ………………………………(285)
十二　天津世纪五矿贸易有限公司 …………………………(286)
十三　中国电子进出口有限公司 ……………………………(287)
十四　中国成套设备进出口(集团)总公司 …………………(288)
十五　安徽省外经建设(集团)有限公司 ……………………(289)
十六　中国河南国际合作集团有限公司 ……………………(290)
十七　威海国际经济技术合作股份有限公司 ………………(291)
十八　烟台国际经济技术合作集团有限公司 ………………(292)
十九　中国江苏国际经济技术合作集团有限公司 …………(292)
二十　中国大连国际经济技术合作有限公司 ………………(293)
二十一　中国山东国际经济技术合作公司 …………………(294)
二十二　中国江西国际经济技术合作公司 …………………(295)
二十三　中国沈阳国际经济技术合作有限公司 ……………(296)
二十四　中国国际海运集装箱(集团)股份有限公司 ………(297)
二十五　物产中大集团股份有限公司 ………………………(298)
二十六　重庆刘一手集团 ……………………………………(299)
二十七　中腾时代集团 ………………………………………(300)

第八节　基础设施 ……………………………………………(301)

一　中国化学工程集团有限公司 ……………………………(301)

二	中国港湾工程有限责任公司	(302)
三	中国海外港口控股有限公司	(303)
四	岚桥集团	(304)
五	中铁十八局集团有限公司	(304)
六	广东合力建造科技有限公司	(306)
七	龙浩集团有限公司	(306)
八	中阳建设集团有限公司	(308)
九	塑和集团	(309)
十	中进控股集团有限公司	(310)
十一	中国建筑第三工程局有限公司	(310)
十二	中国铁建股份有限公司	(311)
十三	中国交通建设股份有限公司	(312)
十四	中国建筑集团有限公司	(313)
十五	中国海外集团有限公司	(314)
十六	中建钢构有限公司	(315)
十七	中国中铁航空港建设集团有限公司	(316)
十八	中铁十七局集团有限公司	(317)
十九	青建集团股份公司	(318)
二十	北京建工博海建设有限公司	(319)
二十一	中国海外工程有限责任公司	(319)
二十二	中南建设集团有限公司	(320)
二十三	中铁三局集团有限公司	(321)
二十四	中国上海外经（集团）有限公司	(322)
二十五	中国石油集团西部钻探工程有限公司	(323)
二十六	中国石油集团工程设计有限责任公司	(324)
二十七	江苏燕宁工程科技集团有限公司	(325)
二十八	中国中铁股份有限公司	(325)

二十九	中铁国际集团有限公司	(326)
三十	中国葛洲坝集团股份有限公司	(327)
三十一	中国土木工程集团有限公司	(328)
三十二	中信建设有限责任公司	(329)
三十三	中石化炼化工程(集团)股份有限公司	(330)
三十四	上海建工集团	(330)
三十五	北京建工集团有限责任公司	(331)
三十六	新疆生产建设兵团建设工程(集团)有限责任公司	(332)
三十七	浙江省建设投资集团有限公司	(333)
三十八	沈阳远大铝业工程有限公司	(333)
三十九	南通建工集团股份有限公司	(334)
四十	江苏南通三建集团有限公司	(335)
四十一	江苏南通六建建设集团有限公司	(335)
四十二	云南省建设投资控股集团有限公司	(336)
四十三	北京城建集团	(337)
四十四	重庆对外建设(集团)有限公司	(338)
四十五	神州长城股份有限公司	(339)

第九节 医药 (340)

一	华润(集团)有限公司	(340)
二	华大基因	(341)
三	武汉兰丁医学高科技有限公司	(342)
四	上海安翰医疗技术有限公司	(343)
五	珠海健帆生物科技股份有限公司	(344)
六	深圳市蓝韵实业有限公司	(344)
七	江苏康缘集团有限责任公司	(345)
八	南京世和基因生物技术有限公司	(346)

九　　　正大天晴药业集团………………………………（347）
十　　　太安堂集团有限公司……………………………（347）
十一　　国药集团药业股份有限公司　…………………（348）
十二　　石药集团有限公司………………………………（349）
十三　　江阴天江药业有限公司…………………………（350）
十四　　华兰生物工程股份有限公司　…………………（351）
十五　　佩兰生物科技(上海)股份有限公司……………（351）
十六　　广誉远中药股份有限公司………………………（352）
十七　　深圳易特科集团…………………………………（353）
十八　　微医贝联(上海)信息科技有限公司……………（354）
十九　　北京万泰生物药业股份有限公司　……………（354）
二十　　江苏苏云医疗器材有限公司　…………………（355）
二十一　昂科生物医学技术(苏州)有限公司　…………（355）
二十二　北京世康口腔门诊………………………………（356）

第十节　房地产…………………………………………………（357）
一　　　中冶置业集团有限公司　………………………（357）
二　　　中国新兴集团有限责任公司　…………………（358）
三　　　建业住宅集团(中国)有限公司　………………（358）
四　　　青岛政建投资集团有限公司　…………………（359）
五　　　中融国投集团公司………………………………（360）
六　　　卓达房地产集团有限公司　……………………（361）
七　　　贵州黔中铁旅文化产业发展有限公司…………（362）

第十一节　金融…………………………………………………（363）
一　　　亚洲基础设施投资银行(亚投行)………………（363）
二　　　国家开发银行……………………………………（364）
三　　　中国开发性金融促进会…………………………（365）
四　　　横琴金融投资集团有限公司　…………………（367）

五　中国平安财产保险股份有限公司 ………… (367)
　　六　瀚华金控股份有限公司 ……………………… (368)
　　七　启迪控股股份有限公司 ……………………… (369)
　　八　昆仑银行 ……………………………………… (370)
　　九　嘉实基金管理有限公司 ……………………… (371)
　　十　万贝科技发展集团(天津)有限公司 ………… (372)
　　十一　香港招商局集团有限公司 ………………… (373)
　　十二　中国华夏文化遗产基金会 ………………… (374)
　　十三　华侨基金管理有限公司 …………………… (375)
　　十四　深圳博林集团有限公司 …………………… (376)
　　十五　广西泓浩投资集团有限公司 ……………… (376)
第十二节　园区港口 ……………………………………… (377)
　　一　中新苏州工业园区开发集团股份有限公司 … (377)
　　二　珠海横琴新区金融服务中心 ………………… (378)
　　三　海南生态软件园集团有限公司 ……………… (379)
　　四　海尔·鲁巴经济园 …………………………… (380)
　　五　巴基斯坦瓜达尔港 …………………………… (381)
　　六　杭州东部软件园 ……………………………… (382)
　　七　克拉玛依云计算产业园 ……………………… (382)
　　八　日照港集团有限公司 ………………………… (383)
　　九　巴中苏斯特口岸有限公司 …………………… (384)
　　十　陕西西咸新区 ………………………………… (385)
　　十一　青岛欧亚经贸合作产业园区 ……………… (386)
　　十二　南京经济技术开发区 ……………………… (387)
　　十三　湖州莫干山高新技术产业开发区 ………… (388)
　　十四　德清通航智造小镇 ………………………… (389)
第十三节　矿业 …………………………………………… (390)

	一	中国五矿集团有限公司 ……………………………	(390)
	二	中国石化阿达克斯石油公司 …………………………	(391)
	三	中国有色金属建设股份有限公司 ……………………	(393)
第十四节	商会协会 ……………………………………………………		(394)
	一	中国对外承包工程商会 ………………………………	(394)
	二	丝路产业与金融国际联盟 ……………………………	(395)
	三	"一带一路"智库合作联盟 …………………………	(396)
	四	中国石油和化学工业联合会 …………………………	(396)
	五	中国民营经济国际合作商会 …………………………	(397)
	六	中国医药创新促进会 …………………………………	(398)
	七	中国五矿化工进出口商会 ……………………………	(399)
	八	清华房地产总裁商会 …………………………………	(399)
	九	中国对外贸易500强企业俱乐部 ……………………	(400)
	十	北京市律师协会 ………………………………………	(401)
	十一	新疆律师协会 …………………………………………	(402)
第十五节	教育培训 ……………………………………………………		(403)
	一	商务部国际商务官员研修学院 ………………………	(403)
	二	大连海事大学 …………………………………………	(404)
	三	中山大学公共卫生学院 ………………………………	(405)
	四	浙江大学中国西部发展研究院 ………………………	(406)
	五	德稻教育集团 …………………………………………	(407)
	六	巨人教育集团 …………………………………………	(408)
	七	北京传智播客教育科技有限公司 ……………………	(409)

第四章 蓝迪国际智库2018年度优秀创新企业 …………………… (410)

  第一节 瓜达尔港 ……………………………………………… (410)

    一 2018年瓜达尔港所取得的重大进展 ………………… (411)

二　蓝迪国际智库在瓜达尔港建设中扮演了
　　　　重要的角色 ……………………………………………… (412)
第二节　中国化学工程集团有限公司 ……………………………… (412)
　　一　参加世界达沃斯经济论坛 ……………………………… (412)
　　二　重要签约 …………………………………………………… (413)
第三节　珠海横琴新区金融服务中心 ……………………………… (413)
　　一　发展指数 …………………………………………………… (413)
　　二　政策突破与创新 ……………………………………………… (414)
　　三　主要会议 …………………………………………………… (414)
第四节　中国电子科技集团有限公司 ……………………………… (415)
　　一　习近平总书记视察海南省政务数据中心 ……………… (415)
　　二　中国电科获中国改革发展杰出贡献企业荣誉 ………… (416)
　　三　中国电科参与第五届世界互联网大会 ………………… (416)
　　四　中国电科与上海市签署战略合作框架协议 …………… (416)
　　五　中国电科主导研制的全球最大"平方公里阵列射电
　　　　天文望远镜"(SKA)取得重要进展 …………………… (416)
第五节　泰豪科技股份有限公司 …………………………………… (417)
　　一　泰豪公司入选"2018中国品牌影响力百强"企业 …… (417)
　　二　世界VR产业大会 ………………………………………… (417)
　　三　泰豪公司领军智慧城市 …………………………………… (418)
　　四　泰豪公司董事会主席黄代放受邀参加全国工商联
　　　　主席峰会 ……………………………………………………… (418)
　　五　泰豪荣膺中国军民两用技术创新应用大赛
　　　　多个奖项 ……………………………………………………… (419)
　　六　泰豪军工集团获国家科技部年度重点科研项目 ……… (419)
　　七　泰豪中标北京城市副中心行政办公区域
　　　　智慧应用工程项目 …………………………………………… (419)

| 八 | 泰豪供电服务指挥系统通过验收 | (420) |
| 九 | 江西省委副书记省长易炼红莅临泰豪考察 | (420) |

第六节 腾风集团有限公司 (420)
一	全国人大常委会副委员长丁仲礼接见腾风集团	(421)
二	腾风集团荣选国家知识产权局审查员实践基地	(421)
三	腾风集团荣获国家高新技术企业认定	(421)
四	腾风集团微燃机发电系统项目荣获政府科技创新类支持	(421)
五	腾风集团领导受邀参加中国企业家俱乐部"2018年道农会"	(422)
六	腾风集团与中国中车签订战略合作协议	(422)
七	腾风集团领导受邀参加中国电动汽车百人会研讨会	(422)

第七节 国浩律师事务所 (423)
| 一 | 重要资讯 | (423) |
| 二 | 重大法律服务项目 | (423) |

第八节 亚欧国际物资交易中心有限公司 (424)
一	成为首届中国国际进口博览会服务单位	(424)
二	制订跨境大宗商品交易规则	(424)
三	亚欧国际公益行	(424)
四	在乌兹别克斯坦举办"一带一路"文化摄影展	(425)
五	举办第九届新疆和田墨玉县爱心光明行活动	(425)

第九节 广联达科技股份有限公司 (425)
一	首提数字建筑平台生态概念	(426)
二	行业创新	(427)
三	智慧工地建设	(427)

第十节 龙浩集团有限公司 (428)

一	筹备2019年第四届"空中丝绸之路"国际论坛………	(428)
二	龙浩航空公司连续2年荣获"航空业最具发展潜力雇主"荣誉称号……………………………………	(429)
三	龙浩集团与青海省通用航空集团签署合作协议……	(429)
四	龙浩集团与贵港市人民政府签署合作框架协议……	(429)
五	加强培训,满足中国飞行员市场需求………………	(429)

第十一节 盈创建筑科技有限公司……………………(430)
    一 盈创发布全球首个3D打印建筑企业标准…………(430)
    二 盈创3D打印循环产业博览园盛大开启……………(430)
    三 蓝迪国际智库专家团考察盈创3D打印循环产业博览园………………………………………(431)
    四 举行3D打印技术助力"一带一路"科技产业发展研讨会………………………………………………(431)

第十二节 兰丁医学高科技有限公司…………………(431)
    一 兰丁高科获中银集团战略投资……………………(432)
    二 兰丁AI云平台正式向印度尼西亚国家肿瘤医院开放………………………………………………(432)
    三 国家卫健委妇幼健康司领导赴兰丁考察调研………(432)

第十三节 天壮环保科技有限公司……………………(433)
    一 天壮环保以扶贫捐赠方式推广生态降解地膜………(433)
    二 天壮环保生态塑料垃圾袋助力国际公路自行车联赛……………………………………………(433)
    三 韩国前副总理吴明先生一行莅临天壮环保考察……(434)
    四 山东省政协副主席韩金峰一行莅临天壮环保考察……(434)

第十四节 抚州创世纪科技有限公司…………………(434)
    一 自主研发服务器设备M10…………………………(435)
    二 自主设计开发"创世纪超算平台"…………………(435)

三	自主设计研发基于 GPU 服务器设备的监测管理软件	(435)
四	与香港上市公司签订战略合作协议	(435)

第十五节　江联重工集团股份有限公司 (436)
一	集团国际公司成功入选 2018 年度美国《工程新闻记录》(ENR) 全球最大 250 家国际承包商榜单	(436)
二	江西省副省长吴晓军等一行莅临公司进行生产基地调研	(436)
三	江联重工与南昌大学机器人研究所签署产学研合作协议	(437)
四	MES 系统试上线启动仪式	(437)

第十六节　晶科电力科技股份有限公司 (437)
一	加冕"双料大奖"	(438)
二	荣誉显著	(438)
三	中标项目硕果累累	(438)
四	领跑者项目	(438)
五	强强合作	(439)
六	海外项目并网	(439)

第十七节　北京标研科技发展中心 (439)
一	获批承担 2018 年度国家认监委认证认可科技支撑计划项目	(440)
二	应邀参加第九届中国建设行业年度峰会	(440)
三	助力"一带一路"国家与中国质量机构战略合作	(440)
四	积极推进高新技术的"标准化+"建设	(440)
五	出席"中关村标准制定管理办法"研讨会	(441)

第十八节　蓝韵医疗科技有限公司 (441)
一	与美国哥伦比亚大学合作	(441)

二　蓝韵医疗2018年亮相于众多国际医疗盛会……………（441）
　　三　活跃于2018年国内医疗展会中的蓝色身影……………（442）
　　四　2018年蓝韵医疗推出多款创新力作……………………（442）
第十九节　江苏欧尔润生物科技有限公司……………………………（442）
　　一　建立生物降解堆示范基地………………………………（443）
　　二　组建技术专家团队………………………………………（443）
　　三　重要会议…………………………………………………（443）
　　四　完成生物降解堆鸭粪大田试验…………………………（444）
第二十节　广西中科曙光云计算有限公司……………………………（444）
　　一　广西中科曙光获得"双软"企业证书…………………（444）
　　二　广西中科曙光受邀参加2018（第四届）中国智慧
　　　　城市国际博览会…………………………………………（445）
　　三　荣获"2018中欧绿色和智慧城市技术创新奖"………（445）
　　四　2018中国绿色智慧城市发展高峰会议在贵港
　　　　圆满召开…………………………………………………（445）
　　五　广西中科曙光荣获国家高新技术企业证书……………（446）

后记　………………………………………………………………（447）

第一章　蓝迪国际智库2018年的工作

2018年蓝迪国际智库积极为地方政府和企业在"一带一路"建设、经济转型、创新发展等方面提供智力支持，积极推进国内企业与"一带一路"沿线国家的沟通交流。在智库建设及发展方面取得了丰硕成果。

2018年，蓝迪国际智库多次参加国内外高端论坛及会议，主题涉及"一带一路"建设及人文对话、空中丝绸之路建设、金融风险防范、生态文明建设等。除此之外，智库积极进行出访与调研，不断与行业中的领军人物、专家学者等进行交流，并提交了相关研究报告及译著，获得了相关部门的好评。

◇◇第一节　重要会议

一　出席第三届空中丝绸之路国际论坛

1月18日，蓝迪国际智库代表出席第三届空中丝绸之路国际论坛，全国政协副主席梁振英出席大会并讲话。来自国家部委、外国驻华使馆、各地政府、民航主管部门、军方、科研机构等单位的500多名嘉宾，共

与会代表合影

同商讨航空产业如何引领空中丝绸之路的发展等议题，用思想和智慧的火花，为建设空中丝绸之路提供智力支持。

二 出席中国健康医药特色小镇高峰论坛

2018年1月19日至20日，蓝迪国际智库代表出席在广东潮州举办的中国健康医药特色小镇高峰论坛。论坛围绕健康医药产业与特色小镇发展，探索健康医药特色小镇的规划和运营模式，推广成熟的案例和做法，促进特色小镇健康发展。

三 出席江西省科技装备业商会成立大会

2018年4月21日，蓝迪国际智库企业代表在南昌出席江西省科技装

会议现场

备业商会成立大会。会议进一步推动了蓝迪国际智库平台在军民融合领域的深耕细作，促进了平台企业之间的合作。

四　出席航空产业与空中丝绸之路论坛合作研讨会

5月2日，蓝迪国际智库专家委员会主席赵白鸽出席航空产业与空中丝绸之路论坛合作研讨会，着重就梁振英副主席提议的与香港合作举办"第四届空中丝绸之路国际论坛"议题进行了讨论，积极推动内地与香港的合作，以促进"第四届空中丝绸之路国际论坛"在香港的成功召开。

研讨会现场

五 出席第四次中国—塞尔维亚圆桌会议——"一带一路"下的中国和巴尔干国家合作研究

2018年6月4日,由中国社会科学院欧洲研究所、16+1智库交流与合作网络、塞尔维亚国际政治经济研究所共同举办第四次中国—塞尔维亚圆桌会议,重点讨论"一带一路下的中国和巴尔干国家合作研究"问题。来自塞尔维亚,中国北京、上海、河北等地的40余位学者参加了会议。蓝迪国际智库代表参会。

六 出席中国社会科学论坛——"一带一路"高端人文对话

6月14日,蓝迪国际智库代表出席中国社会科学论坛——"一带一路"高端人文对话,蓝迪国际智库专家委员会主席赵白鸽发表题为《人文对话夯实"一带一路"民意基础》的主旨演讲,针对如何加强"一带一路"人文对话,提出建议:第一,加强对各国文化的研究、学习和借鉴。第二,与各国的文化交流应该更注重国际视野下的文化交流。第三,抓住第四次工业革命浪潮的机遇用新科技进行文化传播。第四,构建人文对话和文化传播的多元化主体。

七 出席"防范化解重大金融风险:法治思维和法律服务"论坛

6月23日,蓝迪国际智库代表出席由北京大学法学院和国浩律师事务所共同承办的"防范化解重大金融风险:法治思维和法律服务"论坛。中国国经中心副理事长黄奇帆,中信改革发展研究基金会理事长孔丹出席,蓝迪国际智库专家委员会主席赵白鸽发表题为《"一带一路"建设与国际金融风险防范》的主旨演讲,她指出,2013年"一带一路"倡议的形成和实践,使我国金融服务业走向更深入更广阔的领域,呈现出系统性和主动性的特征。纵观中国近年来金融服务业的发展,其基本路径是从被动式开放到主动式开放,再到当前新一轮的更深入的开放,形成了螺旋式上升的特点。

八 出席蓝点人才计划会议

7月2日,蓝点人才计划·第二单元集中训练周在山西潞安集团正式启动。各企业的管理精英参与了这一培训。在高端学术报告会上蓝迪国际智库专家委员会主席赵白鸽作了《"一带一路"的倡议与实践》报告,获得好评。

九　出席生态文明贵阳国际论坛 2018 年年会

孙春兰副总理接见蓝迪国际智库专家委员会主席赵白鸽

7月7日，蓝迪国际智库代表出席了生态文明贵阳国际论坛开幕式，并在"论道生态文明"电视峰会与前外经贸部副部长龙永图、贵州省委常委、宣传部长慕德贵、联合国驻华系统协调代表罗世礼等嘉宾，共同就"对话贵州生态文明建设"的话题展开讨论。生态文明贵阳国际论坛是经中央批准，中国唯一以生态文明为主题的国家级、国际性高端峰会。在会议期间，孙春兰副总理，贵州省委书记孙志刚，贵州省委常委、贵阳市委书记赵德明先后会见了蓝迪国际智库领导。

十　出席第二届国际城市可持续发展高层论坛及博览会

8月1日,蓝迪国际智库代表在成都出席由中国城市和小城镇改革发展中心与联合国人居署共同主办、成都市人民政府承办的"第二届国际城市可持续发展高层论坛"暨首届国际城市可持续发展博览会。来自全球的与会嘉宾聚焦"城市变革与发展"主题,碰撞出智慧和火花,共同促进城市实现经济增长、社会发展、资源利用及环境保护等方面的可持续发展。

十一　出席白沙岛金融生态小镇发展座谈会

9月16日,辽宁省沈抚新区管理委员会与国内领先普惠金融集团瀚华金控股份有限公司共同召开白沙岛金融生态小镇发展座谈会,讨论了北方地区城镇发展议题。英国剑桥大学代表与蓝迪国际智库代表出席了会议。

座谈会现场

此次活动是沈抚新区管委会与瀚华金控股份有限公司针对"白沙岛金融生态小镇"项目正式签约后举办的重要研讨与推介活动,为项目有序进行起到了积极的推动作用。沈抚新区管委会全力支持白沙岛金融生态小镇建设,全力助推金融与产业融合,城市与生态融合,为项目提供一站式审批和管家式服务,为将白沙岛金融生态小镇建设成为国际知名、国内领先的新金融中心提供全方位服务。

十二 出席南昌2018世界VR产业大会

10月19日,2018世界VR产业大会在南昌盛大开幕。开幕式上,全国政协副主席卢展工宣读了国家主席习近平的贺信,工业和信息化部部长苗圩,江西省委书记刘奇,江西省委常委、南昌市委书记殷美根,蓝迪国际智库专家委员会主席赵白鸽分别致辞。

十三 出席横琴十字门金融周闭门讨论会

2018年10月24日,以十字门金融周为契机,蓝迪国际智库专家委员会主席赵白鸽在珠海横琴主持召开主题为"抢抓历史新机遇 探讨横琴发展新思路"的闭门讨论会。重庆市原市长、十二届全国人大财政经济委员会副主任委员黄奇帆,中国中信集团公司原董事长、中信改革发展研究基金会的理事长孔丹,横琴新区党委书记牛敬、横琴新区管委会主任杨川、横琴新区管委会副主任罗增庆、横琴新区金融服务局局长池腾辉,以及部分企业代表出席会议并发表讲话。

横琴十字门金融周闭门讨论会现场

十四 出席第 84 次中国改革国际论坛

2018 年 10 月 27 日至 28 日,由中国(海南)改革发展研究院、中国银行、中国建设银行和德国国际合作机构合作主办的"庆祝改革开放 40 周年国际研讨会暨第 84 次中国改革国际论坛"在海口举行,以此庆祝中国改革开放 40 周年。

本次论坛以"改革开放的中国与世界"为主题,国内外专家围绕"改革开放 40 周年:建立完善社会主义市场经济体制的基本实践与突出挑战""完善社会主义市场经济体制的重大任务""经济全球化新变局下的对外开放""经济全球化新变局下的中国与世界""全面深化改革开放中的中国与世界"等议题展开深入研讨。

来自国家相关部委,国内外研究机构,29 个地方省、市、自治区改革政策研究机构、企业家代表、12 个国家和 2 个国际组织的专家学者,共 500 余人参加本次论坛。蓝迪国际智库专家委员会主席赵白鸽出席论坛,并就经济全球化与"一带一路"作了《经济全球化新变局下的中国与世界》的演讲。

十五　出席 2018 中国(贵港)绿色智慧城市发展高峰会议

会议现场

11月9日,2018 中国(贵港)绿色智慧城市发展高峰会议在广西贵港举行。中国社会科学院"一带一路"国际智库专家委员会主席赵白鸽,中国信息化百人会顾问、浙江省人大常委会原副主任毛光烈,中国工程院院士李国杰在会上作了特邀发言,国家发展改革委城市和小城镇改革发展中心主任史育龙,贵港市委书记李新元,淮北市委书记黄晓武,贵港市市长农融等出席会议。广西壮族自治区党委书记鹿心社接见了与会领导。

十六　出席枫泾特色小城镇建设讨论会

11月23日，由国家发改委城市和小城镇改革发展中心与蓝迪国际智库代表参加了上海市金山区枫泾特色小城镇建设讨论会，听取了枫泾镇党委书记张斌的工作报告，并就枫泾特色小镇发展和枫泾产业园区建设以及国际路演中心建设等工作进行了指导和讨论。

十七　举行3D打印技术助力"一带一路"科技产业发展研讨会

研讨会现场

11月24日，蓝迪国际智库代表在盈创苏州工业园区举行了3D打印技术助力"一带一路"科技产业发展研讨会。来自政府、企业、智库、科研机构、金融机构等不同领域的代表参会，以多元化的视角进行研讨，是一次跨界交流的重要会议。国务院参事、住房和城乡建设部原副部长仇保兴在会上指出，3D 打印技术在建筑领域的应用是一项革命性的技术，代表未来发展趋势，但同时需要加快标准化和新的结构体系等方面的创新。

十八　出席第二届精准医疗、医养结合国际高峰论坛

日本前首相鸠山由纪夫与赵白鸽博士参加第二届精准医疗、
医养结合国际高峰论坛

12 月 7 日，由丝路产业与金融国际联盟、贝罗尼集团有限公司联合主办的第二届精准医疗、医养结合国际高峰论坛在广州开幕，日本前首相鸠山由纪夫到会发表重要讲话，来自中国、美国、英国、澳大利亚、日本的专家学者、企业界等代表参会。蓝迪国际智库专家委员会主席赵

白鸽作了大会发言。她指出"在全球化的视野下,中国成为健康产业革命的参与者和领跑者。领跑并非指中国独大,而是因为中国庞大的市场与人群很可能为精准医疗和新兴的医学产业革命产生重大的作用,我们将和全世界同步,共同推动科技和健康产业的发展"!

论坛旨在促进国际生物医药领域交流合作,多角度共同研讨大健康产业化发展形势。

十九 出席"中国的全球经济战略研究"课题专家研讨会

12月11日下午,中国国际经济交流中心副理事长张晓强、黄奇帆、韩永文,蓝迪国际智库专家委员会主席赵白鸽,商务部政研室副主任孙中和,中美绿色基金董事长徐林,中国社科院世经政所所长张宇燕,发改委宏观院外经所所长叶辅靖等专家出席"中国的全球经济战略研究"研讨会,课题组组长王晓红以及全体课题组成员报告了研究成果。

蓝迪国际智库专家委员会主席赵白鸽建议,应认真研究美国的全球经济战略,在新型全球化和第四次产业革命的背景下为国家建言献策。

二十 出席2019空中丝绸之路论坛筹备工作会

12月18日,全国政协副主席梁振英在北京举行座谈讨论会,听取2019空中丝绸之路论坛筹备工作进展汇报。中国社会科学院院长谢伏瞻,中国社会科学院"一带一路"国际智库专家委员会主席赵白鸽,中国城市和小城镇改革发展中心主任史育龙、学术委秘书长冯奎参加了座谈会。龙浩集团副总裁李强向梁副主席汇报了2019空中丝绸之路论坛的筹备情况。

二十一　出席2018中国智库治理暨思想理论传播高峰论坛

12月22日，南京大学、光明日报社举办的"2018中国智库治理暨思想理论传播高峰论坛"在南京召开，在论坛上发布的多项研究成果中，蓝迪国际智库研究成果成功入选中国智库索引（CTTI）2018年度精品成果。

精品成果颁奖现场

在下午举行的CTTI来源智库年度优秀成果发布会上，蓝迪国际智库代表作了主题发言，重点介绍了在资政研究方面的工作。

◇◇第二节　重要会见

一　江西省常务副省长毛伟明接见蓝迪国际智库代表

3月9日，江西省常务副省长毛伟明在京会见了蓝迪国际智库专家委员会主席赵白鸽和时任国家发改委城市和小城镇改革发展中心主任徐林

赵白鸽博士与毛伟明副省长交流

一行,双方就江西加快融入"一带一路"建设、军民融合和特色小镇等相关领域进行了深入交流。

此次会见,蓝迪国际智库代表和发改委城镇中心进一步了解了江西省在企业"走出去"、军民融合和城镇化建设等领域的现状,将共同为江西积极融入"一带一路"建设和城市发展出谋划策、搭建平台、引入外部资源、促进项目落地,取得务实效果。

二 会见斯里兰卡国家经济委员会代表团

3月30日,蓝迪国际智库代表在京会见了由斯里兰卡经济委员会秘书长萨马拉孔率领的斯里兰卡国家经济委员会代表团,探讨了在"一带一路"框架下如何进一步深化两国在基础设施建设、制造业、农业和农村发展等领域诸多重要务实合作问题,以便为斯里兰卡民众带来更多实实在在的合作发展红利。

赵白鸽博士与斯里兰卡国家经济委员会代表团交流

三　会见亚美尼亚驻华大使

赵白鸽博士与谢尔盖·马纳萨良大使

6月22日，蓝迪国际智库专家委员会主席赵白鸽会见亚美尼亚共和国驻华大使谢尔盖·马纳萨良，就"一带一路"倡议下如何开展两国产业合作进行深入交流，并探讨组织智库资源，通过高端研讨和出访等形式，为亚美尼亚发展提供有力的支持，务实推动亚美尼亚融入"一带一路"建设。

四　会见缅甸僧王西亚多大和尚

赵白鸽博士与僧王西亚多大和尚交流

7月10日，蓝迪国际智库代表会见缅甸僧王西亚多大和尚，进一步了解了缅甸社会对"一带一路"的看法及对可持续发展产业的需求，并就推动两国可持续发展进行了深入交流。

五　四川省省长尹力接见蓝迪国际智库代表

8月1日，四川省省长尹力接见了蓝迪国际智库代表。他介绍了四川省经济社会发展成就，提出四川将以更大的力度推动内陆与沿海沿边沿江协同开放，加快打造立体全面开放新格局。蓝迪国际智库专家委员会主席赵白鸽表示将发挥智库影响力与平台优势，协助四川深化对外经贸产能合作，引进国内外优质资源、先进技术和高端产业，为四川企业"走出去"做出贡献。

六　广西壮族自治区党委书记鹿心社接见赵白鸽博士一行

鹿心社书记接见赵白鸽博士一行

11月10日,蓝迪国际智库代表到广西南宁出席2018中国(贵港)绿色智慧城市发展高峰会议,广西壮族自治区党委书记鹿心社接见了蓝迪智库代表,就推动中国城市智慧发展及国际合作等问题进行了深入交流。

七 丁仲礼副委员长接见蓝迪平台企业腾风集团

2018年12月17日,全国人大常委会副委员长、民盟中央主席、中国科学院副院长丁仲礼,在中国科学院学部听取了腾风集团技术与产业研发的工作汇报。

蓝迪智库专家委员会主席赵白鸽,国家发改委城市和小城镇改革发展中心学术委秘书长冯奎参加会见。腾风集团创始人、总裁靳新中,腾风集团创始人、技术总监靳普,腾风集团副总裁张剑辉等进行了详细的工作汇报。

◇◇第三节 调研与出访

一 调研中国科学院大学

3月12日,蓝迪国际智库代表和时任国家发改委城市和小城镇改革发展中心主任徐林一行赴中国科学院大学怀柔校区调研交流,与中国科学院大学常务副书记、副校长董军社及国科大相关负责同志就"一带一路"国际合作、新技术产业发展和特色小镇等相关领域进行了深入交流。

二 调研莫干山高新区

4月23日,蓝迪国际智库代表赴莫干山高新区进行调研,与德清县委书记、县长王琴英,德清县委常委、莫干山高新区管委会副主任沈志伟,湖州莫干山高新区党工委委员、管委会副主任沈亦红,以及欧诗漫集团、我武生物、鼎力机械、浙江中航通飞研究院等高新区管委会代表、企业代表,围绕产业合作问题进行深入交流。

三 出访法国

赵白鸽博士与法国政府前总理让－皮埃尔·拉法兰交谈

5月13日至15日，应法国政府前总理让-皮埃尔·拉法兰（Jean-Pierre Raffarin）邀请，蓝迪国际智库专家委员会主席赵白鸽前往法国参加国际会议并进行学术访问，在法国巴黎出席"和平领导小组研讨会"，研讨会由"和平领导小组"（Leader for Peace）这一非政府组织主办。该研讨会围绕可能影响国家和地区稳定性的危机进行深入的报告，并探讨在"一带一路"倡议背景下，智库如何为和平与发展贡献智慧。

四 调研中国民用航空局

全国政协副主席梁振英与中国民用航空局局长冯正霖

8月19日，全国政协副主席、中国社科院"一带一路"国际智库专家委员会名誉主席梁振英、中国社科院"一带一路"国际智库专家委员会主席赵白鸽一行赴中国民用航空局，就"第四届空中丝绸之路国际论坛"等与中国民用航空局局长冯正霖等进行了深入交流。

五　出访哈萨克斯坦

与达丽加·纳扎尔巴耶娃合影

9月4日至7日，应哈萨克斯坦共和国议会上院国际关系、国防和安全委员会主席达丽加·纳扎尔巴耶娃邀请，蓝迪国际智库代表团前往哈萨克斯坦参加哈萨克斯坦外交部举办的"扩大阿富汗妇女的权利和机会"国际研讨会并进行学术访问。"扩大阿富汗妇女的权利和机会"国际研讨会举办的目的是通过促进公民权利、充分就业、教育、能力建设和创造新的增长机会,帮助阿富汗妇女改善其权利和发展机会,并与中国代表团探讨在"一带一路"倡议背景下,智库如何为和平与发展贡献智慧。

◇◇ 第四节　研究工作

2018年,蓝迪国际智库仍围绕"一带一路"、军民融合、新型大国关系及科技创新等工作进行了深入研究,形成了八个重要报告、两部译作,分别得到决策层的批示和采纳,部分研究成果纳入中国智库索引(CTTI) 2018年度精品成果。

一　国内外军民融合战略分析及对我国的相关政策建议

3月2日,十九届中央军民融合发展委员会第一次全体会议审议通过了《军民融合发展战略纲要》,开创了军民融合深度发展的新格局。在实现军民融合的道路上,美国、日本及欧洲各国均探索出了各自的发展思路,其成功的共同点在于组织机构高效,以民营企业为主导,坚持军民一体化原则,投资业务专业化,着重超前技术的研判和投入,投资和研发过程中引入了竞争机制,搭建了跨领域的专家级团队,并且以需求、项目、结果为导向。分析和借鉴他们的发展经验,对我国深度推进军民融合发展具有重要现实意义。鉴此,蓝迪国际智库开展深入研究,形成了《国内外军民融合战略分析及对我国的相关政策建议》报告。

该报告对国外军民融合战略,特别是美国的"军民一体化"战略进行研究,并对当前我国军民融合的发展趋势、重点新兴领域发展现状以及存在的问题进行系统分析,提出我国军民融合战略的相关决策建议。

二 韩国朝鲜半岛新经济政策构想与"一带一路"的对接建议

韩国总统文在寅自2017年5月上任以来,在重要场合多次提出"朝鲜半岛新经济地图构想""新北方政策""新南方政策"等"三新政策构想",并表示要与"一带一路"倡议相对接。鉴此,蓝迪国际智库开展深入研究,形成了《韩国朝鲜半岛新经济政策构想与"一带一路"的对接建议》。

该报告系统分析了"三新政策构想"的重点内容、进展程度和主要障碍,及其与"一带一路"倡议的关系,并针对"三新政策构想"与"一带一路"倡议对接的议题,提出了相关对策建议。

三 关于中美贸易战的分析与建议

该报告认真分析了特朗普政府的运作思路及特点,特别注意到特朗普及其团队将外交事务作为交易或生意,并将商业法则引入了政治领域。特朗普所著的《交易的艺术》与《孙子兵法》(英文译为《战争的艺术》)有诸多相通之处。蓝迪国际智库认真研究了上述两本书,形成了《关于中美贸易战的分析与建议》。

该报告重点分析了特朗普信奉的商业法则,并与其处理国际事务,特别是中美贸易战的做法相对照,总结特朗普的决策动机、谈判策略以及中国面临的挑战,并对中国在中美贸易谈判中的策略提出建议。

四 深圳改革开放再出发——未来30年把深圳建成世界最具创新力和竞争力的大都市的建议

未来30年是在世界科技和产业革命中赢得大国竞争、实现中华民族伟大复兴的关键时期。无论创新的竞争还是企业的竞争、大学的竞争，都必须以城市为载体，伟大复兴的中国必须有世界顶级的城市。综合判断，基于年轻、活力、包容、创新、宜居、区位等极具竞争力的优势组合，深圳完全可能在30年内建成世界最具创新力和竞争力的大都市，为实现中华民族伟大复兴发挥战略支点和战略引领作用。鉴此，蓝迪国际智库开展深入研究，形成了《深圳改革开放再出发——未来30年把深圳建成世界最具创新力和竞争力的大都市的建议》。该报告系统分析了把深圳建成世界最具创新力和竞争力的大都市的意义和可能性，并提出相关建议。

五 关于推动中巴经济走廊健康发展的若干建议

中巴经济走廊是"一带一路"倡议的旗舰项目，走廊建设启动以来，取得了令人瞩目的成果，为中巴关系的稳定和健康持续发展注入了强大的积极要素。同时，中巴经济走廊建设过程中也遇到了各种问题和挑战，巴基斯坦脆弱的国内政治格局始终困扰着走廊建设行稳致远，2018年发生的政府更迭为中巴经济走廊建设增添了新的不确定因素。鉴于此，蓝迪国际智库开展深入研究，形成了《关于推动中巴经济走廊健康发展的若干建议》。

该报告系统分析了中巴经济走廊建设初步成果，巴基斯坦对中巴经济走廊的疑虑与关切，以及中巴经济走廊建设中存在的问题和风险，并提出推动中巴经济走廊健康发展的对策建议。

六 关于基因科技发展的建议

2017年5月，习近平主席在"一带一路"国际合作高峰论坛上提出启动"一带一路"科技创新行动计划。生命科技及其产业的发展，对我国实现科技创新和社会生产力跨越发展有极为重要的引领作用。2011年，国家发改委等4部委批复同意深圳组建国家基因库。国家基因库是服务于国家战略的国家级公益性创新科研及产业基础设施建设项目，为我国生物技术和健康产业发展提供了重要支撑平台，未来将成为国内基因产业的重要孵化器。鉴于此，蓝迪国际智库开展深入研究，形成《关于基因科技发展的建议》，系统分析了中国基因科技的发展情况，并提出相关建议。

七 译作：《中国与国际秩序》

2018年，美国兰德公司发表了《中国与国际秩序》报告，该研究是兰德公司"建立可持续国际秩序"项目的一部分，初衷是分析战后国际秩序的特征、地位和未来。该报告在定义国际秩序的基础上，评估其当前状况，并分析其可能的发展方向和影响。报告分析了中国的利益、行为和未来前景，以评估中国近期参与国际治理的情况以及未来可能的发展轨迹，并试图探索过去几十年里中国的国际秩序观，以及随着中国成为世界上最强大的国家之一，其秩序观发生的变化。

鉴于该报告对中美合作关系发展及中美贸易战应对方面的重要参考意义，蓝迪国际智库对《中国与国际秩序》进行翻译并展开深入研究。

八 译作：《恐惧：白宫中的特朗普》

《恐惧：白宫中的特朗普》一书的作者鲍勃·伍德沃德（Bob Woodward）是《华盛顿邮报》的记者，毕业于耶鲁大学历史系，从事新闻工作近50年，先后获得过两次普利策新闻奖。第一次是报道了著名的"水门事件",第二次是报道了"9·11恐怖袭击事件"。为了准备《恐惧：白宫中的特朗普》这本书,伍德沃德长达数月,想办法接近特朗普政府的各种关键人物,获取了大量白宫内幕。在他笔下,特朗普上任后,白宫就内讧不断,甚至像一个"疯人院"。特朗普本人则被他描述成一个"情绪夸张、反复无常、不可预测的领导人"。

鉴于该书对分析特朗普本人、其执政动因、技巧和未来走向都有一定的借鉴意义,蓝迪国际智库对《恐惧：白宫中的特朗普》进行翻译并展开深入研究。

九 哈内外政策走向及其战略影响

哈萨克斯坦是我国"一带一路"建设伙伴、能源伙伴和西部安全屏障,在我国外交全局中战略价值重大,对中亚地区秩序演化影响深远。准确判断哈内外政策走向,着力解决制约双边关系发展的民心相通等问题,是我国推动中哈关系持续健康发展的关键。

本报告对哈未来内外政策走向及由此给中亚地区秩序带来的深远影响进行了系统分析,报告认为未来哈内外政策不会出现方向性重大改变,哈内外政策既受哈外部战略环境影响,又反作用于外部战略环境,将对中亚地区秩序产生深远影响。

十 中白工业园战略定位及创新发展思路

白俄罗斯地理位置优越,是"丝绸之路经济带"的重要节点。2013年中白两国建立全面战略伙伴关系以来,双方政治互信不断增强,经济合作成效显著。占地112.5平方公里的中白工业园是白俄罗斯最大的招商引资项目,也是中国在海外最大的经贸合作区。

本报告对中白工业园战略定位及发展前景进行了系统分析，报告认为中白工业园战略位置重要，是中外园区的典范，"一带一路"上的明珠，也是人类命运共同体的示范，将对欧盟、中东欧、欧亚地区秩序产生深远影响。

附录一　　"一带一路"国际智库 2018 年重要活动

序号	活动
1	出席第三届空中丝绸之路国际论坛
2	出席中国健康医药特色小镇高峰论坛
3	出席江西省科技装备业商会成立大会
4	出席航空产业与空中丝绸之路论坛合作研讨会
5	出席第四次中国—塞尔维亚圆桌会议——"一带一路"下的中国和巴尔干国家合作研究
6	出席中国社会科学论坛——"一带一路"高端人文对话
7	出席"防范化解重大金融风险：法治思维和法律服务"论坛
8	出席蓝点人才计划会议
9	出席生态文明贵阳国际论坛 2018 年年会
10	出席第二届国际城市可持续发展高层论坛及博览会
11	出席白沙岛金融生态小镇发展座谈会
12	出席南昌 2018 世界 VR 产业大会
13	出席横琴十字门金融周闭门讨论会
14	出席第 84 次中国改革国际论坛
15	出席 2018 中国（贵港）绿色智慧城市发展高峰会议
16	出席枫泾特色小城镇建设讨论会
17	举行 3D 打印技术助力"一带一路"科技产业发展研讨会
18	出席第二届精准医疗、医养结合国际高峰论坛
19	出席"中国的全球经济战略研究"课题专家研讨会
20	出席 2019 空中丝绸之路论坛筹备工作会
21	出席 2018 中国智库治理暨思想理论传播高峰论坛
22	江西省常务副省长毛伟明接见蓝迪国际智库代表
23	会见斯里兰卡国家经济委员会代表团

续表

序号	活动
24	会见亚美尼亚驻华大使
25	会见缅甸僧王西亚多大和尚
26	四川省省长尹力接见蓝迪国际智库代表
27	广西壮族自治区党委书记鹿心社接见赵白鸽博士一行
28	丁仲礼副委员长接见蓝迪平台企业腾风集团
29	调研中国科学院大学
30	调研莫干山高新区
31	出访法国
32	调研中国民用航空局
33	出访哈萨克斯坦

附录二　"一带一路"国际智库2018年研究报告

序号	题目
1	国内外军民融合战略分析及对我国的相关政策建议
2	韩国朝鲜半岛新经济政策构想与"一带一路"的对接建议
3	关于中美贸易战的分析与建议
4	深圳改革开放再出发——未来30年把深圳建成世界最具创新力和竞争力的大都市的建议
5	关于推动中巴经济走廊健康发展的若干建议
6	关于基因科技发展的建议
7	译作《中国与国际秩序》
8	译作《恐惧：白宫中的特朗普》
9	哈内外政策走向及其战略影响
10	中白工业园战略定位及创新发展思路

第二章 蓝迪国际智库专家委员会

蓝迪国际智库专家委员会由外交与国际政治、法律政策、可持续发展、宏观经济、金融、企业管理、社会民生、历史文化等各个重要领域的专家学者和企业精英组成，共同参与蓝迪国际智库的决策和发展。

十二届全国人民代表大会外事委员会副主任委员、中国社会科学院"一带一路"国际智库专家委员会主席赵白鸽任蓝迪国际智库专家委员会主席；十三届全国人民代表大会农业与农村委员会副主任委员、中国社会科学院副院长蔡昉任蓝迪国际智库专家委员会联合主席。蓝迪国际智库专家委员会委员94人，包括国内、国际专家学者、企业专家和行业专家。

国内专家学者51人（按姓氏拼音排序，下同）：

曹文炼、常修泽、陈东晓、迟福林、董军社、冯奎、韩秀桃、贺文萍、黄奇帆、黄洁夫、黄平、金鑫、李铁、李吉平、李绍先、李希光、李向阳、李永全、刘世锦、刘殿勋、龙永图、卢山、罗熹、穆显奎、牛仁亮、潘家华、仇保兴、沙祖康、闪淳昌、史育龙、孙玉清、孙壮志、王忠民、王晓红、王镭、王灵桂、王荣军、王文、王益谊、王义桅、王玉主、王伟光、吴白乙、吴崇伯、徐林、张大卫、张洪国、张兴凯、张宇燕、郑国光、郑功成。

国际专家学者11人：

德西·艾伯特·马马希特（Desi Albert Mamahit）、萨利姆·曼迪瓦拉

（Saleem Mandviwala）、达丽加·纳扎尔巴耶娃（Dariga Nazarbayeva）、让-皮埃尔·拉法兰、穆沙希德·侯赛因·萨义德（Mushahid Hussain Sayed）、鲁道夫·沙尔平（Rudolf Albert Scharping）、格哈特·弗里茨·库尔特·施罗德（Gerhard Fritz Kurt Schroder）、伊萨姆·沙拉夫（Essam Sharaf）、宋永吉（Song Young-gil/송 영 길）、伊克巴尔·苏威（Iqbal Surve）、汤米·汤普森（Tommy George Thompson）。

企业专家19人：

刁志中、黄代放、靳新中、靳普、李强、李仙德、林庆星、刘家强、马义和、邵阳、孙小蓉、谭晓东、田耀斌、王丽红、王济武、杨剑、袁宏永、袁建民、张国祥。

行业专家11人：

包晓竹、陈锋、房秋晨、胡卫平、柯志华、李爱仙、刘宗德、卢守纪、吕红兵、王丽、王燕国。

赵白鸽（专家委员会主席）
Baige Zhao

十二届全国人民代表大会外事委员会副主任委员
中国社会科学院"一带一路"国际智库专家委员会主席
蓝迪国际智库专家委员会主席

赵白鸽，中华人民共和国第十二届全国人大外事委员会副主任委员，中国社会科学院"一带一路"国际智库专家委员会主席、蓝迪国际智库专家委员会主席、国家发展改革委中欧绿色智慧城市奖专家组组长。她致力于"一带一路"倡议的有效实施，积极向党中央、国务院建言献策，组建了由政府、智库、企业共同组成的"一带一路"平台，为中国进入新型全球化建设发挥了重要的作用。她积极参与促进中外国际交流，推动中欧绿色和智慧城市交流合作与模式创新，为城市发展寻找新方向。

赵白鸽任职全国人大常委会委员、外事委员会副主任委员期间，担任中英议会交流机制主席、中国—南非议会交流机制常务副主席，是全国人大对欧洲8国、对非洲15国的双边友好小组组长。通过开展与外国议员交流，促进全国人大与各国议会的交流，2015年被选为亚洲议会大会经济委员会主席。

赵白鸽积极参与国际人道主义事业。2011年至2014年，赵白鸽担任中国红十字会常务副会长，并于2013年当选为红十字会与红新月会国际联合会副主席，负责协调亚太和中东地区的人道事务，积极应对国际人道主义危机，开展冲突和灾害管理，成功组织了应对菲律宾海燕台风、缅甸北部难民、四川雅安地震等人道救援工作。

赵白鸽积极推动人口与发展领域的工作。2003年至2011年，赵白鸽担任国家人口计生委副主任，并兼任国际人口方案管理委员会主席，世界家庭联盟亚太区副主席等职务。积极参与制定国家人口发展战略，推进人口领域改革、优质服务和计划生育政策的调整完善，成功获得了国际社会对中国人口项目的支持，为中国人口政策转型做出贡献。

赵白鸽在医药科技领域有重要影响。1994年至1998年，赵白鸽担任中国国家科委生命科学技术发展中心（美国）主任，成功地完成海外专家委员会的建立，以及国家中医药现代化重大项目的国际推介、融资、注册等工作，推动中国医药企业走向国际。

赵白鸽于1988年获英国剑桥大学生物医学博士学位。1989年至1994年，她担任上海科学院计划生育科学研究所所长，并担任世界卫生组织合作中心主任、世界卫生组织亚太区专家委员会成员，在此期间组织完成了一系列新药研究与开发工作。

蔡昉（专家委员会联合主席）
Fang Cai

十三届全国人民代表大会农业与农村委员会副主任委员

中国社会科学院副院长、党组成员

蓝迪国际智库专家委员会联合主席

蔡昉，现任第十三届全国人民代表大会农业与农村委员会副主任委员，中国社会科学院副院长、党组成员，丝绸之路研究院理事长，蓝迪国际智库专家委员会联合主席。

蔡昉于1976年参加工作，1982年毕业于中国人民大学农业经济系，获经济学学士学位。1985年毕业于中国社会科学院研究生院，获经济学硕士学位，1989年获经济学博士学位。1985年以来，曾任中国社会科学院农村发展研究所助理研究员、副研究员，并任研究室主任。1993年被评为研究员后，调任中国社会科学院人口研究所副所长并兼任中国社会科学院研究生院人口学系主任，1998年起任中国社会科学院人口与劳动经济研究所所长，博士生导师，并任《中国人口科学》杂志主编。

2008年3月任全国人大常委、农业与农村委员会委员，兼任中国人口学会和中国农业经济学会副会长、农业部软科学委员会委员、劳动与社会保障部专家委员会委员等。2014年8月任中国社会科学院副院长、党组成员。2017年4月任中国社会科学院副院长、党组成员，丝绸之路研究院理事长。2018年3月至今任第十三届全国人民代表大会农业与农村委员会副主任委员，十三届全国人大常委会委员，中国社会科学院副院长、党组成员，丝绸之路研究院理事长。

著有《中国的二元经济与劳动力转移——理论分析与政策建议》《十字路口的抉择——深化农业经济体制改革的思考》《穷人的经济学》和

《中国劳动力市场发育与转型》等,合著《中国的奇迹:发展战略与经济改革》和《中国经济》等,主编《中国人口与劳动问题报告》系列、《中国经济转型30年》等。

蔡昉曾获1998年度国家级"有突出贡献的中青年专家"称号,2003年被7部委授予出国留学人员杰出成就奖,是第四届中国发展百人奖获得者,第四届中国农村发展研究奖获得者,被评选为"影响新中国60年经济建设的100位经济学家"之一。2009年2月8日,与谭崇台、吴敬琏、刘遵义、姚洋、胡必亮等学者,获第二届张培刚发展经济学研究优秀成果奖。

◇◇ 第一节　国内专家学者

曹文炼
Wenlian Cao

丝路产业与金融国际联盟理事长
国家发展改革委国际合作中心学术委员会主任
国家发展和改革委员会国际合作中心发展理事会主席

曹文炼,丝路产业与金融国际联盟理事长,国家发展和改革委员会国际合作中心发展理事会主席、学术委员会主任,中国经济体制改革研究会副会长,莫干山研究院院长,清华大学全球共同发展研究院副院长,海上丝绸之路研究中心主任,中国国际经济交流中心学术委员,《工程研究》《全球化》和《中国产经》等权威杂志编委。经济学博士、研究员、教授、博士后导师。

曹文炼是我国金融政策和改革领域的著名专家。长期参与国家许多重要宏观调控政策、中长期规划和重大改革方案的研究制定。先后参与1994年第一次中央经济工作会议的文件起草和1997年、2002年和2007年三次全国金融工作会议的筹备与文件起草，特别是参与1993年财税金融外汇改革、2005年中国投资公司筹备、1993年至2008年国家政策性银行和国有大型商业银行历次改革方案的研究制定，参与组织推动国内信用体系建设，曾经开创和主持中国产业投资基金、创业投资、飞机轮船融资租赁等政策法规的研制与实践。

曹文炼因对股份制改革研究的贡献，与厉以宁等共同获得"第二届中国经济学理论创新奖"（2009年）；因对推动股权投资基金业发展的贡献，获得中国著名财经媒体评选的"中国创业和私募股权投资十年重大政策贡献奖"，是获得该奖的唯一时任政府官员（2008年）。曹文炼还两次获得国家发展改革委科研成果一等奖，多次获得二、三等奖。

常修泽
Xiuze Chang

国家发展和改革委员会宏观经济研究院教授

常修泽，现任国家发展和改革委员会宏观经济研究院教授、博士生导师，清华大学中国经济研究中心研究员，兼任中国经济学术基金（香港）学术委员会副秘书长，香港亚太法律协会产权顾问等。

常修泽教授长期在南开大学经济研究所和国家宏观经济研究机构从事经济理论与经济决策研究。历任南开大学经济研究所副所长、国家计委（国家发改委）经济研究所常务副所长、国家发展和改革委员会学术委员会委员等职。

常修泽教授长期致力于制度经济学领域人的发展理论、广义产权理论和中国转型理论的研究。著有《人本体制论》《广义产权论》《包容性改革论》等学术理论著作，被学界称为中国"人的发展经济学领军人物之一"和"对产权问题素有研究的经济学家"。其理论贡献被收入《中国百名经济学家理论贡献精要》第2卷。

常教授主持完成的重点科研项目《建立比较完善的社会主义市场经济体制若干重要问题研究》（为中共十六大报告起草工作提供的内部研究报告）等三项成果，曾分获国家发展和改革委员会优秀科研成果一等奖（2000年，2004年，2005年）。

常教授是1949年至2009年《中国百名经济学家理论贡献精要》入选者，美国传记研究中心和英国剑桥国际传记中心出版的《国际名人录》入选者，近年多次应邀到海外讲授其《人本体制论》《广义产权论》和《中国第三波转型理论》，是享受国务院特殊津贴专家。

陈东晓
Dongxiao Chen

上海国际问题研究院院长

陈东晓，现任上海国际问题研究院院长，中国国际关系学会副会长，研究员、博士生导师。外交部国际经济司咨询专家，东盟地区论坛（ARF）专家名人小组（EEP）中方专家，曾担任联合国经社理事会可持续发展系统改革（2016）高级别独立顾问组（ITA）专家。

陈东晓毕业于复旦大学国际政治系，法学博士，1990年8月参加工作，1996年至1997年以客座研究员身份在日本国际问题研究所访学。主要从事中国外交、中美关系、联合国集体安全机制等领域的研究，曾主持国家社科基金、中外办、外交部、财政部和国台办等数十项课题。2012年入选上海市领军人才。

陈东晓主要著述包括《全球安全治理与联合国安全机制改革》等。他也是《国际展望》和《中国国际战略研究季刊》（CQISS）的主编。

陈东晓是上海市政协委员，政协对外友好委员会副主任，并担任上海市长国际企业家咨询会议（IBLAC）中方顾问，上海市外办及上海市台办咨询专家等职务。

迟福林
Fulin Chi

海南省社会科学界联合会名誉主席
中国（海南）改革发展研究院执行院长

迟福林，现任海南省社科联名誉主席、中国（海南）自由贸易试验区（自由贸易港）咨询委员会专家，首席研究员，博士生导师。兼任中国（海南）改革发展研究院执行院长、中国经济体制改革研究会副会长、中国行政体制改革研究会副会长。海南省人民政府咨询顾问、上海市人民政府决策咨询特聘专家。国家行政学院、中国井冈山干部学院、北京大学、浙江大学、东北大学等多家高等院校的特聘教授，是第十一届全国政协委员。

迟福林于 1968 年至 1976 年在沈阳军区技术侦察支队任宣传干事；1977 年至 1984 年在国防大学政治部任宣传干事、马列主义基础教研室教员（其中 1978～1979 年在北京大学国际政治系学习）；1984 年至 1986 年在中央党校理论部攻读硕士学位；1986 年至 1987 年在中央政治体制改革研讨小组办公室工作；1988 年至 1993 年任海南省委政策研究室和海南省体制改革办公室的主要负责人，主持两个机构全面工作；1991 年至今历任中国（海南）改革发展研究院常务副院长、执行院长、院长。

迟福林多年致力于经济转轨理论与实践研究，围绕我国改革开放进程中的重大经济、社会问题，在政府转型和基本公共服务均等化等多方面进行深入研究。在上述研究领域，共出版包括《转型抉择》《市场决定》《改革红利》《第二次改革》等中英文专著四十余本，公开发表学术论文八百余篇，主笔或主持研究形成研究报告七十余本，提交了大量政策建议报告，在决策和实践层面产生了积极影响。

迟福林曾获得"全国五个一工程""孙冶方经济科学论文奖""中国发展研究奖"等研究奖项，享受国务院特殊津贴。2002 年被中组部、中宣部、国家人事部和国家科学技术部联合授予"全国杰出专业技术人才"荣誉称号，2009 年入选"影响新中国 60 年经济建设的 100 位经济学家"。

董军社
Junshe Dong

中国科学院大学党委常务副书记、副校长

董军社，中共党员，理学博士。现任中国科学院大学党委常务副书记、副校长,中国科学院党校副校长。

1983年毕业于长安大学(原西安地质学院)地质学系,获地质学工学学士学位,并留校任教;1989年获长安大学地质学理学硕士学位;1994年获中国地质大学(北京)地质学理学博士学位。

1994年至1996年进入中国科学院古脊椎动物与古人类研究所(以下简称古脊椎所)博士后流动站从事研究工作。

1996年至1999年任古脊椎所所长助理兼科技处处长。1999年至2006年任古脊椎所副所长。2001年至2005年赴西藏挂职,任西藏自治区人民政府副秘书长。2006年至2008年任古脊椎所党委副书记(主持工作)、副所长。2008年至2014年任古脊椎所党委书记、副所长。2014年至2016年任中国科学院大学党委副书记、副校长,中国科学院党校副校长。2016年至今任中国科学院大学党委常务副书记、副校长,中国科学院党校副校长。

冯奎
Kui Feng

国家发改委城市和小城镇改革发展中心研究员
北京交通大学中国城市研究中心教授

冯奎现任中国国家发展和改革委员会城市和小城镇改革发展中心学术委员会秘书长、研究员,北京交通大学兼职博士生导师。他致力于搭建研究与合作平台,推动城镇化改革以及创新型城市发展。

冯奎深度参与国家城镇化政策研究。2012年以来他参与了国家新型城镇化、小城镇、都市圈发展等政策的研究,主持起草了一批重要的政策报告，提出了系统的政策建议，多次获得中央有关部门批示。

冯奎积极推动城市的国际合作。2013年他作为策划组组长策划中欧城镇化博览会，共有50个欧洲城市和100个中国城市参展。2014年以来，他与法国前总理拉法兰担任主席的法国展望与创新基金会一起，每年组织实施中欧绿色智慧城市奖暨峰会活动。

冯奎专注于城市战略、城市社会学的研究。著有《中国城镇化转型研究》《都市圈与中小城市发展战略》等，主编《中国新城新区发展报告》（年度出版）、《中国特色小镇发展报告》、《中欧智慧城市发展报告》、《中国城市发展评论》等。

冯奎是中央电视台财经频道特约评论员；兼任中国企业管理研究会副理事长、中国区域经济学会常务理事等职务。

韩秀桃
Xiutao Han

司法部法制司副司长兼司法体制改革领导小组办公室副主任
全国律师行业党委委员，秘书长
中华全国律师协会秘书长

韩秀桃，中共党员，1990年7月参加工作，中国政法大学法学博士研究生。现任司法部法制司副司长兼司法体制改革领导小组办公室副主任，全国律师行业党委委员、秘书长，中华全国律师协会秘书长。

主要研究方向：中国传统法律文化、中国近代法制改革与司法现代化、明清徽州地域法律文化研究。

主要著作：出版《司法独立与近代中国》等著作5部，在《中国法学》《法学研究》《中国文化研究》《中国改革》《光明日报（理论版)》等期刊上发表专业研究论文 100 多篇，完成多项国家社科基金项目、教育部人文社科项目和司法部部级课题，学术成果累计近 150 万字。

贺文萍
Wenping He

中国社科院西亚非洲研究所非洲研究室主任

贺文萍，现任中国社科院西亚非洲研究所非洲研究室主任。

贺文萍自 2004 年以来任中国社会科学院西亚非洲研究所博士生导师、研究员，国务院政府特殊津贴待遇专家，中国亚非学会、中国非洲问题研究会和中国亚非交流协会常务理事，中国国际问题研究基金会非洲研究中心研究员、中国经济社会理事会中国—非洲经济技术合作委员会专家顾问、中非工业合作发展论坛专家顾问、察哈尔学会高级研究员。

贺文萍是南非斯泰伦博什大学中国研究中心客座研究员以及世界经济论坛（非洲）全球议程委员会委员（2009~2011 年）。印度非洲研究学会 *Africa Review* 学术期刊国际编委；并应邀担任新华社、中国国际广播电台《环球资讯》国际时事特邀评论员，以及中央电视台英语频道评论嘉宾。曾赴美国耶鲁大学、英国伦敦大学、瑞典北欧非洲研究所、德国发展研究所以及巴西金砖国家研究中心做访问学者。2007 年受美国国务院邀请为"国际访问者计划"访问学者。2016 年 2 月受法国外交部邀请为"国际精英计划"访问学者。此外，多次赴美、英、德、挪威、瑞典、南非、肯尼亚、埃塞俄比亚等国访问和参加国际学术会议。

贺文萍主要研究领域为非洲政治、中非关系、非洲国际关系和南南合作等。主要著作和论文有：《非洲国家民主化进程研究》（专著）、《南非政治经济的发展》（合著），以及论文"大国在非洲的卷入""国际格局转换与中非关系""非洲对外政策和中非关系"等200多篇中英文论文、研究报告及评论。

黄奇帆
Qifan Huang

原重庆市市长，十二届全国人大财政经济委员会副主任委员

中国国际经济交流中心副理事长

黄奇帆，原重庆市市长，十二届全国人民代表大会财政经济委员会副主任委员，中国国际经济交流中心副理事长。

黄奇帆于1968年至1983年历任上海焦化厂设备科技术员、助理工程师、工程师、副厂长；1983年至1984年，任上海市委政党办公室联络员；1984年至1987年，任上海市经委综合规划室副主任；1987年至1990年，任上海市经济信息中心主任；1990年至1994年，历任上海市浦东开发办公室副主任、管委会副主任；1994年至2001年，历任上海市委副秘书长、市政府副秘书长，市体改委副主任、市委研究室主任、上海市委副秘书长；2001年至2010年，历任重庆市委常委、重庆市政府副市长、党组成员兼市国资委党委书记、重庆行政学院院长；2010年至2011年，历任国务院三峡工程建设委员会副主任，重庆市委副书记，市政府市长、党组书记，并兼任重庆行政学院院长、市国资委党委书记；2011年至2016年，历任国务院三峡工程建设委员会副主任，重庆市委副书记，市政府市长、党组书记。

黄奇帆担任过中国共产党第十七大、十八大代表，十八届中央委员，第九届、十届、十一届全国人大代表，重庆市第二次、三次、四次党代会代表，第二届、三届、四届重庆市委委员，重庆市第二届、三届、四届人大代表，中国人民政治协商会议重庆市第五届委员会委员。

黄洁夫
Jiefu Huang

国家器官捐献与移植委员会主任委员
中国器官移植发展基金会理事长，清华大学医院管理研究院院长，中国协和医科大学和清华大学外科学教授

黄洁夫，中华人民共和国原卫生部副部长，中国肝胆外科专家。为中国共产党第十五、十六届中央候补委员，第十一届全国政协委员。现任中央保健委员会副主任。

1969年毕业于广州中山医学院，1979年至1982年在广州中山医科大学获外科学硕士学位；1984年至1987年作为高级访问学者赴澳大利亚悉尼大学医学院，做外科博士后研究。归国后，从事临床外科工作，学术研究方向为肝脏移植和肝胆肿瘤外科治疗，博士生导师，并逐步由科主任、院长走向行政领导岗位。1996年至2001年任中山医科大学校长兼党委书记。2001年11月任卫生部副部长、党组成员，分管医学教育、科研、国际合作与中央保健工作。2004年兼任中央保健办主任、保健局局长，2008年任中央保健委员会副主任，并担任中央保健专家组组长，是中国共产党第十五、十六届中央候补委员，第十一届全国政协委员，第十二届全国政协常委、教科文卫体委员会副主任。

他主编了 16 部外科学专著，在国内外学术杂志发表 607 篇学术论著，主持过国内外 80 余次学术大会，获国家、省部级科技奖励 8 次，曾获全国五一劳动奖章、全国优秀归国人员奖、卫生部白求恩奖及中组部人民公仆奖；2008 年获得国际器官移植协会（TTS）重要贡献奖，2013 年获世界卫生组织（WHO）控烟贡献奖，同年被香港大学和香港公开大学授予荣誉博士称号；2015 年获得 GUSI 国际和平奖（亚洲诺贝尔和平奖），同年获中国医学界认可度最高的吴阶平医学奖特别贡献奖，2017 年获中国红十字总会颁发的重大贡献奖。现为英国爱丁堡皇家外科学院院士、香港医学专科学院院士、世界器官移植学会中国会员、亚洲肝胆胰外科协会中国理事，是国内外多间著名大学的客座或名誉教授，如北京大学、清华大学、中山大学、香港中文大学、哈佛大学、麻省理工学院、悉尼大学等。现任国家器官捐献与移植委员会主任委员，中国器官移植发展基金会理事长，清华大学医院管理研究院院长，中国协和医科大学和清华大学外科学教授。

黄洁夫是享誉国内外的移植外科专家与卫生行政管理工作者。他于 1994 年成功地完成了中国首例静脉转流下的临床肝移植，开启了中国肝移植发展第二阶段，于 1997 年完成了亚洲首例肝肾联合移植，于 2005 年完成了中国首例离体肝切除加自体肝移植术。他主编了中国第一部《临床肝移植》专著，是中国移植界高度认可的学科带头人。黄洁夫自 2005 年以来，根据世界卫生组织器官移植的指导原则并结合中国国情，领导了中国移植事业十余年来卓绝的改革，创建了一个中国器官捐献与移植的"中国模式"，引领中国移植事业进入了一个由公民自愿捐献为唯一合法器官来源的移植事业的新时代。2018 年 3 月 12 日至 13 日，由联合国和梵蒂冈教皇科学院主持召开的"践行伦理道德会议"的会议宣言高度肯定了"中国模式"与黄洁夫教授的领导作用。

黄平
Ping Huang

中国社会科学院欧洲研究所所长，研究员
中国—中东欧国家智库交流与合作网络秘书长

黄平，现任中国社会科学院欧洲研究所所长，研究员，兼任中国与中东欧智库网络秘书长、中国社科院世界政治研究中心主任、台港澳研究中心主任，并担任中华美国学会会长、中国国际关系学会副会长、中国世界政治研究会副会长、全国港澳研究会副会长、中国人民对外友协理事、外交学会理事。

黄平1991年毕业于伦敦经济学院，获社会学博士学位。历任中国社会科学院社会学研究所副所长、国际合作局局长、美国研究所所长。其间曾当选联合国教科文组织（UNESCO）社会转型管理政府间理事会副理事长（1998~2002）、教科文组织重大科学项目国际评审委员（2003~2005）、国际社会科学理事会副理事长（2004~2006）和国际社会学会副会长（2002~2012）。

黄平在社会发展、人口流动、城乡关系、中美关系、中欧关系、全球化、中国道路、现代性等领域有长期的专门研究，出版过《寻求生存》《未完成的叙说》《误导与发展》《与地球重新签约》《公共性的重建》（上、下）、《中国农民工反贫困》（中英文）、《西部经验》《乡土中国与文化自觉》《梦里家国：社会发展，全球化，中国道路》《华侨华人在中国软实力建设中的作用》《中国与全球化：华盛顿共识还是北京共识？》、*China Reflected* 等著作，翻译过《现代性的后果》《亚当·斯密在中国》等重要著作，在《中国社会科学》《社会学研究》《人口研究》《欧洲研究》发表过论文,在英、美、法、荷、日、越、泰、印等国发表过文章,并担任过《读书》杂志的执行主编(1996~2006),他也是《社会蓝皮书》最早的核心组成员并担任过副主编,曾任《美国研究》和《美国蓝皮书》主编,现为《欧洲研究》《欧洲蓝皮书》主编,The British Journal of Sociology, Current Sociology, Comparative Sociology, Sociology of Development, Global Social Policy 等国际著名学术刊物的国际编委。

黄平在布鲁塞尔、巴黎、北京等地组织过四届有中欧领导人出席的"中欧文化高峰论坛",在华盛顿、伦敦等地举办过"中国社会科学论坛"等国际问题圆桌或高端对话,负责过国家社科基金、中央部委委托课题、联合国粮农组织、教科文组织、欧盟等委托的课题。黄平任总策划的作品多次获得过国家"五个一"工程奖和"飞天"一等奖;他也是国家"四个一批"和哲学社会科学领军人才,享受国务院特殊津贴专家。

金鑫
Xin Jin

中共中央对外联络部当代世界研究中心主任
"一带一路"国际智库合作联盟秘书长

金鑫,现任中共中央对外联络部当代世界研究中心主任,"一带一路"国际智库合作联盟秘书长。同济大学、兰州大学兼职教授,全国青联委员,中国国际法学会理事,教育部区域和国别研究评审专家,国家社会科学基金评审专家。

金鑫先后就读于兰州大学历史系、中国社会科学院研究生院世界经济与政治研究系、中欧国际工商学院、南开大学周恩来政府管理学院国际政治系，高层管理人员工商管理硕士、法学博士，研究员。2003年至2004年，在英国剑桥大学国际问题研究中心做访问学者。先后任中联部国际信息中心副处长，中联部办公厅秘书二处处长，当代世界出版社副社长，《当代世界》杂志总编辑，当代世界研究中心参赞，安徽池州市委常委、副市长。

金鑫长期从事国际问题研究，先后参与中央马克思主义理论研究与建设工程、中央党建课题、国家社科基金项目、中国社科院和中联部重大课题的研究工作，在国家核心期刊和有关部委内部刊物发表论文和内部报告上百篇，出版著作9部，有多篇论文在全国和省部级成果评比中获奖，有多篇调研报告受到中央领导和有关部门的好评。专著《中国问题报告》曾被评为"2001年度全国十部有影响的著作""2004年度全国十大政经图书"。《世界问题报告》获评"全国优秀畅销书奖"。《中国民族问题报告》以其对涉疆涉藏等问题的预测性分析和前瞻性思考受到学界和中央有关部门的好评。"一带一路"倡议提出以来，金鑫同志牵头组织撰写的一批相关调研报告受到中央领导同志批示。

李铁
Tie Li

国家发展和改革委员会城市和小城镇改革发展中心原主任

李铁，1987年获硕士学位。研究员、博士生导师、清华大学特邀高级研究员、城市化问题专家、国务院特殊津贴专家、北京十二五规划专家委员会委员、世博会中国馆咨询专家。

曾任国家发展和改革委员会城市和小城镇改革发展中心主任。曾在中共中央农村政策研究室和国务院农村发展研究中心、国务院发展研究中心、国家经济体制改革委员会和国务院经济体制改革办公室等单位工作。长期从事城镇化、城市和小城镇发展、城市发展战略规划、农村改革和发展的政策咨询工作。多次主持和参与了中央、国务院有关城镇化政策文件的起草和制定，参加了2004年以来7个中央一号文件的起草工作。

参与了"十二五"中国城镇化发展战略规划研究，作为课题负责人主持世界银行、亚洲银行、联合国开发计划署、福特基金会等多个国际组织有关城市化研究、城市发展规划研究和土地问题研究的重大课题项目。作为牵头人和项目负责人主持了一批国内各类城市和地区的发展规划、产业规划、土地利用总体规划和旅游战略规划的编制。

研究成果：

《发展小城镇——符合中国国情的城镇化道路》（原国务院体改办课题）、《小城镇建设与城镇化问题》（中财办课题）、《"十五"城镇化战略重点专项规划》和《中国二十一世纪初城镇可持续发展战略研究》（原国家计委课题）、《农村城镇化战略与管理研究》（国家自然科学基金课题）、《小城镇发展与农村剩余劳动力转移》和《中国农村城镇化与小城镇发展》（海南基金会课题）及《中国城市化过程中的体制变革研究》（中国改革基金会课题）等；主持起草关于印发《小城镇综合改革试点指导意见》的通知（原体改农〔1995〕49号），完成全国57个试点小城镇综合改革方案的设计；全程参与完成《中共中央国务院关于促进小城镇健康发展的若干意见》（中发〔2000〕11号）的文件起草工作；主持起草了国务院办公厅《关于做好农民进城务工就业管理和服务工作的通知》（国办发〔2003〕1号）；担任联合国开发计划署（UNDP）"可持续发展的中国小城镇"和联合国儿童基金会（UNICEF）"家庭与社区支持"项目主要负责人；曾在《人民日报》《经济日报》等主要报刊上发表城镇化问题研究专论。

李吉平
Jiping Li

中国开发性金融促进会执行副会长

李吉平，现任中国开发性金融促进会执行副会长，原国家开发银行副行长。

李吉平于1983年获辽宁财经学院（现东北财经大学）学士学位。2008年10月起任国家开发银行党委委员、副行长。

李吉平所在的中国开发性金融促进会坚持开发性金融理念，为我国急需金融支持的重要领域提供了系统性支持，使得开发性金融促进会成为供给侧改革的生力军。近年来，促进会帮助了大量符合国家发展战略和政策导向、急需发展却又缺乏资金的产业领域，发挥了连接政府和市场的桥梁纽带作用，打通了融资瓶颈。此外，促进会还支持了大批重要基建项目如地下综合管廊建设等，积极推广政府与社会资本合作（PPP）模式，最终形成"促进会搭台、央企和民企合作、开行融资、社会资本参与"的成熟模式。

李绍先
Shaoxian Li

宁夏大学中国阿拉伯研究院院长，研究员

李绍先，中国中东问题专家，现任宁夏大学中国阿拉伯研究院院长，中国中东学会副会长。

李绍先1985年至1988年就读于国际关系学院，获政法专业硕士。1988年至2014年就职于中国现代国际关系研究院（CICIR），历任助理研究员、研究员、副院长。李绍先从事中东问题逾30年，是国家中东问题研究领域重要智库的负责人之一，为中国中东政策和战略决策提供了可靠的建议。

李绍先组织开展了宁夏大学中阿院在中国与阿拉伯国家间的国际关系、能源合作、经贸合作、产业科技创新与推广、博览会机制、人文交流和人才培养诸多领域的工作，研究报告得到了中办、中央外办、国安办、教育部、外交部、中联部和宁夏回族自治区党委政府的充分肯定。

李绍先是中央电视台、中央人民广播电台国际问题顾问、特约评论员，全国五一劳动奖章获得者，享受政府特殊津贴。因主持研究关于新疆问题的研究报告，李绍先曾获国家二级英模称号。主要著作包括《李绍先眼中的阿拉伯人》《海湾寻踪》等。

李希光
Xiguang Li

清华大学国际传播研究中心主任，教授

    李希光，现任清华大学教授、博士生导师；清华大学国际传播研究中心主任、清华大学巴基斯坦文化与传播研究中心主任、健康传播研究所所长、清华大学网络信息与社会管理研究中心首席专家；西南政法大学全球新闻传播学院名誉院长、世界与中国议程研究院院长、喜马拉雅研究所所长；卫生部应急专家委员会成员、联合国教科文组织媒介素养与文明对话教席负责人、中巴经济走廊网总编辑。

    李希光曾任清华大学新闻与传播学院常务副院长、新华社高级记者、哈佛大学新闻政治与公共政策中心研究员、《华盛顿邮报》科学与医学记者、联合国教科文组织丝绸之路青年学者。早在1990年，李希光就曾随巴基斯坦杰出学者丹尼教授乘船来到卡拉奇，沿印度河采访考察古丝绸之路。作为联合国教科文组织丝绸之路青年学者，李希光已在海上丝绸之路、草原丝绸之路、沙漠丝绸之路、阿尔泰游牧路线行走5万多公里，被誉为"走遍丝路第一人"。

    2010年以来，李希光分别受扎尔达里总统、吉拉尼总理、穆沙希德参议员等邀请，先后六次率领团组深入巴基斯坦访问考察，并带领清华巴基斯坦研究团队每年与巴基斯坦国家科技大学和国家信息科技大学共同召开中国—巴基斯坦联合智库年会。李希光对巴基斯坦积极开展公共外交，他多次与巴基斯坦领导人深入交谈，曾当面向穆沙拉夫总统、扎尔达里总统、侯赛因总统、吉拉尼总理等深入介绍中国社会政治、经济文化的发展。2015年3月,巴基斯坦侯赛因总统专门听了李希光的演讲《"一带一路"与伊斯兰世界》。2015年夏天,李希光与穆沙希德参议员率领中巴远征队全程考察了中巴经济走廊。

李希光教授著有《写在亚洲边地》《谁蒙住了你的眼睛——人人必备的媒介素养》《新闻采访写作教程》《初级新闻采访写作》《软实力与中国梦》《舆论引导力与文化软实力》《对话西藏:神话与现实》《新闻教育未来之路》《发言人教程》等。在《科学》《求是》《红旗文稿》《人民论坛》《华盛顿邮报》等发表过有影响文章。

李希光曾获联合国艾滋病防治特殊贡献奖、巴基斯坦总统奖和全国十大教育英才等荣誉称号,享受国务院政府津贴。

李向阳
Xiangyang Li

中国社会科学院亚太与全球战略研究院院长,研究员

李向阳,现任中国社会科学院亚太与全球战略研究院院长,研究员;兼任中国世界经济学会副会长、中国美国经济学会副会长、中国亚太学会副会长。

李向阳1979年至1983年在中央财经大学学习,获经济学学士学位,1985年至1988年在中国社会科学院研究生院学习,获经济学硕士学位,1995年至1998年在中国社会科学院研究生院学习,获经济学博士学位。1988年至2009年在中国社会科学院世界经济与政治研究所工作,2009年调任中国社会科学院亚太所,主要研究领域为国际经济学。

李向阳先后发表了《建设"一带一路"过程中需要优先处理的关系》

《论海上丝绸之路的多元化合作机制》《跨太平洋伙伴关系协定：中国崛起过程中面临的重大挑战》《全球经济重心东移的前景》《全球气候变化规则及其对世界经济的影响》《区域经济合作中的小国战略》《国际经济规则的实施机制》《国际经济规则的制定机制》《新区域主义与大国战略》等多项重要研究成果，出版《企业信誉、企业行为与市场机制》《市场缺陷与政府干预》等多项专著。

李向阳 1992 年获中国社会科学院首届青年优秀科研成果论文二等奖，1993 年获中国社会科学院优秀青年称号，1994 年获中国社会科学院首届优秀科研成果论文奖，1996 年获中国社会科学院"有突出贡献的中青年专家"称号，1998 年获国务院政府特殊津贴，2002 年获中国社会科学院第四届优秀科研成果奖论文三等奖，2007 年获中国社会科学院第六届优秀科研成果论文二等奖，2009 年入选中宣部"四个一批"工程。

李永全
Yongquan Li

中国社会科学院俄罗斯东欧中亚研究所原所长，研究员

李永全，中国社会科学院俄罗斯东欧中亚研究所原所长，中国社会科学院"一带一路"研究中心主任、中国俄罗斯东欧中亚学会常务副会长，《俄罗斯东欧中亚研究》杂志主编，《俄罗斯发展报告》（黄皮书）主编。中国国际问题研究基金会欧亚中心执行主任。

李永全 1975 年毕业于辽宁大学外语系，1990 年毕业于苏联莫斯科大学历史系，历史学博士，长期在中共中央编译局从事马克思主义经典著作翻译以及俄罗斯历史和当代国际问题研究。1999 年至 2004 年及 2009 年至 2011 年任《光明日报》驻莫斯科记者并曾荣获中国新闻奖。2005 年至 2009 年，任中国国务院发展研究中心欧亚社会发展研究所常务副所长。

主要著作有：《列宁的新经济政策原则及其国际意义》（俄文专著）、《俄国政党史——权力金字塔的形成》（专著）（1999 年出版，2006 年第三次印刷）、《莫斯科咏叹调》（2005 年）。在国内外各种刊物上发表学术论文及政论作品百余篇。

主要译著有：瓦·博尔金《戈尔巴乔夫沉浮录》，尼·雷日克夫《大动荡的十年》，肖洛霍夫《他们为祖国而战》，伊·列昂诺夫《独臂长空》等。

刘世锦
Shijin Liu

国务院发展研究中心原副主任
中国发展改革研究基金会副理事长

刘世锦，现任中国发展改革研究基金会副理事长，兼任中国国际经济交流中心副理事长。研究员，博士生导师。

刘世锦1982 年 2 月毕业于西北大学经济系，获经济学学士学位。1982 年至 1986 年，在西北大学经济系（后为经济管理学院）工作，任讲师、教研室主任，并在职读硕士学位。1989 年 11 月获中国社会科学院研究生院经济学博士学位。1989 年至 1994 年在中国社会科学院工业经济研究所工作，任副研究员、研究室副主任。1994 年至 2001 年，先后任国务院发展研究中心市场经济研究所副所长、宏观经济研究部副部长、产业经济研究部部长。2002 年至 2005 年，任国务院发展研究中心党组成员、办公厅主任、学术委员会秘书长。2005 年 3 月起任国务院发展研究中心副主任、党组成员。2015 年至今，任中国发展研究基金理事会副理事长。

刘世锦长期以来致力于经济理论和政策问题研究，主要涉及企业改革、经济制度变迁、宏观经济政策、产业发展与政策等领域，先后在《人民日报》《求是》《经济日报》《光明日报》《经济研究》《管理世界》等国内外重要刊物上发表学术论文及其他文章 200 余篇，独著、合著、主编学术著作 20 余部。

刘世锦是近年来一系列产生广泛影响的研究成果的直接领导者和主笔者，包括与世界银行联合进行的《2030 年的中国：建设现代、和谐、有创造力的社会》等研究报告；提出中国经济增长速度将会放缓、进入增长阶段转换等判断的著作《陷阱与高墙：中国经济面临的真实挑战与选择》；较早引入中国经济新常态重要观点的著作《在改革中形成增长新常态》等。

刘世锦是中共十八届三中和五中全会报告的起草者之一，是中国国家十三五规划专家委员会委员、国家应对气候变化专家委员会委员、中国经济 50 人论坛成员等，兼任多所大学的教授和博士生导师以及城市顾问。曾多次获得全国性有较大影响力的学术奖励，包括两次获得经济研究界最高奖——孙冶方经济科学奖，中国发展研究特等奖等。

刘殿勋
Dianxun Liu

商务部投资促进事务局党委书记、局长

刘殿勋，现任商务部投资促进事务局党委书记、局长。

刘殿勋于 1987 年 6 月加入中国共产党，1989 年毕业于广州对外贸易学院经济系国际贸易专业。

刘殿勋于 1989 年至 1996 年任外经贸部交际司干部；1989 年至 1990 年被外经贸部派至河北石家庄环宇电视集团基层锻炼；1996 年至 1997 年任外经贸部交际司联络处副处长；1997 年至 2001 年任中国驻英国大使馆经商参处二秘；2001 年任外经贸部交际司综合联络处副处长；2001 年至 2003 年任外经贸部交际司护照签证处、联络处处长；2003 年至 2005 年任商务部外事司联络处、接待处处长；2005 年至 2009 年任商务部外事司副司长；2009 年至 2011 年任商务部外事司司长；2011 年至 2015 年任商务部投资促进事务局局长；2015 年至今任商务部投资促进事务局党委书记、局长。

龙永图
Yongtu Long

全球 CEO 发展大会联合主席
中国与全球化智库（CCG）主席
中国 WTO 原谈判总代表

龙永图，原国家外经贸部副部长，原博鳌亚洲论坛理事、秘书长；现任全球 CEO 发展大会联合主席、复旦大学国际关系与公共事务学院院长、中国与全球化智库（CCG）主席。

龙永图 1965 年毕业于贵州大学外语系，1973 年赴英国伦敦经济学院学习。1978 年到 1980 年在中国驻联合国代表团担任外交官，后在联合国开发计划署（UNDP）任职。1986 年回国，先后任中国国际经济技术交流中心副主任、经贸部国际联络司司长。1993 年调入外经贸部工作，

2002年至2003年初担任外经贸部党组成员、副部长。1995年1月至2001年9月，他作为首席谈判代表，在第一线领导并最终成功结束了长达十五年的中国加入世贸组织的谈判。

龙永图经常作为嘉宾应邀出席世界著名研究、学术机构和知名大学组织的研讨会，其中包括哈佛大学、华盛顿大学、伦敦经济学院、澳大利亚国立大学、新加坡国立大学以及荷兰全球论坛、日本淡岛论坛、太平洋经济论坛、英国皇家学会、美国亚洲协会、美国亚洲基金会、经济合作与发展组织以及亚洲开发银行等。他曾经主编了"全球化·世贸组织·中国"系列丛书。

卢山
Shan Lu

中国电子信息产业发展研究院院长
工业和信息化部软件与集成电路促进中心主任

卢山，现任工业和信息化部软件与集成电路促进中心主任、中国电子信息产业发展研究院院长。

卢山2000年毕业于北方交通大学工商管理系管理科学与工程专业，获博士学位。毕业后任职于国家信息产业部计算机与微电子发展研究中心赛迪咨询顾问有限公司，担任总裁助理。2000年至2001年任中国计算机报社副总编，2001年至2002年任赛迪信息技术评测公司执行总裁，2002年至2003年任中国计算机报社执行总编，2003年至2004年任中国电子信息产业发展研究院团委书记、中国计算机报社执行总编，2004年至2006年任中国计算机报社常务副社长、执行总编、中国电子信息产业发展研究院团委书记，2006年至2009年任赛迪传媒投资股份有限公司总经理、中国电子信息产业发展研究院团委书记，2009年至2014年任中国电子信息产业发展研究院副院长。其间，2012年至2014年挂职重庆市，任重庆南岸区委常委、副区长。2014年7月至今，任工业和信息化部软件与集成电路促进中心主任，2015年12月至今任中国电子信息产业发展研究院院长。

卢山长期从事计算机软件总体设计、质量保证以及数据共享等方向研究。曾完成多项国家级重大科研项目和国家公共技术服务平台建设，在电子信息系统可靠性及测试领域做出了重要贡献。

卢山是全国青联第十一届委员，中央国家机关第四届青联委员，曾先后获得2000年至2001年度中央国家机关优秀青年、全国优秀共青团干部等荣誉称号，享受政府特殊津贴。

罗熹
Xi Luo

华润（集团）有限公司党委副书记、副董事长、总经理

罗熹，现任华润（集团）有限公司副董事长、总经理，高级经济师。

罗熹在1977年至1978年到江西省上高县蒙山林场做知青，1978年至1980年到江西银行学校信贷专业学习，1980年至1985年担任江西银行学校教研室教师。

1987年至1994年，罗熹先后担任中国农业银行办公室秘书、副处级秘书、国际业务部副处长、处长。

1994年至1996年，罗熹担任中国农业银行海南省分行行长助理（兼任中国农业银行海南省信托投资公司总经理、法人代表），之后在1996年至2002年担任中国农业银行海南省分行副行长、党组成员，中国农业银行福建省分行副行长、党组成员，中国农业银行资产保全部、资产风险监管部总经理，中国农业银行资产保全部、资产风险监管部总经理，以及中国农业银行国际业务部总经理（兼任香港农银国际财务有限公司董事长）、海南国际财务有限公司董事长，并在2001年到中央党校一年制中青年干部培训班学习。

2002年至2004年，罗熹担任中国农业银行行长助理兼国际业务部总经理，随后担任中国农业银行副行长、党委委员。2009年，罗熹担任中国农业银行股份有限公司执行董事、副行长、党委委员。

2009年至2013年，罗熹担任中国工商银行股份有限公司副行长、党委委员（兼任中国工商银行（莫斯科）股份公司、中国工商银行（加拿大）股份公司董事长）；2013年，罗熹担任中国工商银行股份有限公司执行董事、副行长、党委委员（兼任中国工商银行（莫斯科）股份公司、中国工商银行（加拿大）股份公司董事长）。

2013年至2016年，罗熹担任中国出口信用保险公司总经理、副董事长、党委副书记。

穆显奎
Xiankui Mu

中国人民解放军军事科学院研究员、少将

穆显奎，现任军事科学院研究员、博士生导师、博士后导师组组长，军队专业技术三级,国家专业技术人才专家库专家,《中国人民解放军现役军官法》专家组顾问。曾任军事科学院军队建设研究部主任;中国军事法学会副会长兼秘书长;中国人民解放军共同条令编修课题组组长;中国人民解放军信息化工作条令课题组组长。

穆显奎专业领域为军事战略管理、国防军事立法、军队信息化建设、中美问题、中亚问题、台湾问题等。曾获三等功11次,获叶剑英军事科学奖,获全军军事科研特别奖8项,获军事科研一等奖98项,获军事科研二等奖45项,获军事科研三等奖16项,获军事科研优秀奖69项,获军事科学院优秀党支部书记,军事科学院优秀共产党员,军事科学院优秀主任等称号。

代表作有:当代中国丛书《中国人民解放军卷》陆军、海军、空军、第二炮兵卷(主编张爱萍);《国防动员学》(主编迟浩田);《中国军事改革的总设计师——邓小平》等。

牛仁亮
Renliang Niu

中国生产力学会会长
山西省原副省长
山西省资源型经济转型促进会总顾问

牛仁亮,山西省原副省长,2019年1月27日当选为中国生产力学会会长。

牛仁亮1988年至1991年在中国社科院研究生院读博士研究生并获经济学博士学位;1991年至1994年在中共中央办公厅,从事战略研究工作;1995年至1998年在中国南方证券公司任职,负责人事机构和资本市场研究，并兼任天津分公司总经理；1999年至今在山西省工作，先后担任省委副秘书长兼省委政策研究室主任、省发展计划委员会主任、省政府副省长、省人大常委会副主任等职。

牛仁亮先后主持并负责起草了山西省"十五"计划、"十一五"规划和"十二五"规划。其中，2000年，主持研究并执笔起草的山西省"十五"计划，在全国率先系统提出并部署了产业结构的全面调整，受到国家高度重视，并作为唯一的典型在全国发展计划系统会上作了经验介绍。

牛仁亮主笔撰写的：《焦炭价格研究》，获第五届"薛暮桥价格研究奖"；《企业冗员与企业效率》，获中国第八届图书奖；《资源型经济转型研究》，获山西省2012年度科技进步一等奖。

潘家华
Jiahua Pan

中国社科院城市发展与环境研究所所长
国家气候变化专家委员会委员

潘家华，现任中国社会科学院城市发展与环境研究所所长，兼任中国城市经济学会副会长、中国生态经济学会副会长、中国能源学会副会长、国家气候变化专家委员会委员、国家外交政策咨询委员会委员、北京市政府专家顾问委员会委员、《城市与环境研究》主编、国家973项目首席专家。

潘家华曾任湖北省社科院长江经济研究所副所长、UNDP北京代表处高级项目官员、能源与发展顾问、联合国气候变化专门委员会社会经济评估工作组（荷兰）高级经济学家。

  主要研究领域包括可持续发展经济学、可持续城市化、土地与资源经济学、世界经济等。曾任联合国气候变化专门委员会（IPCC）第三工作组"减缓气候变化"评估报告第三次（1997~2001）报告共同主编（剑桥大学出版社）、主要作者，第四次（2003~2007）和第五次报告（2010~2014）主要作者。在《中国社会科学》《经济研究》以及英文刊《科学（2008，10）》《自然（2009，10）》《牛津经济政策评论（2009，10）》等国内外刊物上发表中英文论（译）著300余篇（章、部）。

  2010年2月，潘家华应邀在中央政治局第19次集体学习时讲解控制温室气体排放目标。曾获中国社科院优秀科研成果一等奖和二等奖、孙冶方经济科学奖（2011），享受国务院特殊津贴，2010/2011中国年度绿色人物。

仇保兴
Baoxing Qiu

国务院参事，国际水协中国委员会主席
中国城市科学研究会理事长

  仇保兴，1971年9月参加工作，1977年7月加入中国共产党。研究生学历，经济学博士、工学博士、高级规划师。

  曾任住房和城乡建设部副部长、党组成员，国务院三峡工程建设委员会委员。十二届全国政协委员、人口资源环境委员会副主任。中共十五大、十七大代表，第十七届中央纪委委员。浙江工业大学客座教授，南京大学、复旦大学、南京财经大学、同济大学兼职教授。

1974年9月至1977年9月，在杭州大学物理系物理专业学习。1977年9月至1980年2月，杭州大学物理系光学教研室助教。1980年2月至1983年3月，浙江省乐清自动化仪表厂助工、副厂长（主持工作）。

1983年3月至1984年1月，浙江省乐清县副县长。1984年1月至1984年11月，浙江省乐清县委副书记、县委政法委书记。1984年11月至1990年10月，浙江省乐清市委书记（1989年9月至1990年10月在中央党校培训部学习）。

1990年10月至1991年7月，浙江省金华市委常委、市委秘书长。1991年7月至1992年8月，浙江省金华市委常委、市委宣传部部长。1992年8月至1993年10月，浙江省金华市委常委、市委宣传部部长，市开发区工委副书记、管委会主任。1993年10月至1994年1月，浙江省金华市委副书记。1994年1月至1999年3月，浙江省金华市委书记（1996年2月至1999年1月在上海复旦大学经济系政治经济学专业博士研究生班学习）。

1999年3月至4月，浙江省杭州市委副书记。1999年4月至2000年1月，浙江省杭州市委副书记、杭州市代市长。2000年1月至2001年11月，浙江省杭州市委副书记、杭州市市长。

2001年11月至2008年3月，建设部副部长、党组成员。2008年3月至2013年3月，住房和城乡建设部副部长、党组成员。2013年3月至2014年5月，全国政协人口资源环境委员会副主任，住房和城乡建设部副部长、党组成员。2014年5月至2015年2月，全国政协人口资源环境委员会副主任。

沙祖康
Zukang Sha

联合国前副秘书长
中巴友好协会会长
国际绿色经济协会名誉会长

　　沙祖康，联合国主管经济和社会事务前副秘书长，现任中巴友好协会会长，国际绿色经济协会名誉会长。

　　沙祖康1970年毕业于南京大学英语系，1971年至1974年任中国驻英国大使馆科员，1974年至1980年任中国驻斯里兰卡大使馆科员，1980年至1985年任中国驻印度大使馆随员、三秘，1985年至1988年任中国外交部国际司三秘、副处长、一秘，1988年至1992年任中国常驻联合国代表团一秘、参赞，1992年至1995年任中国外交部国际司参赞、副司长，1995年至1997年任中国常驻联合国日内瓦办事处及瑞士等国际组织副代表、中国裁军事务大使，1997年至2001年任中国外交部军控司司长，2001年至2007年任中国常驻联合国日内瓦办事处及瑞士等国际组织代表、大使，2007年至2012年任联合国副秘书长（经济和社会事务），2010年至2012年任联合国可持续发展峰会筹备会及峰会秘书长，2015年至今任外交部外交政策咨询委员会委员。

　　沙祖康在长达43年外交生涯中，涉足政治、安全、经济、社会、人权、人道等广泛领域。他作为中国政府和军方的顾问，参与了中国政府在许多重大外交问题上的决策，是中国一系列重大军控和裁军倡议的设计者之一，也是改革开放以来中国外交的参与者和见证人。

　　沙祖康作为中国政府代表，1993年在沙特的配合下，与美方谈判，妥善解决了"银河号"事件。作为中国外交部高级官员，他于1993年至

1994年参与了第一次朝核危机的处理。作为外交部长唐家璇的主要顾问，他于1998年参与处理南亚核危机，参加五国外长关于南亚核问题联合声明的起草和磋商，并为此后联合国安理会通过1172号决议做出了贡献。作为中国大使，他参与了中国政府和世界卫生组织对2003年"非典事件"的处理。

沙祖康于1997年担任首任中国外交部军控司司长，在中国履行军控、人权国际条约过程中，他多次承担中国政府各部门、军队和民间社会之间的协调工作，提出履约报告，配合履约视察和联合国工作组与报告员的调查访问，倡导成立中国非政府组织，推动国际组织在中国设立代表处。

作为一位杰出的谈判者，沙祖康也参与了《不扩散核武器条约》《全面禁止核试验条约》《禁止化学武器公约》《禁止生物武器公约》和《特定常规武器公约》等军控和裁军领域重大国际条约的谈判和审议，参与了起草联大和安理会通过一些重要的关于军控和国际安全的决议，以全球视野和战略眼光，积极倡导国际安全合作，维护国际和平和地区稳定。

闪淳昌
Chunchang Shan

国务院应急管理专家组组长
国家减灾委专家委员会副主任，国务院参事

闪淳昌，中共党员，1965年参加工作，教授级高级工程师，高级经济师，原国家安全生产监督管理局副局长。在安全生产和应急管理领域具有丰富的理论知识和实践经验。

现任国务院应急管理专家组组长、国家减灾委专家委员会副主任、国务院参事。

2015年1月,任"12·31"外滩拥挤踩踏事件联合调查组成员。

1965年曾在云南省地矿局区调队、物探大队任工程师、教育科长、副队长;1983年至1984年任云南省地质矿产局副局长;1984年任云南省科委副主任兼云南省科技干部管理局党组书记、局长;1987年任云南省劳动人事厅副厅长、党组副书记、厅长。

1990年任国家劳动部工资司司长;1992年任中国四达国际经济技术合作公司总经理、党委书记;1994年任劳动部职业安全卫生与锅炉压力容器监察局局长;1997年任劳动部矿山安全监察局局长;1998年任国家经贸委安全生产局局长;2001年任国家安全生产监督管理局副局长、党组成员。

2003年被国务院聘任为国务院参事室参事。2003年,参与了国家中长期科技发展规划第九专题《公共安全科技问题研究》工作,并担任课题组副组长。

2010年应邀担任河南理工大学应急管理学院名誉院长。

史育龙
Yulong Shi

国家发展和改革委员会城市和小城镇改革发展中心主任
国家发改委宏观经济研究院研究员、科研管理部副主任

史育龙,兰州大学理学学士(1988),北京大学理学硕士(1991)。现任国家发展和改革委员会城市和小城镇改革发展中心主任、国家发改

委宏观经济研究院研究员、科研管理部副主任。

1996年毕业于北京大学城市与环境学系经济地理专业，获理学博士学位。

1996年起在国家发改委宏观经济研究院工作。

2001年至2007年任国土开发与地区经济研究所城镇发展研究室主任。

2007年至2018年任国家宏观经济研究院国土开发与地区经济研究所所长。

现任国家发改委宏观经济研究院研究员、科研管理部副主任、国家发展和改革委员会城市和小城镇改革发展中心主任。

1996年至2007年，在国家发展改革委国土开发与地区经济研究所从事城市化与区域开发、可持续发展等领域的研究工作，先后主持或参加国家和部委、地方政府委托课题、"863"攻关项目、"十一五"科技支撑计划项目以及国际合作课题40多项，多次参与起草重大规划和文件。

获省部级二等奖3项；国家发改委机关优秀研究成果三等奖1项；宏观经济研究院优秀研究成果二等奖3项、三等奖1项；宏观经济研究院年度优秀调研报告三等奖2项；中国可持续发展研究会优秀论文一等奖1项。

主编出版学术著作2本，在国内外学术刊物发表学术论文50多篇。

担任中国地理学会城市地理专业委员会委员，国家自然科学基金管理科学部评议专家、《城市发展研究》、《中国城市化》等学术期刊编委等学术职务。

孙玉清
Yuqing Sun

大连海事大学校长

孙玉清，现任大连海事大学校长、教授、博士生导师。

孙玉清1986年本科毕业于大连海运学院轮机管理专业，1989年硕士毕业于大连海运学院轮机管理工程专业，1997年博士毕业于大连海事大学轮机工程专业。1989年起留校任教，历任科研处副处长、"211工程"办公室副主任、主任、校长助理、副校长。2010年任交通运输部管理干部学院院长、党委副书记兼部党校常务副校长。2014年至今，任大连海事大学校长。

孙玉清主要从事轮机工程、船舶机电一体化等领域研究。曾多次荣获高等教育国家级教学成果奖、辽宁省科技进步奖等奖项。多次担任国家科学技术奖励、国家国际科技合作专项和国家自然科学基金项目的评审专家。

孙玉清是国家制造强国建设战略咨询委员会委员、第七届教育部科学技术委员会能源与交通学部委员、第五届海峡两岸航运交流协会副理事长、海底工程技术与装备国际联合研究中心主任、中国航运50人论坛执委。

孙壮志
Zhuangzhi Sun

中国社会科学院俄罗斯东欧中亚研究所所长，研究员

中国社会科学院上合组织研究中心秘书长

孙壮志，现任中国社会科学院俄罗斯东欧中亚研究所所长，研究员，中国社科院研究生院俄罗斯东欧中亚系教授，博士生导师。兼任中国社科院上海合作组织研究中心秘书长、中国上海合作组织睦邻友好合作委员会委员、中国亚非学会常务理事、中联部当代世界研究中心常务理事、对外经贸大学、上海大学、新疆大学兼职教授等。

孙壮志2000年毕业于中国社科院研究生院，法学博士学位，专业为国际政治，研究方向为中亚地区国际关系与上海合作组织。

主要著作有《中亚五国对外关系》（1999）、《中亚新格局与地区安全》（2001）、《中亚安全与阿富汗问题》（2003）、《独联体国家"颜色革命"研究》（2011），论文有《上合组织新发展与我国对外经济合作的新机遇》（2012）、《中亚新形势与上合组织的战略定位》（2011）、《上海合作组织：中国与中亚合作的重要平台》（2011）等。

王忠民
Zhongmin Wang

全国社保基金理事会原副理事长

王忠民，男，1985年4月加入中国共产党，1975年2月参加工作，中国社会科学院研究生院政治经济学专业毕业，研究生学历，经济学博士、教授、博士生导师，国家有突出贡献专家，享受国务院特殊津贴。曾任全国社会保障基金理事会副理事长。

1986年2月至1988年12月中国社会科学院研究生院博士研究生毕业，经济学博士。

1988年12月至1993年3月西北大学经济学院教师（其间：1991年10月至1993年3月在英国基尔大学经济系从事博士后研究工作）。1993年3月至1995年12月西北大学经济管理学院副院长，教授、博士生导师。1995年12月至1997年7月西北大学副校长。1997年7月至1999年1月西北大学党委常委、校长。1999年1月至2002年7月陕西省政府党组成员、秘书长，省政府办公厅主任、党组书记。2002年7月至2003年12月陕西省安康市委书记。2003年12月至2004年10月全国社会保障基金理事会股权部主任。2004年10月至2017年12月全国社会保障基金理事会党组成员、副理事长。

第九届全国政协委员，十七大当选为中央纪委委员，十八届中央纪律检查委员会委员。

王晓红
Xiaohong Wang

中国国际经济交流中心信息部副部长
《全球化》副总编

王晓红，经济学博士，1998年毕业于中国社会科学院研究生院，2002年至2005年在东北大学博士后流动站从事研究工作，2005年至2013年在国家发改委宏观经济研究院工作，2013年调入中国国际经济交流中心，现任中国国际经济交流中心信息部副部长、《全球化》副总编，兼任中国藏学研究中心学术委员会委员、上海交通大学、北京邮电大学、福建师大等多所大学教授。

王晓红教授长期致力于开放型经济和服务经济领域的研究，是我国具有影响力的专家。主笔撰写的内参多次获得党和国家领导人的重要批示，并多次担任商务部、工信部等部委咨询专家，担任国家社科基金、教育部重大攻关项目评委。

王晓红教授的个人专著及主持的科研成果先后5次荣获省部级优秀成果奖。其中专著《中国设计：服务外包与竞争力》（独著）和《中国服务外包：跨越发展与整体提升》（独著），分别荣获2009年和2013年商务部全国商务发展研究成果奖三等奖；研究报告《"十三五"时期中国企业对外直接投资战略研究》（课题组长，第一作者）、《新形势下我国对外经贸合作前景及对策研究》（课题组长，第一作者），分别荣获2017年商务部全国商务发展研究成果奖三等奖、优秀奖；研究报告《我国制造业创新设计发展规划研究》（课题主持人，第一作者），荣获2017年国家发改委优秀研究成果奖。

王晓红教授公开发表出版学术专著及论文 350 余万字。在《人民日报》《经济日报》《光明日报》和《求是》《改革》《经济学动态》《财贸经济》《国际贸易》《宏观经济研究》《红旗文稿》等权威报刊发表论文 200 余篇，先后主持参与国家部委、国家社科基金重大项目等课题 50 余项。

她长期致力于推动我国服务外包和工业设计的发展，先后担任《服务外包蓝皮书——中国服务外包产业发展报告》（2013、2014、2016~2017）、《工业设计蓝皮书——中国工业设计发展报告》（2014）、《设计产业蓝皮书——中国创新设计发展报告》（2016、2017）主编，这三部蓝皮书成为指导行业发展的重要文献。

王镭
Lei Wang

中国社会科学院国际合作局局长，研究员

王镭，现任中国社会科学院国际合作局局长，兼任联合国教科文组织社会变革管理计划（MOST）中国国家协调人、中国人民对外友好协会理事、中国欧洲学会理事，享受国务院特殊津贴专家。

王镭于中国社会科学院研究生院获经济学博士学位，荷兰社会科学研究院（ISS）获公共政策与管理学硕士学位。

王镭专注于研究中国对外经济关系中的贸易、投资、税收等问题。曾在荷兰蒂尔堡大学法律系、比利时鲁汶大学从事国际经贸制度研究。在《工业经济》《财贸经济》《国际经济评论》《国际转移定价》（荷兰国际财政文献局）等中外学术期刊发表研究论文。出版的专著《WTO与中国涉外企业所得税收制度改革》（社会科学文献出版社），填补了中国企业"走出去"税制研究中的空白，被商务部列为WTO研究重点推荐书目。

王镭积极组织和从事对外人文学术交流，设计和实施一系列高层次对外培训、研讨项目，包括周边与发展中国家经济发展研修班、非洲总统顾问研讨班、国际知名汉学家研讨班等，宣介中国经济、社会发展，增进中外人文沟通。

王镭致力于推进中外深度研究合作与高端智库交流，与欧盟合作组织实施了中欧人文社会科学大型共同研究计划。通过公开招标的方式，在经济、法律、社会学、环境等领域，开展系列中欧合作研究项目。共同研究模式被中欧双方誉为开展国际科研合作的典范。同时，与俄罗斯、美国、英国、印度、韩国等建立了高端智库对话交流机制，探讨加强互信与合作共赢之道。与联合国教科文组织、经济合作与发展组织、世界经济论坛、红十字与红新月会国际联合会、拉美开发银行等合作，围绕全球经济、科技创新、政策规制、人道发展、文化多样性等领域重大议题，开展机制性交流，发出中国声音，促进世界和谐发展。

王镭同时还担任国际科学理事会和国际社会科学理事会灾害风险综合研究计划（IRDR）中国委员会副主席，国际科学理事会和国际社会科学理事会"未来地球计划"中国委员会指导委员会副主席，《中国经济学人》（英文版）编委。

王灵桂
Linggui Wang

中国社会科学院情报所所长,研究员

王灵桂,现任中国社会科学院情报所所长,法学博士,研究员。

王灵桂1988年毕业于北京外国语大学;1988年8月至2005年4月,历任《经济日报》社会部和国际部实习记者、记者、主任记者;2005年4月至2010年12月,历任国务院发展研究中心副研究员、研究员、处长、副局长;2010年12月至2014年11月,任中国社科院当代中国研究所党组成员、副所长(正局);2014年11月至今,任中国社科院亚太与全球战略研究院党委书记。

王灵桂的代表作有《中国伊斯兰教史》(专著)、《一脉相传阿拉伯人》(合著)、《一脉相传犹太人》(合著)、《中东怪杰》(合著)、《天使与魔鬼共舞:一个中国记者的黑非洲采访札记》(独著)、《对综合安全观的现实思考》(独著)等,在《人民日报》《经济日报》《光明日报》发表文章150余篇。

王荣军
Rongjun Wang

中国社会科学院亚太与全球战略研究院副院长,研究员

王荣军,现任中国社会科学院亚太与全球战略研究院研究员,副

院长。

王荣军 1987 年 9 月至 1991 年 7 月在华东师范大学历史系学习，获历史学学士学位；1991 年 9 月至 1994 年 7 月在北京大学历史系学习，获历史学硕士学位。1999 年 1 月至 6 月在荷兰蒂尔堡大学经济学院进修；2000 年 2 月至 5 月在香港大学美国研究中心做访问学者；2005 年 3 月至 2006 年 3 月在美国马里兰大学政府与行政学院做访问学者。

王荣军主要从事美国经济政策、中美经贸关系和美国经济史研究，关注的最主要领域是美国的经济政策及中美经贸关系问题，在研究工作中非常重视将政策和对策研究建立在理论性系统性研究的基础之上，将美国对外政策的研究建立在对其国内经济和政策背景的深刻理解之上。近期主要著作包括：《美国长期经济增长面临的挑战及其对中国的影响》（2014）；《TPP 发展中的美国因素》（2013）；《美国制造业复兴的前景》（2012）；《当代美国经济》（2011）；《中美贸易"再平衡"：路径与前景》（2010）等。

王文
Wen Wang

中国人民大学重阳金融研究院执行院长

王文，现任中国人民大学重阳金融研究院（人大重阳）执行院长，兼任中国金融学会绿色金融专业委员会秘书长、中国社会科学院世界社会主义研究中心常务理事、新华社特约分析师等，并在多所大学担任客座教授。

王文先后就读于兰州大学、香港浸会大学、南京大学－约翰斯·霍普金斯大学、北京大学。2005年加入《人民日报》工作，曾任《环球时报》编委（主管评论、社评），在20多个国家从事采访工作。

2013年初，王文参与创办新型智库人大重阳。三年多来，他撰写、牵头的研究报告多次获中国国家领导人的重要批示，连续三年参加G20峰会，与G20国家多数领导人均有面对面交流。2016年5月17日，习近平总书记主持哲学社会科学工作座谈会，王文是其中受邀参加并发言的十位学者代表之一。

王文被评为"2014年中国智库十大代表人物"（中国网），获"2011年中国新闻奖"、"2015年中国最佳评论作品奖"（中国政府网）、"2015年中国改革发展领军人物"（中国发展网）等荣誉。2014年来，人大重阳连续两年入围由美国宾州大学评定的"全球智库150强"，也被官方任命为2016年G20共同牵头智库、"一带一路"智库合作联盟理事单位等。

王文的专著、编著与译著包括《美国的焦虑》《2016：G20与中国》《世界治理：一种观念史的研究》《G20与全球治理》《政治思想中的国际关系学》等。

王益谊
Yiyi Wang

中国标准化研究院标准化理论与战略研究所所长

王益谊，现任中国标准化研究院标准化理论与战略研究所所长。

王益谊1999年毕业于西安交通大学管理学院工商管理专业，获管理学学士学位。2005 年获西安交通大学管理学院工商管理专业管理学博士学位。

王益谊研究了全球标准生态系统内的国际、国家、学协会类标准组织的战略政策、运行模式、机制规则和重点领域等。研究了标准比对的通用方法与技术，总结出国际标准研制的方法。深入研究了标准化的基本概念及概念体系、标准化的基本作用机理、标准化活动的一般规律和基本规则等，参与起草了标准化工作导则、标准化工作指南等十余项基础国家标准。开展了标准化效益评价研究，承担了 ISO 理事会有关战略政策问题的研究，研究通过标准化推动政府管理创新的理论和方法，研究建设了行政审批标准体系，参与了《行政许可标准化指引（2016 版）》的制定，作为主编出版了年度国际标准化发展研究报告。

王益谊承担了我国标准体制与机制改革的系列重大问题研究，提出了完善技术标准体系、改革强制性推荐性标准、发展团体标准的总体思路和措施建议，作为主要成员参与起草了国务院发布的《深化标准化工作改革方案》；主持了标准与知识产权领域重要政策和机制的研究与建设，完成了《国家知识产权战略纲要》中标准与专利有关问题的研究，主持起草了《国家标准涉及专利的管理规定（暂行）》，并作为第一起草人制定了配套国家标准。

王义桅
Yiwei Wang

中国人民大学国际关系学院教授

王义桅，现任中国人民大学国际关系学院教授，欧盟"让·莫内讲席教授"，博士生导师，国际事务研究所所长，欧洲问题研究中心主任研究员、主任，国家发展与战略研究院、重阳金融研究院高级研究员，兼任中联部当代世界研究中心特约研究员，察哈尔学会、春秋发展与战略研究院高级研究员，新疆师范大学及塔里木大学客座教授。曾先后担任复旦大学美国研究中心教授、中国驻欧盟使团外交官、同济大学特聘教授。

王义桅于 1989 年至 1993 年获得华东理工大学环境科学与工程系工学学士学位；1995 年至 1998 年获得复旦大学国际政治系国际政治专业硕士学位；1998 年至 2000 年获得复旦大学国际政治系国际关系专业博士学位。

王义桅率先出版多本多语种"一带一路"研究专著和文章并在高校开设"一带一路"研究课程；是国内开展公共外交研究最早的学者之一，积极推动并建立中欧学术连线，倡导全球视野下研究中欧关系及大欧洲研究，倡导海洋文明研究；深入研究并推动中国北约问题研究；推动中国梦的国际内涵与世界意义研究，率先提出"中国梦也是世界梦"，引发国内外讨论；是最早开展全球公域理论、系统批判西方国际关系理论并倡导中国国际关系理论的学者之一。

王玉主
Yuzhu Wang

中国社会科学院亚太与全球战略研究院研究员
中国社科院研究生院教授、博士生导师

王玉主，现任中国社会科学院亚太与全球战略研究院研究员，区域合作研究室主任，区域合作项目首席研究员，中国社科院研究生院教授、博士生导师。兼任中国亚太学会秘书长；中国社科院亚太经合组织与东亚合作中心主任；太平洋合作全国委员会常委、学术委员会委员；中国国际问题研究基金会研究员；国家开发银行咨询专家；中国社科院研究生院教授、博士生导师；广西大学中国东盟研究院特聘研究员、博士生导师，海上丝绸之路研究中心主任；华侨大学海上丝绸之路研究中心副主任。

王玉主 2006 年毕业于中国社科院研究生院，获经济学博士学位。2006 年至 2009 年任中国社科院亚太所编辑部主任、《当代亚太》杂志执行主编，2009 年起担任区域合作研究室主任，2011 年晋升为研究员。2010 年起为商务部东亚合作专家组成员，泛北部湾合作中方专家组成员。

王玉主主要研究领域包括区域合作问题、东盟问题以及中国东盟关系问题等。主要成果包括：《中国东盟关系中的相互依赖与战略塑造》《东盟热与冷思考》《中国东盟合作关系：回顾与展望》《区域一体化背景下的中国与东盟贸易：一种政治经济学解释》《"新雁行模式"促中国东盟共同繁荣》《轮状体系转活东盟定位》《中新贸易的结构特点与发展趋势》《中国东盟双边合作的政治经济学》《泰国新政府的经济发展政策》《外资、外债管理与经济稳定》《东盟自由贸易区的成立与发展》等。

王伟光
Weiguang Wang

全国政协民族和宗教委员会主任
中国社会科学院原院长

王伟光，1967 年 11 月参加工作，1972 年 11 月加入中国共产党，博士研究生，教授，博士生导师。十三届全国政协常务委员、民族和宗教委员会主任,中国社会科学院原院长。中共第十七届中央候补委员、中共第十八届中央委员,第十届全国人大代表、全国人大法律委员会委员,党的十九大代表。

1998年2月至2007年12月,中央党校副校长;2007年12月至2011年7月,中国社会科学院党组副书记、副院长(正部长级);2011年7月至2013年4月,中国社会科学院党组副书记、常务副院长、学部主席团主席;2013年4月至2017年5月,中国社会科学院院长、党组书记;2017年5月至2018年3月,中国社会科学院院长、党组书记,中国社会科学院大学校长;2018年3月至今,中国人民政治协商会议第十三届全国民族和宗教委员会主任,中国社会科学院大学校长。

王伟光主要研究领域集中在马克思主义哲学和马克思主义基本理论、马克思主义中国化和党的理论创新、中国特色社会主义重大理论与实践研究等方面。出版学术专著30余部,主要有:《社会矛盾论》《利益论》《科学发展观基本问题》《社会主义和谐社会理论基本问题》《党校工作规律研究》《中国道路与马克思主义中国化》。主编的著作主要有《马克思主义基本问题》《"三个代表"重要思想概论》《"三个代表"重要思想研究》《科学发展观概论》《建设社会主义新农村的理论与实践》《社会主义通史》(8卷本)。在国家级报纸杂志上发表论文400余篇。

吴白乙
Baiyi Wu

中国社会科学院美国所所长

吴白乙,中国社会科学院美国研究所所长、教授,国务院应急管理专家组成员，国务院发展研究中心世界发展研究所、中国国际战略研究基金会、中国改革开放论坛、美国哈佛大学费正清东亚研究中心学术委员、顾问、理事等。1982年7月毕业于北京外国语学院，获文学学士学位；1982年至1990年先后在中国民政部、中国残疾人福利基金会、中国新兴集团总公司任秘书、主任等；1991年4月至1993年8月在美国艾奥瓦州立大学政治学系国际关系专业学习，获硕士学位；1993年12月至2004年1月，在中国国际战略研究基金会任研究部副主任、基金部主任、研究员；2004年2月至2008年10月在中国社会科学院欧洲研究所先后任国际政治研究室主任、副所长、学术委员会委员；2008年11月至今，在中国社会科学院拉美所工作。

主要研究领域是国际关系理论、大国关系、危机管理和中国外交。除主编、翻译过《拉丁美洲和加勒比地区发展报告》（2011、2012、2013）、《共性与差异——中欧伙伴关系评析》（2004）、《20世纪回顾丛书》（2000）、《美国特性探索》（1991）等著作外，近年还发表了一批中英文专著、研究论文、评论和报告等，主要包括：《转型中的机遇：中拉关系前景的多视角分析》（合著，2013）、《公共外交：中国外交变革的重要一环》（2010）、《对中国与发展中国家政治关系的再思考》（2010）、《中国对美、欧认知的演变》（2009）、《后冷战时代的中国与欧洲》（2009）、《对中国外交重心与周边秩序构建的思考》（2009）、《中国经济外交：与外部接轨的持续转变》（2007/2008）、《欧盟的国际危机管理转变与理论视角》（2007）、《国际规范的道德与现实问题》（2006）、《中国在朝鲜半岛的利益与作用》（2006）、《中国对"炸馆"事件的危机管理》（2005）、《中国的安全观念及其历史演变》（2001）。

吴崇伯
Chongbo Wu

厦门大学南洋研究院东南亚经济研究所所长

  吴崇伯，现任厦门大学南洋研究院东南亚经济研究所所长、教授、博士生导师，中山大学、天津大学兼职教授、中国国际经济关系学会常务理事、中国东南亚学会常务理事，厦门市经济师协会副会长、福建省政协常委，农工党厦门市委会副主委、厦门大学总支主委。

  吴崇伯 1983 年毕业于山东大学经济系政治经济学专业，作为访问学者，1992 年前往荷兰阿姆斯特丹大学亚洲研究中心学习，2000 年 4 月至 2001 年 4 月于澳大利亚墨尔本大学国际商学院学习。2005 年 12 月毕业于厦门大学南洋研究院世界经济专业，获经济学博士学位。1987 年留校任教至今。

  吴崇伯一直从事世界经济领域的研究与教学，主要研究领域为亚太地区财政与金融、东南亚经济、港澳经济、东南亚华侨华人经济。先后多次到美国华盛顿大西洋理事会、日本京都大学、新加坡国立大学、台湾省台中东海大学、香港特区香港大学参加学术研讨会；到法国巴黎、英国伦敦、新西兰、马来西亚、印度尼西亚、泰国、柬埔寨进行学术考察与学术交流。

  主要研究成果包括：《战略伙伴框架下中国与印尼经济关系发展与对策研究》、《东盟国家核能发展战略与新动向分析》、《福建构建 21 世纪海上丝绸之路战略的优势、挑战与对策思考》、《印尼海洋经济发展及其与中国海洋经济合作研究》、《印尼新总统新海洋战略观与海洋经济战略研究》、《关于深化与沿线国家合作推动"一带一路"建设的对策建议》、*A Study on Sino-Indonesian Economic Relations and Policy Suggestion* 等，承担和完成的课题包括：外交部"一带一路"框架下中国与东盟国家产能合作研究、建设 21 世纪海上丝绸之路战略研究——海西经济区（中央政策研究室牵头）、深圳参与共建 21 世纪海上丝绸之路的战略和策略问题等。

徐林
Lin Xu

中美绿色基金董事长

徐林，现任中美绿色基金董事长。

徐林 1986 年获南开大学经济学硕士学位，1989 年入职国家计划委员会长期规划司预测处。其间曾获美国政府汉弗莱奖学金，在美利坚大学学习；获新加坡政府李光耀奖学金，在新加坡国立大学李光耀公共政策学院和哈佛大学肯尼迪政府学院学习，获公共管理硕士学位。曾任国家发展和改革委员会财政金融司司长、发展规划司司长，曾参与中国经济社会发展多个五年计划的编制，参与区域发展规划和国家新型城市化规划、国家产业政策的制定；参与财政金融领域重大改革方案的制定，以及资本市场特别是债券市场、私募股权投资的发展和监管。徐林曾任三届中国证监会发审委委员。参与中国加入世界贸易组织的谈判，专门负责产业政策和工业补贴的谈判。

张大卫
Dawei Zhang

中国国际经济交流中心副理事长兼秘书长
河南省原副省长、河南省人大常委会原副主任

张大卫,现任中国国际经济交流中心副理事长兼秘书长,河南省人大常委会原副主任。

张大卫历任河南省计委、计经委办公室、重工处、工业处秘书、主任科员。河南省计经委工业处副处长,河南省计经委、计委工业处处长。河南省轻工总会副会长、党委委员。河南省发展计划委员会副主任、党组成员、主任、党组书记。河南省发展和改革委员会主任、党组书记。

2006年1月,张大卫任河南省人民政府副省长、省政府党组成员。2013年1月任河南省人大常委会副主任。

2013年6月至2016年1月张大卫任河南省人大常委会副主任、省总工会主席。第七届、八届河南省委委员,十届全国人大代表。

张洪国
Hongguo Zhang

中国电子信息产业发展研究院规划所副所长
中国人民大学风险资本与网络经济研究中心特聘研究员

张洪国,现任中国电子信息产业发展研究院规划所副所长、中国人

民大学风险资本与网络经济研究中心特聘研究员。

张洪国2011年获中国人民大学经济学博士学位。学习期间，先后兼任中国人民大学风险资本与网络经济研究中心主任助理、中国人民大学国际学院（苏州研究院）培训部副主任。

2011年至2014年，张洪国担任中国石油工业出版社编辑室副主任、中国石油天然气集团公司"中国石油组织史"编纂办公室编写组副组长，"中国石油组织史"主要编纂人之一。2014年至2015年，张洪国担任中国电子信息产业发展研究院规划所研究室主任、研究员，其间作为起草人之一，全程参与了《中国制造2025》的编写工作。2015年，张洪国担任中国电子信息产业发展研究院规划所副所长，重点参与《中国制造2025》相关贯彻落实工作。其间，作为主要专家参与了2016年民盟中央"改革开发区管理体制，促进开发区转型创新发展"年度大调研，参与起草的调研报告及政策建议书获得中央领导重要批示；作为项目负责人主持完成了《古巴工业中长期发展规划建议》重大项目，属于中国对古紧急援助项目，获中古两国工业主管部门和企业界的高度肯定，形成的"倡导规划先行，深化智力合作"研究报告获得中央领导重要批示。

张兴凯
Xingkai Zhang

十二届全国人大常委、环境与资源委员会委员
中国安全生产科学研究院院长、教授

张兴凯，现任中国安全生产科学研究院院长、教授，民革北京市第十五届委员会副主任委员，政协第十三届全国委员会提案委员会委员，

中国国民党革命委员会第十二届中央委员会委员，第十二届全国人大常委、环境与资源委员会委员，国家安全监管总局矿山采空区灾害防治重点实验室主任。北京市高等学校（青年）学科带头人、青年科技骨干，享受政府特殊津贴专家、博士、教授。兼任民革中央教科文卫体委员会副主任，民革北京市委员会副主委、朝阳区委员会主委。

受聘国家安全生产专家、非煤矿山组专家、法律组副组长，国家安全监管总局技术委员会委员、非煤组副组长、法律组委员，国家安全监管总局职业卫生专家，环保部新化学物质评审委员会委员，公安部特约监督员，工业与信息化部安全生产专家，北京市安全生产专家，国家安全生产标准化技术委员会委员、副秘书长，全国安全职业教育教学指导委员会副主任委员，中国安全生产协会检测检验技术委员会主任。

张兴凯长期从事安全生产、公共安全的科研和教学工作。获得国家自然科学基金（面上项目、青年项目）、中国博士后基金、北京市青年人才培养基金、教育部优秀教师基金等资助，主持或参加完成了安全生产领域的国家"九五""十五""十一五"和"十二五"科技攻关（支撑）项目或课题，参加了山西襄汾"9·8"特别重大尾矿库溃坝事故等多起特别重大事故应急抢险、重庆开县"12·23"特别重大井喷事故等多起特别重大事故调查分析、汶川地震尾矿库抢险与灾害评估分析。

2000年以来，张兴凯在公共安全、非煤矿山安全等领域取得40多项科研成果，其中有29项获得省部级科技进步奖或科技成果奖，发表学术论文30多篇，出版专著3部，出版合著教材5部，组织制定国家或行业标准7项。

代表论著有《对中国安全生产的几点认识》（中国环境科学出版社，2013.5）、《地下工程火灾原理及应用》（首都经济贸易大学出版社，1997.12）。代表科研成果有"矿井火灾风流非稳定流动的通风原理"

"爆破烟尘的行为理论及环境效应评价""非煤矿山典型灾害预测控制关键技术研究与示范工程"等。

张宇燕
Yuyan Zhang

中国社科院世界政治与经济研究所所长，研究员

张宇燕，现任中国社科院世界政治与经济研究所所长，博士生导师，研究员。兼任中国世界经济学会会长、新兴经济体研究会会长、外交部外交政策咨询委员会委员、中国公共外交协会会员。

张宇燕1986年至1997年历任中国社会科学院世界经济与政治研究所研究实习员、助理研究员、副研究员、理论与政策研究室主任、所长助理；1992年1月至1993年1月任美国马里兰大学经济系访问学者；1997年10月至1999年10月任中国驻纽约总领事馆领事；1999年10月至2002年12月任中国社会科学院院长学术秘书、研究员；2000年3月起任中国社会科学院研究生院教授，博士生导师；2001年4月至2002年12月任中国社会科学院美国研究所副所长；2002年12月至2007年8月任中国社会科学院亚洲太平洋研究所副所长；2007年8月至2009年6月任中国社会科学院亚洲太平洋研究所所长；2009年6月至今，担任中国社会科学院世界经济与政治研究所所长。

张宇燕长期从事国际政治经济学，制度经济学等领域研究，主要研究领域为国际政治经济学、制度经济学及公共选择理论。曾参与和主持多项国家和省部级社会科学研究项目，在《经济研究》等核心刊物发表数十篇学术论文，已出版多部学术专著，其中《经济发展与制度选择》

（中国人民大学出版社）一书获第二届中国社会科学院中青年优秀科研成果专著类一等奖，并著有《全球化与中国发展》《国际经济政治学》《键盘上的经济学》等。

2005年2月23日，张宇燕在中共中央政治局第九次集体学习会上讲解《世界格局和我国的安全环境》。

张宇燕2004年获国务院政府特殊津贴；2006年被确定为"新世纪百千万人才工程"国家级人选；2012年被中宣部等部委评为全国宣传文化系统"四个一批"理论界人才。

郑国光
Guoguang Zheng

中国地震局局长，国家气候变化委员会原主任委员

郑国光，1977年8月参加工作，1981年3月加入中国共产党。加拿大多伦多大学大气物理专业毕业，研究生学历，理学博士，研究员。

现任应急管理部副部长、党组成员，中国地震局党组书记、局长。

1978年3月至1982年1月在南京气象学院大气物理系大气探测专业学习；1982年1月至1984年8月在南京气象学院大气物理系大气物理专业学习。

1984年8月至1986年5月任新疆维吾尔自治区人工影响天气办公室干部、研究室副主任；1986年5月至1989年11月任新疆维吾尔自治区气象局气象科学研究所副所长；1989年11月至1990年2月任新疆维吾尔自治区气象局气象业务中心副主任。

1990年2月至8月在加拿大多伦多大学大气物理专业做访问学者；1990年8月至1994年7月获得加拿大多伦多大学物理系博士学位；1994年7月至1995年11月完成加拿大多伦多大学博士后。

1995年11月至1997年6月任中国气象局总体规划研究设计室干部、主任助理（正处级）；1997年6月至1998年1月任中国气象局总体规划研究设计室主任助理、副主任（其间：1996年12月获研究员任职资格）。

1998年12月至1999年7月任中国气象局监测网络司司长；1999年7月至2007年3月任中国气象局党组成员、副局长；2007年3月至2016年12月任中国气象局党组书记、局长；2016年12月至2018年3月任中国地震局党组书记、局长。

郑功成
Gongcheng Zheng

全国人大常委会委员、内务司法委员会委员
中国国家减灾委专家委员会副主任

郑功成，现任全国人大常委会委员、全国人大内务司法委员会委员、中国社会保障学会会长、中国人民大学教授。兼任中国国家减灾委专家委员会副主任、国务院医改专家咨询委员、人力资源和社会保障部咨询委员、民政部咨询委员、中国社会保险学会副会长、中国劳动学会副会长、中国医疗保险研究会副会长、中国社会福利和养老服务协会副会长以及国家行政学院兼职教授等。郑功成1985年毕业于武汉大学政治经济学专业，工作后长期从事社会保障、灾害保险及与民生相关领域的研究，并担任国家立法机关组成人员,其理论及政策研究成果在学术界、政府有关部门有着广泛影响。一些政策研究成果为国家相关立法与政策制定提供了重要的理论背景和依据。郑功成教授迄今为止独著或主编出版有《中国社会保障改革与发展战略》(5卷本)、《科学发展和共享和谐》、《中国社会保障30年》、《关注民生:郑功成教授访谈录》、《构建和谐社会:郑功成教授演讲录》、《社会保障学——理念、制度、实践与思辨》、《论中国特色的社会保障道路》、《中国社会保障论》、《从企业保障到社会保障》、《东亚地区社会保障模式论》、《中国社会保障制度变迁与评估》、《中国灾害研究丛书》(12卷本)、《灾害经济学》、《中国救灾保险通论》、《中国灾情论》、《多难兴邦:新中国60年抗灾史诗》、《慈善事业立法研究》、《当代中国慈善事业》、《中华慈善事业》、《中国残疾人事业发展报告》(系列)、《中国农民工问题与社会保护》(上、下)、《财产保险》、《责任保险理论与经营实务》等30多种著作。在《人民日报》《光明日报》《中国人民大学学报》《中国软科学》《经济学动态》等国内外报刊发表学术文章500多篇,多篇论文被《新华文摘》等转载。郑功成教授获得过中国第六、七届高等学校科学研究(人文社会科学)优秀成果一等奖,第十一、十二届北京市哲学社会科学优秀成果一等奖等多种学术奖励,荣获过第三届中国政府出版奖、多届中国图书奖以及国家级优秀教学成果奖。郑功成教授是第十、十一、十二届全国人大常委会委员、全国人大内务司法会委员,获得过湖北省有突出贡献中青年专家称号、北京市为首都建设做出突出贡献的统一战线先进个人称号,是国家百千万人才工程国家级入选者。

◇◇ 第二节　国际专家学者

德西·艾伯特·马马希特
Desi Albert Mamahit

印度尼西亚原海岸警卫队司令，印度尼西亚海军特别顾问

德西·艾伯特·马马希特，1959年12月22日出生于印度尼西亚万隆。1984年毕业于泗水海军学院（印度尼西亚海军学院）。随后，德西·艾伯特·马马希特继续在国内接受军事教育：包括2000年的海军指挥与参谋课程，2001年的战略情报课程，2002年的国防武官课程，2009年的武装部队指挥参谋课程，2013年的印度尼西亚国家复兴研究所课程。德西·艾伯特·马马希特在国外接受的军事教育包括：1987年在法国滨海罗什福尔接受CIFR训练，1988年在法国军舰GEAOM PH JEANNE D'ARC接受训练，1994年在英国HMS DRYAD的首席作战军官课程，同年在英国HMS DRYAD的反潜作战课程。1998年，德西·艾伯特·马马希特获美国政府提供的奖学金，得以在美国加利福尼亚州蒙特利海军研究生院接受教育，并获得管理硕士学位。2013年，他在印度尼西亚茂物农业研究所（INSTITUT PERTANIAN BOGOR）完成管理与商业博士生课程。

德西·艾伯特·马马希特曾在印度尼西亚海军西区舰队司令部和东区舰队司令部，以及海军总部和武装部队总部的多艘海军军舰服役，分别于1992年和1993年担任联合国驻波斯尼亚和黑塞哥维那军事观察员和联合国驻克罗地亚军事观察员。2001年至2003年,在BAIS TNI(武装部队情报战略机构)任职;2003年至2006年,在美国华盛顿的印度尼西亚大使馆担任海军武官;2006年至2007年,担任西区舰队司令部助理作战指挥官;2009年至2011年,担任海军总部战略与作战高级参谋。

2011年1月,德西·艾伯特·马马希特晋升为第一海军上将,一星海军上将,并在印度尼西亚海军西区舰队司令部担任海上安全部队司令。2012年,担任海军规划与预算参谋长副助理。2013年1月,晋升为二星海军上将,并担任SESKOAL(海军指挥和职员学院)指挥官。2014年4月,晋升为海军三星中将,担任海上安全协调委员会(KALAKHAR BA-KORKAMLA)日常事务执行主任。

2014年6月,德西·艾伯特·马马希特被任命为印度尼西亚国防大学校长。2015年5月,被印度尼西亚总统任命为印度尼西亚海上安全机构(BAKAMLA)首席负责人,该组织由印度尼西亚总统直接领导;自2016年4月以来,担任印度尼西亚海军总长特别参谋;自2014年7月以来,被任命为印度尼西亚最大的造船公司之一PT DOK & PERKAPALAN KOJA BA-HARI(PT DKB)的总负责人,该公司隶属于印度尼西亚政府。此外,他还在印度尼西亚国防大学举办了多场有关海事安全问题和海洋产业的讲座。

萨利姆·曼迪瓦拉
Saleem Mandviwala

参议院财经委员会主席,巴基斯坦前财政部长

萨利姆·曼迪瓦拉先生是巴基斯坦参议员,巴基斯坦前财政部长,

Lasbela 商会会长，以及商会和工业联合会（FPCCI）管理委员会成员。

萨利姆·曼迪瓦拉先生来自卡拉奇的一个商业大家庭。他于 2008 年至 2013 年担任投资促进局投资委员会（BOI）主席，2012 年至 2013 年担任巴基斯坦政府国务部长，2013 年任巴基斯坦联邦政府部长。自 2012 年起担任巴基斯坦参议员。

在任期内，萨利姆·曼迪瓦拉先生致力于改善巴基斯坦的投资环境，并与外国建立经济和金融关系，使巴基斯坦成为外国直接投资的理想地点。他与美国国际开发署合作，在巴基斯坦引入了国际基准投资激励措施，在与钢铁和银行业投资 30 年后，恢复了与俄罗斯的双边关系，并与上海合作组织进行了谈判。他为巴基斯坦铁路项目和能源项目的国际投资做出了贡献。

萨利姆·曼迪瓦拉在巴基斯坦和国外举办了多次国际会议和活动，如"贸易投资促进活动（意大利）""第十届世界知识论坛（韩国）""第 3 届科威特联合部长级委员会会议（科威特）""贸易投资活动（英国）""投资研讨会（马来西亚）""海外投资博览会（韩国）"以及"圣彼得堡国际经济论坛"。建立了不同的商业论坛，促进了各国商业领域的密切合作。

达丽加·纳扎尔巴耶娃
Dariga Nazarbayeva

哈萨克斯坦总统纳扎尔巴耶夫的长女，哈萨克斯坦议员

达丽加·纳扎尔巴耶娃，总统纳扎尔巴耶夫的长女，哈萨克斯坦议员。1963 年 5 月 7 日她出生于哈萨克斯坦卡拉干达地区。曾就读于国立

莫斯科罗蒙诺索夫大学历史系，并获得硕士学位。除哈萨克语和俄语外，她能讲流利的英语、意大利语和德语，熟谙西方文化和价值观。

达丽加·纳扎尔巴耶娃一直在政府中担任要职，她曾担任过儿童慈善基金会的副主席，领导过哈萨克斯坦最大的电视网络"哈巴尔"新闻电视台，出任"哈巴尔"传媒公司集团总裁。并于2014年开始任下议院副议长，且在"祖国之光"人民民主党中任重要职务。

2003年12月，已是3个孩子母亲的纳扎尔巴耶娃创建了团结党，并担任党主席，党员60%都是哈萨克斯坦的年轻人。"伟大的改革时代即将过去，从小事入手、体现具体成果的时代就要来临"是该党吸纳党员、扩大宣传的政治口号。在成立半年内，党内人数就从7.7万发展至17万，并在议会中组织起自己的议员团。2006年9月，亲总统的祖国党和达丽加·纳扎尔巴耶娃领导的团结党宣布合并，组成了如今的"祖国之光"人民民主党。

让－皮埃尔·拉法兰
Jean-Pierre Raffarin

法国前总理，法国保守派政治家和维埃纳省参议员

拉法兰（1948年出生）是法国保守派政治家和维埃纳省参议员。2002年5月6日至2005年5月31日任法国总理，2011年至2014年任参议院副主席。

拉法兰毕业于巴黎大学阿萨斯（Assas）法学院和巴黎高等商业学院，学习法律。后毕业于巴黎高等商业学院——欧洲管理学院（Ecole

Supérieure de Commerce de Paris，ESCPEAP）。曾担任过巴黎政治学院讲师、贝尔纳·克里耶夫通信公司总经理。

拉法兰最初涉及政治是作为瓦莱里·吉斯卡尔·德斯坦的支持者，他于 1977 年当选普瓦捷市议员，1986 年当选普瓦图—夏朗特大区议员，1988 年至 2002 年任该大区议会主席。

1989 年至 1995 年任欧洲议会议员，1995 年当选参议员，1997 年再度当选。他 1993 年至 1995 年历任法国民主联盟发言人、副总书记、总书记。1995 年至 1997 年被希拉克任命为中小企业、贸易和手工业部长。1997 年任自由民主党副主席，2002 年 11 月加入总统多数派联盟（后更名为人民运动联盟）。在 2002 年的总统竞选中，拉法兰支持希拉克，5 月被希拉克总统任命为政府总理。

2005 年 5 月 30 日辞去总理一职，由多米尼克·布斯洛继任，2005 年 9 月 18 日，拉法兰当选维埃纳省参议员。

穆沙希德·侯赛因·萨义德
Mushahid Hussain Sayed

巴基斯坦参议院参议员，巴中学会会长

穆沙希德·侯赛因·萨义德是一名记者，地缘战略家和作家。他致力于优质教育和努力工作，从前基督教学院获得了学士学位，后在华盛顿乔治敦大学外交学院攻读硕士学位。在美学习期间，他曾任巴基斯坦学生会主席并在美国国会实习。

在美国完成学业后，他回到巴基斯坦，成为巴基斯坦行政职员学院的指导人员，培训涉外服务人员。随后，他在巴基斯坦旁遮普大学担任政治科学系国际关系讲师。

1982年他成为全国英语日报"穆斯林"的最年轻编辑，因其独立职位而受到尊重。世界人权组织国际特赦组织称他为"良心守护人"，使他成为第一个在2000年获得此称号的巴基斯坦人。

作为国际、政治和战略问题专家，穆沙希德·侯赛因·萨义德的演讲很广泛，他的文章已发表在各种国内和国际出版物上，包括《纽约时报》《华盛顿邮报》《国际先驱论坛报》和《中东国际》。他是伊斯兰堡政策研究所（IPRI）理事会的成员，该研究所是一个领先的智囊团。他是伊斯兰会议组织（OIC）为2004～2005年改革设立的巴基斯坦知名人士委员会代表。他还是中间派民主党国际（CDI）亚太分会副主席。2006年1月27日，他被菲律宾共和国众议院授予国会成就奖章。

目前，他在巴基斯坦穆斯林联盟（Q）平台上担任参议员和秘书长。由其组建和领导的巴中学会（PCI）在"一带一路"中巴经济走廊建设中发挥了重大作用。

鲁道夫·沙尔平
Rudolf Albert Scharping

RSBK有限公司董事长

德国前国防部部长，德国联邦州前州长和德国社民党前主席

鲁道夫·沙尔平，1947年12月2日出生于西森林的Niederelbert市，为德国社会民主党（SPD）的一位政治家。

他在1991年至1994年任莱茵—普法尔茨的州主席一职，1998年至2002

年任德国国防部部长。1993年至1995年任德国社会民主党主席,在1994年德国联邦议院选举中被推选为总理候选人。1995年3月至2001年5月担任欧洲社会党主席,2005年起则一直担任德国自行车车手协会主席。

作为中德经济文化交流的友好使者,鲁道夫·沙尔平多年来一直致力于促进和加强两国间多个领域的技术与项目交流,尤其注重在环保,能源以及高科技领域内的战略合作。鲁道夫·沙尔平凭借其丰富的经验,服务于中德政府与企业,同时与中德大型国际企业及机构建立了紧密的合作关系,并被天津市滨海新区聘请为战略经济顾问。鲁道夫·沙尔平与中国的关系可以追溯到25年前。近年来,他几乎每月往来于中德之间,曾多次出席中国大型国际会议和论坛,并接受了温家宝总理等国家领导人的接见,为中国的经济发展做出了不懈努力。

格哈特·弗里茨·库尔特·施罗德
Gerhard Fritz Kurt Schroder

德国前总理
罗森柴尔德投资银行的全球经理

格哈特·弗里茨·库尔特·施罗德是德国政治家,于1998年至2005年任德国总理。作为德国社会民主党成员,他曾领导德国社会民主党联合政府。此前,他曾从事律师工作,并于1990年至1998年主管下萨克森尼州。目前,任罗森柴尔德投资银行的全球经理。

施罗德早年曾做过零售业学徒、建筑工人、销售员,并通过在夜校学习获得高中学位。他是战争遗孤,父亲于战场牺牲。他于1963年加入社会民主党,1978年成为联邦青年社会党人。他撰写了一本关于联合执政的著作，刊载在德国《时代周刊》上，受到时任社会民主党领导的德国总理威利·勃兰特赏识。1986年，施罗德被选为州领导并成为社会民主党领袖。

1990年，社会民主党获胜后，他成为下萨克森尼州领导人，作为社会民主党绿色阵营联合政府领袖，他赢得了1998年的竞选，当选为德国总理，2001年再次连任。2005年，联合政府宣告成立，施罗德不再担任德国总理，让位于默克尔，但社会民主党在议会中占有多数席位，并很大程度掌控政府的政策。

2005年11月23日，他辞职后曾就职于Ringier公司，该公司是瑞士和欧洲领先的新闻和杂志公司。

伊萨姆·沙拉夫
Essam Sharaf

埃及前总理

伊萨姆·沙拉夫（1952年出生）是埃及学者型政治家。2004年至2005年担任交通部部长，2011年3月3日至2011年12月7日担任总理。

沙拉夫1975年获开罗大学土木工程学士学位，随后去美国普渡大学，在那里继续研究工作，1980年获硕士学位，1984年获博士学位。

沙拉夫在1984年成为开罗大学公路和交通工程的助理教授之前，是普渡大学访问助理教授。1990年，他任沙特国王大学民用工程助理教授。1991年，他回到开罗大学。1996年晋升公路工程教授，此时他已是沙特阿拉伯ZFP交通和航空部门的高级顾问。

沙拉夫随后加入国家民主党，并成为其政策委员会成员。他2004年

7月13日至2005年12月31日担任埃及交通部部长。

从交通部部长任上辞职后,沙拉夫回到开罗大学,在那里他仍然对穆巴拉克政权提出直言不讳的批评,特别是对于其处理埃及公共交通基础设施方面。在此期间,他还担任迪拜道路与交通管理局顾问,并与穆罕默德·巴拉迪、艾哈迈德·泽维尔和其他埃及科学家一起成立了埃及科学协会。

沙拉夫2011年3月3日被任命为总理,是埃及第一个革命后的总理,取代了艾哈迈德·沙菲克。组阁后,他免去内阁一些非常不得人心的成员。沙拉夫改革了国家安全机构,这是一项复杂而费时的工作。在他任职期间,第一个埃及农民协会成立,他参加了第一次会议开幕,以鼓励农民积极加入。2011年11月21日,沙拉夫辞去总理职务。

2015年,沙拉夫成立了沙拉夫基金会,作为非政府组织推动埃及的可持续发展,同时开展了与中国的非政府组织,如蓝迪国际智库、中国国际网络等的深度合作交流。

宋永吉
Young-gil Song/송 영 길

韩国北方经济合作委员会委员长

宋永吉,韩国政治人物,1988年毕业于延世大学商经学院经营学系,2005年毕业于韩国广播通信大学汉语言文学系。曾于仁川广域市桂阳区选出,连任三届(16、17、18)国会议员,2000年起连续三届获选为国会议员,并曾任民主党最高委员、韩美关系发展特别委员会委员长及韩日议会联盟法律地位委员会委员长。2010年6月当选为仁川广域市市长。

1984年：延世大学第一任直选总学生会会长；

1994年：第36届司法考试合格；

1997年至2000年：黄海合同法律事务所律师（劳动人权律师）；

2000年至2004年：第16届国会议员；

2002年：新千年民主党党内副总务；

2003年至2004年：开放国民党市民社会委员会委员长；

2004年至2008年：第17届国会议员（2次当选）；

2004年至2006年：国会、财政经济委员会干事；

2005年至2007年：开放国民党政策委员会首席副议长；

2006年至2007年：开放国民党韩美FTA特别委员会委员长；

2006年至2008年：大统合民主新党、仁川广域市党委员长；

2008年：第18届国会议员（3次当选），民主党最高委员会议员，民主党韩美关系发展特别委员会委员长、韩日议会联盟法律地位委员会委员长；

2010年6月：当选为仁川广域市市长。

伊克巴尔·苏威
Iqbal Surve

南非总统顾问

伊克巴尔·苏威博士是一名最具影响力的非洲企业家，全球商业领袖和公认的慈善家。他是Sekunjalo集团的创始人兼董事长。

Sekunjalo集团是一家投资控股集团，在非洲拥有70多家私营和上市公司。Sekunjalo集团于2007年被世界经济论坛提名为125个"新领军者"之一,也被称为全球成长型公司社区。

伊克巴尔·苏威博士因其卓越的商业和业绩而获得众多重要奖项,并被权威的非洲杂志评为最具影响力的商业领袖之一,称其将"塑造非洲大陆的未来"。

伊克巴尔·苏威博士是一位慈善家,并担任多个非政府组织的主席。这些组织强烈支持社会企业家和教育,包括艺术、体育和音乐方面有才能的年轻人。伊克巴尔·苏威博士对教育和学术界有着坚定的承诺,并且是UCT(开普敦大学)商学院的研究生院主席和UCT基金会的主席。

伊克巴尔·苏威博士是全球领导者和非洲领导力倡议研究员,威尔士亲王商业与环境项目HRH研究员,以及由克林顿总统任命克林顿全球倡议治理委员会成员。他是世界经济论坛的参与成员,沙特南非商业理事会主席和南非—美国商业理事会/论坛的理事会成员。

在1997年创立Sekunjalo集团之前,他被亲切地称为"斗争医生",因为他对种族隔离的受害者开展医疗救助,并为从罗本岛释放后的南非人提供医疗服务。1989年,在巴黎的联合国教科文组织,他被大赦国际评为医疗和道德的模范。

汤米·乔治·汤普森
Tommy George Thompson

第7任美国卫生与公众服务部长
乔治·W.布什总统内阁成员
威斯康星州原州长

汤米·乔治·汤普森,美国政治家,美国共和党成员,曾任威斯康星州州长、第7任美国卫生与公众服务部长,乔治·W.布什总统内阁成员。

汤普森曾四次担任威斯康星州州长，在特朗普威斯康星选举获胜中发挥了重要作用。

汤普森曾任小布什期间美国联邦卫生部长，被誉为美国共和党医药健康产业的第一人。特朗普当选之后，即在海湖庄园会见汤普森并邀请其为医药健康产业顾问。

在富士康美国威斯康星州建立生产基地事宜上，汤普森也发挥了重要协调作用。

◇◇第三节　企业专家

刁志中
Zhizhong Diao

广联达科技股份有限公司董事长

刁志中是广联达科技股份有限公司董事长、中国建筑学会建筑经济分会理事、中国建设工程造价管理协会教育专家委员会委员、天津大学特聘教授及硕士研究生导师。

刁志中，1985年毕业于沈阳航空航天大学计算机学院（原沈阳航空工业学院）、工程师。曾任职北京石化工程公司设计中心工程师。刁志中先后被评为"第二届海淀科技园区优秀青年企业家""改革开放30周年自主创新优秀人物"。他明确提出为基本建设领域提供IT产品与服务的经营宗旨,"立足建设领域,围绕客户核心业务,以软件产品、专业服务、内容信息为方向多维延伸"的立体化业务发展战略,在公司内形成了"真诚、务实、创新、服务"的企业核心文化。

创业前,就职于北京石化工程公司,从事计算机信息化的研发工作。1998年创办北京广联达慧中软件技术有限公司,开始从事建筑行业工程造价软件的研发与推广,是广联达公司三大创始人之一。经过10年的发展,刁志中带领着全体广联达人将广联达打造成为国内建设领域中颇具声誉的IT应用高科技企业,持续为中国基本建设领域提供着最有价值的信息产品与专业服务。

广联达以造价软件起家,如今,产品已从单一的预算软件发展到工程造价管理、项目管理、招投标管理、教育培训与咨询四大业务的30余个产品,被广泛应用于建筑设计、施工、审计、咨询、监理、房地产开发等行业及财政审计、石油化工、邮电、电力、银行审计等系统。在东方广场、奥运鸟巢、国家大剧院等工程中,广联达的产品也得到了深入应用。从1998年成立之日至2008年12月,其企业客户超过7万家,累计使用者达32万,在建筑行业软件市场,市场份额达到53%,年产值超过两亿元。

黄代放
Daifang Huang

泰豪集团有限公司董事长

黄代放,现任泰豪集团董事会主席、中国民间商会副会长、全国人大代表,第十一届全国政协常委。清华大学汽车系本科毕业,高级经济师。

黄代放 1981 年 9 月至 1986 年 7 月在清华大学汽车系内燃机专业学习。1986 年 7 月至 1988 年 7 月任南昌市工业技术开发中心（现为南昌市工业研究院）技术员。1988 年 7 月至 1997 年 1 月任江西清华科技开发部（现为泰豪集团有限公司）总经理。1997 年 1 月至 1998 年 8 月任清华同方股份有限公司销售中心总经理、泰豪集团有限公司执行董事。1998 年 8 月至 2007 年 8 月任泰豪科技股份有限公司总裁、泰豪集团有限公司执行董事，并于 2002 年 6 月至 2007 年 8 月兼任江西省工商联副会长。2007 年 8 月至 2012 年 7 月任泰豪集团有限公司董事长、江西省工商联主席。2012 年 7 月至今，任泰豪集团董事会主席，2012 年 12 月当选中国民间商会副会长。

在黄代放团队的带领下，泰豪自 1988 年起，用将近 8 年时间走完了初创发展阶段，成为江西省最有竞争力和影响力的 IT 企业；1996 年起，通过积极引进战略投资，泰豪经营规模快速扩大；2004 年起，泰豪开启品牌发展之路，积极参与国际化产业分工，通过与世界 500 强企业的合资合作加快开拓国际市场。在"创导智能技术、产品和服务，以提高人类生活的品质"的企业使命引领下，泰豪已形成以智慧城市、智能电网业务开展为主导，以军工装备和文化创意产业发展为两翼的发展格局。

靳新中
Xinzhong Jin

至玥腾风科技投资集团有限公司执行董事、总裁

靳新中，现任至玥腾风科技投资集团有限公司执行董事、总裁。

靳新中1990年获中国社会科学院研究生院经济学博士学位；1993年至1994年于英国Swansea大学发展研究中心攻读博士后。

靳新中于1990年至1995年任国家计划委员会投资研究所副研究员、处长；1995年至2012年任中国海外集团有限公司（香港）董事、助理总经理；中海投资发展（集团）有限公司副董事长、总经理；2012年至今任国家创新与发展战略研究会副秘书长；2014年任至玥腾风科技投资集团有限公司执行董事、总裁；2015年任泰克鲁斯·腾风汽车研发有限公司董事长。

靳新中在中国海外集团公司任职期间，主持投资业务工作，先后完成投资120亿港元，并购了一批如南京长江二桥、莱州金仓金矿、南宁"四桥一路"、沈阳皇姑热电、南昌大桥、安徽国元信托等优质的基建和实业项目等，累计实现利润60亿港元。在国家创新与发展战略研究会任常务副秘书长期间，参与组织和起草了若干战略报告。任职泰克鲁斯·腾风汽车研发有限公司董事长期间，在日内瓦国际车展上首发了中国第一辆超级跑车暨微型燃气轮机增程式电动汽车。

靳普
Pu Jin

泰克鲁斯·腾风汽车研发有限公司董事长、技术总监

靳普，2008年至2009年于英国留学；在英国高等几何、欧拉几何界有特殊成就；后经国内高层引荐回国；2009年至2011年就读于清华大学

化学系，主修化学、化学热力学、材料工程、量子物理、工程物理、机电工程等学科；2011年参与创立至玥腾风科技投资集团有限公司，现任集团技术总监；2015年任泰克鲁斯·腾风汽车研发有限公司董事长、技术总监。

靳普是梦幻超跑"泰克鲁斯·腾风"所搭载"航空动力增程式电动汽车技术"的发明人，已获数十项国家、国防及世界级专利；为国家多项重大专项技术攻关顾问；前863计划复合轻质装甲材料方面课题项目负责人。

靳普在清洁能源汽车、发动机及相关领域，拥有"增程式电动汽车""主动式混合空气轴承""涡轴发动机废气余热循环再利用""碳纤维增韧高强钢基复合材料"等系列发明专利和实用新型技术；同时依托高速轴承和转子动力学的大量设计经验积累，在压缩冷冻机、超流氦、超导技术、磁轴承、磁悬浮技术等方面都具有颠覆性的技术开发能力。

李强
Qiang Li

龙浩集团有限公司首席战略官
龙浩集团有限公司董事副总经理

李强，现任职于龙浩集团有限公司首席战略官，龙浩集团有限公司董事副总经理，广东龙浩航空集团有限公司常务副总经理，龙浩机场集团有限公司副总经理，龙浩速运有限公司总经理。1993年7月至2000年9月，于中国西南航空公司任职，2000年10月至2003年3月，于中国民航快递公司任职，2003年3月至2006年6月，于澳门航空公司任职，2006年6月至2008年5月，于香港航空公司任职，2008年9月至2012年8月，于深圳航空公司任职，2012年9月至2014年12月，于湖北新楚风汽车股份有限公司任职，2014年12月至2015年8月，于万丰奥特控股集团有限公司任职，2015年9月至今，于龙浩集团有限公司任职。

1989年7月至1993年8月，于西北工业大学飞行器制造工程系毕业（本科）。

1993年10月至1994年1月，于IBM中国总部参加AS400应用培训。

2003年1月至7月，参加中国民航管理干部学院中青班学习。

2003年8月至11月，参加Rolls Royce高级人才管理培训。

2004年7月至2006年7月，于澳门科技大学MBA班毕业（硕士）。

2006年12月至2008年10月，于清华大学资本运作班结业。

李仙德
Xiande Li

晶科能源控股有限公司董事长

李仙德，晶科能源控股有限公司董事长、晶科电力有限公司创始人，研读浙江大学EMBA。

李仙德于2006年创办了晶科能源控股有限公司，在他的带领下，

2015 年，集团实现营业收入 160 多亿元人民币，跃升至 2016《财富》中国 500 强第 330 名。2016 年成为全球最大的组件制造商，拥有中国江西、浙江、新疆，马来西亚、葡萄牙和南非六个生产基地，16 个海外子公司及 18 个销售办公室，全球员工 15,000 名，出口额超过 10 亿美元，被业界誉为"毛利润之王"。2010 年，晶科在美国纽交所上市。

李仙德曾获 2009 年"上饶市十大创业精英"、2010 年"第四届江西省十大经济人物"、2012 年"江西省 2012 年度优秀创业企业家"、2013 年"中国行业品牌十大创新人物奖"、2014 年"中国改革优秀人物奖"和"全球新能源杰出贡献人物"等奖项。

林庆星
Qingxing Lin

抚州市创世纪科技有限公司创始人
莆田市创世纪科技有限公司创始人
抚州创世纪、莆田创世纪公司技术总监

林庆星，擅长异构超算、分布式信息服务与集成、网格关键、网格应用支撑与网格应用、高性能计算等技术，取得了创新性成果。现为抚州市创世纪绿色数据中心技术应用的牵头人、抚州市创世纪科技有限公司创始人、莆田市创世纪科技有限公司创始人。

2017 年，林庆星创立了创世纪科技有限公司，自主研发 GPU 服务器设备，GPU 服务器是基于 GPU 应用的计算服务，具有实时高速的并行计算和浮点计算能力，为全球客户提供深度学习、图形渲染、视频压缩转码、科学计算、地质勘探、能源开采等服务。

林庆星所创立的创世纪科技立足抚州、莆田、深圳，面向全国及全球区域，主要投资建设超级计算机数据服务中心，是中国计算机科技行业领先品牌，承担各种大规模科学计算和工程计算任务，同时以其强大的数据处理为社会提供云计算服务。

创世纪超算数据中心，拥有单精度与双精度并行运算的独有技术，大幅提高了运算效率并降低了运算成本，为大数据处理、3D渲染、IC设计、生物信息、材料科学、动态仿真、宏观经济分析以及政府决策支持等领域，提供更高性能的超级计算和并行计算服务，致力于优化创新科学及推进现代化企业，打造科技世界，成就时代精神，为各大企业和科研机构提供强大的计算资源，支持重大课题或者协作研发。

刘家强
Jiaqiang Liu

中国化学工程集团有限公司总经理
中国化学工程集团有限公司党委副书记、董事

刘家强，现任中国化学工程集团有限公司党委副书记、董事，中国化学工程集团有限公司总经理，教授级高级工程师。

刘家强1988年7月毕业于大连理工大学工业涡轮机专业，2005年获清华大学工商管理硕士学位。

刘家强1988年7月至1994年7月任中国化学工程重型机械化公司技术员；1994年7月至1997年4月，任中国化学工程总公司劳资教育部干事；1997年4月至2001年5月，任国家"九五"重点项目河南义马气化厂项目副总监；2001年5月至2007年5月，任中国化学工程集团公司企业管理部副主任，其间作为建设部特聘专家，参与全国建筑业企业资质标准编制工作，并作为石化专业副组长主持全国建造师执业资格考试大纲和教材编制工作；2007年5月至2012年2月，任中国化学工程集团公司总经理助理兼规划发展部主任，兼任科技部等六部门组织的"新一代煤（能源）化工产业技术创新战略联盟"秘书长，组织国家科技支撑计划煤制烯烃技术开发工作，并参与了国资委《中央建筑企业布局与结构调整研究报告》编制工作。

2012年2月起，任中国化学工程股份有限公司党委常委、副总经理；2014年8月至2018年3月，任中国化学工程集团公司党委常委；2018年8月，任中国化学工程集团有限公司党委副书记、董事、总经理。

马义和
Yihe Ma

盈创建筑科技（上海）有限公司董事长

马义和先生任盈创建筑科技董事长，全球第一家实现3D打印建筑高科技企业的创始人和企业家。主要从事3D打印建筑以及新型建筑材料的研究、发明和生产经营工作，拥有3D打印建筑及新型建筑材料领域多达129项国家专利。荣获苏州工业园区"科技领军人才""第五届全国BIM大赛施工组一等奖""中国建筑应用创新大奖"，盈创被评为"上海市高新技术成果转化项目"。并出版了《3D打印建筑技术与案例》《改变中国剧院命运的 GRG》《盈创 GRG 经典之作》。

马义和先生长期从事新型建筑材料研究，石膏基的 GRG 材料、FRP 材料，水泥基的 SRC 材料、盈恒石，颠覆建筑行业的 3D 打印建筑均出自他手，他所研发的 3D 打印建筑更是领先全球，已经成功打印全球首座 3D 打印 6 层楼、1,100m^2 内外精装别墅、经典中式庭院。目前马义和先生研发的 3D 打印建筑技术不仅走出国门，为迪拜政府打印出全球第一批办公楼，还走进寻常百姓家，已投入国内知名房地产商地下基础设施、景观小品的生产。

邵阳
Yang Shao

世和基因创始人、CEO
多伦多大学医学院博士

世和基因创始人、CEO；多伦多大学医学院博士；南京高端海外引进人才、南京科学技术进步奖获得者、南京招商大使、南京高新区科技创新有功个人。

南京医科大学校董事会董事，特聘教授。

在加拿大玛格丽特公主肿瘤中心从事癌症基因学及免疫学研究 7 年。

拥有相关专利 20 项，其中中国专利 16 项（已授权 12 项），国际专利 4 项（已授权 1 项），高通量测序相关专利 7 项（发明型）。

福布斯杂志亚洲 30 位 30 岁以下医学及科学领域成就获得者。

发表包括 *Nature Genetics*、*Immunity* 在内的学术文献 30 余篇，撰写癌症生物学大学教科书的相关章节。

多次在国际学术会议，包括 ASCO、AACR、ASHG、CSCO、ICGC 等会议上演讲及展示科研成果。

孙小蓉
Xiaorong Sun

武汉兰丁医学高科技有限公司董事长

孙小蓉，现任武汉兰丁医学高科技有限公司董事长。

孙小蓉 1982 年获武汉同济医科大学学士学位；1987 年获武汉同济医科大学硕士学位；1993 年获澳大利亚 Monash 大学博士学位；1993 年至 1995 年为美国纽约 Sloan Kettering 肿瘤研究中心博士后。主要研究领域为细胞病理学。

孙小蓉历任加拿大 BC 肿瘤研究中心研究员、武汉兰丁医学高科技有限公司董事长、兰丁细胞病理诊断中心实验室主任。

孙小蓉曾获 2011 年"全国三八红旗手"。2011 年被中国政府授予外国专家"友谊奖"，享受国务院政府特殊专家津贴；同时担任中国妇幼保健协会妇女病防治专业委员会副主任委员、妇幼健康研究会宫颈癌防控专业委员会常委、全国阴道镜及宫颈病理学协作组（CSCCP）委员等。

谭晓东
Xiaodong Tan

北京标研科技发展中心主任
全国分析检测人员能力培训委员会办公室主任

　　谭晓东，现任北京标研科技发展中心主任、全国分析检测人员能力培训委员会办公室主任，国家高级项目管理师、国家级水利造价工程师。

　　谭晓东2003年毕业于武汉水利电力大学，获水利工程管理学士和法学学士双学位，2010年毕业于北京交通大学，获项目管理在职研究生学位。2010年至2016年任国家认监委认证认可技术研究所认可技术中心副主任。

　　谭晓东是全国《检验检测机构管理条例》（国务院行政法规）主执笔人；全国《检验检测机构资质认定管理办法》（质检总局163号局长令）释义编写专家；全国《检验检测机构资质认定评审准则》主要起草人及释义编写专家，主导、规划和建设了我国多个行业国家级检验检测标准化机构，以及我国检验检测评价技术人员培训体系。2012年至2014年，牵头组织完成了我国检验检测行业统计制度设计和统计体系文件的编撰、发布和实施。

　　谭晓东也是全国《司法鉴定机构资质认定评审准则》以及《工作指南》（第一版/第二版）主执笔人，国家公安刑事技术和司法鉴定领域全国师资课程规划及主讲人，培养了我国国家级司法鉴定领域和公安刑事技术领域资质认定评审专家800余名；并指导建设国家级/省级司法鉴定机构百余家。

田耀斌
Yaobin Tian

中电科技国际贸易有限公司副总经理

田耀斌，中电科技国际贸易有限公司副总经理，2005年获得英国东伦敦大学商学院硕士。

2006年至2010年，田耀斌担任中电科技国际贸易有限公司驻东南亚、南亚（斯里兰卡、缅甸、泰国、印度尼西亚）办事处负责人。田耀斌负责多个军贸系统工程，田耀斌带领团队服务国家外交、经济、军事大局，为电科国际、集团公司和国家赢得了尊重和荣誉。

2011年12月至2014年2月，田耀斌担任中电科技国际贸易有限公司亚太地区部副总经理，兼北京华成昊普科技有限公司法人代表、总经理。带领团队创新性地实现了中国电科集团首个在海外独立成功实施的太阳能电站EPC总承包工程、首单工程机械类出口项目、首单医疗卫生系统出口项目和首个大型综合承包工程项目等，完成了一批重大民品和海外工程项目的签约和执行工作，为深化中国对外经贸合作关系产生积极性影响。

2017年1月至2018年3月，田耀斌任中国电子科技集团公司国际重大项目办公室高级项目经理、集团驻巴基斯坦代表处总代表（高级经理），中电科技国际贸易有限公司国际工程二部总经理。

2018年6月至今，任中电科技国际贸易有限公司副总经理。

田耀斌先后获得中国电科国际先进个人、特别奉献奖、重大项目签约奖、电科国际之星、创新之星、优秀干部、青年岗位能手、十周年

"十佳人物"、中国电子科技集团公司"七好"优秀共产党员、国防科技工业军品出口先进个人等荣誉称号。

王丽红
Lihong Wang

山东天壮环保科技有限公司董事长

王丽红自2006年起，投资组建塑料降解技术科研攻关团队，成功取得具有中国自主知识产权的发明专利技术——生态塑料技术，为普通塑料降解缓慢引发的"白色污染"问题找到了最佳的解决方案。

技术攻关取得突破后，于2008年回国创业，历时十年对生态塑料技术进行应用领域研发，走出了一条从源头即实现塑料完全降解的创新之路，技术水平在塑料包装行业中处于"国际领先、亚洲唯一"地位。

2009年，王丽红带领团队开发出"绿塑宝"系列纳米生态降解塑料产品，获得"中华人民共和国第十一届运动会指定降解塑料产品"殊荣；2010年，公司获得香港特区政府颁发的"2010绿色企业奖"，并入选"网上世博山东省100家特色中小企业"；2011年，公司荣获"2011年度中国留学人员创业园百家最具成长性创业企业"称号；2012年，公司建成中国博士后科研工作站；2015年，公司获得农业部中华农业科技奖二等奖。

王丽红十年创业，十年磨砺，在一手创立公司的同时，还为国家传统塑料包装行业新旧动能转换贡献出环保技术支撑。展望第二个十年，订立新的发展目标：一是实现每年治理2,000万吨以上的塑料包装污染，创造绿色塑料包装产值过5,000亿元，实现过1,000亿元的利税；二是以这项环保技术解决全球一次性塑料造成的环境污染难题，让创新的生态塑料技术在"一带一路"发展中做出积极贡献！让"自然环保"成为"中国制造"的新名片！

王济武
Jiwu Wang

启迪控股股份有限公司董事长

王济武，现任启迪控股股份有限公司董事长。

王济武 1988 年就读于清华大学经济管理学院，获经济学学士及工商管理硕士学位。曾任职于北京市房地产开发经营总公司、香港北京控股集团、香港京泰实业集团等。

王济武是金融与公司管理方面的重要学者，在上述领域有独特的创新思维，他的相关论文引起了英国《金融时报》等海外财经媒体的关注，被北京大学选为"中国年度最佳商业案例"并入选清华大学 MBA 教材。王济武出版了《中国股市实战理论与方法》《科技新城建设理论与实践》《集群式创新理论与实践》，于 2002 年入选美国"Who Is Who 世界名人录（金融）"。

王济武曾获"2006 年度中国别墅领军人物"，并于此后相继荣膺"2007 年度中国十大建设英才""2008 年度全国先进爱国企业家"。

王济武作为清华大学的杰出毕业生，一直热爱母校，关心母校，他多次为母校捐款，捐款总额在全国高校个人捐款排名前列。王济武作为一名经济学者，多次赴清华举办讲座，并担任清华大学经管学院 MBA 学生导师，班级导师及清华 MBA 校友会会长等职务。

杨剑
Jian Yang

泰豪科技股份有限公司总裁

　　杨剑，男，南昌大学管理科学与工程专业博士研究生毕业，现任江西省青年企业家协会会长，泰豪科技股份有限公司总裁。先后负责公司机电产品进出口业务、电机电源业务及上市公司整体业务。个人先后被授予江西省"优秀企业家"、江西省"青年五四奖章"、第一财经"年度创新力特别人物奖"、"211企业经营管理人才"和"区直接联系人才"称号等荣誉。

　　泰豪科技股份有限公司成立于1996年3月，2002年7月在上海证券交易所上市，为江西省首家民营上市公司。经过多年的发展与积累，建立了较为完善的治理结构，形成了完整的内控制度，并在南昌、北京、上海、深圳、长春、济南、衡阳、龙岩等地拥有40多家分、子公司，以及10多个高科技产业园区。

袁宏永
Hongyong Yuan

清华大学公共安全研究院副院长
北京辰安科技有限公司总裁

　　袁宏永，现任清华大学公共安全研究院副院长、北京辰安科技有限公司总裁、教授、博士生导师，教育部"长江学者"特聘教授，中国公共安全科学技术学会常务理事，中国地理信息产业协会应急工作委员会主任委员，亚太公共安全科学技术学会理事，全国公共安全基础标准化委员会理事，第29届北京奥运会安保顾问。

袁宏永主要从事公共安全应急与国家安全科技的研究，主要研究方向为灾害动力学、预测和预警、应急管理理论与技术及其综合整合、火灾探测和控制工程、公共安全事件灾害动态、监测和控制、预测和预警、应急管理及应急平台技术。

袁宏永在公共安全应急与火灾探测理论、方法研究和技术攻关方面取得了具有国际先进水平的创新性研究成果，为该学科领域的发展做出了突出贡献。

袁宏永近五年发表论文121篇，SCI/SSCI收录19篇，EI收录36篇，获得国内发明专利7项，国外发明专利1项，获国家科技进步一等奖1项，省部级科技进步一等奖3项。

袁建民
Jianmin Yuan

中国外运股份有限公司党委副书记
中外运长航集团新疆有限公司执行董事、总经理、党委书记

袁建民，现任中国外运股份有限公司党委副书记，中外运长航集团新疆有限公司执行董事、总经理、党委书记，兼任新疆维吾尔自治区人民政府参事、中国国际投资促进会副会长、新疆喀什行政公署经济顾问、新疆克拉玛依市委巴基斯坦事务顾问、新疆外交学会副会长、新疆物流

协会会长、自治区社科联委员、新疆咨询决策专家、新疆师范大学—巴基斯坦国立现代语言大学国际教育合作中心顾问、巴基斯坦吉尔吉特—巴蒂斯坦省发展顾问、巴基斯坦南瓦济里斯坦地区发展顾问、巴基斯坦洪扎发展运动组织荣誉主席、中国公安边防部队乌鲁木齐边防指挥学校客座教授、巴基斯坦伊斯兰堡国立现代语言大学客座教授、新疆师范大学客座教授、新疆塔里木大学客座教授。北京工商大学产业经济学研究生学历，高级经济师。

袁建民积极倡导建设了"巴中苏斯特干港"（陆地口岸），惠及中巴两国。巴中苏斯特干港关乎国家安全和国家的周边战略，有关情况上报中央政治局，并列入国家领导人访巴会谈时的重要内容。

袁建民先后获"中央企业劳动模范""中央企业优秀党务工作者""优秀党务工作者""助推大陆桥20年发展突出贡献奖"等称号，2011年8月，巴基斯坦总统扎尔达里在伊斯兰堡签署总统令，授予袁建民"国父真纳"勋章，2012年11月被新亚欧大陆桥国际运输研讨会组委会评为"新亚欧大陆桥开通运营20年突出贡献企业家"等荣誉。

张国祥
Guoxiang Zhang

瀚华金控股份有限公司董事长

张国祥，中共党员，瀚华金控创始人。现任瀚华金控股份有限公司董事长，重庆富民银行董事长，政协重庆市第三、四、五届委员会委员，中国小额贷款公司协会副会长、沈阳市人民政府工作顾问和智库专家、重庆市工商联（总商会）副会长。

张国祥先生拥有 30 多年金融领域从业经验。长期致力于探索微型金融在中国的发展道路，并以此为理念于 2004 年创办了瀚华。在瀚华创立之初，他首倡"民生金融"理念，经过十余年的丰富实践，2015 年他将该理念创造性地发展为"伙伴金融"的新思维新战略，旨在与中小微企业建立新型的融企关系和长期共同发展模式，量身定制综合金融服务方案。在他的带领下，瀚华历经十余年跨越式发展，形成了立足北京、重庆双总部，辐射全国的战略布局，成为中国专注于为中小微企业提供综合金融服务的最大的民营普惠金融服务集团，并率先于 2014 年 6 月成功在香港上市，成为业界第一股。

◇◇ 第四节　行业专家

包晓竹
Xiaozhu Bao

贵州广播电视台高端对话节目《论道》总制片人
中国电视艺术家协会会员

包晓竹，1989 年 7 月毕业于中国人民大学新闻系，现任贵州广播电视台高端对话节目《论道》总制片人，中国电视艺术家协会会员，副高级职称。

曾担任大型系列片《世纪的抉择》、社教类栏目《社会大观》、外宣类栏目《走遍贵州》《多彩贵州》等节目制片人。承担省委、省政府重点对外宣传任务，主要有：与云南、广西、广东三省区六方电视台联合制作的"祝福珠江"系列项目；与凤凰卫视联合制作的系列谈话节目《纵横中国——贵州篇》；赴日本举办的重点外宣项目《日本——中国贵州电视展播周》；与中央电视台海外中心共同举办、全国27家电视台参与的《"魅力贵州"全国电视易地采访》等。

这期间的主要获奖作品有电视纪录片《岜沙——一个苗族村寨的故事》《布依"六月六"》《侗乡歌师张继康》、电视系列片《生态重建在普定》、专题述评《打开绿色经济的大门》等，先后获得贵州省新闻一等奖、中国新闻奖三等奖、中国民间文艺"山花奖"、少数民族文艺"骏马奖"等奖项，作品在央视国际频道、凤凰卫视以及通过中国黄河电视台面向北美等地区播出。

2007年开始筹建《论道》，开播12年以来一直担任总制片人。《论道》是一档由外经贸部前副部长龙永图担纲嘉宾主持人的高端对话节目，每周一期，每期50分钟，邀请政、商、学界领军人共同对话国际风云，是广电总局授予的"新中国60年60个有影响的广播电视栏目"。先后策划了"中国社会责任"领袖年会、中国入世十年晚会《跨越十年·融入世界》，并在博鳌亚洲论坛、上海世博会、生态文明贵阳国际论坛等知名论坛举办常设性电视高峰会。担任《与龙永图论道》（3卷本）、《龙永图白岩松：中国，再启动》等图书主编。

个人先后被评为"贵州省优秀新闻工作者"、贵州省宣传文化系统"四个一批"优秀人才，获得史坦国际、中国品牌媒体高峰论坛、中国传媒大会等授予的"中国优秀电视制片人"。先后赴中国台湾地区、日本等进行文化交流访问。

陈锋
Feng Chen

中国五矿化工进出口商会原会长，高级工程师

陈锋，高级工程师，北京航空航天大学工商管理硕士。中国五矿化工进出口商会原会长、中国国际商会理事、海峡两岸贸易协会理事、国际化工分销商协会理事会执行委员会委员。

陈锋2000年至2003年在国家经济贸易委员会负责信息工作，参与组织领导全国经济信息收集、编纂和向决策层传递的具体工作。在经济平稳期、重大事件突发期和结构调整期，为决策层提供建议方面做出了富有成效的工作。2003年至2005年在国务院全国整顿和规范市场经济秩序领导小组工作期间，负责政策法规、信用体系建设和综合业务工作，参与组织制定清理整顿市场秩序和建立社会信用体系的规划与政策，组织和实施了社会信用体系组织架构设计、技术实施路线和接口标准课题的研究。2006年至2012年担任商务部驻昆明、驻南京特派员期间，深入最贫困和最发达的地区城镇、农村，以外向型经济为关注点，研究和总结社会经济发展的规律和模式，对外经、经贸、外资和民生相关的国内市场体系构建方面提出了许多建设性建议并取得多项研究成果。

陈锋对能源、矿产资源、金属、化工、建筑材料等行业具有较深了解。代表行业加强与贸易相关国家的政府和非政府组织的对话，组织贸易保护案件的应诉和诉讼，关注冲突矿产资源开发，推动负责任企业社会责任行动，引导中国企业对境外矿业资源投资开发活动的保护人权、注重社会责任实践，组织制定并发布了《中国对外矿业投资行业社会责任指引》,获得了联合国人权理事会的高度关注和赞誉。

房秋晨
Qiuchen Fang

中国对外承包工程商会会长

房秋晨,现任中国对外承包工程商会会长。

房秋晨1989年毕业于对外经济贸易大学国际企业管理专业。2000年获得首都经贸大学企业管理硕士学位。

房秋晨1989年加入原对外贸易经济合作部工作,先后在北京温阳进出口贸易公司、国家商务部合作司办公室、非洲处、工程处等部门工作,曾担任调研员、处长等职务,1991年至1995年,房秋晨担任中国驻尼日利亚大使馆经商参处随员、三等秘书,2000年至2001年,任中国驻文莱大使馆经商参处一等秘书,2001年至2003年,任中国驻马其顿大使馆经济商务参赞,2006年至2011年,任中国驻印度尼西亚大使馆公使衔经济商务参赞。其中,1997年至2000年挂职任河北省泊头市副市长,分管流通领域工作,包括外贸和外经合作。

2011年至2015年,房秋晨担任商务部美洲大洋洲司副司级商务参赞、副司长,分管美洲、大洋洲地区除美国外英语国家的双边经贸事务,负责拟订并组织实施与所负责国别(地区)的经贸合作发展政策,参与多双边FTA及有关经贸谈判,处理国别(地区)经贸关系中的重要事务,协助中国企业获得外国市场准入等。

2015年4月至今,房秋晨担任中国对外承包工程商会会长,商会现直属国家商务部,是由中国对外承包工程、劳务合作、工程类投资及相关服务企业组成的全国性行业组织,致力于推动会员企业经营实力的全面提升和中国对外投资与承包工程行业的快速、健康发展。

房秋晨有着丰富的外交工作经验,曾先后被派驻非洲、欧洲、亚洲国家担任外交官,在促进中国与驻在国双边经贸关系方面做了大量卓有成效的工作。

胡卫平
Weiping Hu

中国产业海外发展协会秘书长

胡卫平,现任中国产业海外发展协会秘书长。

胡卫平1971年参加工作,先后任职于航天部一院、河南省化工研究设计院、河南省石化厅等单位。1991年调入国家计委,长期在经济与能源管理部门工作,先后任职于国家计委国务院农业生产资料办公室、国家计委原材料司(委农资办)、国家计委经济预测司、产业司(国家西气东输办公室)、能源局等部门,曾任国家能源局油气司副司长。

在国家发改委、国家能源局从事经济与能源行业管理期间,胡卫平主要参与起草国务院农资流通体制改革文件,承担西气东输、广东LNG、运输造船、东海开发、中亚天然气管线建设等重大工程项目组织协调、文件制定和政策研究工作,承担国家利用境外油气资源中长期发展规划、国家油气管道发展规划、国家LNG专项发展规划等文件的编制与起草工作,参加国家第二轮油气资源评估等工作,发表《我国天然气发展及相关政策研究》《招标择优：大型天然气工程项目宏观管理的新尝试》《广东LNG项目招标》《小型液化天然气应在我国天然气发展中占有一席之地》等重要研究报告。

胡卫平曾获评国家发改委优秀公务员和全国重大专项先进个人，承担完成的研究成果获部委科技进步奖。

柯志华
Zhihua Ke

中外友好国际交流中心主任

柯志华，现任中外友好国际交流中心主任，大连海事大学"一带一路"研究院理事会主席、荣誉院长、客座教授，中国欧盟协会理事，中国东盟协会理事，中国公共外交协会理事。

柯志华1985年就读于中国大连海事大学，攻读海商法专业，1989年获学士学位。1989年至1993年，柯志华在中国交通部外事司工作。其间，参与国际海事组织（IMO）文件翻译工作，曾负责全国水运系统引进国外智力工作，并被派往新加坡参加中国对外开放港口中高级管理人员培训班。

1993年至1999年，柯志华任新加坡管理与技术培训中心主任。其间，他致力于中国党政领导干部赴新培训体系建设，编制了"政府职能""城市管理""社会管理""金融管理""企业管理"等多领域数百个培训专题，组织实施400余期培训项目，培训中方人员近万人次。中心也与中国国家外国专家局共同编写了《聘请外国文教专家工作指南》。

1999年至2010年，柯志华任中外友好国际合作中心执行主任。他曾负责中国—西班牙论坛企业交流工作，实现中国—西班牙空中直航，建立中国—西班牙培训合作机制。此外，他也推动中国—意大利企业的交流工作，积极组织中外城市交流活动，组织中国地方政府境外招商推广活动。在他的领导下，中心长期开展中国与南太平洋国家交流项目，并为在华外资企业提供服务。

2010年至今，柯志华任中外友好国际交流中心主任。其间，他因积极推动中法人文交流，被法国希侬市授予荣誉市民。他参与策划的"当代中国水墨与雕塑艺术展"是首次进入法国大皇宫展出的中国艺术展，并发起成立了中国—东盟美术院校联盟，实施了亚洲艺术国际传播计划。

李爱仙
Aixian Li

中国标准化研究院副院长兼总工程师

李爱仙，现任中国标准化研究院副院长兼总工程师，研究员，兼任国家发改委战略性新兴产业发展专家咨询委员会委员，全国能源基础与管理标准化技术委员会秘书长，全国太阳能标准化技术委员会副主任委员。曾任国家能源专家咨询委员会委员，《节能法》修订专家组成员。

李爱仙长期从事标准化研究工作，先后承担科技部"九五"国家重点科技攻关计划，"十五""十一五"和"十二五"科技支撑计划，科技基础性工作项目，以及国家自然科学基金项目等10余项，负责研制GB/T15320《节能产品的评价导则》等国家标准20余项，组织推动了我国强制性能效标准研究工作的开展,建立健全了终端用能产品能效指标体系;主持研制我国首批强制性高耗能产品能耗限额标准,明确了能耗限额指标体系;组织研究并协助政府主管部门建立了节能产品认证制度、强制性能效标识制度和节能产品惠民政策。

李爱仙获得省部级科技进步奖10余项,2009年入选"新世纪百千万人才工程"。现分管并推进中国标准化研究院国家标准信息服务、中国标准走出去、人类工效学以及政府质量绩效考核等工作。

刘宗德
Zongde Liu

国家认证认可监督管理委员会认证认可技术研究所所长

刘宗德,现任国家认证认可监督管理委员会认证认可技术研究所所长,国家质量监督检验检疫总局科学技术委员会认证认可专业技术委员会委员、认证认可基础分专业技术委员会主任委员,中认新能源技术学院客座教授。

刘宗德1993年毕业于华中农业大学,1994年至1998年任职于国家出入境动植物检疫局,1998年至2001年任职于国家出入境检验检疫局,2001年至2014年,任职于国家认证认可监督管理委员会,长期从事出入境动物检疫、人事管理、行政管理、认证认可等工作,先后参与了"认证认可关键技术研究与示范""认证有效性评价体系研究及示范应用""中国检测机构科学发展战略研究""中国特色认证认可理论体系研究""政府绩效管理"等重点课题研究,获得了多项省部级科技奖励并出版了多部学术专著。

2008年，刘宗德获得了华中农业大学管理学博士学位，完成了我国从经济学角度系统阐述认证认可工作的博士论文《基于微观主体行为的认证有效性研究》与我国从制度层面和经济学角度全面阐述认证认可制度的书籍《认证认可制度研究》，一文一书填补了认证认可理论研究的空白，得到了行业内外的普遍认可和广泛使用，取得了较大的社会效益。

2014年至今，刘宗德作为国家认证认可监督管理委员会认证认可技术研究所所长，围绕如何更好地发挥认证认可作用，推动"一带一路"贸易便利化提出了诸多创新观点，发表了《认证认可在"一带一路"战略中的机遇与挑战》等论文，撰写了多篇认证认可功能定位研究专报。刘宗德也是国家重点研发计划"支撑'一带一路'贸易便利化的认证认可关键技术研究与应用"的项目负责人。

卢守纪
Shouji Lu

国家发展改革委国际合作中心学术委员
丝路产业与金融国际联盟副理事长兼秘书长

卢守纪先生现任国家发展改革委国际合作中心学术委员，丝路产业与金融国际联盟副理事长兼秘书长，同济大学经济与管理学院研究员，太和智库高级研究员，积极推动"一带一路"倡议和军民融合战略落地，参与搭建高层次非营利性社团组织平台，努力发挥战略筹划、领导协调、课题组织和文字把关的综合优势与作用。

卢守纪先生曾参加国家重点专项规划和省市级专项规划的研究制定。

参加统筹经济建设与国防建设"十二五"重点专项规划(国家18个重点专项规划之一)核心起草班子,主持编制完成自治区及地市军民融合"十三五"专项规划与创新示范区总体方案,执笔或参与完成了规划主报告。

卢守纪先生参与完成重大课题调研及报告撰写。参与完成中央下达、多位院士承担的重大课题调研及报告撰写任务,参加国家发改委组织的"十三五"国际产能合作中期评估等重要活动及评估报告起草,担任课题负责人完成重庆市发改委委托的专题研究任务,主要参与完成的《2012年我国面临的安全威胁分析》曾获战略规划咨询委员会优秀论文一等奖。

卢守纪先生具有丰富的教育培训和专家任职经历。前后共有8年高等院校全日制正规培养和10年院校任教经历,曾担任军事科学院、国防大学科研成果评审专家,解放军后勤学院国防经济研究中心特聘专家,国防大学研究生兼职导师,国家战略研究院副秘书长,曾赴英国威斯敏斯特大学培训,获经济学硕士、军事学学士。

吕红兵
Hongbing Lü

中华全国律师协会副会长
国浩律师集团事务所首席执行合伙人

吕红兵,国浩律师集团事务所首席执行合伙人,中华全国律师协会党组成员、副会长、金融证券业务委员会主任,第七届上海市律师协会会长。中国共产党上海市第九、十次代表大会代表。政协上海市第十一、十二届委员会委员、社会和法制委员会副主任。上海市青年联合会第十届副主席、上海市青年企业家协会第六届副主席。中国证监会第六届股票发行审核委员会专职委员、上海证券交易所和深圳证券交易所上市委员会委员。上海国际贸易仲裁委员会、上海仲裁委员会委员及仲裁员、上海金融仲裁院仲裁员。复旦大学、中国人民大学、华东政法大学、上海外国语大学、上海对外经贸大学、上海政法学院、上海金融学院等高校兼职或客座教授。

吕红兵带领着来自国浩全球20个办公室的近1,500名律师为境内外企业及各类客户提供全面的专业法律服务。他主编或参与的著作包括《民主立法与律师参与》《企业投资融资筹划与运作》《中国新型城镇化的法治思维》《中国产业律师实务》《现代商事律师实务》《金融证券律师实务》等。

吕红兵曾获全国优秀仲裁员、上海市优秀专业技术人才、上海市劳动模范、上海市优秀律师、上海市司法行政系统先进个人等荣誉称号。

王丽
Li Wang

北京德恒律师事务所创始人,首席全球合伙人、党委书记

中国民营经济国际合作商会副会长

王丽,现任北京德恒律师事务所(原中国律师事务中心)创始人、主任、首席全球合伙人、党委书记。兼任全国工商联执委,中国传记文学学会会长、吉林大学德恒律师学院院长、教授,北京大学、清华大学法律硕士导师、北京市政府上市工作委员会委员、立法工作专家委员会委员,中国民营经济国际合作商会副会长,中非商会副会长,中国国际

经济贸易仲裁委员会仲裁员，是北京市党代表，北京市政协委员。担任财政部、全国社保基金理事会、中国三峡总公司、中国烟草总公司等机构法律顾问。

王丽于1977年考入大学，获学士、硕士、博士学位。曾任教于山东师范大学、中国政法大学，并曾任国家司法部处长。1993年创办中国律师事务中心，获律师暨证券法律业务资格。曾任中国证券监督管理委员会上市公司重组委员会第一、二届委员，全国社保基金理事会、劳动与社会保障部企业年金专家。

王丽主办了九期345亿人民币三峡债券与长江电力A股发行、上市及总公司发电资产的整体上市。牵头主办了1,500亿元融资额的中国农业银行A+H股IPO及航天科技通信、中国重汽等上百家大型企业改制、境内外股票、债券发行上市等法律服务。擅长综合协调处理中外客户投资并购、风险管理及重大突发事件与涉诉法律事务。

2015年，王丽发起设立了"一带一路"服务机制，为实现"一带一路"国家建设提供支持。

王燕国
Yanguo Wang

中国民营经济国际合作商会驻会副会长、秘书长、主席团主席

王燕国，现任中国民营经济国际合作商会驻会副会长、秘书长、主席团主席。

王燕国1971年加入中国共产党，1998年前曾先后在地方政府和国务院地矿、国土主管部门多个司局担任主要领导职务；后调任中国矿联任党委书记、常务副会长兼秘书长，同时兼任中国国际贸促会矿业行业分会会长、中国国际商会矿业商会会长。2011年至今，担任中国民营经济国际合作商会主席团主席，常务副会长兼秘书长、党委书记。

王燕国同时担任太平洋经合理事会中国工商委员会副主席，中国境外中资企业年会组委会主席，中英ABP国际联盟中国委员会名誉主席，王燕国是研究中心（专家）副主任，中外经济合作共同委员会主席、"一带一路"沿线国家商协会合作联盟筹委会主席等。

王燕国主编或参与的著作包括《资源性城市经济转型》《矿业行政法规研究》，组织编辑《中国企业海外投资与经贸合作政策全书》《民营企业海外投资支持政策镜鉴》《中国民营企业国际合作蓝皮书》《关于建设国际化商会的模式研究》《"一带一路"年度报告》等，并在国内外刊物上发表各类文章近百篇。

第三章　蓝迪国际智库平台企业名录

蓝迪国际智库自创立以来已建立了完善的企业合作体系，并致力于服务企业、提高企业的国际化能力，协助企业抱团出海，共建"一带一路"。蓝迪国际智库依据企业的规模、资质、业务导向、发展定位以及企业在"一带一路"建设中的布局等方面进行综合性的评估，形成了《蓝迪国际智库平台企业名录》。

2018年蓝迪国际智库平台企业共319家，分布于能源、制造、农林牧渔食品、信息、智库与服务业、文化、贸易、物流、基础设施、医药、房地产、金融、园区港口、矿业、商会协会、教育培训等行业。

蓝迪国际智库平台企业可在法律服务、政策研究、技术标准、信息服务、金融支持、文化与品牌、能力建设等七大服务体系中获得支持，并及时获得相关信息，从而进一步提升企业的国际化竞争能力，加快企业"走出去"的步伐。为企业实质性参与"一带一路"建设提供大量系统性的服务和支持，为中国企业走向国际舞台赋能。

第一节　能源

一　中国电力建设集团有限公司

中国电力建设集团有限公司是融提供水利电力工程及基础设施投融资、规划设计、工程施工、装备制造、运营管理为一体的综合性建设集团，主营业务为建筑工程（含勘测、规划、设计和工程承包），电力、水利（水务）及其他资源开发与经营，房地产开发与经营，相关装备制造与租赁。

中国电建2018年实现营业收入4,049亿元、利润总额138亿元，年末资产总额8,529亿元。位居2018年《财富》世界500强企业第182位、2018年中国企业500强第41位；2018年ENR全球工程设计公司150强第2位，中资企业第1位；2018年ENR全球最大250家国际承包商第6位；连续六年获评国务院国资委中央企业负责人经营业绩考核A级企业。

公司承担了国内大中型以上水电站65%以上的建设任务、80%以上的规划设计任务和全球50%以上的大中型水利水电建设市场，设计建成了国内外大中型水电站200余座、水电装机总容量超过2亿千瓦，是中国水利水电和风电建设技术标准与规程规范的主要编制修订单位。

中国电建拥有工程勘察综合甲级、工程设计综合甲级、水利水电工程施工总承包特级、公路工程施工总承包特级、房屋建筑工程施工总承包特级、电力工程施工总承包一级、进出口贸易权、对外工程承包经营权等资质权益，精通EPC、FEPC、BOT、BT、BOT+BT、PPP等多种商业模式及运营策略，具备驾驭大型复杂工程的综合管理能力。

截至 2018 年底，中国电建在境外 116 个国家设有 373 个驻外机构，在 125 个国家执行勘测设计咨询、工程承包、装备与贸易供货等合同 2,776 项，在建合同额共计 9,075 亿元，形成了以水利、电力建设为核心，涉及公路和轨道交通、市政、房建、水处理等领域综合发展的"大土木、大建筑"多元化市场格局。

中国电建拥有世界一流的综合工程建设施工能力、世界顶尖的坝工技术、世界领先的水电站机电安装施工、高等级铁路工程施工、城市轨道交通工程施工、地基基础处理、特大型地下洞室施工、岩土高边坡加固处理、砂石料制备施工等技术，具有大中型水利水电工程及城市、交通、民生基础设施工程设计、咨询及监理、监造的技术实力。

二 中国能源建设集团有限公司

中国能源建设集团有限公司是全球最大的电力行业全面解决方案提供商之一。公司在中国及海外逾 80 个国家及地区的电力工程建设项目中获得丰富的经验。根据沙利文报告，2012 年至 2014 年，公司参与设计及建设的电厂总并网装机容量超过 160 吉瓦，排名世界第一。根据《工程新闻记录》杂志评选，按收入计，位居"全球最大的 250 强承包商"第 37 位。2018 年 7 月 19 日，全球同步《财富》世界 500 强排行榜发布，中国能源建设集团有限公司排名第 333 位。

公司已承担设计或建设大量标志性项目及取得多项成就，包括三峡工程项目（拥有世界上装机容量最大的水电站），最高电压等级的交直流输电线路，及最多百万千瓦级超超临界发电机组。根据沙利文报告，于 2014 年，公司的勘测设计业务于中国火电项目（按国内已完成合约金额计）、输电线路市场（330 千伏及以上）及特高压输电线路市场（两者均按国内已安装长度计）的市场占有率分别为 81.1%、52.6% 及 73.7%。

根据同一数据源，2014年，公司的工程建设业务于中国火电项目及水电项目（两者均按已完成合约金额计）的市场占有率分别为57.6%及22.8%。截至2015年3月31日，于中国所有投运及在建的核电机组中，公司的勘测设计及核电厂常规岛安装业务（两者均按已装机容量计）的市场占有率分别为90.8%及59.8%。

近年来，公司的国际业务经历了快速发展。主要项目包括中国首个海外核电工程——在巴基斯坦的恰希玛核电（1×300兆瓦）项目（一期）；以及应用中国首台出口的600兆瓦超临界燃煤发电机组——土耳其EREN超临界燃煤电站（2×600兆瓦）项目。此外，公司正在建设的圣克鲁斯河基赛水电站项目是阿根廷最大的项目，也是迄今为止中国企业在海外承建的合约金额最大的水电项目。2012年到2014年，海外业务收入的年化复合增长率达到19.3%，持续保持高速增长。2017年，融资建设和产业投资同比增长124.90%，清洁能源投资快速发展，房地产、水泥、民爆业务稳中趋优，环保业务蓬勃发展，高速公路总里程同比新增850.82公里，基于公司良好的往绩记录，公司已成功在国际电力及基础设施建设行业确立了"中国能建"的知名承包商品牌。

三　中国核工业建设集团公司

中国核工业建设集团公司主要业务为军工工程、核电工程、核能利用、核工程技术研究、服务。公司坚持"以核为本、两业并重、适度多元"的发展方针，即以核军工、核电建设、核能利用为立足之本，承担国家级核事故应急救援任务，拓宽核技术应用领域；同步发展工程建设服务业务及清洁能源开发利用业务；选择与主业相关的领域进行适度拓展。

在军工工程领域，集团承担了大量的国防科技工业军工建设任务，积累了丰富、先进的工程技术和管理经验,在高精尖和技术、保密等要求较高的军工建设领域以及核军工工程领域形成了独特的优势,成为国防军工工程的主要承包商之一。

在核电工程建造领域,集团公司安全优质高效地完成了我国压水堆、实验快中子反应堆、重水堆等多种不同堆型核电站的建造,具有 30 万、60 万、70 万、100 万千瓦级各个系列机组的建造能力,具备同时承担 40 台核电机组的建造能力。目前,集团公司是国内外唯一一家连续 30 余年不间断从事核电建造的企业集团,承担着中国所有在建核电站核岛部分的建造任务,并圆满完成了巴基斯坦恰希玛核电站一期、二期工程的建造,形成了具有国际先进水平的核电建造管理模式。

集团积极发展以核能产业化及中小水电开发利用为代表的清洁能源业务。在核能产业化方面,开拓以高温气冷堆、低温核供热堆为代表的先进核能利用业务,逐步实现产业升级,提升核心技术水平。在水电及其他清洁能源开发方面,形成了以水电投资为主,电网、风电、光伏等产业协同发展的业务布局并保持了较快的发展速度。

四 中国水电工程顾问集团有限公司

中国水电工程顾问集团有限公司是中国电力建设股份有限公司旗下引领国际业务、投资业务和水务、环境等战略性新兴业务的重要子企业,拥有全球营销能力、产品供货能力、技术服务和融资能力,业务覆盖水电、风电、太阳能等新能源及基础设施各领域,是全球可再生能源开发的引领者。

经过各个历史时期的发展,中国水电顾问集团已经发展成为政府信赖、业主满意、社会放心、国际认可的优质品牌。在巴基斯坦、泰国、埃塞俄比亚、塞拉利昂、喀麦隆、阿根廷等 36 个国家树立了良好的品牌信誉。2012年，入选中国进出口银行的贷款项目评估单位，2014年，入选商务部对外援助成套项目可行性研究咨询单位。在ENR（美国《工程新闻记录》）发布的2014年度全球设计150强企业中排第12位，继续位居前列；在ENR和中国《建筑时报》发布的中国工程设计60强企业中继续蝉联榜首；在国际工程设计公司225强排名中位列第38位。

2014年，水电顾问集团共完成世界级水电项目十余座，其中规划、勘测、设计的以小湾和溪洛渡等为代表的混凝土双曲拱坝，代表了世界拱坝技术的最高水平；拥有水电、风电的权益装机容量约600万千瓦，拥有供水、污水处理权益规模为75.3万吨/日。截至2017年底，已在国内全资或控股开发水电、风电、光伏项目30余个，实现投产项目21个，投产电厂规模约126.22万千瓦，成功跃过百万千瓦级，跻身中等发电企业行列。组建了6个海外业务区域总部，在30多个国家设有办事机构或工作组，控股或参股7家以境外投资为主要任务的子公司，经营范围涉及亚洲、非洲、拉丁美洲等66个国家和地区。紧跟国家"一带一路"建设，重视六大经济走廊、拉美战略，在中巴能源经济走廊第一批14个项目中，水电顾问投资的大沃风电项目和萨察尔风电EPC总承包项目入选。

五 中国水利电力对外有限公司

中国水利电力对外有限公司为中国长江三峡集团公司的全资子公司，是中国水电行业最早参与国际经济合作的国有企业。

公司水利水电主营业务优化突出，输变电、路桥、港口疏浚等基础设施建设经验丰富，足迹遍及亚、非、欧、美的80多个国家和地区，在32个国家和地区常设驻外机构。近十年来公司成功建设苏丹麦洛维大坝、老挝南立1~2水电站、马其顿科佳水电站、哈萨克斯坦玛依纳水电站、苏丹上阿特巴拉水利枢纽工程、埃塞俄比亚瓦佳—马吉公路、加纳农村电气化工程、阿尔及利亚德拉迪斯水坝和玛乌阿纳水坝、摩洛哥拜—本高速公路、厄瓜多尔TP水电站等一系列水电和基础设施项目。2015年，公司经营效益稳步增长，几内亚凯乐塔水电站、老挝南椰2水电站，胜利竣工提前投产发电，同时公司打造出厄瓜多尔可尼尔防洪工程、乌干达伊辛巴水电站等多项亮点工程。

公司具有国家水利水电工程施工总承包一级资质、对外工程承包经营权、进出口贸易权、AAA级信用等级，已通过质量管理、环境管理、职业健康安全管理三标体系认证，在中国香港地区拥有所有工程类别的最高等级承建商牌照；连续29年荣登ENR全球最大250家国际工程承包公司榜单，连续18年荣登ENR全球最大225家国际工程设计公司榜单。

六 特变电工股份有限公司

特变电工股份有限公司是中国变压器行业首家上市公司，拥有对外经济技术合作经营权和国家外援项目建设资质。

特变电工是为世界能源事业提供系统解决方案的服务商，是中国最大的能源装备制造企业、世界输变电制造行业的骨干企业，其中变压器产年能达到2.5亿千伏安，居中国第1位，世界前3位。特变电工集团居世界机械500强第224位；综合实力居中国企业500强第277位；中国机械百强第9位；品牌价值502.16亿元人民币，列"中国500最具价值品牌"第47位。

作为中国最大的能源装备制造企业，特变电工是承担中国国家电网、电源、石油、化工、铁路、交通、工矿企业等重大项目，重点工程最多的企业之一。特变电工拥有自主知识产权的核心专利技术及专有技术近1,000项，实现了130多项自主技术重大突破，其中40余项世界首创、

90多项中国首台套。参与了中国乃至世界行业标准制订100余项，包括IEC标准2项。公司先后荣获中国科学技术领域最高奖——国家科学技术进步特等奖1次，国家科学技术进步一等奖4次，国家科学技术进步二等奖1次。

特变电工承担并参与了多项中国重点工程，承担了中国百万、千万大型火电50%以上主变供货任务，位居中国第一；承担了中国60%以上大型水电主变供货任务，位居中国第一；承担了中国60%以上百万、千万大型核电主变供货任务，位居中国第一；承担了中国近25%的光伏系统项目，位居中国第一。

作为中国电力能源事业发展最重要的装备商，特变电工还承担了一大批代表世界绿色节能输电领域创新领跑工程的产品研制。目前，特变电工在输变电、新能源、新材料、能源领域，均拥有代表中国最高水平的国家级企业技术中心、工程实验室、博士后科研工作站，建立了产、学、研、用相结合开放式的自主创新平台。承担中国863课题、科技支撑计划及研究课题17项，其中IEC标准2项，加快了跨国经营国际化进程，实现了由单机制造向系统集成创新，由中国制造向中国创造，由装备中国向装备世界的升级，推动了中国标准向世界的输出，打造了中国民族工业品牌。

七 特变电工新疆新能源股份有限公司

特变电工新疆新能源股份有限公司成立于2000年，历经19年的快速发展，形成以光、风、火等电力工程服务为核心的主营业务结构，专注于向客户提供各类电力项目开发、投融资、设计、调试到运营维护一体化的可靠、高效的清洁能源解决方案。目前，公司在全国有4个产业园，12个项目公司，服务于国内外客户和市场，每年源源不断地为人类贡献着 18 亿千瓦时的清洁能源，减少二氧化碳排放近 100 万吨，已成为领军中国光伏发展、改善世界能源结构的大型企业集团。

公司拥有一支由博士、硕士组成的专业研发、设计团队，拥有专利数百项，荣获联合国技术创新特等奖等多项殊荣。实现 3~1,250 千瓦全系列并网逆变器的研制，最新研发三电平模块化并联新机型 TC500KM 和北美版 UL 机型，全线产品已通过 CQC 新能标、TUV、VDE、CE、G95、SAA、UL、国网零电压穿越等多项国内外权威认证及测试，运行业绩已突破 2 吉瓦。

公司光伏项目承包安装量接近中国市场新增光伏总需求的 15%，凭借超吉瓦的 EPC 总承包量排名全球第二、全国第一。2013 年，公司荣获"中国光伏电站——卓越服务商"称号、"中国机械工业科学技术奖"，公司承建的中电投太阳山 30 兆瓦项目荣获我国电力行业最高奖项——中国电力优质工程奖。公司占据全球领先地位，位列 2017 年全球绿色公司 200 强榜单第 32 位。

公司立足新疆千万千瓦风电发展规划和全国总装机量达 1 亿千瓦的发展规划。公司拥有电力工程总承包二级、电力工程调试以及电力工程设计乙级资质，具有百万千瓦级的项目储备及投资，专业为客户提供 30 万千瓦及以下 EPC 工程和 220 千伏及以下发电、输配电设备系统安装、调试、EPC 工程等服务。已承担甘泉堡工业园 2×350 兆瓦电厂、伊犁南岗 2×135 兆瓦电厂、石河子天富 2×330 兆瓦电厂等多个火力发电机组的工程服务，获得了电力行业信用等级双 A 认证。

八　新疆金风科技股份有限公司

新疆金风科技股份有限公司成立于 1998 年，致力于成为国际化的清洁能源和节能环保整体解决方案提供商，多次入选"全球创新能力企业

50强",荣登2016年度"全球挑战者"百强榜,被《知识产权资产管理IAM》组织授予"中国知识产权倡导者"殊荣。

新疆金风科技股份有限公司是全球领先的风电设备研发及制造企业以及风电整体解决方案提供商。公司拥有自主知识产权的直驱永磁技术,代表着全球风力发电领域最具成长前景的技术路线。公司目前是全球最大的直驱永磁风机研制企业,同时在深圳证券交易所和香港联合交易所上市。

金风科技生产的产品不仅得到国内市场的高度认可,还进入了欧、美、澳、非等海外市场。成为国内第一、国际领先的风电制造商及风电整体解决方案提供商,同时也是全球最大的直驱永磁机组设备制造商。目前公司拥有员工8,000人,拥有强大的自主研发能力,承担国家重点科研项目近30项。

金风科技成立至今实现全球风电装机容量超过44吉瓦,28,500台风电机组(直驱机组超过24,000台)在全球6大洲、近20个国家稳定运行。公司具备深度开发国际市场的能力。

九 中国长江三峡集团有限公司

中国长江三峡集团有限公司成立于1993年。主营业务包括水电工程建设与管理、电力生产、国际投资与工程承包、风电和太阳能等新能源开发、水资源综合开发与利用、相关专业技术咨询服务等方面。经过20多年的持续高质量快速发展,三峡集团已经成为全球最大的水电开发运营企业和我国最大的清洁能源集团。

三峡集团资产总额近7,000亿元,目前,三峡工程已经连续8年实现175米试验性蓄水目标,防洪、航运、发电、补水等巨大综合效益显著发挥,在长江经济带发展中的重要地位和作用日益凸显,对保障流域防洪安全、航运安全、供水安全、生态安全以及我国能源安全发挥着越来越重要的作用。

根据国家授权，三峡集团还负责金沙江下游溪洛渡、向家坝、乌东德、白鹤滩四座世界级巨型梯级水电站的开发建设与运营。届时全球装机排名前10位的水电站，有5座在三峡集团；全球70万千瓦以上的水轮发电机组，超过2/3在三峡集团；全球仅有的16台单机容量100万千瓦的水轮发电机组在三峡集团。

三峡集团还积极开发风电、太阳能等新能源业务，努力将新能源业务作为集团第二主业进行打造，并致力于成为海上风电引领者。截至2017年底，三峡集团国内新能源业务覆盖31个省、市、自治区，投产和在建装机规模突破1,000万千瓦，其中，海上风电投产、在建和拟建项目达到200万千瓦，在从大连庄河到广东阳江的1.7万公里海岸线上，储备优质海上风电资源超过1,300万千瓦。

三峡集团紧跟国家"一带一路"建设，加快"走出去"步伐，努力打造中国水电全产业链"走出去"升级版。截至2017年底，三峡集团海外投资和承包业务覆盖欧洲、美洲、非洲、东南亚40多个国家和地区，境外投资超过630亿元，境外资产超过1,100亿元，境外可控和权益装机规模近1,700万千瓦；三峡集团是葡萄牙电力公司第一大股东，是德国最大海上风电项目的控股者，是巴西第二大私营电力企业。

十　江苏省国信资产管理集团有限公司

江苏省国信资产管理集团有限公司是在江苏省国际信托投资公司和江苏省投资管理有限责任公司基础上组建的大型国有独资企业集团，从事授权范围内的国有资产经营、管理、转让、投资、企业托管、资产重组以及经批准的其他业务，注册资本金为人民币200亿元。

江苏国信成立以来，始终依托资源和功能优势，精心打造以电力为主的能源产业平台，以信托为主的金融服务业平台和以房地产开发、酒店业为主的不动产平台，并不断拓展投资领域，完善业务功能，先后介入天然气管网建设、新能源开发、江苏软件园建设等实业投资领域，拓展了担保、保险经纪、金融租赁等业务功能。2006年底，与江苏省国有资产经营控股公司合并重组，在证券、银行、酒店旅游、房地产和社会文化事业等领域注入了新资源。截至2017年底，集团总资产1,529亿元，净资产805亿元，营收575亿元，利润总额69亿元。

十一 正泰电气股份有限公司

正泰电气股份有限公司系正泰集团股份有限公司的控股子公司。公司注册资金8.5亿元，总投资额35亿元。已建成占地1,350亩的公园式工业园，是世界上规模最大的输配电设备生产基地，被列为上海市20家重大产业升级项目之一。

公司现有员工4,100人，主要生产和销售110～500千伏电力变压器，10～35千伏配电变压器，126～252千伏气体绝缘金属封闭开关设备（GIS）、高压断路器和隔离开关，500千伏及以下避雷器、互感器、绝缘子，0.66～40.5千伏成套开关设备，箱式变电站，配电自动化设备，以及35千伏以下电线电缆等产品，并可承接电力工程总包业务。目前各类产品已广泛运用于国家电网、南方电网、西电东送、西气东输、三峡工程、青藏铁路、中央电视台、首都国际国内重点工程，并已出口到俄罗斯、日本、意大利、澳大利亚、印度、越南、刚果、尼日利亚、哥伦比亚等30多个国家和地区。

公司被评为"国家级火炬计划优秀高新技术企业"和"上海市高新技术企业"，拥有"国家级技术研发中心"和"上海市认定企业技术中心",并与上海交大、同济大学等建立了联合研发中心。采用柔性研发体系,以试验站和专业研发室为核心组成,以清华大学、上海交大、西高所等著名科研院所为重要依托,将专业技术研发和产品项目开发相结合,实现了科研成果与市场需求的即时对接,不断推动企业从传统电气制造向自动化和系统集成领域发展。

十二 新奥集团股份有限公司

新奥集团股份有限公司是一家以清洁能源开发利用为主要事业领域的综合性企业集团。目前,集团拥有员工5万余人,总资产超过1,269.7亿元人民币,300余家全资、控股公司分布于国内20余个省份及亚洲、欧洲、美洲等地区。2017年,新奥集团位居中国民营企业500强第24位。

集团下辖生态板块产业包括:新奥能源;能源化工(新奥生态股份有限公司);技术工程;智能能源;太阳能源;新奥环保;新奥(舟山)液化天然气有限公司;能源研究院。集团下辖生活板块产业包括:新绎地产;新绎文化;新绎健康;北部湾旅游股份有限公司;新苑阳光农业。

新奥能源是新奥集团的核心业务,已在中国17个省、自治区、直辖市成功投资、运营了178个城市燃气基础设施项目,并取得越南国家城市燃气经营权;为1,729.9万居民用户、10.2万家工商业用户提供各类清洁能源产品和服务;敷设管道逾75,000公里,市场覆盖国内城区人口逾8,861万;在全国71个城市,投资、运营330座天然气汽车加气站,同时在20多个大中城市开展了包括供能系统外包和多联供等形式在内的整体解决方案服务。

十三　杭州海兴电力科技有限公司

杭州海兴电力科技有限公司是全球领先的智能电网解决方案提供商、营收管理系统服务商。企业始终围绕客户需求持续创新，致力于发电、输电、变电、配电、用电各个环节提供解决方案和服务，为客户创造最大价值，并促进社会经济与环境的可持续发展。经过多年的努力，公司产品销往全球80多个国家和地区，公司拥有国内领先的全球营销网络，并设立了多个海外研发、生产和营销中心。

海兴电力科技是全球智能电网解决方案提供商，营收管理系统运营商、服务商，是国家火炬计划重点高新技术企业。拥有省级"海兴电力研究院"、省级企业技术中心、省级高新技术企业研究开发中心。基础研究与产品研发相结合，拥有全球化的市场网络，具有先进的供应链管理体系与信息化平台和完整的产业架构。

十四　中国电力国际发展有限公司

中国电力国际发展有限公司在香港联合交易所有限公司（香港联交所）主板上市。公司的主要业务是在中国开发、建设、拥有、经营和管理大型发电厂。公司及其附属公司拥有及经营发电厂十余家。公司拥有五凌电力63%的股权，五凌电力是中国领先的水电开发公司之一，是湖南省最大的水电公司。总装机容量为5,286兆瓦，其中公司权益装机容量为3,057兆瓦。

公司持有上海电力股份18.86%所有权，上海电力是一家发电公司，其股份在上海证券交易所上市，本公司为其第二大股东。截至目前，公司合计权益装机容量为11,510兆瓦，其中水电权益装机容量为2,906兆瓦，占全部权益装机容量的 25.25%，公司成为水电装机容量比例最高的中国海外上市发电公司。

十五 远东智慧能源股份有限公司

远东智慧能源股份有限公司为远东控股集团有限公司控股子公司。公司致力于成为全球领先的智慧能源、智慧城市服务商，主营智慧能源和智慧城市技术、产品与服务及其互联网、物联网应用的研发、制造与销售；智慧能源和智慧城市项目规划设计、投资建设及能效管理与服务；智慧能源和智慧城市工程总承包；包括智能分布式电源技术和产品、数码电芯、高性能动力锂电池组、新能源汽车等。拥有博士后科研工作站、院士专家工作站、江苏省企业研究生工作站、国家级企业技术中心、国家级认可实验室、江西省锂电池工程研究中心等科研基地。

智慧能源目前下属子公司有远东电缆有限公司、新远东电缆有限公司、远东复合技术有限公司、远东买卖宝网络科技有限公司、远东材料交易中心有限公司、远东新材料有限公司、安徽电缆股份有限公司、圣达电气有限公司、北京水木源华电气股份有限公司、上海艾能电力工程有限公司、远东福斯特新能源有限公司、北京京航安机场工程有限公司、远东集成科技有限公司等。其中，远东电缆有限公司产销连续多年位居行业前茅，荣获"全国质量奖"；远东买卖宝网络科技有限公司为全球电工电气电商平台；北京水木源华电气股份有限公司是国内领先的输配电自动化系统服务商；上海艾能电力工程有限公司具有电力行业（送电工程、变电工程）工程设计专业甲级、电力行业工程设计行业乙级、火电与其他（新能源）专业工程咨询乙级资质，是国内领先的专业从事电力勘察设计、电力工程总承包、项目管理、工程技术咨询、服务和能源投资的系统服务商；远东福斯特新能源有限公司是国内第一大 18,650 锂离子电池生产商；北京京航安机场工程有限公司是国内民航机场工程和军用机场工程专业安装施工的知名企业。

十六 晶科能源控股有限公司

晶科能源控股有限公司是晶硅光伏组件出货量位居全球第二位的太阳能光伏企业，2010 年在美国纽交所上市。公司系中国 500 强企业，拥有全球 20,000 名员工，超过 10 亿美元出口额。公司目前拥有中国江西上饶、浙江海宁、马来西亚、南非及葡萄牙五大生产基地，全球营销中心位于上海，并在中国北京、新加坡、德国慕尼黑、美国旧金山、澳大利亚昆士兰、加拿大安大略省、意大利博洛尼亚、瑞士楚格、日本东京等地分别设立了分、子公司。晶科能源始终专注于为客户提供世界领先水平的光伏产品，专业化生产优质的硅锭、硅片、电池片以及高效单多晶组件，产品销往欧美以及亚太多个国家，包括了意大利、德国、比利时、西班牙、美国、加拿大、东欧、澳大利亚、中国、印度、日本以及南非等主要光伏市场。

晶科电力有限公司系晶科能源控股子公司（占股 55%），2014 年晶科电力获得 2.25 亿美元股权融资，股东包括国内首家银行系私募股权投资公司国开国际（占股 21%）、全球最大的基础设施投资机构之一麦格理（占股 20%）、私募股权投资基金新天域资本（占股 4%）等投资者，晶科电力是专业从事光伏新能源的电力资产开发、电站建设、电站运维、投资管理、电力生产和销售等主要业务的具有领先竞争力的全球性独立光伏电站生产企业，致力于在世界范围内供应可持续、经济的清洁能源。

晶科电力已持有运营光伏电站发电规模达 1 吉瓦，与此同时，在中国16个省市和海外市场拥有超过3吉瓦的光伏电站储备项目。目前,晶科电力与国开金融租赁公司签订了项目开发战略协议,与国家开发银行、民生银行等签订融资战略合作协议,多家金融机构为晶科提供项目贷款、流动资金贷款等资金支持。

十七　江苏爱康太阳能科技股份有限公司

江苏爱康太阳能科技股份有限公司是一家专注于新能源电力投资运营及提供一站式光伏配件的高新技术企业,是江苏省重点发展和培育的国际知名品牌,中国新能源行业龙头企业之一。公司始建于2006年3月,并于2011年8月登陆深圳证券交易所中小板。

从铝型材的铸造,到太阳能电池铝边框的深加工,从EVA胶膜、光伏支架系统、光伏专用接线盒等配套产品的研发、生产,到光伏太阳能电站的投资建设,公司始终致力于为客户提供更加稳定、优质、全方位的一站式服务。公司现有产品主要包括太阳能电池板专用边框、太阳能支架、组件专用EVA封装胶膜、接线盒及各种太阳能应用产品及光伏组件。公司生产的太阳能电池板专用边框2011年7月全球销量第一,据权威机构统计,占全球17%的市场份额。主要生产设备从日本进口,模具精良,精度可达0.02毫米,能够大批量地为客户提供各种型号的铝边框。生产能力、产品精度和质量均居同行业领先水平并全部出口到日本、韩国、德国等世界500强企业。

爱康太阳能支架系统品种齐全、功能强大,凭借稳定的质量赢得了国内外客户的优良口碑。如今支架生产能力达3兆瓦/月。公司的支架系统有固定地面系统、屋顶系统、单双轴自动追踪系统等。太阳能支架系统已经申请外观设计专利13项,实用新型专利一项。爱康太阳能支架系统可以根据客户的需求进行设计和生产。公司研发的太阳能公交站台是国内最早一批实现 BIPV 的公交车站台，具有透光率高、良好的空间感并且节能环保的特点。公司自主研发的太阳能组件专用 EVA 封装胶膜具有良好的耐湿热、紫外老化性能，透光率高，可以大大提高光伏电池的光电转换效率，使用寿命超过 30 年，同时以精湛的技术服务受到了用户的一致好评。

十八　中国石油工程建设有限公司

中国石油工程建设有限公司（CPECC）隶属于中国石油天然气集团公司，是集团公司专门从事石油工程设计、制造、施工和工程总承包的专业公司，现已发展成为集团公司在国内外石油工程建设领域最具代表性的公司。CPECC 先后在 50 多个国家和地区完成了一大批油气集输、油气处理、长输管道、海洋工程、石油炼制、石油化工、油气储库、电站、道路桥梁、民用建筑等大型项目的研究、设计、环评安评、施工、监理和 EPC 总承包，均实现了投产一次成功，实现了质量与安全的统一，创造了建设与环境的和谐，赢得了业主、项目所在地政府和公众的高度赞扬和信任，企业信誉日益提高，连续 19 年被美国《工程新闻记录》（ENR）评选为全球最大 225 家国际工程承包商之一，多次入选"中国承包商企业 60 强"。先后获国家、省部级以上优秀工程勘察设计奖 48 项，优质工程奖 28 项；荣获全国对外承包"十佳企业""AAA 级信用企业""全国百强设计院""全国 100 家最佳建筑企业"等荣誉称号。

十九　中国东方电气集团有限公司

中国东方电气集团有限公司是全球最大的发电设备制造和电站工程总承包企业集团之一，公司以大型发电成套设备、工程承包及服务为主业，积极发展高效清洁能源，依托持续不断的技术创新获得了长足发展，产量连年位居世界前列。

电气集团积极拓展海外业务，大型成套设备出口到近50个国家和地区，从1994年起连年入选ENR全球250家最大国际工程承包商之列，是中国大型成套设备出口的骨干企业。

二十　中国石油化工集团公司

中国石油化工集团公司是1998年7月国家在原中国石油化工总公司基础上重组成立的特大型石油石化企业集团，注册资本2,749亿元人民币。

公司控股的中国石油化工股份有限公司先后于2000年10月和2001年8月在境外和境内发行H股和A股，并分别在香港、纽约、伦敦和上海上市。

公司主营业务范围包括：实业投资及投资管理；石油、天然气的勘探、开采、储运（含管道运输）、销售和综合利用；煤炭生产、销售、储存、运输；石油炼制；成品油储存、运输、批发和零售；石油化工、天然气化工、煤化工及其他化工产品的生产、销售、储存、运输；新能源、地热等能源产品的生产、销售、储存、运输；石油石化工程的勘探、设计、咨询、施工、安装；石油石化设备检修、维修；机电设备研发、制造与销售；电力、蒸汽、水务和工业气体的生产销售；技术、电子商务及信息、替代能源产品的研究、开发、应用、咨询服务；自营和代理有关商品和技术的进出口；对外工程承包、招标采购、劳务输出；国际化仓储与物流业务等。

目前，中国石化集团是中国最大的成品油和石化产品供应商、第二大油气生产商，是世界第一大炼油公司、第二大化工公司，加油站总数位列世界第 2 位。"2018 年《财富》世界 500 强企业"位列第 3 位、"2018 中国品牌价值百强榜"位列第 5 位、"2018 福布斯全球最佳雇主榜单"位列第 85 位、"2018 世界品牌 500 强"位列第 141 位。

回首奋进的 35 年，中国石化集团资产总额扩大 100 多倍，年营业收入增长 100 多倍，年上缴税费增长 100 多倍。35 年的砥砺前行，中国石化集团从小到大，跻身世界 500 强企业前列，成为推进国家现代化、保障人民共同利益的重要力量。

二十一　中石化胜利油建工程有限公司

公司建于 1965 年 4 月，拥有石油工程施工总承包一级资质，海洋石油工程、管道工程、化工石油设备安装工程、防腐保温工程、消防工程施工专业承包一级资质，市政公用工程总承包二级资质，房屋建筑工程、电力工程、水利水电工程施工总承包三级资质。取有 A1 级、A2 级、A3 级压力容器设计、制造许可证，GA1 级、GB1 级、GB2 级、GC1 级压力管道安装许可证，Ⅰ级、Ⅱ级锅炉安装改造许可证，美国机械工程师学会（ASME）"U""R"钢印授权。于 1995 年 8 月通过 ISO9002 质量体系国际、国内认证，2004 年 12 月通过 Q/HSE 一体化管理体系认证。按产值计，年施工能力可超过百亿元。

二十二　中国电力工程顾问集团有限公司

中国电力工程顾问集团有限公司为中国能源建设集团（股份）有限公司全资子公司。中电工程是面向国内外市场，为政府部门、金融机构、投资方、发展商和项目法人提供电力工程一体化解决方案的服务商，主要从事电力规划研究、咨询、评估与工程勘察、设计、服务、工程总承包,电力项目投资与经营及相关专有技术产品开发等业务。中电工程技术力量雄厚,专业配套齐全,具有丰富的工程实践经验和坚实的综合管理能力。中电工程在职员工9,000余人,其中国家级勘察设计大师11人,享受政府特殊津贴的专家126人。近十余年来,中电工程凭借其良好的经营业绩和资产状况,连续进入美国《工程新闻记录》(ENR)"全球150强设计公司"和"世界225强设计公司"排名,2015年分别名列第42位和第96位;在"2015全球最大250家承包商"排名中,中电工程名列第124位;连续位居前列进入"中国承包商、工程设计企业双60强",荣膺2014年"中国工程设计企业60强"第2名;中电工程所属六大区电力设计院多年连续进入中国勘察设计综合实力百强。

二十三 远景能源(江苏)有限公司

远景能源(江苏)有限公司以"为人类的可持续未来解决挑战"为使命,致力于引领全球能源行业的智慧变革。远景能源成立至今连续多年业务高速增长,已经成为全球领先的智慧能源技术服务提供商,业务包括智能风机的研发与销售、智慧风场软件和技术服务,研发能力和技术水平处于全球领先地位。目前集团员工总数接近1,000人,国际员工占20%,硕士和博士超过60%,研发及技术人员达到80%。

近年来,远景能源始终将挑战视作机遇,用创新解决挑战。远景能源率先研发创新并设计出"智能风机",利用自主研发的核心智能控制技术,彻底突破并超越了传统风机的技术禁锢,使得风机发电效率提升20%;远景能源全球首创的低风速风机的研发和投产加快了我国风电产业战略调整的步伐,使得占中国风资源60%以上的低风速区域得到有效开发;远景能源是中国最大的海上风机解决方案提供商,基于全球最为稳健、可靠的传动链和零部件体系,专门针对中国近海风电开发而设计的 4 兆瓦海上风机，运用全球首创的智能控制技术、先进的测量技术、数据分析专家系统、主动性能控制和基于可靠性的决策算法等，使得发电效率要比同类产品高 20%，成为中国近海风电开发的首选机型。

远景采用全球首创的局部变桨技术和碳纤维主轴技术的 3.6 兆瓦新概念海上风机能有效应对台风工况，并大幅降低海上风电建设成本 20% 以上，成为全球未来风机的标杆。远景能源全球首创了基于智能传感网和云计算的智慧风场全生命周期管理系统，管理着包括美国最大的新能源上市公司 Pattern 能源、美国大西洋电力公司以及中广核集团等在内的 2,000 万千瓦的全球新能源资产，远景是目前全球最大的智慧能源资产管理服务公司。

二十四　浙江省能源集团有限公司

浙江省能源集团有限公司成立于 2001 年，经过多年发展，初步形成了以电为主、多业发展的大能源格局。现拥有控股、管理企业 200 余家，集团直接管理的全资、控股企业 78 家，其中包括 2 家 A 股上市公司，在职员工 23,000 余人。截至 2018 年 7 月，集团总资产 2,005 亿元，所有者权益 1,067 亿元，位列中国企业 500 强第 169 位。

多年来，浙能集团深入实施"大能源格局下以电为主，多业发展"的"大能源战略"。加大一次能源资源的开发与保障力度，实现能源产业链的两头延伸，加大技术改造与创新力度，推进企业产融结合，加快产业升级换代与绿色能源建设，逐步实现由能源加工型向能源综合型、由实业型向产融结合型、由传统型向现代型企业的转型。

浙能集团加快实施能源安全、能源科技、能源合作、能源集成等系列配套子战略，逐步探索并走出了一条具有浙能特色的企业发展之路。

浙能集团还积极开展了房产、财务公司、资产管理、海洋围垦等业务，着力培育金融地产板块，积极开发西部能源项目，着力培育区外能源板块等。

二十五　东旭集团

东旭集团是以光电显示、新能源两大产业为核心，集金融、城镇化地产于一体的多产业投资集团，旗下拥有两家上市公司（东旭光电000413、东旭蓝天000040）和40余家全资及控股子公司。

东旭坚定不移走自主创新之路，突破国外技术封锁，开发出拥有自主知识产权的平板显示玻璃基板整套工艺及制造技术，建成了国内第一条TFT-LCD液晶玻璃基板生产线，填补了国内空白，并先后在全国各地投资建设了20余条玻璃基板生产线及石墨烯、蓝宝石、彩色滤光片（CF）、偏光片等研发生产基地，成为全球重要的平板显示材料生产企业。

新能源是东旭又一核心产业，近年来先后在内蒙古、青海、山东、河南、浙江、湖北、四川、宁夏、河北、安徽等地建设了以电站项目开发、EPC、电站运营维护、光伏组件制造为核心的新能源产业基地，积极探寻风电、水电、锂电池、生物质发电、氢能等合作发展机会。

在制造业板块全面发展的基础上，东旭在金融、证券、投融资服务等新领域也实现了跨越式发展。

二十六　江苏润达光伏股份有限公司

江苏润达光伏股份有限公司成立于2009年，是一家专业的太阳能光伏组件研发、生产与销售的供应商。涉及业务范畴包括太阳能光伏晶体硅、晶体硅片、绿色太阳能光伏电池、高性能太阳能电池组件、发电离并网光伏系统的设计、开发、生产和销售。产品用于商业、家用和工业的离网、并网的太阳能发电系统，以及光伏发电站等前端领域。

润达光伏立足于专业化、规模化、国际化发展之路，全套引进当今国际最先进水平的太阳能光伏组件生产线，拥有由业内资深专家组成的经营管理团队和研发团队，产品销往德国、西班牙、荷兰、意大利、英国、日本、加拿大以及一些新兴国家等国际市场。

润达致力于生产世界一流品质的太阳能光伏组件，采用高品质原材料，严格把控各个生产环节，在生产线上设置了11道检验点，保证产品品质。目前润达光伏已取得了TUV、UL、MCS、CEC、BSI、J-PEC、JET等相关认证，赢得了世界各地客户的长期青睐，尤其是欧洲、日本市场出口量稳健提升。

二十七　协鑫（集团）控股有限公司

协鑫（集团）控股有限公司是一家以新能源、清洁能源及相关产业为主的国际化综合性能源集团，是全球领先的光伏材料制造商及新能源开发、建设、运营商。协鑫始终秉承"把绿色能源带进生活"的理念，致力于成为最受尊重的国际化清洁能源企业。

20多年来，协鑫集团始终坚持科技引领、创新驱动、协同一家、造福社会的核心价值观，以"两条主线、四网一云"为总体战略，打造了从硅材料到光伏装备制造、系统集成、太阳能电站建设运营的光伏一体化产业链，以及从天然气开采、液化、储运到供给、天然气发电的气电一体化产业链，提供电网、热网、天然气管网、信息网和大数据云平台的能源综合服务，并构建起产融一体、智慧城市、能源互联网等创新业务产业群。协鑫中央研究院、设计研究总院、协鑫大学与各产业发展协同共建、优势互补，不断提高集团保持可持续发展的核心竞争力。

作为中国500强企业，协鑫集团连续七年位列中国新能源行业榜首。分支机构遍布中国大陆31个省（市、自治区）、香港、台湾地区及美国、日本、加拿大、澳大利亚、新加坡、印度尼西亚、埃塞俄比亚、吉布提等世界各地，是全球太阳能理事会主席单位、亚洲光伏产业协会主席单位。

二十八 四川省能源投资集团有限责任公司

四川省能源投资集团有限责任公司成立于2011年2月21日，注册资本93.16亿元。自成立以来，以"开发能源、服务社会、改善民生、推动发展"为企业使命，充分发挥省级产业性投资公司的优势，进行股权投资和资产经营管理，与省内外各市州县政府、国际国内大中型企业、科研机构等建立了战略伙伴和项目合作关系，在传统能源、新能源、绿色能源领域得到快速发展，实现了存量资产的保值增值和新增业务的快速发展。截至2018年底，四川能投旗下共有下属公司近300家，控股川能动力和四川能投发展两家上市公司，业务涵盖能源、化工、现代服务业、战略性新兴产业四大领域，总资产达1,345亿元，净资产达389亿元，全年实现销售收入443亿元。2018年，四川能投在"中国企业500强"榜单排名第377位，"中国服务业企业500强"榜单排名第136位。

四川能投在能源产业上坚持"做强电网、做大电源、做实燃气、开发新能源"的发展战略，已形成一大批优质项目。在巩固加快能源产业发展的基础上，快速形成实业与金融"两翼齐飞"，能源、化工、现代服务业、战略性新兴产业"四轮驱动"的产业格局。

到2020年，四川能投力将培育电网、风电光伏、分布式能源、普惠金融、气体能源等多个领域的上市公司，成为国际国内具有一定影响力的大型综合能源企业。

二十九　江苏振发控股集团有限公司

江苏振发控股集团有限公司成立于 2004 年，主要从事太阳能光伏电站投资运营及模块能源集成业务，是国内领先的光伏发电终端应用企业。

公司致力于光伏发电系统集成领域十年，注重技术创新、模式创新和市场创新，其自主研发的自适应对日跟踪光伏发电装置比固定式装置发电效率高出 25% 以上，公司已在国内 30 多个省市自治区和海外地区开展业务，目前已并网、在建及储备项目累计装机量接近 3,000 兆瓦。公司在大型地面电站领域积极打造"东部沿海千里绿色电力走廊"和"西部绿色电力丝绸之路"；在分布式发电领域打造"新能源、新生活、新城镇"的创新发展之路。

◇◇第二节　制造

一　山东天壮环保科技有限公司

山东天壮环保科技有限公司是一家集研发、生产、销售于一体的国家级高新技术企业，公司历经 11 年研发成功打造出国内首创的氧化生物双降解生态塑料应用技术平台，拥有集"氧化—生物双降解塑料"系列产品的研究开发、实验测试和生产加工于一体的研发生产示范基地及 9,000 多平方米现代化塑料加工生产车间，通过了国家级食品包装工业产品生产许可认证（QS）、国际质量管理体系认证（ISO9001）、环境管理体系认证（ISO14001）、职业健康管理体系认证（ISO18001）和国家级知识产权管理体系认证（IPMS）。

公司技术实力雄厚，拥有国家级发明专利5项，主持及参与制定国家标准4项，荣获省部级奖励10余项，核心技术及产品先后通过了中科院王佛松院士的技术鉴定和工程院陈学庚院士的应用效果鉴定。其核心技术原理是在普通聚乙烯制品生产过程中添加公司具有独立自主知识产权的EBP降解母料，在不改变原有塑料制品使用性能的前提下，使原本在自然界需要几百年才能被降解的聚乙烯塑料在短短数年内，通过光/热氧化作用及环境微生物作用，加速降解为水、二氧化碳和土壤有机质，回归生态圈，实现完全降解。

目前公司形成了以"绿塑宝""君壮""天壮""EBP"为主的系列产品品牌，涵盖农业生产、商业零售、快递物流、食品加工、医疗卫生、建筑工程等领域，相关产品通过30余项国际国内检测认证，在满足各行业基本使用需求外，兼具可控降解与完全降解特性，目前产品覆盖全国25个省份，并远销美国、西班牙、新西兰、澳大利亚等国家和地区，自推广应用以来产生了巨大的经济效益、社会效益和生态效益。

二　至玥腾风科技投资集团有限公司

至玥腾风科技投资集团有限公司（以下简称腾风集团）是一家专注于综合性高新技术研发与产业化的国际化集团公司，在通用动力、新能源汽车、航空航天、工业工程、特种材料、可再生能源、机电工程、虚拟仿真等领域拥有高素质的研发团队，形成了一批实用的、可产业化的科技研发成果。公司着力打造新能源汽车、特种材料、清洁能源、航天军工等四大核心业务板块，同时构建了金融、投资等辅助业务板块。腾风集团及其全资子品牌泰克鲁斯·腾风成功研制了航空动力增程式电动汽车，这种续航能力近 2,000 公里级的"背着发电机的电动车"，是区别于传统活塞发动机、纯电动汽车的一次新的动力革命。

2016 年 2 月 23 日，集团打造的首款泰克鲁斯·腾风超跑 AT96，在英国银石赛道顺利完成试车；当年 3 月 3 日，腾风集团作为第 86 届日内瓦车展上唯一受邀的中国参展商，携这款中国自主研发的第一辆超级跑车，同世界著名车企的新品同台竞争引起轰动。2017 年 3 月 7 日和 2018 年 3 月 7 日，泰克鲁斯·腾风超跑再次连续应邀参加日内瓦国际车展。日内瓦车展执行主席安德烈在接受 CCTV 记者采访时说，中国自主研发的这款跑车，其动力技术"代表着未来的方向"。

该项目的战略意义在于，本款汽车量产后，将改变世界汽车产业格局：传统的活塞发动机汽车逐步退出历史舞台；为解决纯电动汽车充电难而大规模建设充电桩的沉重电网负荷压力和巨额投资压力将得以缓解。这款中国自主研发的民族品牌汽车，很有可能成为"中国制造"的一张新名片。

2016 年下半年，腾风集团与中国航空发动机集团所属中国航空动力机械研究 608 所开始联合研发 80 千瓦发动机及配套高速电机的工作，目的是研制一款军民共用高效率发动机，既可在高端电动超跑使用，又可在直升机上使用。2018 年上半年，腾风集团开始独立研发 15 千瓦、20 千瓦发动机及配套高速电机的工作，为微型燃气轮机的应用拓展了广阔前景。

三　盈创建筑科技（上海）有限公司

盈创建筑科技（上海）有限公司以其智能、绿色、高效的 3D 打印建筑方式，成为全球率先实现 3D 打印建筑的高新技术企业，因此荣登国际融资2018"十大绿色创新企业"榜。

盈创建筑率先研发出GRG、SRC、FRP、盈恒石等一系列运用3D打印技术的新型绿色建筑材料，深受业界关注。该公司的3D打印机为龙门架结构，根据传统的结构图纸完成三维数字化建模，并在设备控制和软件开发中引进智能化技术，使3D打印更高效精确。在自动化的基础上，该公司利用计算机视觉识别辅助系统及多种传感器，让打印过程更智能化、精准化；相比传统制造方法，盈创3D打印技术具有节材、节能、制造周期短；盈创3D打印技术，不会产生新的污染，还能有效消化建筑再生资源。

盈创建筑不仅从技术上实现了生产环节的智能、节约、绿色、低劳动强度，还最大限度地使用建筑再生资源，实现建筑材料循环利用。为大力推进新型建筑工业化、智能化，促进建筑业持续健康发展，发挥了重要的引领性作用。

四 安世亚太科技股份有限公司

安世亚太科技股份有限公司成立于2003年，是我国工业企业研发信息化领域的领先者、新型工业品研制者、企业仿真体系和精益研发体系创立者，在虚拟仿真行业排名第一。公司坚持"以助推中国工业发展为己任"，紧跟我国工业发展的迫切需求，伴随中国工业发展而发展，深入践行《中国制造2025》。2015年开启了公司新的发展战略：从"工业软件及服务提供者"走向"新型工业品研制者"，致力于工业软件开发、先进设计体系研究和智慧工业体系研究。

公司拥有14家分、子公司，客户3,000多家，是国家规划布局内重点软件企业、北京市重点总部企业、"瞪羚计划"企业、"十百千工程"重点培育企业、北京市企业技术中心、两化融合管理体系贯标咨询服务机构、中国创新方法研究会副理事长单位和北京生态设计与绿色制造促进会主席团单位，2013年获批建立北京市综合仿真工程实验室，2015年经工信部批准成立"国家工业软件与先进设计研究院"。

安世亚太是第一家提出协同仿真理念的企业，是精益研发理念、方法、技术和平台的创立者。面对工业企业日益智能化的生产设施和云计算、大数据等智能科技的发展，提出了基于工业云的智慧工业体系和技术框架，创建以客户为中心的智慧化和自治化工业形态的支撑体系，针对工业PaaS、智慧研发、智能制造和智慧工业提出相应解决方案。该体系可为"中国制造2025"和智能制造战略目标的实现提供技术支撑。

公司广泛参与和支持了大飞机、航空发动机、运载火箭、飞船、坦克、船舶、高速机车等国家重大项目和工程的建设工作，主持或参与了863、973等国家重大课题研究工作。

五　江联重工股份有限公司

江联重工股份有限公司是具有进出口企业资质的能源装备制造企业。公司持有A级锅炉和A1、A2、A3压力容器设计、制造许可证以及船用钢质焊接压力容器工厂认可证书、ASME证书（S、U、U2、PP钢印）以及建筑安装施工企业资质、锅炉和压力容器等特种设备安装改造维修资质，并获得ISO9001：2000质量管理体系、ISO14001环境管理体系、GB/T28001职业健康安全管理体系认证证书。

公司产品广泛应用于冶金、石化、化工、造纸、医药、建材等领域。大型热交换器获国家级新产品；循环流化床锅炉、球形储罐获江西省名牌产品；低携带率循环流化床锅炉获国家发明专利；炉内稳燃装置等三十余项技术获国家新型专利；燃高硫煤锅炉、反吹脉冲袋式除尘器、污水处理设备、垃圾焚烧炉为高新技术和环保产品。公司产品质量优良，广泛应用于冶金、石化、造纸、医药、建材等领域,产品远销国外。

2004年,公司产品成功出口泰国。在国家实施"走出去"战略的大环境下,在2013年与埃塞俄比亚国家糖业公司签约6.47亿美元甘蔗制糖总包项目,创江西省机电出口产品"单笔订单历史最大"。2018年度入选美国《工程新闻记录》(ENR)全球最大250家国际承包商排行榜,中国国内69家企业入围,江联国际公司上榜。"全球最大250家国际承包商"榜单中江联国际工程有限公司位列第158位,目前其已形成面向全球的营销网络,产品远销海内外。

六 华坚集团

华坚集团拥有东莞华宝、东莞大龙和江西赣州三大制鞋生产基地,以及十多家分、子公司,形成了集研发、贸易、成品加工、皮革制造、鞋材制造、鞋机配套、物流配送于一体的完整的产业链。强大的开发与生产能力、先进的工艺技术、优良的产品品质与服务,为华坚赢得了众多客户的青睐,全球排名前50位的中高档女鞋品牌中有30家是华坚忠实的客户并形成长期的战略合作。其中包括BCBG GIRLS、CLARKS、COACH、CALVIN KLEIN、EASY SPIRIT、ENZO、FRANCO SARTO、GUESS、JAMBU、JOAN & DAVID、MARC FISHER、MARC O'POLO、NINA、NINE WEST、NAYA、NATURALIZER、PIKOLINOS、SAM EDELMAN、UGG、UNISA、VINCE CAMUTO等众多国际知名品牌。

2011年华坚集团开始走向国际,成立了国际鞋城(埃塞俄比亚)有限责任公司,并与埃塞俄比亚政府相关部门签署建设埃塞—中国华坚国际轻工业城正式协议。2015年4月16日,埃塞俄比亚—中国华坚国际轻工业城奠基,时任埃塞总理海尔马里来姆出席并主持奠基典礼。

2018年华坚集团因在非洲地区的杰出贡献受到国家表彰。

七 京东方科技集团股份有限公司

京东方科技集团股份有限公司（BOE）创立于1993年4月，是一家为信息交互和人类健康提供智慧端口产品和专业服务的物联网公司。核心事业包括显示和传感器件、智慧系统、健康服务。显示和传感器件产品广泛应用于手机、平板电脑、笔记本电脑、显示器、电视、车载、可穿戴设备等领域；智慧系统为新零售、车载、金融、教育、艺术等细分行业领域，提供物联网整体解决方案；健康服务事业与医学、生命科技相结合，发展移动健康、数字医院、再生医学，整合健康园区资源。

2017年，BOE（京东方）新增专利申请量8,678件，其中发明专利超85%，累计可使用专利数量超过6万件，位居全球业内前列。BOE（京东方）海外新增专利申请超过3,000件，覆盖美国、欧洲、日本、韩国等国家和地区。美国商业专利数据显示，BOE（京东方）美国专利授权量全球排名由2016年第40位跃升至2017年第21位，美国专利授权量达1,413件，同比增长了62%，连续两年成为美国IFI Claims Top 50增速最快的企业。世界知识产权组织（WIPO）发布2017年全球国际专利申请（PCT）情况，京东方以1,818件PCT申请位列全球第七。

2017年京东方实现营业收入938亿元，同比增长36.15%；归属于上市公司股东净利润75.68亿元，同比增长301.99%。

京东方在北京、重庆、安徽合肥、四川成都和绵阳、福建福州、厦门、江苏苏州、内蒙古鄂尔多斯、河北固安等地拥有多个制造基地，在美国、德国、英国、法国、瑞士、日本、韩国、新加坡、印度、俄罗斯、巴西、阿联酋等19个国家设有子公司，服务体系覆盖欧、美、亚、非等全球主要地区。

八　浙江诺迦生物科技有限公司

浙江诺迦生物科技有限公司由中国（海南）改革发展研究院有限责任公司、中国健康产业投资基金管理股份有限公司、杭州水木泽华创业投资和浙江华瓯创业投资有限公司等共同组建，专业从事禁毒领域的高科技生物技术研发和产品设计，致力于构建快速检测、司法鉴定、智能监管、戒毒药物和治疗技术的全系列产品链，提供查毒、控毒、戒毒的系统解决方案。

公司首创了将SPR（表面等离子共振）生物传感器技术应用于涉毒人员现场查缉，研制便携式毒品检测仪。该产品适用于现场执法，具有对原始数据保存、查询、远端上传和可溯源功能。该产品能在一分钟内检测出冰毒、可卡因等五种占毒品市场95%以上的毒品，灵敏度和准确率超过95%。

截至目前，公司已申请专利6项，外观设计专利3项，软件著作权3项等。公司参与了科技部"十三五"国家重点研发计划"毒品查缉和吸毒管控技术与装备研究"子项目的检测装置的研发和公安部"基于表面等离子共振技术的手持式毒品快速检测装备研发"的项目。公司成功申报了浙江省重大专项项目"唾液痕量毒品现场快速检测系统的研发及禁毒服务平台建设"。

公司开发的SPR检测仪等产品市场潜力巨大，除了规模巨大的国内市场外，随着我国"一带一路"的深入推广，还可走出国门，销往毒品泛滥的东南亚、西亚等"一带一路"沿线国家。除毒品检测外，公司计划开展针对戒断和并发症防治的新药研发和临床试验、建设吸毒人员监管平台，为戒毒人员提供生理和心理问题的咨询辅导服务，建立了一个从检测、监管、戒毒药物、治疗技术和服务的管理系统。

九 中国航天科技集团公司

中国航天科技集团公司着力发展卫星应用设备及产品、信息技术产品、新能源与新材料产品、航天特种技术应用产品、特种车辆及汽车零部件、空间生物产品等航天技术应用产业；开拓以卫星及其地面运营服务、国际宇航商业服务、航天金融投资服务、软件与信息服务等为主的航天服务业，是我国境内唯一的广播通信卫星运营服务商；是我国影像信息记录产业中规模最大、技术最强的产品提供商。

作为我国航天科技工业的主导力量，中国航天科技集团是国家首批创新型企业，创造了以载人航天和月球探测两大里程碑为标志的一系列辉煌成就，在推进国防现代化建设和国民经济发展中做出了重要贡献。

十 海尔集团

海尔集团创立于1984年，从开始单一生产冰箱起步，拓展到家电、通信、IT数码产品、家居、物流、金融、房地产、生物制药等领域，成为全球领先的美好生活解决方案提供商。2014年，海尔全球营业额2,007亿元，利润总额150亿元，利润增长3倍于收入增长，线上交易额548亿元，同比增长2,391%。据消费市场权威调查机构欧睿国际（Euromonitor）的数据，2014年海尔品牌全球零售量份额为10.2%，连续六年蝉联全球大型家电第一品牌。

海尔致力于成为全球消费者喜爱的本土品牌，多年来一直践行本土化研发、制造和营销的海外市场战略并取得了很好的成绩。目前，海尔在全球有5大研发中心、21个工业园、66个贸易公司，用户遍布全球100多个国家和地区。

目前海尔正从制造产品转型为制造创客的平台，青岛海尔和海尔电器两大平台上聚合了海量创客及创业小微，它们在开放的平台上利用海尔的生态圈资源实现创新成长，聚集了大量的用户资源。

以青岛海尔为主体的智能家庭平台，致力于推动从产品硬件到解决方案的转型，通过智慧家庭U+生活平台、互联工厂构建并联交互平台和生态圈，提供互联网时代美好生活解决方案，最终实现用户的全流程最佳交互、交易和交付体验。以海尔电器为主体的价值交互平台，致力于实现从制造向服务的转型，打造虚实融合的用户价值交互平台，以物联网和物流服务为核心，把传统的物流配送环节转变为在给用户提供服务的过程中创造用户交互的价值，构建互联网时代用户体验引领的开放性平台。

海尔致力于搭建投资驱动平台和用户付薪平台，通过人单合一双赢模式创新让员工成为开放创新平台上的创业者，在为用户创造价值的同时实现自身的价值。

十一　中国机械工业集团有限公司

中国机械工业集团（以下简称国机集团）有限公司是中国机械工业规模最大、覆盖面最广、业务链最完善、研发能力最强的大型中央企业集团。拥有近50家全资及控股子公司，10家上市公司，140多家海外服务机构，全球员工总数近10万人。国机集团连续多年保持30%以上的高速增长，连续多年位居中国机械工业企业百强榜首、国资委中央企业业绩考核A级企业。

国机集团围绕装备制造业、现代制造服务业两大领域，着力打造机械装备研发与制造、工程承包、贸易与服务三大主业，服务领域覆盖了工业、农业、交通、能源、建筑、轻工、汽车、船舶、矿山、冶金、航空航天等国民经济重要产业领域,为全球170多个国家和地区提供专业化服务。国机集团具有较强的资源集成和运用能力。雄厚的研发实力、广泛的全球营销网络、强大的资金实力和项目融资能力,形成了涵盖设计、研发、制造、工程承包、系统集成、国际贸易等方面的完整产业链,具备独特的产业价值和市场竞争优势。

在机械装备研发与制造业务领域,国机集团是中国最大的农业机械、林业机械、地质装备制造企业,以及最重要的工程机械制造企业之一,众多市场领先的优秀产品远销世界各地。同时拥有载重型机械、电站设备、石化通用、机床工具、汽车工程、机械基础件、仪器仪表及环保设备等领域强大的研发能力和系统集成能力,向国内外市场提供了一大批具有重大影响力的装备和技术。

在国际工程承包业务领域,作为全球知名的国际工程承包商,国机集团连续多年入选（ENR）"全球225家最大国际承包商"前50强、"全球200强工程咨询设计企业"前100强,在业内具有广泛的影响力,在全球众多国家和地区的工程市场具有重要的市场地位。2012年,国机集团名列（ENR）"全球225家最大国际工程承包商"第24位、"国际工程设计企业200强"第77位。2017年7月12日,中国机械工业集团有限公司获国资委2016年度经营业绩考核A级。2018年《财富》世界500强排行榜第256名。

在贸易与服务业务方面,国机集团是中国机电产品出口和国外先进技术和产品引进的重要窗口,是中国最大的汽车贸易和服务商,是中国机械工业最大的进出口贸易企业。

十二 中国中车股份有限公司

中国中车股份有限公司（CRRC）是中国南车股份有限公司的全部业

务和资产,是全球规模最大、品种最全、技术领先的轨道交通装备供应商。主要经营铁路机车车辆、动车组、城市轨道交通车辆、工程机械、各类机电设备、电子设备及零部件、电子电器及环保设备产品的研发、设计、制造、修理、销售、租赁与技术服务;信息咨询;实业投资与管理;资产管理;进出口业务。

中国中车建设了世界领先的轨道交通装备产品技术平台和制造基地,以高速动车组、大功率机车、铁路货车、城市轨道车辆为代表的系列产品,已经全面达到世界先进水平,能够适应各种复杂的地理环境,满足多样化的市场需求。中国中车制造的高速动车组系列产品,已经成为中国向世界展示发展成就的重要名片。产品现已出口全球六大洲近百个国家和地区,并逐步从产品出口向技术输出、资本输出和全球化经营转变。

十三 中国重型汽车集团有限公司

中国重型汽车集团有限公司是中国重型汽车工业的摇篮,2001年改革重组后的中国重汽正式成立,经过十多年的发展,已经成为国内外知名的重型汽车研发制造企业集团。2007年中国重汽在香港主板红筹上市,初步搭建起了国际化平台;2009年成功实现了与德国曼公司的战略合作,为企业长远发展奠定了坚实的基础。目前,中国重汽已成为中国最大的重型汽车生产基地,为中国重型汽车工业发展和国家经济建设做出了突出贡献。

中国重汽是中国汽车行业拥有专利最多的企业。中国重汽下属的技术发展中心是全国第一批国家级企业技术中心,拥有"中国实验室国家认可委员会"认可的检测实验室,具有整车、发动机、零部件、材料工艺等全方位的研发和检测能力,拥有各种加工、试验、测试等高、精、尖设备,发动机、整车、部件振动、强度测试等设备均达到世界先进水平。2009年，经国家批准，国家重型汽车工程技术研究中心在中国重汽正式揭牌成立，承担我国重型汽车行业技术研发、应用示范、成果推广和技术服务的职能。

中国重汽主要组织开发研制、生产销售各种载重汽车、特种汽车、客车、专用车、新能源商用车、发动机及机组、汽车零部件、专用底盘，形成了拥有汕德卡（SITRAK）、豪沃（HOWO）、斯太尔、黄河等品牌的全系列商用汽车企业集团，是我国卡车行业驱动形式和功率覆盖最全的企业。中国重汽目前拥有3条自动化车身冲压线、8条驾驶室焊装线、12条驾驶室涂装线以及9条整车装配线，装备达到国际先进水平。

十四　中国建筑材料集团有限公司

中国建筑材料集团有限公司（CNBM）是集科研、制造、流通于一体的中国最大的综合性建材产业集团、《财富》世界500强企业。

中国建材集团坚持市场化道路，大力推进水泥、玻璃的联合重组、结构调整和节能减排，大力发展新型建材、新型房屋和新能源材料，走了一条资本运营、联合重组、管理整合和集成创新的发展道路，10多年来以超过40%的年复合增长率快速发展，成为充分竞争领域快速成长的央企典范。目前集团资产总额超过4,100亿元，员工总数超过18万名，直接管理的全资、控股企业17家，控股上市公司6家，其中海外上市公司2家。2016年8月，中国建筑材料集团有限公司在"2016中国企业500强"中排名第74位。2018年《财富》世界500强排行榜第243名。2018年11月23日，社科院发布2018企业社会责任排名，中国建材集团有限公司位居第9位。

中国建材集团是国资委第二批中央企业董事会试点企业和国家级创新型试点企业，已发展成为治理规范、管控科学、市场化运营的产业控股型集团公司。集团公司作为战略中心、决策中心、资源中心、政策文化中心，行使出资人权利。子集团作为经营平台，突出核心专长和主营业务，以品牌知名度和市场占有率为基础构造利润中心。

十五　上海电气集团股份有限公司

上海电气集团股份有限公司是中国装备制造业最大的企业集团之一，旗下有电站、输配电、重工、轨道交通、机电一体化、机床、环保、电梯、印刷机械等多个产业集团，现拥有上海机电股份有限公司等上市公司和上海三菱电梯有限公司等50多家合资企业，员工总数超过70,000人。公司集工程设计、产品开发、设备制造、工程成套和技术服务于一体，具有设备总成套、工程总承包和提供现代装备综合服务的优势。自20世纪90年代以来，销售收入始终位居全国装备制造业第一位。是中国最重要的发电设备供应商之一。

高效清洁能源、新能源装备是上海电气集团的核心业务，能源装备占销售收入70%左右。主导产品主要有1,000兆瓦级超超临界火力发电机组、1,000兆瓦级核电机组，重型装备、输配电、电梯、印刷机械、机床等。中国第一套6,000千瓦火电机组、世界第一台双水内冷发电机、中国最大的12,000公顿水压机、世界第一台镜面磨床、中国第一套30万千瓦核电机组、中国第一根大型船用曲轴、中国第一套百万千瓦等级超超临界火电机组都来自于上海电气。

上海电气品牌在国际和国内多个榜单中名列前茅，荣获中国工业领域最高奖项——中国工业大奖，入选2017年《全球制造500强》、《财富》中国500强、ENR全球最大250强国际承包商排名全球第141位、2017年品牌价值602.78亿元，位列行业前二。

上海电气确立了由中央研究院、集团所属的科研院所、企业技术中心共同组成的科技创新体系，明确了科技创新的主体是企业及其技术中心，上海电气科技创新体系的支撑是产学研合作。上海电气拥有国家级技术中心5家，上海市级技术中心15家。

十六　江苏天明机械集团

江苏天明机械集团是专业从事高端装备的研发、制造与销售的大型企业集团，产品涵盖"四大领域"，即纺织机械、地质装备、矿山装备和特种车辆。形成了"九大系列"高新技术装备：氨纶纺丝成套设备系列产品、芳纶纺丝成套设备系列产品；地质勘探岩心钻机系列产品、高端智能化多功能车载钻机系列产品（煤层气抽采和矿山救援）、特种石油钻井装备系列产品；高端智能化刮板输送机成套采煤装备系列产品、高端智能采煤机系列产品；大型煤矿井下防爆特种车辆系列产品、公路运输特种车辆系列产品。

集团拥有300多名由博士、硕士学历及中、高级职称人员组成的科技研发团队，以及2,000多名各类高素质的熟练技术员工，总占地面积1,300亩，建有36万平方米现代化标准工业厂房，建立了国家级博士后科研工作站、江苏省智能化矿用重型机械装备企业重点实验室、省级技术中心和省级工程技术研究中心。

集团下辖6家独立法人单位，并设有鄂尔多斯专业化服务工厂和北京销售公司。其中，4家企业位于国家级高新技术开发区，2家企业被列入"国家科技部连云港装备制造特色产业基地"6大骨干企业之列。

十七　江苏阳光集团有限公司

江苏阳光集团有限公司是国家重点企业集团和国家重点扶持的行业排头兵，涉足毛纺、服装、生物医药、房地产、新能源等产业，是毛纺织行业唯一的国家级创新型企业，年产高档服装350万套、高档精纺呢绒3,500万米，是全球最大的毛纺生产企业和高档服装生产基地。2006年，成为中国纺织行业唯一获得"世界名牌"和"出口服装免验"荣誉的企业。2007年，国际标准化组织/纺织品技术委员会（ISO/TC38）国际秘书处落户阳光，成为国内首家承担ISO/TC38国际秘书处工作的企业单位。集团在全国开设了连锁店，标志着阳光开始直接走向零售市场，从而大大提升阳光毛纺、服装主产业的综合实力。

阳光集团坚持以产品创新、技术创新为主导，建立了以"一站三中心"为主要支撑的技术创新体系，即博士后科研工作站、国家级技术中心、国家级毛纺新材料工程技术研究中心、江苏省毛纺技术开发中心，配置了世界最先进的检测设备和纺、织、染、服装的生产流水线，以强大的新产品开发能力，阳光集团始终在国内保持领先水平，步入了国际先进行列。目前，阳光集团不仅承担了40个国家科研项目的科研攻关，还一直致力于发展自主核心技术，累计申报各类专利1,163项，获授权专利767项，共参与47项国际和国家行业的标准制定工作。

十八　江苏双良集团有限公司

江苏双良集团有限公司经过30年来从中央空调制造业发展成为集节能装备、化工新材料、酒店服务、金融地产、生物医药等产业于一体的大型综合性企业集团，是中国机械工业500强、中国民营百强、中国工业行业排头兵企业。

双良是我国具有自主知识产权的溴化锂吸收式中央空调诞生之地，拥有亚太地区规模最大的溴化锂中央空调制造基地，同时拥有空冷器装置、海水淡化装置及换热器装置等大型节能节水设备制造基地、国内领先的智能化环保锅炉生产基地、国内重要的氨纶丝和包覆纱生产基地、国际先进的包装材料及苯乙烯化工材料生产基地。

集团拥有两大工业园区：占地2,000亩的双良化工新材料产业园区和占地700亩的双良机械制造产业园区，下属18家子公司，其中两家上市公司（双良节能，友利控股）。

双良以科技创新为先导，以国家级企业技术中心和博士后工作站为研发平台，集思广益、博采众长，参与制定溴化锂制冷机、智能化锅炉等多项产品技术国家及行业标准。

公司不仅通过了国际通用的ISO9001/ISO14001/OHSAS18001等质量、环境管理体系认证，还取得美国ASME、德国TÜV、欧盟CE等国际标准机构认证。作为国家重点高新技术企业，公司多项产品列入国家火炬计划和863计划，成为各个所在领域的领导品牌。

双良采用国际先进的DFM柔性生产管理模式，引进一流的生产检测设备，推行创新周到的服务理念，为全球20,000多家客户提供卓越的产品和服务。

十九　江阴兴澄特种钢铁有限公司

江阴兴澄特种钢铁有限公司隶属中信泰富特钢集团，是中国中信集团下属的高度专业化的特钢生产企业，自1993年合资以来，成为全国四大特钢产业基地之一和中国特钢技术引领企业。

目前，公司拥有8,500多名员工，具备年产铁500万吨、钢690万吨、坯材660万吨的生产规模，为全球单体规模最大的特钢生产企业。公司炼铁、炼钢、轧钢、检测等主要装备均从国外引进，其中棒线材生产线7条，中厚板生产线2条，具备"棒、线、板、坯"各种规格、品种生产能力。公司产品主要有轴承钢、齿轮钢、弹簧钢、系泊链钢、帘线钢、特厚板、容器钢、管线钢、高强耐磨钢等，广泛应用于石油化工、工程机械、汽车用钢、高速铁路、海洋工程、风力发电、新能源等行业，其中高标准轴承钢连续11年产销全国第一，汽车用钢连续7年产销全国第一。

二十　江苏法尔胜股份有限公司

江苏法尔胜股份有限公司是一家专业从事精优化金属制品、光通信产业以及基础设施新型材料制造与销售的上市公司，是世界上最大的高强度输送带用钢丝绳生产基地。

公司专注于高科技含量、高附加值产品的开发制造。主要生产开放式胶带钢丝绳、吊带钢丝绳、拉筋钢丝绳、航空钢丝绳、胶管钢丝绳、特细钢丝绳、不锈钢丝绳、特种合金绳、线接触钢丝绳、面接触钢丝绳、光缆钢丝、弹簧钢丝、汽车座椅骨架用低碳钢丝、超高强度电力电缆用镀锌钢丝、打包钢丝、钢塑复合管、大桥用斜拉索和悬索等产品。公司主产业金属制品的品种、质量、规模和技术含量一直处于国内同行业领先地位，并达到或超过世界同行先进水平，产品曾多次获得国优、部优、省优荣誉称号，公司在国内同行中最早通过ISO9001质量体系认证，并最早先后取得英国劳埃德船级社、英国邓禄普公司、美国交通部DOT、欧共体ECE等国际质量认证，是世界级的合格供应商，出口创汇居全国同行榜首。

同时，江苏法尔胜股份有限公司已累计拥有国内授权专利118项，其中发明专利 25 项，新型实用专利 93 项。

二十一　江苏三房巷集团有限公司

江苏三房巷集团有限公司是以 PTA、聚酯切片、涤纶纤维（短纤和长丝）、PET 薄膜、纺织和工程塑料等为主体的六大产业集团，"三房巷"牌涤纶短纤维、"翠钰"牌瓶级切片是中国"驰名商标"，其产品销往 100 多个国家和地区，成为具有国际影响力的自主品牌。2016 年，集团公司完成工业销售收入 285 亿元，出口额 11.3 亿美元，位列中国企业 500 强第 301 位，中国民营企业 500 强第 132 位。

公司拥有 20 多家成员单位，包括 2 家国家级重点高新技术企业、4 家省级高新技术企业和 1 家上市公司，建有国家级博士后科研工作站、省级工程中心和企业技术中心，承担国家火炬计划 2 项，拥有专利 281 件，获得国家纺织企业先进集体、省质量管理奖、省创新型企业、省科技进步一等奖等荣誉。

公司年产 PTA、EPTA 共 180 万吨，分别于 2009 年、2014 年竣工投产，配套建设液体化工码头及液体化工原料罐区，液体化工码头每年总吞吐量为 300 万吨。

公司年产能 150 万吨瓶级切片，共建有连续化聚合装置 9 条，主要装备采用美国杜邦工艺流程技术，固相增粘装置采用瑞士布勒工艺技术和装备。自 2005 年以来，连续十多年在国内同行业同类产品中出口量最大，出口市场占有率 40%，是国内规模较大的瓶级聚酯切片制造和出口基地。

二十二　江阴澄星实业集团有限公司

江阴澄星实业集团有限公司主要涉及精细磷化工、石油化工（PET、PTA）、煤化工、液体化工品仓储物流和新能源新材料等产业领域。公司拥有独资和控股的子公司50多家，员工6,600多名，产品销售覆盖全球70多个国家和地区，连续多年跻身中国企业500强前300强，2016年位列第273位。

公司磷化工产业核心企业江苏澄星磷化工股份有限公司在上海证券交易所上市，是中国精细磷化工生产和销售的骨干企业。石油化工产业目前拥有年产30万吨的瓶级聚酯切片（PET）和年产60万吨精对苯二甲酸（PTA）。公司在江阴长江边建有5万吨级泊位的专用化工码头和40多万立方米化工储罐。拥有200列铁路自备化工专用罐车和4,000个化工专用集装罐箱，拥有火力、水力自备发电厂5座，总装机容量达50多万千瓦，拥有自己的化工科研所及外贸进出口公司。澄星集团已成为一个融产、供、销、科、工、贸为一体，产品经营、贸易经营、资本经营相结合的综合性化工企业集团。

二十三　三一重工股份有限公司

三一重工股份有限公司由三一集团投资创建，是全球装备制造业的领先企业之一。公司产品包括混凝土机械、挖掘机械、起重机械、桩工机械、筑路机械，其中泵车、拖泵、挖掘机、履带起重机、旋挖钻机、路面成套设备等主导产品已成为中国第一品牌，混凝土输送泵车、混凝土输送泵和全液压压路机市场占有率居国内首位，泵车产量居世界首位。

三一成功研制的66米泵车、72米泵车、86米泵车三次刷新长臂架泵车世界纪录,并成功研制出世界第一台全液压平地机、世界第一台三级配混凝土输送泵、世界第一台无泡沥青砂浆车、亚洲首台 1,000 吨级全路面起重机,全球最大 3,600 吨级履带起重机、中国首台混合动力挖掘机、全球首款移动成套设备 A8 砂浆大师等,不断推动"中国制造"走向世界一流。

三一设备广泛参建全球重点工程,其中包括迪拜塔、北京奥运场馆、伦敦奥运场馆、巴西世界杯场馆、上海中心、香港环球金融中心等重大项目的施工建设。近年来,三一重工也相继在印度、美国、德国、巴西投资建设研发和制造基地,加速海外发展进程。

二十四 北京安力斯科技发展有限公司

北京安力斯科技发展有限公司成立于 2002 年,致力于将世界先进的紫外线消毒技术引入中国。总部位于北京市中关村科技园区,在天津宝坻经济开发区建立了 6,000 多平方米的生产组装、调试及售后服务中心。

近年来,北京安力斯科技发展有限公司在市政、建筑中水、油田回注水等领域取得了优良的业绩,得到了业内的广泛认可,已成为中国紫外线消毒行业的受人瞩目的领跑者。至 2009 年上半年公司已签约市政污水项目超过百个,设备处理量超过 1,000 万吨/天。2007 年度公司被中国环境报、中国水网和中国证券报联合评为水业优秀设备公司,2009 年度公司被中国水工业互联网站评为中国十佳城镇污水处理厂主要设备供应商。

公司拥有独立的技术研发中心,建有专业化实验室,有 20 多名科研人员,其中具有博士学位和高级职称的研发人员占研发人员总数 30% 以上,获得 8 项专利技术。2007 年底,全国紫外线消毒标准委员会成立,公司总经理被委任为该委员会的专家委员,重点参与了中国第一版紫外线消毒标准的草拟工作，并提出了专业化建议。公司雄厚的技术实力不仅成为立足市场的坚实基础，同时也为公司不断发展前进提供了原动力。

二十五　山东五征集团有限公司

山东五征集团有限公司成立于1961年。2000年改制后，五征实施差异化发展战略，在行业以小博大、以弱胜强，成为行业领军企业。2006年以来，五征加快产业结构调整与升级，全力提升研发能力与制造水平，实现了由传统制造业向现代制造业转变，并先后收购浙江飞碟汽车和山东拖拉机厂，现已形成三轮汽车、汽车、电动三轮车、环卫装备、农业装备和现代农业多项产业，是中国机械工业重点骨干企业之一。

五征集团拥有车辆厂、汽车厂、农业装备公司等5个制造事业部和五征安旭机械公司、日照五征电动车公司等5家子公司，员工14,000人，总资产68亿元，2005年底进入汽车产业。主导产品有三轮汽车、载货汽车、客车、皮卡车、农业机械、电动车、汽车配件等多个系列1,000多个品种，畅销全国，并已出口20多个国家和地区。

公司先后荣获"全国五一劳动奖状""中国机械工业现代化管理企业""山东省长质量奖"等称号。

二十六　北京仁创科技集团有限公司

北京仁创科技集团有限公司是一家集科、工、贸于一体的高新技术企业，国家首批创新型试点企业，拥有6家子公司，1所研究院和7大生产基地。

北京仁创科技集团有限公司是中关村国家自主创新示范区一家集科工贸于一体的高新技术企业，国家首批创新型企业，"硅砂资源利用国家重点实验室"建设单位,国家自主创新示范区"十百千工程"重点培育企业。

历经20多年"风积沙综合利用技术"创新,开发出150多项原创性科研成果,成功解决美国、俄罗斯等发达工业国家多年来一直攻克而未果的技术难题,开辟了一条科学用砂治沙新途径,形成绿色可循环的工业型"砂产业",为解决长期困扰人类的"沙漠化、水资源短缺、能源枯竭"三大世界性难题做出了成功的实践。

仁创科技集团专业致力于"砂产业"开发。"砂产业"就是以沙为原料,通过技术创新,加工成各种各样对人类有益的砂产品,系统集成形成"以砂治水、以砂增油、以砂低碳、以砂治沙"为代表的解决问题方案,从而开创出一个具有完整产业价值链的战略性新兴产业。

仁创把沙漠中的风积沙加工成新型精密铸造材料——覆膜砂,实现"以砂精铸"。97%以上的国产化汽车发动机关键铸件均是采用仁创覆膜砂生产而成的。

仁创把沙漠中的风积沙加工成"透油不透水"的新型压裂支撑剂——选择性孚盛砂,实现"以砂增油"。经大庆油田、胜利油田和中石化华东分公司等油田的应用,平均单井日提高石油产量2.3吨以上。

仁创把沙漠中的风积沙加工成新型透水建材——生泰砂,实现"以砂治水"。成功运用于奥运工程、中南海办公区、国庆六十周年长安街改造工程、上海世博工程等。

仁创把沙漠中的风积沙加工成"透气不透水"的生态保水材料——透气防渗砂,初步解决沙漠种植的世界性难题,使沙漠变为绿洲,实现"以砂治沙"。

仁创科技集团建立了完善的质量保证体系:通过了"ISO9001质量认证体系、ISO14001环境认证体系、OHSAS18001职业健康安全"三大管理体系认证。

二十七　广西丰林木业集团股份有限公司

广西丰林木业集团股份有限公司是中国最大的木业企业集团之一，人造板和营林造林是公司的两大业务板块，1996年广西第一张中密度纤维板在这里诞生，目前拥有广西南宁、百色、环江、上思4个人造板工厂共53万立方米/年生产能力和20多万亩自有速生丰产林，总资产逾十亿元。丰林国际有限公司（BVI）、中信集团金石投资有限公司和世界银行国际金融公司（IFC）为丰林的三大股东，集团总部设于广西南宁市白沙大道22号丰林大厦。公司主要产品为丰林牌中/高密度纤维板，以林业"三剩物"和"次、小、薪柴"为原料，是国家鼓励的资源综合利用项目，广泛用于装饰、装潢和家具、地板、音响制作，为国内众多一流企业提供生产家具、地板、门板的基材，拥有稳定的客户群和较高的市场信誉，2007年在中国国际木业（北京）博览会获得金奖。丰林自主研制的环保阻燃板已用于北京奥运乒乓球馆、北京国家图书馆和其他重要公共建筑、车辆船舶，是目前国内唯一替代进口的环保阻燃板品牌。丰林胶合板远销欧、美和东南亚。

二十八　万华生态板业股份有限公司

万华生态板业股份有限公司是全球规模最大的零甲醛秸秆板材供应商。万华生态板业股份有限公司于2006年底，由万华实业集团与红塔创新等五家股东公司共同投资组建，主要经营项目为零甲醛生态秸秆板、生态黏合剂的研发与生产，秸秆板材制造设备的研发与制造，实现了从生态胶黏剂、秸秆板材生产设备到板材生产的跨行业产业整合，是目前世界唯一同时拥有无醛胶黏剂技术、秸秆板制造专利技术和秸秆板装备制造技术的秸秆人造板生产供应商。

万华致力于通过开发、生产高质量的产品，拥有胶黏剂的研发与生产的全套设施及人员，是业内首家集产、学、研于一体的高科技公司，公司生产的零境界禾香板产品品质与其他类似产品相比实现了跨越式的提升。2009年获国家科技进步二等奖；产品属国家级新产品及国家科技部重点推广项目，被列入国家863计划。目前公司拥有1,000多名员工，现下设万华生态板业（荆州）有限公司、万华生态板业（信阳）有限公司、万华生态板业（栖霞）有限公司、信阳木工机械有限责任公司、万华装饰工程有限公司、万华研究设计有限公司、道生国际融资租赁股份有限公司和司空科技股份有限公司，总资产已达20亿元人民币。

二十九　江苏华宏实业集团有限公司

江苏华宏实业集团有限公司是中国制造业500强、中国民营企业500强企业。华宏集团下辖13家子公司。华宏化纤在全国化纤行业排名第三，外贸出口全国第一；华宏科技上市五年来，已形成再生资源加工设备及电梯精密部件双轮并行发展的格局；新华宏铜业专注国内合金铜制品行业，是全球家电领导企业集团美的的全球供应商；投资企业华宏医药于2015年在新三板挂牌交易。

历经20年的发展，"华宏""伍仕"两品牌成为中国驰名商标。拥有包括国家级博士后工作站、院士工作站、企业研究生工作站、江苏省液压工程技术研究中心、江苏省认定企业技术中心在内的"三站两中心"。销售网络遍布全球，产品远销欧、亚、美等30多个国家和地区，与之相配套的，遍布全球的服务网络与办事处为快速响应用户需求提供了保证。

三十　中国船舶重工集团公司七一一研究所

七一一所（SMDERI）隶属于中国船舶重工集团公司，是中国唯一的国家级船用柴油机研发机构。

中国船舶重工集团公司（以下简称中船重工）是由原中国船舶工业总公司部分企事业单位重组成立的特大型国有企业，是国家授权投资的机构和资产经营主体，主要从事海军装备、民用船舶及配套、非船舶装备的研发生产，是中国船舶行业唯——家世界500强企业，现有总资产4,127亿元，员工15万人。

七一一所具有雄厚的研发实力和齐全的专业配置，拥有柴油机、热气机、动力系统集成、船舶自动化、节能环保装备、能源服务等六大战略业务，其核心技术与产品在国内处于领先地位并具有国际影响，已发展成为集研发、生产、服务、工程承包于一体的企业集团，服务于机械、石化、能源、交通运输等20多个行业和领域，涉及世界30多个国家和地区。

七一一所现有员工2,000余名，其中专业技术人员超过900名，拥有中国工程院院士1名，博士生、硕士生导师26名，设有硕士、博士学位授予点和博士后流动站，41人获得国务院政府特殊津贴。拥有30多个现代化实验室，主要专业研发设施达到国内领先、国际先进水平，拥有国内唯一的船舶动力系统国家工程实验室。共获得各类科技成果奖464项，其中国家科技进步特等奖1项、一等奖4项，拥有有效专利285项。

经过多年的发展，七一一所形成了柴油机、气体发动机以及核心零部件的科研、生产的产业布局，具备柴油机、气体及其核心零部件的开发能力，拥有110万千瓦（150万马力）低速柴油机及其核心零部件、100万千瓦高速柴油机和气体发动机及其核心零部件的生产规模，产品包括引进专利许可证生产的曼恩品牌的中速柴油机、瓦锡兰品牌的中速和低速柴油机以及自主品牌的中速柴油机和气体机，产品功率范围为500～35,520千瓦，在全球范围内建有维修服务网点，提供完善的售后服务保障。

三十一　江西铜业集团公司

江西铜业集团公司成立于1979年，目前已成为中国最大的阴极铜生产商及品种齐全的铜加工产品供应商，是中国铜工业的领跑者和有色金属行业综合实力最强的企业之一。

公司致力于持续发掘多元化的业务包括铜、金、银、稀土、铅、锌等多金属矿业开发以及支持矿业发展的贸易、金融、物流、技术支持等，在中国、秘鲁、阿尔巴尼亚、阿富汗等国建立了绿色矿业基地。旗下江西铜业股份有限公司先后于1997年和2001年分别在香港和上海完成H股和A股上市。2008年江铜集团实现整体上市。

2017年9月，江西铜业集团公司在"2017中国企业500强"中位居第76位。公司位居2017年《财富》世界500强第339位。公司位居2018年《财富》世界500强第370位。

三十二　中信重工机械股份有限公司

中信重工机械股份有限公司（以下简称中信重工）原名洛阳矿山机器厂。1993年并入中国中信集团公司，更名为中信重型机械公司。2008年1月，改制成立中信重工机械股份有限公司。2012年7月，公司A股股票在上海证券交易所成功挂牌并上市交易。

历经60年的建设与发展，中信重工已成为国家级创新型企业和高新技术企业，世界最大的矿业装备和水泥装备制造商，中国最大的重型机械制造企业之一，中国低速重载齿轮加工基地，中国大型铸锻和热处理中心。拥有"洛矿"牌大型球磨机、大型减速机、大型辊压机、大型水泥回转窑四项中国名牌产品，可为全球客户提供矿山、冶金、有色、建材、电力、节能环保、电气传动和自动化、关键基础件等产业和领域的商品、工程与服务。被誉为"中国工业的脊梁，重大装备的摇篮"。

中信重工拥有国家首批认定的国家级企业技术中心，位列全国887家国家级技术中心前十，荣获国家技术中心成就奖，所属的洛阳矿山机械工程设计研究院，是国内最大的矿山机械综合性技术开发研究机构，具有甲级机械工程设计和工程总承包资质，专业从事国家基础工业技术装备、成套工艺流程的基础研究和开发设计。拥有国家重点实验室——"矿山重型装备实验室"。博士后工作站建成运行。成立院士专家顾问委员会，形成了一支由业内各领域科学泰斗组成的高层次专家团队和高智力创新载体。

中信重工以技术创新为核心战略，开发拥有"年产千万吨级超深矿建井及提升装备设计及制造技术""年产千万吨级移动和半移动破碎站设计及制造技术""日产5,000~12,000吨新型干法水泥生产线成套装备设计及制造技术""低温介质余热发电成套工艺及装备技术""利用水泥生产线无害化处置生活垃圾技术"等20多项核心技术，形成了大型化、集成化、成套化、低碳化的绿色产业新格局。

中信重工是国家首批确定的50家国际化经营企业之一。着眼全球化战略布局，中信重工着力打造全球化的营销与服务网络：全资收购西班牙GANDARA公司，设立澳大利亚公司、巴西公司、智利公司、南非公司、印度及东南亚公司、俄罗斯办事处等；独家买断SMCC的100%知识产权，成为全球最先进的选矿工艺技术的拥有者。

三十三　中国一拖集团有限公司

中国一拖集团有限公司是中国机械工业集团有限公司子公司。新中国第一台拖拉机、第一辆军用越野载重汽车在这里诞生。建成投产50余年来，为国家农业机械化提供拖拉机、柴油机等各种装备360多万台，拥有的"东方红"商标为中国"驰名商标"。

"十五"以来，中国一拖抓住国家振兴装备制造业、加快社会主义新农村建设的机遇，坚持以加快结构调整、转变发展方式为主线，通过加大重点产品研发、技改投入力度，基本形成了农业机械、动力机械及零部件等多元结构发展的格局。

农业机械业务具有国内最完整的拖拉机产品系列，拥有国际先进、国内领先的具有自主知识产权的产品技术。其中，大功率拖拉机国内市场份额第一，动力机械业务在国内非道路用柴油机行业排名第一，企业销售收入每年以20%的幅度递增。

三十四　北京碧水源科技股份有限公司

北京碧水源科技股份有限公司是由归国学者于2001年在中关村国家自主创新示范区创办的高科技企业。目前公司净资产超过120亿元，在国内外拥有超过80家子公司，并于2010年4月在深交所创业板挂牌上市，上市后市值一直处于创业板前列，复合增长率达60%。2015年，国家开发银行旗下国开金融持有碧水源10.48%的股份，成为碧水源第三大股东，开启了环保行业混合所有制改革新模式。

碧水源是国家首批高新技术企业、国家创新型企业，公司具有完全自主知识产权的全产业链膜技术（微滤、超滤、纳滤、反渗透）。致力于解决"水脏、水少、饮水安全"的国家资源战略问题，致力于使污水变成资源，解除水污染之困，化解水短缺之忧，从而实现中央政府提出的"发展循环经济，实现可持续发展"的战略目标。业务领域涵盖水务全产业链：膜技术研发以及膜设备制造、市政污水和工业废水处理、污水资源化及再生利用、固废污泥处理、自来水处理、海水淡化、水务工程建设、水务投融资，以及民用、商用净水设备等。

碧水源是中国唯一一家集膜材料研发、膜设备制造、膜工艺应用于一体的企业，建有全球规模最大的膜研发制造基地。公司核心产品——MBR膜生物反应器具有占地面积小、污泥产量少、出水水质优于地表水Ⅳ类等优势。2014年碧水源成功研发出全球首个具有完全自主知识产权的创新膜产品——超低压选择性纳滤（DF）膜，出水水质达到地表水Ⅱ标准，真正意义上实现了"废水资源化"，为解决我国水脏、水少、饮水不安全问题找到了新出路。

凭借先进的技术工艺和高超管理水平，碧水源参与了众多国家水环境治理重点工程，包括南水北调丹江口污水处理工程、无锡环太湖地区水环境治理重点工程、北京引温济潮跨流域调水工程（世界上最大的MBR工程）、北京奥运龙形水系工程以及国家大剧院水处理工程等。

碧水源2007年开始在水务领域摸索采用PPP模式与地方政府合作，业务拓展至云南、新疆、山东、江苏及贵州等省区，在全国拥有92个水务PPP项目。目前碧水源以PPP模式成立的合资公司超过30家，水处理能力达到每天1,000万吨，覆盖了全国20多个省份和地区，服务人口超过6,000万。

三十五 中国冶金科工集团有限公司

中国冶金科工集团有限公司（以下简称中冶集团）是全球最大最强

的冶金建设承包商和冶金企业运营服务商;是国家确定的重点资源类企业之一;是国内产能最大的钢结构生产企业;是国务院国资委首批确定的以房地产开发为主业的16家中央企业之一;也是中国基本建设的主力军,在改革开放初期,创造了著名的"深圳速度"。2016年公司荣获中央企业负责人2015年度经营业绩考核A级企业、中央企业负责人2013年至2015年任期经营业绩考核"科技创新优秀企业",在"世界500强企业"排名中位居第290位,在ENR发布的"全球承包商250强"排名中位居第8位。

中冶集团作为国家创新型企业,拥有13家甲级科研设计院、15家大型施工企业,拥有4项综合甲级设计资质和23项特级施工总承包资质,其中,双特级施工资质企业数量达11家,位居全国第一。拥有17个国家级科技创新平台和国家级重点实验室,累计拥有有效专利16,241件,位居中央企业第4名。

中冶集团累计获得国家科学技术奖54项,中国建设工程鲁班奖78项(含参建),国家优质工程奖121项(含参建),中国土木工程詹天佑奖9项(含参建),冶金行业优质工程奖459项。拥有53,000余名工程技术人员,中国工程院院士1人,国家勘察设计大师12人,中央直接联系的院士、专家3人,国家百千万人才工程专家4人,享受国务院政府特殊津贴人员500余名。

三十六 中国通用技术(集团)控股有限责任公司

中国通用技术(集团)控股有限责任公司成立于1998年3月,是由中央直接管理的国有重要骨干企业,是我国最大的先进技术装备引进服务商、最大的轻工产品和医药保健品进出口商、最大的移动通信终端产品分销与服务商,同时是我国重要的装备制造商、国际工程承包商、医药生产与供应商、技术服务与咨询商、建筑地产商。

集团主业包括装备制造、贸易与工程承包、医药、技术服务与咨询、建筑地产等五大板块。各板块主力子公司大多具有半个多世纪的历史，实力雄厚，资质齐全，品牌信誉卓著，在我国相关行业或细分领域发挥着重要骨干作用，长期以来为经济社会发展做出了重要贡献。目前集团共有境内二级经营机构 32 家（其中 A 股上市公司 2 家），境外机构 58 家，员工总数 45,000 多人。

集团具有较强的集成服务能力和资源整合能力，能够为客户提供包括市场开发、商务服务、融资安排、关键装备制造、工程设计与施工、技术服务与咨询在内的一揽子解决方案；拥有比较完善的国内外市场营销网络、物流配送网络，与世界上 100 多个国家和地区建立了稳定的贸易与合作关系，有较强的国内外一体化经营能力；具有较强的科技创新能力，拥有一批国家级工程技术中心、重点实验室、检验检测机构和国家认定企业技术中心，拥有有效专利数量在中央企业中位居前列；与国际国内大企业、金融机构有长期稳定的战略合作关系；拥有门类齐全、素质较高、经验丰富的人才队伍；资产质量较高，投融资能力较强。

从 2012 年起连续 7 年进入 ENR 全球最大 250 家国际承包商榜单。

三十七　中钢设备有限公司

中钢设备有限公司（SINOSTEEL MECC）为中钢国际全资的唯一经营性资产，控股、参股 7 家投资企业。公司及其下属企业拥有冶金、建筑行业甲级工程设计、钢铁、建筑专业甲级工程咨询、环境工程专项设计、生态建设和环境工程咨询甲级、特种设备设计、设备成套、设备监理、对外承包、对外贸易经营、环境污染治理设施运营等齐备的资质，拥有国家环境保护工业烟气控制工程技术中心、国家工业烟气除尘工程技术研究中心，通过了质量、职业健康安全和环境体系认证。公司作为中国知名的冶金工程技术公司，在中国钢铁工业发展历程中做出了突出的贡献，先后承担了国内各主要大型钢铁企业400多项国家重点建设项目。

目前，公司已形成冶金、矿业、电力、煤焦化工、节能环保、机电产品贸易等六大主营业务板块。公司为我国首批对外承包工程AAA级信用企业，并先后被评为中国机电进出口企业（大型成套设备）AAA级信用企业、中国对外贸易AAA级信用企业和国际经营信用AAAAA级企业。公司连续6年入选美国《工程新闻记录》（ENR）全球最大250家国际承包商，2014年位列国际承包商第147位，位列全球承包商第140位。

三十八　中铝国际工程股份有限公司

中铝国际工程股份有限公司是一家集技术研发、工程建设、测绘勘察、装备制造、科技成果产业化于一体的高新工程技术服务企业，目前主要从事工程设计与咨询、工程建设和总承包以及装备制造业务。

中铝国际所属的企业包括20世纪60年代中国有色金属工业8大甲级设计院所中的4家甲级设计研究院（沈阳铝镁设计研究院、贵阳铝镁设计研究院、长沙有色冶金设计研究院、洛阳有色金属加工设计研究院）、1家勘察设计企业（中国有色金属长沙勘察设计研究院）和5家大型综合建筑安装公司（中国有色金属工业第六冶金建设有限公司、中色十二冶金建设有限公司、中铝国际山东建设有限公司、中铝长城建设有限公司和中铝国际天津建设有限公司）。这些成员企业大都成立于五六十年代，参与了我国冶金、交通、电力、石油、化工、建材、军工等多个行业的规划、科研、设计和工程建设，尤其是在有色金属领域的采矿、选矿、冶炼和金属材料加工等方面拥有一系列专有技术，在多个行业取得

54 项设计和咨询资质，创造出了多项"中国第一"和"中国企业新纪录"，取得多项建设金奖、鲁班奖等奖项，为我国国民经济建设与社会发展做出了积极贡献，特别是为有色金属工业的发展和技术进步建立了卓越功勋，在业界享有广泛盛誉。

三十九　山东科瑞石油装备有限公司

山东科瑞石油装备有限公司是一家集高端石油装备研发制造、油气田一体化工程技术服务、油气 EPC 工程总承包三位于一体的综合性产业集团，是中国最大的油气设备生产和服务提供商。集团现有员工 8,000 余人，总部位于中国第二大油田胜利油田所在地——东营市。

集团拥有总占地面积 240 万平方米的七个大型生产制造基地，研发、设计、制造陆地与海洋钻井、修井装备；油田大型压裂机组；连续油管车、固井车、制氮车等特种作业装备；天然气压缩机设备；油气生产处理工艺系统；天然气液化装置；井口、井控系统；采油机械等九大系列高端石油装备产品。

科瑞在总部以及北京、上海、新加坡、休斯敦、卡尔加里等地区设立了 16 个技术研发中心，技术人员占员工总数约 50%。科瑞目前已在全球 57 个国家设立了分、子公司、技术服务站及零配件仓库，海外分支机构员工本土化率超过 51%。拥有遍布多个国家的钻井、修井作业、连续油管技术服务、压裂施工服务、欠平衡钻井服务、稠油开采技术服务等油田服务队伍 200 余支，在提升采收率、老旧油田改造、疑难油田开发等方面掌握世界领先技术，在页岩气、煤层气等非常规油气开发领域拥有杰出能力。科瑞拥有出色的油田 EPC 工程总承包及系统解决方案提供的能力，可根据全球油气田条件定制成熟的油气生产处理系统，提供原油、天然气、污水处理场站综合解决方案，在高度集成化小型撬装 LNG

液化装置和中大型模块化 LNG 液化工厂领域拥有国际领先技术。

四十　大连冷冻机股份有限公司

大连冷冻机股份有限公司（以下简称大冷股份）是中国工业制冷行业领军企业——大连冰山集团有限公司的核心企业。大冷股份专注冷热事业，致力于发展工业制冷、食品冷冻冷藏、中央及商用空调、零部件、工程贸易服务事业领域，融合了中、日、美、德、英等国家和地区的先进技术基因，原发创新、引进消化吸收再创新、集成创新核心冷热技术，引领行业新发展，创造客户新价值。

大冷股份出资设立了 25 家企业，构成了以大连冰山工业园区为中心，以武汉和常州冰山工业园区为支撑的总面积为 130 多万平方米的冷热装备研发生产基地。

大冷股份及出资公司，围绕冷热五大事业领域，打造了我国最完备的冷热产业带，构建了从最初一公里到最后一百米的全程冷链，成为我国唯一掌握全部制冷关键技术的绿色装备企业。

2016 年，大冷股份建成智能制造示范基地，依托我国最大的冷热性能试验中心，建设冷热技术创新中心，持续引领中国冷热事业的发展。大冷股份依托国家级企业技术中心、企业博士后工作站、中国最大最完备的性能试验中心，坚持政产学研用相结合，创建国家标准，遵循国际标准，精心打造"绿色、智能、安全"的冷热产品研发创造体系，获得进入国际市场的通行证。

四十一　江西大乘汽车有限公司

江西大乘汽车有限公司是由大乘汽车集团和江铃汽车集团共同组成。

公司同时拥有传统能源和新能源造车资质，具备新能源与节能汽车和汽车关键零部件的生产能力，并以SUV领先战略覆盖全品类的全新中国汽车品牌，涵盖了乘用车、商用车、新能源汽车。

江西大乘汽车有限公司具有国际化、智能化、生态化制造基地，会聚全球汽车制造专家，以工业4.0标准进行高自动化生产，以高度的社会责任感建设绿色、智能工厂，冲压生产线整线采用ABB机器人及奥图全自动集成系统，整条线全自动化连续生产；焊装自动化生产线全部国际先进水平的KUKA（库卡）机器人，通过西门子先进的RFID设备，能同产线设备自动对话，可快速进行车型无缝切换，满足多平台、多车型同时生产需求；涂装生产线可实现多车型混线生产，首次运用一次套色加有色清漆先进工艺，与传统色漆效果相比，视觉效果更为清丽，层次更为丰富；总装生产线具备同时混线生产4个平台7个车型的能力，各系统高度集成，应用业内领先的智能物联网系统，实现自动准确投料和关键扭矩的追溯上传，通过数据终端实时采集装配信息，实现装配防错及双向质量追溯。在工艺上实现高度自动化、柔性化和智能化，推进信息化和工业化的两化融合，工艺装备水平在行业中处于领先地位，有力推动制造装备业的转型升级，并逐步形成国产汽车产业集群。

四十二　中车株洲电力机车有限公司

中车株洲电力机车有限公司是中国中车旗下的核心子公司，中国最大的电力机车研制基地。公司业务集中在电力机车、城轨车辆、城际动车组、磁浮车辆、储能式有轨/无轨电车等新技术公共交通车辆、重要零部件、专有技术延伸产品及维保服务等领域。目前，公司总资产266亿元，在国内外设有21家子公司，2015年实现销售收入260亿元、利税34亿元。

公司拥有全球最大的电力机车产能、与欧洲标准接轨的城市交通装备研发制造能力，以及分布在业主城市能快速响应的造修基地。在电力机车领域，自1958年研制出中国第一台电力机车以来，先后研制出快速客运、客货两用、重载货运等各型干线电力机车41种，累计7,500余台，占中国电力机车总量的60%以上，引领中国电力机车实现由普载向重载、由直流传动向交流传动的转变，是全球最大功率电力机车的研制者，站在了世界行业技术的制高点；在城轨车辆领域，公司仅用10余年就建立起达到欧洲标准的高档铝合金和不锈钢全系列城轨车辆研发制造平台，产品涵盖A、B车型80/100/120公里三个速度等级，成为中国高端城轨装备领域的杰出代表，共为国内外16个城市提供城轨车辆近6,000辆；在国内近10个城市建立了造修基地，着力打造城轨车辆的全寿命周期维保服务体系；在动车组领域，公司凭借丰富的轨道车辆研制经验、成熟的研发平台以及得天独厚的区域配套优势，曾先后研制出"蓝箭""中原之星""中华之星"等160公里至270公里速度等级的动力分散型和集中型动车组，是中国动车组技术的发祥地，近年来，公司研制的动车组成功走出国门。

中车株洲电力机车有限公司是中国装备"走出去"的先锋。公司凭借卓越的品质、可靠的性能、优秀的履约能力得到了国际客户的广泛认可。自1997年实现中国电力机车整车出口"零"突破以来，先后在伊朗、乌兹别克斯坦、哈萨克斯坦、新加坡、土耳其、印度、马来西亚、南非、埃塞俄比亚、马其顿等国家获得近30个项目订单，出口产品包括机车、地铁、轻轨、动车组、地铁工程维护车，合同额累计300亿元。公司在马来西亚轨道交通领域的市场占有率超过80%，为其量身打造的世界最高速米轨动车组已经成为吉隆坡一道亮丽的风景线。公司勇夺南非21亿美元电力机车订单，创造了中国轨道交通装备行业的出口之最。公司获得马其顿动车组订单，实现中国动车组首次出口欧洲。同时，公司在马来西亚、南非、土耳其、印度等地成立多家子公司,开展国际化经营。

四十三　湖南科力远新能源股份有限公司

湖南科力远新能源股份有限公司创建于1998年,以专利技术进入先进储能材料行业并迅速崛起,2003年在上海证券交易所上市。公司在中国上海、长沙及日本等布局了八大产业基地,缔造了一条从先进储能材料、先进电池、汽车动力电池能量包到油电混合动力汽车总成系统、电池回收系统的完整产业链,并拥有完全知识产权,产品成功进入丰田、本田等高端供应链体系,全面融入国际化高端产业分工。

公司全面推行精益管理与智能化制造,融合工业4.0,拥有强大的自主创新平台和油电混合动力汽车总成系统平台。2009年,科力远牵头组建了先进储能材料国家工程研究中心,这是先进储能材料及先进储能技术领域目前唯一的国家级工程中心。2014年10月与吉利控股集团合资成立科力远混合动力技术有限公司,共同开发CHS深度混合动力总成项目,破解了国内油电混合动力汽车发展的技术瓶颈。

公司现有员工近4,000人,其中硕士以上学历500多人。会聚了国内外电池行业知名专家、教授、院士100多人,其中日本专家数十人。经过十多年的拼搏,成就了先进储能材料及高能动力电池产业的龙头地位。公司拥有357项自主知识产权的专利核心技术,并获得283件全球专利许可,工程转化能力和技术达到国际先进水平,是我国先进储能材料、汽车动力电池和储能应用系统的重要生产、研发基地和销售服务中心。

公司拥有湖南长沙、常德、益阳,甘肃兰州,上海闵行,广东深圳,江苏常熟,以及国外的日本茅崎等八个产业基地,战略布局到了美国和欧洲。旗下拥有常德力元新材料有限责任公司、兰州金川科力远电池有限公司、益阳科力远电池有限责任公司、湖南科霸汽车动力电池有限责任公司、日本湘南CORUNENERGY株式会社、科力远混合动力总成系统有限公司、科力远（上海）汽车动力电池系统有限公司、科力远（绍兴）汽车动力电池系统有限公司、科力远华南基地、科力远（美国）商贸有限公司、科力远新能源（欧洲）有限公司、北京科力远科技有限公司、深圳先进储能技术有限公司，并参股湖南稀土产业集团、科力美（中国）汽车动力电池有限公司。

四十四　湖南永清投资集团有限责任公司

湖南永清投资集团有限责任公司成立于1998年，是一家环保全产业链的综合服务集团，是"中国最佳创新企业50强"公司，也是中国环保产业协会副会长单位和湖南省环保产业协会会长单位。2014年至2015年公司连续两年入选美国《福布斯》杂志排行榜。公司资产超过100亿元，现有员工1,100多人，下辖永清环保、永清水务、永清制造、永清东方除尘、永清研究院等多家专业子公司，并先后在北京、江苏、上海、广州、深圳等多个重点城市成立了子公司。其中，永清环保股份有限公司是湖南省唯一一家A股上市环保企业。

永清是全方位的环境综合治理服务提供商。公司长期致力于环境保护事业，已形成集研发、咨询、设计、制造、工程总承包、营运、投融资于一体的完整的环保产业链，业务范围已涵盖土壤修复、环境咨询、清洁能源、雾霾治理、污水治理、设备制造、环境检测等环保全领域。永清是全国屈指可数的全能型、平台型环保企业，也是环保部批准的全国第一家地市级合同环境服务试点单位和全国首批环境污染第三方治理试点单位。

永清是环保技术创新的领先者。公司在耕地污染治理、土壤修复、超低排放、垃圾焚烧等领域掌握了核心技术，拥有60余项技术专利。其中，以自有技术生产的离子矿化稳定剂是国内技术最成熟、实践应用最多的修复药剂。2015年，永清环保并购全球领先的土壤及地下水修复企业美国IST公司，极大地提升了永清在土壤修复技术领域的领军地位。

四十五　泰富重装集团有限公司

泰富重装集团是一家以先进装备制造及系统总承包、配套服务为主的创新型企业集团，主要为客户提供物料输送高端成套装备、港口和海工装备的设计、研发、制造、销售、安装、调试、售后服务、融资租赁及总承包、配套服务。

集团下设泰富重工、泰富国际工程、泰富海工、泰富建设、泰富国贸、泰富租赁、泰富投资、泰富中诚等20多个子公司，在北京、上海、香港等地成立了分公司，在巴西里约热内卢、印度加尔各答、澳大利亚悉尼、韩国浦项等国家设立了办事处。

中国国际高端装备交易服务创新中心是泰富重装利用"互联网+"打造全球配套最全、服务最好的装备交易服务平台，形成集信息流、商流、资金流、技术流、制造流、物流、资产管理和公共服务八位于一体的工业O2O平台，将改变全球港口、海工高端装备行业交易生态。

泰富重装设立技术研究院，为集团总体产品开发研究提供技术指导服务。目前技术研究院设有储运工程研究院、海工装备研究院、港口及海洋工程研究所、装卸机械研究所、带式输送机研究所、控制技术研究所、数字化仿真研究所、新技术研究所、新产品研究所、实验中心。

通过与德国西门子、iSAM自动化、丹麦FLSmidth（艾法史密斯）公司和澳大利亚卧龙岗大学等国际知名的企业和院校合作，泰富重装成功攻克了智能化海上移动码头、全智能无人化散料输送装备系统和环保节能料场等业内多项核心技术，研发了中国最大管径的长距离大运量圆管带式输送机系列产品，开辟了先进装备领域的工业4.0时代，技术水平已跻身国际先进行列。

成立以来，泰富重装已完成了由制造型企业向制造服务型企业的成功转型升级，从单一产品制造商成长为系统配套服务提供商，通过并购与战略合作整合设计、制造、施工、项目管理等上下游产业链资源，从根本上改变了原有的设计、制造、施工、服务互相分割及集成性差的格局，目前泰富可为客户提供系统服务，正日益成长为港口、水运及散装物料输送系统行业的领军企业。

泰富重装发起成立了我国第一家由制造企业发起设立的金融租赁公司——华运金融租赁股份有限公司，并将设立海洋投资发展基金、资产管理公司和资产交易所，搭建服务于产业发展的以金融租赁、基金、资产交易和管理等为主的综合性金融平台，构筑立体的金融服务网络。

四十六　株洲硬质合金集团有限公司

株洲硬质合金集团有限公司主要生产金属切削工具、矿山及油田钻探采掘工具、硬质材料、钨钼制品、钽铌制品、稀有金属粉末制品等六大系列产品。硬质合金号称"工业的牙齿"，广泛应用于冶金、机械、地质、煤炭、石油、化工、电子、轻纺及国防军工等领域，是一个基础性产业，关系到国民经济发展的质量和水平。公司目前下设2个产品专业事业部、12个生产厂、5家控股子公司，是国内大型的硬质合金生产、科研、经营和出口基地，被湖南省认定为"十大标志性工程"企业。

公司拥有较强的自主创新能力。公司是国家首批认证的国家级技术中心、湖南省第一家博士后科研工作站挂牌单位，拥有国内领先水平的钻石切削刀具研发中心、硬质材料研发中心和国家级分析测试中心。公司通过了质量、职业健康安全和环境管理体系认证，采用国际标准和国际先进标准的产品超过80%。目前公司技术创新投入达到销售收入的3%，新产品贡献率超过25%。钻头、PCB加工工具、大制品、切削刀具等产品达到或接近当代国际先进水平，超细碳化钨、复合粉等多项生产技术在国内同行中居于领先地位。公司2009年成为行业内唯一一家拥有硬质合金国家重点实验室的企业，2013年被国家工信部、财政部认定为"国家技术创新示范企业"，进入到国家级技术创新示范企业行列，是硬质合金行业首个"国家技术创新示范企业"。

公司已形成金属切削刀具、IT加工工具以及硬质材料、钻掘工具、难熔金属等产业板块，基本形成以硬质合金为主导产业，以深加工、精加工及配套工具为重点，以高端产品为核心，以通用产品为依托的新型产业格局。

公司拥有健全的营销网络。前移营销平台，着力构建以点带面、点面结合、多层次、多渠道的立体营销网络，产品国内市场占有率30%左右，并销往世界70多个国家和地区。"钻石牌"商标相继在英国、丹麦、韩国、澳大利亚、加拿大等47个国家与地区注册，成为硬质合金领域拥有较大行业影响力、国际知名度的现代企业集团。

四十七　华纺股份有限公司

华纺股份有限公司是全国同行业的龙头骨干企业，至今具有39年沿革历史，2001年9月3日在上交所挂牌上市（A股），辖有17个公司，产业涉及印染、服装、家纺成品、纺纱、热电、化工、信息及金融服务、房地产等领域。

公司现有资产总额20亿元，主导产业年印染布产能2.8亿米，花色品种10,000余个；现有环锭纺4万锭、紧密纺2.8万锭；年家纺成品产能 1,000 万件（套）、服装产能 300 万件。年销售收入规模 30 亿元，出口创汇规模 3 亿美元，是全球高品质纺织品制造者和健康时尚生活倡导者。

公司通过质量、环境、能源、职业健康管理体系认证，是国家认定企业技术中心、国家印染产品开发基地、纺织工业（山东）家用纺织品检测中心，先后跻身"全国五一劳动奖状""国家科技进步二等奖""中国纺织服装行业社会责任信息披露实践示范奖""中国纺织行业劳动关系和谐企业""中国印染行业十佳企业""山东省富民兴鲁劳动奖状""中国专利山东明星企业"等行列。

四十八　内蒙古鹿王羊绒有限公司

内蒙古鹿王羊绒有限公司始建于 1985 年，总部设在内蒙古自治区包头市东河区巴彦塔拉大街。公司以山羊绒为原料，生产针织、机织和服装三大类数百个品种的系列产品，年生产能力羊绒衫 400 万件，机织面料 100 万米。产品 70% 出口美国、欧洲、日韩等国际主流市场。年销售额 10 亿多元，出口创汇 8,000 万美元。公司除包头总部的生产基地外，还在非洲马达加斯加、柬埔寨建立了两个海外生产基地，现有海内外员工 10,000 余名。在国内设有贸易总公司，23 家分公司、800 余家终端卖场。鹿王产品涵盖了四季男女服装，并在全国各大中城市销售。

"鹿王"牌产品现已成功直销中国台湾、中国香港、澳大利亚等市场，并在美国、欧洲建立了办事处。

鹿王公司拥有集羊绒分梳、染色、纺纱、针织、机织、后整、成衣等一体化的加工生产能力，并拥有 170 平方公里面积的天然牧场基地。鹿王公司拥有最先进的加工设备，国际化水平达 90%。鹿王公司拥有国际化的经营管理团队及新产品研发队伍，高级管理人员、技术研发人员、国内外销售人员，大学以上文化程度的已达80%以上。同时，新颖的产品、国际一流的品质、逐年增加的订单、客户的信赖反映了企业严格的经营管理、严格的生产程序、合理的统筹安排、周到诚信、客户至上的客供关系维护。

"鹿王"是一个驰名于世的羊绒纺织服装品牌，拥有唯一的国家级羊绒企业技术中心，获得国家级技术专利88项、国家省市级科技进步奖16项，参与修订行业标准30余项。获得"第六届国际山羊大会优质服务和优良品质金奖""中国服装领域最具影响力品牌""全国羊绒行业十大标杆品牌"等百余项国内外大奖。"鹿王"是中国品牌价值500强企业之一。

四十九　美克国际家具股份有限公司

美克国际家具股份有限公司始建于1995年8月，前身是美克国际家私制造有限公司，1999年经对外贸易经济合作部批准转制为外商投资股份有限公司。经中国证监会核准，公司于2000年11月10日在上海证券交易所成功上市。美克股份以诚信经营、规范运作、优良业绩赢得了广大投资者的信赖和支持。多年来，公司获得了政府及相关部门的多项褒奖，被评为"最具全球竞争力中国公司50强企业之一""中国A股公司投资者关系50强企业之一"，"美克美家"还获得了国家工商总局颁发的中国驰名商标。企业诚信、进取的务实风格在社会各界赢得了一致的口碑。

家具制造业作为公司的主营业务之一，公司拥有规模化、专业化的加工生产基地、高效的企业管理平台、实力雄厚的研发机构及覆盖全球的销售网络。通过进口国外的木材资源，生产色彩多样且充满文化内涵的高档家具产品，产品出口美国、加拿大、欧洲、日本、澳大利亚等国家和地区。公司的生产规模、装备水平、技术水平及工业化生产水平居同行业领先水平，公司的管理、销售和产品开发方面的能力已经跻身于世界著名的制造商行列，是我国最大的家具出口企业之一。2004年公司全资子公司美克国际家私（天津）制造有限公司应对美国家具反倾销诉讼，获得全国唯一"零税率"，2009年1月6日公司成功收购了美国从事软体家具和实木家具设计、供应和销售，并在美国业界享有盛誉的Schnadig包括品牌在内的相关资产。本次收购，是公司向智能型商业模式转型的一个重要举措和步骤，是公司价值链向上游攀升的公司战略的具体实施，本次收购使公司形成了集产品设计、产品开发、产品生产及产品销售于一体的完整进化链。

零售业是美克股份面向国内国际两个市场、两种资源，转变经营增长方式的重要举措。2002年公司创立了自己的家具品牌——美克·美家，同时与美国最大的家具零售商伊森艾伦合作，引进其国际先进连锁经营管理模式，在北京、上海、天津、杭州、苏州、宁波、大连、成都、重庆、武汉、深圳、广州、厦门、沈阳、乌鲁木齐等大中城市开设了近30家连锁店，创建全国性家具连锁零售网络。

国际木业代表了美克股份产业链的延伸，实施全球资源战略，积极参与世界资源的再分配，开发和利用国外木材资源，建立稳定、安全、经济的全球资源供应体系是美克股份的目标。公司充分利用与俄罗斯相邻的地缘优势和其丰富的森林资源优势，在俄罗斯远东投资建成了木材供应基地，在新疆阿拉山口口岸和内蒙古二连浩特已建立了两个木材加工物流中心，初步形成了以俄罗斯为源头，以阿拉山口和二连浩特为基地，以工厂和客户为终端的供应链体系。

五十　惠达卫浴股份有限公司

惠达卫浴股份有限公司始建于1982年，经过多年努力，目前发展成为中国规模最大、历史最悠久的卫浴家居用品企业之一，每年为大众提供近1,000万件的卫浴家居产品，涉及陶瓷卫浴、浴室家具、墙地砖、五金龙头及配件、橱柜、木门等领域，被2008北京奥运会、2010上海世博会和众多五星级酒店所应用。

惠达在北京、上海创立两个设计研发中心，一个博士后工作站。2012年住房和城乡建设部正式批准惠达成为国家住宅产业化基地，2013年被国家发改委、科技部、财政部、海关总署、国家税务总局五部委认定为"国家认定企业技术中心"。

五十一　江苏贝德服装集团

江苏贝德服装集团致力成为国际最具竞争力的针织服装供应商，以对服装行业独特的眼光和视觉感知，精心打造高品质流行服饰的江苏贝德服装集团应运而生。

集团作为江苏地区最大的针织服装集团之一，拥有贝德时装、贝德华盛、缅甸汉德、所爱优品、高德服装、品创纺织品、飞燕实业七家子公司。国内外累计员工3,000余名，年产值超10亿元。主要生产各种款式的针织休闲装、运动装、T恤系列产品及自主品牌婴童装，产品远销欧洲、美国、日本等国家和地区，深受客户的欢迎。

服装产业拥有全球最先进的自动绘图及制版系统、加拿大INA（衣拿）自动吊挂流水线、美国Gerber（格柏）自动裁床、日本川上全自动拉布机、自动电脑缝纫设备等，建成国内外顶级服装生产流水线36条。

集团成功导入了 ERP、ETS 数据管理，实现了高度的信息化管理。在实施标准化管理的基础上，通过了多项管理体系认证 ISO9001、IST14001、SA8000、OTS 有机棉认证和 Oeko-Tex 标准认证，实现了管理的标准化和规范化。

集团通过了江苏省五星级数字企业、江苏省两化融合试点企业、江苏省针织行业协会优势企业评审，并取得了江苏省国际知名品牌称号。

五十二　海澜集团

海澜集团成立于 1988 年，总部位于江苏省江阴市新桥镇，是国内服装龙头企业。在 2018 中国企业 500 强中名列第 150 位、中国民营企业 500 强中名列第 34 位。2018 年，集团完成营业总收入超 1,200 亿元、利税 85 亿元，继续名列无锡地区企业纳税榜首。

海澜集团的发展经历了粗纺起家，精纺发家，服装当家，再到品牌连锁经营的历程。最近十几年来，集团牢固树立以服装为主业的经营理念，在此领域精耕细作，做到了专心、专注、专业，先后成功创建了海澜之家、圣凯诺、EICHITOO、百衣百顺等多个自主服装品牌。其中"海澜之家"定位于平价优质、时尚商务的男装国民品牌。圣凯诺定位于定制职业装，EICHITOO 定位于都市时尚女性，百衣百顺则更贴近大众。目前，海澜之家、圣凯诺均已成为行业龙头，EICHITOO、百衣百顺的发展势头也很好。

在金融投资方面，海澜集团还进行了股权投资、船舶投资。2000 年至今，集团对外投资了 30 多个项目，其中部分项目已成功上市，为企业带来了良好的经济效益。

五十三 天津斯瑞吉高新科技研究院有限公司

斯瑞吉高新科技研究院是以新型高效催化剂研制及其应用为主的高科技公司。2012年6月正式进入研发阶段。公司研发团队由博士、硕士以及学士学位人员组成，并由具有20年国外研究和工作经验的博士领导。

公司的研究发明分为新型高效催化剂的研制及生产和该催化剂在可再生资源——植物油方面的应用两部分。催化生产出的高附加值的可生物降解产品中，一部分在国际上是近一两年的新产品，另一部分将取代我国的进口产品。

公司催化剂反应体系是在格拉布催化剂（2005年诺贝尔化学奖）的基础上发展而来的，并且具有更高的催化效率、更好的稳定性、应用成本更低。公司拥有全部新型催化剂和催化剂应用技术的知识产权。

公司研发的新型催化剂无毒、无害、无污染，对环境更加友好，并且在催化剂应用中从原料到产品都可生物降解，在国际上享有"绿色化学"的美称。

五十四 远东电缆有限公司

远东电缆有限公司前身创建于1985年，地处长三角经济圈中心的千年陶都宜兴市，是中国综合实力位居前列的电线电缆制造企业，远东智慧能源股份有限公司全资子公司。远东电缆荣获"全国质量奖"，是行业全国质量诚信企业，2017年品牌价值达457.92亿元。

公司主要致力于架空导线、电力电缆、电气装备用电线电缆、特种电缆等四大类线缆产品的系统研发、设计、制造、营销与服务。产品广泛应用于智能电力、智慧交通、智慧能源、智能建设等领域。公司拥有国内外先进生产设备和检测设备1,600多台（套），已形成交联聚乙烯绝缘电力电缆最高电压等级达500千伏、架空导线最高电压等级达1,100千伏，产销连续多年名列行业前茅，服务客户涵盖国内外知名企业，同诸多世界500强企业建立了战略服务合作关系。

远东电缆以技术创新为发展驱动力，依托国家企业技术中心、国家级博士后工作站和院士专家工作站等平台，与上海电缆研究所、国网电力科学研究院、西安交通大学等科研院所建立产学研合作关系，集资源优势超前研发。

远东电缆对品质追求精益求精，全面实施卓越绩效管理体系，通过原辅材料供应商系统评审，优选国内外知名企业（中国铝业、北欧化工、陶氏化学等），建立战略合作伙伴关系；同时，建立了全面质量管理体系和质保体系，从原材料采购到产品交付实施全过程质量管控。

公司产品已通过ISO9001/TS16949质量管理体系认证、ISO14001环境管理体系认证、OHSAS18001职业健康安全管理体系认证、ISO10012测量管理体系认证，以及全国工业产品生产许可证、国家强制性产品认证（3C认证）、PCCC认证及中国质量CQC认证、煤安MA认证、船级社CCS认证、阻燃标识认证、耐火标识认证、UL认证、KEMA认证、TUV认证、CE认证、CUL认证及南非SABS认证等；远东电缆检测中心更是获得了中国合格评定国家认可委员会实验室认可证书。

远东电缆将秉持"诚信务实、创新创优、和灵共赢"的核心价值观，通过实施高端化、集成化、国际化战略，优化调整产业结构，不断提高质量和效益，努力把公司建设成为管理先进、技术密集、品牌卓著的国内一流、国际知名的电缆行业标杆，向着成为"智慧能源专家"这一宏伟愿景不断前行。

五十五　大全集团

大全集团是电气、新能源、轨道交通领域的领先制造商，主要研发生产高低压成套电器设备、智能元器件、轨道交通设备、多晶硅、太阳能电池、组件及上网接入系统等。大全在美洲、欧洲、东南亚、中东、非洲建立 10 多家分支机构，拥有近 1 万名员工。2015 年销售收入逾 170 亿。大全集团参与研发的中压直流综合电力系统项目，喜获 2017 年度国家科技进步一等奖。

在电气设备领域，大全集团为客户提供 220 千伏以下 GIS、中低压成套电器设备、智能元器件、母线、变压器、电力系统自动化和系统集成。在新能源领域，大全集团已建成包括多晶硅、硅片、太阳能电池、组件、光伏逆变器、上网接入系统和光伏电站建设等完整产业链，致力于在世界范围内为用户提供垂直一体化光伏解决方案。2010 年，大全新能源在美国纽交所上市。

在轨道交通领域，大全集团与瑞士赛雪龙公司合资合作，引进世界先进的直流开关技术，为客户提供轨道交通牵引供电设备及系统解决方案。大全的轨道交通设备已广泛应用于国内主要城市地铁和轻轨系统，市场占有率超过 60%。

大全集团是国家创新型企业、国家重点高新技术企业、中国民营企业 500 强之一，2015 年位列中国电气工业百强榜第一名。

五十六　中国水环境集团

中国水环境集团是中信集团下属中信产业基金旗下的水环境专业投资公司，是国内领先的综合水环境投资营运服务商和水环境治理的领跑者，在水环境综合治理、供水服务、污水处理、污泥处理、中水回用等领域具有强大的投资能力、领先的系统技术和成熟的投资、设计、建设、运营和管理团队。

集团公司总部设在北京，在全国8大业务区域设有平台公司，项目遍布10多个省、市、自治区。

近年来，作为中国PPP模式的先行者，中国水环境集团依托中信集团各成员单位组成的PPP联合体，充分发挥"金融+产业+科技"的专业优势，与地方政府携手探索、实践政府与社会合作模式，实现多个重大项目落地并顺利推进。

经过多年工程实践，集团在污水处理等领域形成多项核心技术。一是"土地集约型、资源利用型、环境友好型"的下沉式再生水处理系统；二是复合高效HELEME生化处理系统；三是复合生物除臭技术；四是小城镇一体化污水处理技术。公司在污泥低温干化技术、水环境模拟与规划、强化型生物固定处理工艺、节能降耗技术等方面都处于国内领先水平。

五十七　圣华盾防护科技股份有限公司

圣华盾防护科技股份有限公司是专业从事安全作业服装研发与生产的高新技术企业，主要针对复杂环境下从业人员的个体安全防护需求，研发及生产各类防御性安全防护服装，产品涉及工业、军警、公共卫生突发事件和应急救援救灾等数十个专业领域，年生产安全作业服装200余万套。

公司为PPE服装防护装备分技术委员会委员单位，中国劳动防护行业50强企业，参与国家十三五重点人体及救援防护科技项目。目前已通过五大管理体系认证，拥有发明专利、实用新型专利100余项，省部级高新技术产品10多个。随着安全作业环境要求不断强化,公司不断在纤维技术革新、产品提质创新、设备改造升级、服务体系完善等方面进行整合提升,以优质的产品和完善的服务满足用户需求,赢得良好口碑,为防护行业树立正面标杆。

公司在新三板成功挂牌,强化了企业与资本的强强联合,进一步夯实精、优、特的安全作业服装产业链。在引领行业发展的进程中,让"防危避险、衣护天下"的使命成为现实。

五十八　北京耐威科技股份有限公司

北京耐威科技股份有限公司成立于2008年,长期从事惯性导航系统、卫星导航产品的研发、生产与销售,已经形成了"惯性导航+卫星导航+组合导航"全覆盖的自主研发生产能力。

目前,公司拥有计算机软件著作权32项,软件产品证书7项,是我国导航定位领域的高新技术企业和"双软"认证企业。近年来承担了一项国家科技重大专项项目、两项科技部创新基金项目,参与了两项国家863计划高技术科研项目、一项国家科技支撑计划课题、一项国家自然科学基金资助项目、一项国家实验室建设配套项目及一项原铁道部科研项目。公司控股子公司耐威时代拥有《武器装备质量体系认证证书》《二级保密资格单位证书》《武器装备科研生产许可证》《装备承制单位注册证书》等从事军品研发、生产与销售的专业资质。2015年5月,公司在深交所创业板上市。

公司在北京经济技术开发区投资建设的惯性导航及卫星导航研发产业基地,总建筑面积3万余平方米。

公司未来仍将专注于导航定位领域产品的研发与生产,同时积极布局MEMS业务、航空电子业务,致力于打造具有核心技术优势、"器件—

产品—系统—服务"协调发展的综合性企业。

五十九　连云港中复连众复合材料集团有限公司

连云港中复连众复合材料集团有限公司成立于1989年，是隶属于中国建材集团有限公司旗下的中国复合材料集团有限公司。

公司是集复合材料产品的开发、生产、销售、安装及技术咨询、技术服务于一体，以风力发电叶片、玻璃钢管道、贮罐和高压气瓶、高压管道为主打产品的高新技术企业。公司在德国成立了研发中心，在国内江苏连云港、甘肃酒泉、辽宁沈阳、新疆哈密、内蒙古包头、贵州毕节和云南玉溪建有七个生产基地。

公司兆瓦级风电叶片规模位列全球前三、亚洲第一，具备年产20,000支兆瓦级风电叶片的能力，产品涵盖功率从1.25兆瓦到6兆瓦、长度从31米到75米，共有13个系列80多个型号，批量出口阿根廷、英国、日本等国家和地区。公司同时是国内批量出口玻璃钢产品最多的企业；是国内最早的为核电站建设提供大口径玻璃钢管道的供应商。现有管罐生产线20多条，开发了玻璃钢管道、玻璃钢夹砂管道、玻璃钢贮罐等多系列产品，成功制作了世界上直径最大（DN25000）的6,000立方米玻璃钢贮罐。

公司在同行业内率先通过了GL工厂认证和ISO9001、OHSAS18001、ISO14001体系认证，"连众"牌玻璃钢管道荣膺"中国名牌"和中国驰名商标，高压管道产品通过美国API认证。依靠高品质的产品、先进的技术、稳定的产品性能、高质量的服务在行业内具有较高的知名度。

公司技术创新实力强，建有国家认定企业技术中心、国家级博士后科研工作站、通过CNAS认可的检测中心及江苏省海上风电叶片设计与制造技术重点实验室。曾先后荣获国家技术创新示范企业、国家知识产权优势企业、江苏省百强创新型企业和江苏省企业技术创新奖。先后承担国家 863 计划、国家国际科技合作计划、国家科技支撑计划、江苏省成果转化计划等 20 余项重大科研项目，实现了兆瓦级风机叶片原材料国产化，完成了大型风电叶片模具设计与制造技术、兆瓦级叶片成型技术及测试技术开发，20 多项成果获国家级省部级科技奖励，拥有授权专利 120 件，其中发明专利 40 件。

六十　远东控股集团有限公司

远东控股集团有限公司创建于 1985 年，前身为宜兴市范道仪表仪器厂，现为全球投资管理专家、"亚洲品牌 500 强"、"中国企业 500 强"、"中国民营企业 500 强"、"中国最佳雇主企业"。目前年营业收入近 500 亿元，品牌价值 352.68 亿元，员工 11,000 人。

远东控股集团坚持"主业+投资"的战略，主营智慧能源和智慧城市技术、产品与服务及其互联网、物联网应用的研发、制造与销售；智慧能源和智慧城市项目规划设计、投资建设及能效管理与服务；智慧能源和智慧城市工程总承包等领域，致力成为全球领先的智慧能源、智慧城市系统服务商；远东控股对外投资屡创佳绩，整体投资成果优异。截至 2017 年 8 月，总投资企业数量达到 339 家，累计实现上市 96 家（其中新三板 28 家），预披露 12 家。

2020 年，远东控股集团计划实现资产总值超过 1,000 亿元，年品牌价值超过 1,000 亿元；年营业收入超过 1,350 亿元，其中智慧能源 1,000 亿元；年净利润超过 60 亿元，其中智慧能源 50 亿元；年市值超过 1,500 亿元，员工人均年收入 20 万元以上。

六十一　南京康尼机电股份有限公司

南京康尼机电股份有限公司成立于 2000 年 10 月，是一家专注机电核心技术研究和应用的创新型企业，于 2014 年 8 月 1 日在上交所上市。

公司主营轨道交通门系统研发、制造和销售及提供轨道交通装备配套产品与技术服务。公司是具有完全自主知识产权的轨道交通门系统供应商，主要产品包括轨道车辆门系统、站台安全门系统、轨道车辆内部装饰产品、轨道车辆电力和通信连接器、门系统配件等。轨道交通门系统对安全性和可靠性的要求极高，属轨道车辆的核心部件。公司产品以性能、价格、服务综合优势，赢得轨道装备市场青睐，其中，城市轨道车辆自动门系统国内市场占有率近 10 年持续保持在 50% 以上，全球市场占有率为 25%。

公司研发和生产的城轨车辆自动门系统产品，能适应各种列车网络通信制式。同时，公司已跻身欧洲、北美等发达国家市场，成为国际著名轨道车辆供应商加拿大庞巴迪公司、法国阿尔斯通公司、德国西门子公司的合格供应商。

公司是一家具有自主创新能力、拥有自主知识产权的高新技术企业，已建成具有国际先进水平的轨道交通门系统研发平台。目前，公司拥有国内外专利 280 多件，其中国内发明专利 31 件，国际发明专利 8 件。公司是国家认定企业技术中心、国家机械工业轨道车辆自动门工程研究中心，建有江苏省轨道车辆自动门工程技术研究中心、江苏省博士后科研工作站，公司也是国家标准《城市轨道车辆客室侧门》以及《城市地铁车辆电动客室侧门行业技术规范》的主要制定单位。公司的"新一代轨道车辆自动门研制及产业化"项目获"2009 年度江苏省科技进步一等奖"；公司的 CRH-380 高速动车组半高包间产品获得"2011 年江苏省优秀新产品金奖"的称号；公司制定的企业标准《城市轨道车辆客室侧门》获得 2013 年度"中国标准创新贡献奖"二等奖；公司的 MS900DW 型高速列车客室侧门系统产品被国家科学技术部、环境保护部等五部委认定为 2013 年度"国家战略性创新产品"。

六十二　富通集团有限公司

富通集团有限公司创立于 1987 年，总部位于浙江杭州，是中国民营企业 500 强、国家重点高新技术企业和国家创新型企业。富通集团是互联网基础传输材料光纤通信产业的全球领军企业，也是国家能源电力线缆传输产业的重要推动者。

富通集团有 1 个集团总部、3 个区域本部、30 家实体工厂，目前，富通集团在册员工 12,200 人（含海外）。富通集团的产业基地主要分布于浙江杭州、嘉兴（嘉善）、上海、广东深圳、香港、四川成都、天津滨海新区和东盟泰国等地。富通集团的产业方向瞄准光纤通信和能源电力线缆传输两大领域，研发方向瞄准新型储能技术、高温超导材料及技术应用和海洋光电复合缆技术等。

富通集团建有国家级富通技术研究院和企业技术中心，有 13 家国家级高新技术企业，承担了多项国家"863"计划，是中国光纤预制棒和光纤技术标准的制定者，也是国家信息产业重大技术发明奖和国家科技进步二等奖获得者。当下，富通集团正在积极践行"中国制造 2025"战略，全面实施光纤通信全产业链智能制造项目。

面向未来，富通集团将在巩固光纤通信产业的基础上，全面实施"以高温超导电缆为牵引，以中高压和超高压电缆为基础，以海洋光电复合缆为差异化竞争"的"第二主业"，打造面向 2025 年具有全球竞争力的综合线缆企业集团。

六十三　上海太和水环境科技发展股份有限公司

上海太和水环境科技发展股份有限公司是一家专注于水下生态修复研发、拥有自主知识产权的中国首创、世界领先技术，国内规模最大的水生态领域领军企业和高新科技企业。公司研发的"食藻虫引导水下生态修复技术"是行业内唯一获得美国发明专利的高科技成果。在河湖水生态治理、城镇黑臭水体治理、农村水环境治理、饮用水源地治理、中水深度净化等领域，为客户提供现场勘测、水质检测、方案设计、生态系统构建、系统维护等一体化解决方案和技术服务。目前公司完成各类水生态修复项目500多项，治理水域面积超过6,500万平方米，业务遍布全国24个省、直辖市，项目覆盖118个城市和地区。同时还在开拓泰国、新加坡等海外市场。

公司下设10多家分、子公司，拥有员工1,100多人。公司与多所高校、研究机构紧密合作，在全国有近万亩的研发生产基地，具备强大的研发能力。现已获得美国发明专利1项、中国发明专利13项、实用新型专利32项。依托独特的技术优势和完善的服务管理团队，公司主持完成了多项国家级重点水治理项目及重大科技攻关项目。并先后获得上海市、广州市科技进步奖4次、上海市优秀工程咨询成果奖2次及"美国2012年度最高设计奖——综合景观设计杰出奖"。并在2018年获得了上海市农业领军人才称号企业。

◇◇第三节 农林牧渔食品

一 中国农业发展集团有限公司

中国农业发展集团有限公司（以下简称中农发集团）是我国农牧渔业"走出去"发展、国家动物疫病防控等领域的龙头企业。集团资产总额236多亿元，员工5万多人。集团拥有全资及控股子公司17家，上市公司3家，业务遍及全国各省（自治区、直辖市），在世界40多个国家（地区）建立了分支机构或基地，与80多个国家（地区）保持经贸往来。

中农发集团是国务院国资委直接管理的唯一专业从事农业的中央企业，主要从事远洋捕捞、生物疫苗兽药及饲料添加剂、现代种业、农业保险、绿色食品、海外农业六大核心业务，是我国最早从事农业"援外"的重要力量和农业"走出去"的排头兵。

中农发集团作为国有独资公司，对外开展国际合作，开发国外农业、渔业资源；对内参与农业产业化，服务"三农"，在农业领域发挥着重要的影响和带动作用。集团主要有三大领域：以大型工业化远洋捕捞、国际农业资源开发为主体的战略性资源开发，以高科技生物疫苗、兽药等为主体的动物疫病防控产品的研发、生产、销售，以现代种业、农业保险和农业国际贸易为主体的"三农"服务产业；同时发展与核心业务相关的其他配套产业，如柴油机制造和港口建设等。

二 中农发种业集团股份有限公司

中农发种业集团股份有限公司实际控制人为中农发集团。农发种业是中农发集团发展现代种业的专业化平台，同时也是目前唯一以种业为主营业务的央企上市公司。

在中国种业产业升级的新时期，农发种业积极担当中农发集团发展现代种业的社会责任和历史使命，本着"产业投资"的坚定理念，致力于打造现代种业。目前拥有控股子公司9家，包括8家种业子公司和1家农资公司，业务涵盖了玉米、水稻、小麦、甘蔗、马铃薯、棉花和油菜等多种农作物种（苗），以及农化产品进出口业务。农发种业现已成为推动我国现代种业快速发展、提升中国种业国际竞争力的重要力量，在保障国家农业安全方面发挥着国家队和主力军的积极作用。

农发种业正朝着"中国种业第一股"的战略目标稳步迈进。公司以资本为纽带，通过产融结合，整合优质资源，创新科企合作模式，构建以科技为核心竞争力的产业集群，力争把农发种业培育成"国内第一、国际一流"的大型种业集团。同时以种业为核心，整合粮食收储加工的优质资源，构建从品种选育、种子生产、农资配送、规模化种植、粮食收储、食品加工的"全产业链发展新模式"，进一步将农发种业打造成国内一流的农业种植业综合服务商，成为深受用户信赖的知名品牌。

三 中国水产总公司

中国水产总公司是专门从事海洋渔业经营活动的跨国企业。公司以海产品捕捞、加工与销售为核心业务，并从事相关行业的劳务输出、产品贸易等业务。公司在远洋渔业生产、贸易、管理、技术、人才、规模等方面占优势地位，是中国同行业中规模最大、综合运营实力最强的远洋渔业企业。

公司拥有经验丰富、高效干练的管理队伍及各类专业技术人员；在境外十几个国家和地区设有办事处和代表机构，投资建有二十几个独资、合资企业；在全世界建立了广泛的商贸关系；在业内赢得了良好的声誉。

公司拥有中国规模最大的远洋捕捞船队，作业海域遍及大西洋、印度洋、太平洋和南极海域；并拥有国际一流的水产加工设备和遍布全球的水产品销售网络。公司捕捞作业与运输补给配套完备，自成体系；拥有各类捕捞作业、运输补给船只256多艘；在大西洋、印度洋、太平洋、南极等海域作业；主要捕捞品种为金枪鱼、硬体鱼、软体鱼、甲壳类等；年捕获量达16万吨。

公司在国内外均建有高水平、现代化的水产品加工设施。总面积4万多平方米的厂区，年加工能力3万多吨。产品达到欧盟及美国的卫生标准。

公司凭借质量上乘、品种多样的产品和多年的运营经验，建立起了遍及全球的产品销售网络，产品在市场上具有很高的认知度，客户主要分布在欧洲、非洲、日本、美国、中国大陆及香港地区。年贸易额超过2.7亿美元。

四 华润（集团）有限公司

华润（集团）有限公司的前身是于1938年在香港成立的"联和行"。1948年联和行改组更名为华润公司。1952年隶属关系由中共中央办公厅转为中央贸易部（现为商务部）。1983年改组成立华润（集团）有限公司。1999年12月，与外经贸部脱钩，列为中央管理。2003年归属国务院国资委直接监管，被列为国有重点骨干企业。

1954年华润公司成为中国各进出口公司在香港总代理。在这一时期，华润的主要任务是组织对港出口，为内地进口重要物资，保证香港市场供应，贸易额曾占全国外贸总额的三分之一。1983年华润集团成立后，因外贸体制改革的形势，企业逐渐从综合性贸易公司转型为以实业为核心的多元化控股企业集团。

2000年以来，经过两次"再造华润"，华润奠定了目前的业务格局和经营规模。集团主营业务涉及大消费（零售、啤酒、食品、饮料）、电力、地产、水泥、燃气、大健康（医药、医疗）、金融等。集团下设7大战略业务单元、18家一级利润中心，实体企业1,987家，在职员工42万人。直属企业中有6家在港上市，其中华润电力、华润置地位列香港恒生指数成分股。

华润零售、啤酒、燃气的经营规模为全国第一。雪花啤酒、怡宝水、华润万家、万象城、999、双鹤、东阿阿胶等是享誉全国的著名品牌。

集团正在实施"十三五"发展战略，按照"做实、做强、做大、做好、做长"的发展方式，依托实业发展、资本运营的"双擎"之力，借助"国际化、互联网+"的"两翼"之势，通过提升资产质量、优化资本结构、调整产业结构、布局全球市场、开展研发创新、提升信息化水平六大举措，实现"跑赢大市、转型升级"的目标，为股东创造效益、为社会创造价值、为员工创造成长空间，成为受大众信赖和喜爱的全球化企业。

五 江苏欧尔润生物科技有限公司

江苏欧尔润生物科技有限公司及其子公司苏州金正益生物科技有限公司是专业从事养殖有机废弃物处理、环境调控剂及功能性生物饲料添加剂等研究、开发、生产的高新技术企业。公司长期与中国农业科学院、复旦大学等院校专家合作，首次在世界上将"中医农业"原理（中医原理技术方法农业应用）与微生物相融合，创制了"生物降解堆技术"，并获国家发明专利。该技术可以实现畜禽粪污在24小时内降解率达99%，真正做到零排放、零污染、无臭味、无蝇虫。

公司以印遇龙院士、章力建研究员、莫炜副教授等科研专家团队为技术依托，配备完善的销售服务体系，如今服务的四百多家客户遍布全国，得到了多家大型养殖企业的一致好评，并确定了长期合作关系。

2015年中央电视台7套农业频道、2016年《中国环境报》均对公司生物降解堆技术做了专题报道。2017年公司被评为农业部全国畜牧总站"国家畜禽养殖废气资源化处理科技创新联盟"会员单位。

六 江西思派思香料化工有限公司

江西思派思香料化工有限公司成立于2004年5月，是一家生产天然香料骨干厂家，属轻工行业，经过十年创业，形成了天然香料种植、加工和研发产业一体化。公司前身为金溪县天然香料厂（成立于1996年），坐落于江西省金溪县工业园C区，公司是中国国内最大的天然芳樟醇，及天然樟脑粉生产厂家。

公司主要生产和销售芳樟醇、桉叶油、桉叶素、樟脑粉、山苍籽油、香茅油、白樟油、松油醇、α-蒎烯、β-蒎烯、天然冬青油、茴脑、茴油等各类天然香料，以及合成冰片。公司占地面积59亩，总建筑面积近10,000平方米，已建成分馏车间3栋、拼油车间2栋、粗脑粉生产车间1栋、精制樟脑粉车间1栋、冻库2套、温室1间、桉叶素生产车间1栋、仓库6栋、办公楼1栋，以及员工宿舍、食堂等，已初具规模。

公司从2008年开始建立芳樟种植基地，芳樟种植面积至今已达2万亩。并于2009年初投资馨源合成香料厂，生产合成龙脑及天然龙脑。

目前公司在广西、湖南等地设立了办事处，在云南昆明成立了关联企业——昆明滇润香料化工有限公司。建立了稳定的采购网络体系，以确保原油的供应和质量。产品国内市场主要有江苏、广东、福建、北京、浙江、四川、上海、山西、内蒙古等地，公司拥有自营出口权，产品出口主要销往中国台湾、美国、德国、法国、中国香港、日本。在社会各界的热心帮助下，经过全体员工的共同努力，公司始终秉承"增加社会财富，建设美好未来"的理念，完成"促企业持续成长、与时代共同进步"的使命。

七　湖北省种子集团有限公司

湖北省种子集团有限公司是由中农发种业集团股份有限公司控股，集科研、开发、推广于一体的国际化农业高科技企业，具有全国"育繁推"一体化种子经营许可证和进出口企业资格证。

公司主营水稻、玉米、棉花、油菜、小麦、绿肥、马铃薯等作物种子，年经营种子量 1,500 万公斤以上，经营额 2 亿元左右；年种子出口量 4,000 吨左右，出口创汇 1,500 万美元左右，走在我国种子企业的前列，是中国种业骨干企业。

公司全资成立了湖北禾盛生物育种研究院，经过多年滚动发展，目前公司在国内建有育种基地 6 个（鄂州路口、宜昌深溪、五峰长乐坪、襄阳卧龙、海南陵水、三亚南滨），在巴基斯坦、孟加拉、越南、贝宁等国建立了科研试验站。科研、试验用地 438 余亩，科研建筑面积 1,500 多平方米。

2010 年公司购置了专业设备，全面开展种子室内 DNA 纯度检测、品种真实性鉴定和转基因检测，实现了公司技术性跨越。

公司先后被评定为农业产业化国家重点龙头企业、全国"守合同，重信用"企业、中国种业骨干企业、国家高新技术企业、湖北省国际科技合作示范基地、科技部农作物育种国际科技合作基地、商务部、农业部和中国种子协会 AAA 级信用企业等。禾盛注册商标被国家工商行政管理总局商标局认定为驰名商标。公司同时也是农业部籼稻新品种创制与种子技术重点实验室、优质水稻育种国家地方联合工程研究中心依托单位。

八 中粮集团有限公司

中粮集团有限公司成立于1949年，从最初的粮油食品贸易公司发展成为中国领先的农产品、食品领域多元化产品和服务供应商，致力于打造从田间到餐桌的全产业链粮油食品企业，建设全服务链的城市综合体，利用不断再生的自然资源为人类提供营养健康的食品、高品质的生活空间及生活服务，贡献于民众生活的富足和社会的繁荣稳定。

中粮从粮油食品贸易、加工起步，产业链条不断延伸至种植养殖、物流储运、食品原料加工、生物质能源、品牌食品生产销售以及地产酒店、金融服务等领域，在各个环节上打造核心竞争能力，为利益相关者创造最大化价值，并以此回报全体客户、股东和员工。

通过日益完善的产业链条，中粮形成了诸多品牌产品与服务组合：福临门食用油、长城葡萄酒、金帝巧克力、屯河番茄制品、家佳康肉制品、香雪面粉、五谷道场方便面、悦活果汁、蒙牛乳制品、大悦城Shopping Mall、亚龙湾度假区、雪莲羊绒、中茶茶叶、金融保险等。这些品牌与服务铸就了中粮高品质、高品位的市场声誉。

作为投资控股企业，中粮旗下拥有中国食品、中粮控股、蒙牛乳业、中粮包装四家香港上市公司，以及中粮屯河、中粮地产和中粮生化三家内地上市公司。

面对世界经济一体化的发展态势，中粮不断加强与全球业务伙伴在农产品、粮油食品、番茄果蔬、饮料、酒业、糖业、饲料、肉食以及生物质能源、地产酒店、金融等领域的广泛合作。凭借其良好的经营业绩，中粮持续名列美国《财富》杂志全球企业500强，居中国食品工业百强之首。

九 青岛啤酒股份有限公司

青岛啤酒股份有限公司的前身是国营青岛啤酒厂，1903年由英、德两国商人合资开办，是最早的啤酒生产企业之一。2008年北京奥运会官方赞助商，跻身世界品牌500强。目前品牌价值1,455.75亿元，15年蝉联行业首位。

20世纪90年代后期，运用兼并重组、破产收购、合资建厂等多种资本运作方式，青岛啤酒在中国19个省、市、自治区拥有50多家啤酒生产基地，基本完成了全国性的战略布局。1993年7月15日，青岛啤酒股票在香港交易所上市，是中国内地第一家在海外上市的企业。同年8月27日，青岛啤酒在上海证券交易所上市，成为中国首家在两地同时上市的公司。青岛啤酒在全国20个省、直辖市、自治区拥有60多家啤酒生产企业，公司规模和市场份额居国内啤酒行业领先地位。

目前，青岛啤酒远销美国、加拿大、英国、法国、德国、意大利、澳大利亚、韩国、日本、丹麦、俄罗斯等世界90多个国家和区域。全球啤酒行业权威报告Barth Report依据产量排名，青岛啤酒为世界第六大啤酒厂商。

十 内蒙古蒙牛乳业（集团）股份有限公司

内蒙古蒙牛乳业（集团）股份有限公司是国家农业产业化重点龙头企业、乳制品行业龙头企业。2009年7月，中国最大的粮油食品企业中粮集团入股蒙牛，成为"中国蒙牛"第一大股东。中粮的加入，推动了蒙牛"食品安全更趋国际化，战略资源配置更趋全球化，原料到产品更趋一体化"进程。

蒙牛已经建成了集奶源建设、乳品生产、销售、研发于一体的大型乳及乳制品产业链，规模化、集约化牧场奶源达100%，居行业领先。目前，蒙牛在全国20个省区市建立了31个生产基地50多个工厂，年产能超过810万吨，年销售额超过500亿元。荷兰合作银行刚刚公布的2015年度"全球乳业20强"榜单中，蒙牛凭借稳健的综合表现排名第11位，相比去年排名连续上升3位。近年来，蒙牛着力整合全球优势资源，先后与丹麦 Arla、法国 Danone（达能）、美国 White Wave、新西兰 Asure Quality（安硕）达成战略合作，并联合君乐宝、雅士利、现代牧业、原生态牧业等国内优秀伙伴，快速与国际乳业先进水平接轨，为消费者提供营养健康的食品。

蒙牛积极投入研发资金，建成了国际领先的乳制品研发中心，并承担中国农业部与丹麦食品、农业和渔业部牵头成立的"中国—丹麦乳品技术合作中心"这一国家级合作项目在中方的实施。蒙牛先后与30余家高等院校和科研机构建立了合作关系，在为行业培养人才和解决制约发展的关键技术方面发挥着重要作用。

十一 山东中农联合生物科技股份有限公司

山东中农联合生物科技股份有限公司（以下简称中农联合）成立于2006年，是集研发、生产、销售于一体的现代化国家定点农药企业，隶属于中国农资集团。现有员工1,400余人，济南市企业技术中心，中国百家名优农资企业。公司主要生产和销售原药、中间体、制剂等百余个产品。

公司以科技为先导，先后与日、美、德、英等国外化工公司和国内

20多家高校、科研院所合作，共同研制开发，形成了新产品、新剂型、新技术研究体系。并坚持以客户为中心，实施品牌战略，使品牌在众农民心中形成较高的知名度和美誉度，吡虫啉原药先后被评为山东省名牌产品；亮粒牌制剂产品被评为农民心目中的好产品；新烟碱类杀虫剂烯啶虫胺合成技术获得泰安市科学技术奖三等奖、岱岳区一等奖；公司产品联合1号承担国家"十二五"攻关项目，取得国家农药命名委员会新品种命名（氟醚菌酰胺），市场反响良好。

十二 中粮屯河股份有限公司

中粮屯河股份有限公司是我国领先的果蔬食品生产供应商，是世界500强企业中粮集团有限公司控股的A股上市公司。公司主营农业种植、番茄、食糖、林果、罐头、饮料加工及贸易业务，是全球最大的番茄生产企业之一、全国最大的甜菜糖生产企业、全球最大的杏酱生产企业之一，是国家农产品加工重点龙头企业，是中粮集团九大业务板块之一。公司致力于成为果蔬食品行业的领导者和全球一流的食品企业，奉献绿色营养食品，使客户、股东、员工价值最大化。

在食品安全方面，中粮屯河实施业内领先的全产业链食品安全控制体系，在原料的选种、种植、采摘、运输、加工、销售的每一个环节实施产品质量控制，确保从田间地头到餐桌的每一个环节的产品品质和安全。公司产品通过了ISO9001：2000质量管理体系认证、HACCP食品安全管理体系认证、ISO14001环境管理体系认证、非转基因产品身份保持认证、国家级绿色食品认证等，公司检测中心获得了"中国实验室国家认可委员会认可证书"。

十三 双汇集团

双汇是中国最大的肉类加工基地,农业产业化国家重点龙头企业。

双汇集团实施六大区域的发展战略,立足河南、面向全国在黑龙江、辽宁、内蒙古、河北、山东、江苏、浙江、湖北、河南、江西、四川、广东、安徽、广西、上海等18个省市区建设了20多家现代化肉类加工基地,在31个省市区建有300多个销售分公司和现代化的物流配送中心,形成了养殖、饲料、屠宰、肉制品加工、新材料包装、冷链物流、连锁商业等完善的产业链,年产销肉类产品300多万吨,拥有近百万个销售终端。在美国、西班牙、日本、韩国、中国香港、新加坡、菲律宾等建有办事机构,形成了纵横全国、辐射海外的生产销售网络,使双汇产品走出河南、遍布全国、走向世界。双汇品牌价值619.46亿元,连续多年居中国肉类行业第一位。

双汇集团坚持引进先进的技术和设备,改造传统肉类工业。先后投入40多亿元,从欧美等发达国家引进先进的技术设备4,000多台/套,通过消化、吸收和再创新,实现技术与国际接轨。双汇集团率先把冷鲜肉引入国内,实行"冷链生产、冷链销售、冷链配送、连锁经营",实现了肉类的品牌化经营,结束了中国卖肉没有品牌的历史,开创了中国肉类品牌。

双汇集团坚持技术创新,建立了国家级的技术中心、博士后工作站,培育了600多人的产品研发队伍,围绕中式产品的改造、西式产品的引进、屠宰行业的精深加工,做出了1,000多种的产品群,满足不同层次的消费需求,双汇肉制品、双汇冷鲜肉均是"中国名牌"产品,已成为广大消费者一日三餐首选的肉类品牌。

十四 正邦集团股份有限公司

正邦集团股份有限公司成立于 1996 年，是农业产业化国家重点龙头企业，拥有博士后科研工作站，旗下正邦科技于 2007 年在深交所上市。集团下有农牧、种植、金融、物流四大产业集团，以种猪育种、商品猪养殖、种鸭繁育、农作物优良新品种选育、肉食品加工、饲料、兽药、生物农药、芳樟种植及芳樟产品加工、油茶种植及油茶产品加工、大米加工、相关产品的销售与技术服务以及基于农业产业链的贷款、担保、融资租赁、资产管理为主营业务。

目前集团有 39,000 多名员工，360 家分、子公司，遍布全国 27 个省市。2014 年集团总销售额突破 430 亿元，荣列中国企业 500 强（第 321 位）、中国民营企业 500 强（第 79 位）、中国制造业 500 强（第 129 位）。

正邦集团致力于做现代农业的投资者和组织者，做绿色安全食品的生产者与供应者，不断推动中国农业的规模化、产业化、生态化发展。目前，正邦集团正在全力推进"千亿工程"，力争在种鸭、种子、生物农药等产业打造三家到五家上市公司，2017 年实现总产值 700 亿，正在发起设立江西省首家民营银行——裕民银行，计划 2020 年打造千亿企业，2022 年挺进世界 500 强。

十五 昭苏县西域马业有限责任公司

昭苏县西域马业有限责任公司于 2012 年 9 月，由昭苏马场、昭苏县畜牧兽医站、伊犁种马场共同出资 5,000 万元成立注册。2013 年 6 月由伊犁州国资委投入资金 5,100 万元，增资扩股为四家，总注册资金 1 亿元。

西域马业整合全州马产业发展资产、资金、人才、技术等优势资源，集中全州马业的人力、财力、物力，统一制订产业发展规划的企业。2014年公司被科技部授予"国家马产业技术创新战略联盟"盟主单位，并建成了中国首个马细管精液生产线，达到年生产10万剂细管精液生产能力，成立了全疆首个马产业博士后创新实践基地，成功申报州直农业产业化重点龙头企业，同时注册拥有昭苏县西域天马文化旅游有限责任公司和伊犁天马国际贸易有限责任公司两个控股子公司。

公司利用伊犁马研究繁育中心先进的马细管精液生产设备和昭苏马场、伊犁种马场、昭苏县引进的优质种公马资源，大力生产和推广马细管鲜精、细管冻精，引领伊犁河谷乃至全国加快马匹改良步伐，扩大良种马基地建设，夯实马产业基础发展。近年来，作为引领昭苏县马产业发展的"总引擎"，公司紧紧围绕县委、县政府打造"五大基地"、抢占全国马产业制高点总目标，积极适应经济发展新常态，做大做强伊犁马品牌，在实践中不断促进农民增收、实现农企双赢，企业生产经营保持稳定健康发展。

十六 圣元国际集团

圣元国际集团（以下简称圣元）于1998年成立于青岛。圣元专业从事奶粉、婴幼儿辅食等营养食品的研发、生产、销售和售后全系列服务。

2007年，圣元成为第一家在美国纳斯达克上市的中国营养食品公司。2013年4月，在中国国家主席习近平和法国总统奥朗德的见证下，圣元与法国索迪亚集团签署了在法国投资建设年产能十万吨的婴幼儿配方奶粉生产工厂项目，标志着圣元正式迈向国际化。圣元法国工厂于2016年9月正式投产。

2015年，圣元国际投资成立青岛西海金淘跨境电子商务有限公司，并上线山东首家垂直跨境电子商务平台"拇指商城"，抢占电商行业转型发展先机。2016年初法国原装进口荷兰乳牛纯牛奶正式上市，一经推出，便受到消费者的追捧。

圣元拥有由400多位营养教育专业人员组成的专业团队，活跃在营养教育领域，宣传推广科学、正确的育婴理念和方法，为所有家庭提供新生儿喂养和婴幼儿营养知识全方位的服务。

圣元严格遵守国家各项法规和标准，采用全过程质量管理，建立实施HACCP危害分析与关键控制点体系，推行六西格玛管理制度，在"原材料采购→加工→质检→包装→贮存→装运"各环节中设置1133道质量控制点，确保产品的卓越品质。

十七　新希望六和股份有限公司

新希望六和股份有限公司创立于1998年。公司立足农牧产业、注重稳健发展，业务涉及饲料、养殖、肉制品及金融投资、商贸等，分、子公司遍布全国及越南、菲律宾、孟加拉、印度尼西亚、柬埔寨、斯里兰卡、新加坡、埃及、美国等20多个国家和地区。

2011年11月公司农牧资产重组获中国证监会批准，农牧产业整体上市后其饲料年生产能力达2,000万吨（居中国第1位），年家禽屠宰能力达10亿只（位居世界第1位）。2015年，公司实现销售收入615亿元，控股的分、子公司500余家，员工达5.7万人。在2015年《财富》杂志评选的中国企业500强中位列第85位。

企业技术中心获得"国家认定企业技术中心"称号，2个检测中心均通过国家实验室CNAS认可。60多项技术成果获得省级以上奖励，其中3项创新技术获国家科学技术进步二等奖。目前公司通过了"ISO9001质量管理认证"和"ISO22000食品安全认证""ISO14001环境认证""GAP良好农业规范认证""18001职业健康安全认证"等。

十八 新疆宇飞国际渔业有限公司

新疆宇飞国际渔业有限公司注册资金 16,800 万元人民币，全资投资巴基斯坦瓜达尔港，成立了海外子公司，中国宇飞海洋科技（瓜达尔）有限公司）。在瓜达尔港自由区租赁土地 32,626 平方米，建设万吨冷库及渔业加工厂，逐步形成海产养殖、远洋捕捞、冷库仓储物流、海产品加工、进出口贸易专业完整的产业链公司。

新疆宇飞国际渔业有限公司计划在瓜达尔港建立海产品冷冻车间、海产品深加工车间、海水淡化厂、制冰厂、包装厂和海洋科技研发中心，总投资 5.1 亿元，2017 年完成投资 1.5 亿元，项目建成将是瓜达尔港最大的渔业加工中心。

公司利用国内的先进捕捞技术、海产品养殖技术及成熟的深加工海洋生物产品技术，打造以集约化、规模化、国际化、生态化为发展目标的海洋科技产业园，将优质的印度洋资源引进国内，并为当地创造大量的就业岗位，带动当地经济发展。

十九 内蒙古燕谷坊生态农业发展（集团）有限公司

内蒙古燕谷坊生态农业发展（集团）有限公司，是国内一家高端燕麦胚芽米专业生产厂商，先后在中国内蒙古和上海建设有生产基地和大中华区市场服务中心，已发展成为地方裸燕麦产业化农牧业盈利模式领先企业。该公司依托中国裸燕麦产业化开发，已发展为集基地种植、生产加工、设备研发、终端销售和健康管理服务于一体的全产业链综合体。通过对裸燕麦全产业链经营，打造特色优势全谷物产品，弘扬中华千年食养文化，传播全谷物消费新价值。

历经多年科研攻关，燕谷坊人自主研发的双涡流研碾创新工艺突破了裸燕麦成米的加工瓶颈，已经掌握了裸燕麦去壳、去芒、去糙、破壁的四大核心工艺技术，其中"裸燕麦分层破壁"技术已处于国内一流国际领先水平。目前，该公司在中国"燕麦故乡"内蒙古武川县建有万亩种植基地和规模化加工生产流水线，可实现年产值上十亿元。

二十　徐州一统食品工业有限公司

徐州一统食品工业有限公司于1993年10月成立。1999年，公司被评为"中国食品添加剂和食品配料行业百强企业"，是中国乳制品工业协会最早一批的会员单位。一统公司整合全球领先的专业技术资源和创新的产品，服务于奶粉、液态奶、冰激凌与营养健康餐饮食品产业。

2013年7月11日徐州一统公司与全球领先的专业食品配料及解决方案的英国泰莱公司签署协议，共同投资成立一家中外合资企业"江苏泰莱豪蓓特食品有限公司"。

目前，一统公司代理国内外领先的功能、营养食品添加剂和配料，专业从事进出口贸易业务和提供创新加工工艺的干果制品。技术团队包括江南大学、北京林大、东北农大、国家级检测机构在内的科学家、博士、教授等各类人才16人；年总收入10%的研发投入，是我们保持技术领先的原动力；拥有国际一流的实验设备和分析检测设备，为客户提供食品特定成分的分析检测服务。

二十一　北京顺鑫控股集团有限公司

北京顺鑫控股集团有限公司是集生物酿造、营养肉食、安全农品、健康地产、生态建筑、科技种植、金融服务、综合等产业于一体的综合性大型企业集团。顺鑫控股的北京顺鑫农业股份有限公司于1998年11月4日在深圳证券交易所挂牌上市，是北京市第一家农业类上市公司，注册资本57,059万元。公司先后荣获"农业产业化国家重点龙头企业""中国500强""中国制造业500强"和"中资食品上市公司50强"等荣誉称号。

顺鑫控股自成立以来，充分发挥自身优势，产业规模不断扩大，经济效益大幅提高，企业综合竞争力显著提升。作为立足中国首都发展和以食品生产加工为主的农业企业，顺鑫控股始终坚持"食品安全第一责任人"的理念，长期以来承担着保障北京市"菜篮子"供应的重要使命。积极参与重大活动，是北京奥运会、残奥会、国庆60周年大阅兵、南京青奥会等重大活动的供应商，是第七届中国花卉博览会的投资方和建设方，是2019年北京世园会首批全球合作伙伴，也是北京2022年冬奥会和冬残奥会官方赞助商。展望未来，公司将把顺鑫控股打造成为各产业协同发展、核心能力突出、拥有上市公司集群的大型国有资本投资运营公司。

第四节 信息

一 中国电子科技集团有限公司

中国电子科技集团有限公司（以下简称中国电科）于2002年3月1日正式挂牌运营，主要从事国家重要大型电子信息系统的工程建设，重大电子装备、软件、基础元器件和功能材料的研制、生产及保障服务，是国内唯一覆盖电子信息技术全领域的大型科技集团。

在载人航天工程中，中国电科作为副总指挥长单位，在载人航天工程七大系统中承担了重要任务，负责测控通信系统设备、雷达探测设备、太阳能电池和大量关键元器件的研制任务。在探月工程中，中国电科作为副总指挥长单位，在卫星、运载火箭、发射场、测控通信和地面应用等五大系统中承担研制生产任务，并圆满完成任务。在国家公布的16个重大专项中，中国电科在多个专项中承担重要攻关任务。在中国自行研制的北斗卫星导航系统中，中国电科参与承担了卫星定位综合服务系统、电源系统、地面终端系统以及检测认证服务等多项任务，并圆满完成各项任务。

中国电科积极参与国民经济信息化建设和国家重点工程建设，先后承担国家公共突发事件应急平台系统、北京奥运会安保指挥中心系统、上海世博会安保项目以及博鳌亚洲论坛、广州亚运会、深圳大运会安保解决方案等大型公共安全系统工程，承建国家电子政务网、全国气象雷达网、空中交通管理系统和轨道交通系统等一大批国家重大信息系统工程。形成"电子信息产品与装备制造""行业信息化应用系统工程""现代信息服务"三大产业群和安全电子、能源电子、软件与信息服务、电子制造装备与仪器仪表、新型元器件等五大产业板块。

二　广联达科技股份有限公司

广联达科技股份有限公司成立于1998年，2010年5月在深圳中小企业板上市。

广联达立足建筑产业，围绕工程项目的全生命周期，是提供以建设工程领域专业应用为核心基础支撑，以产业大数据、产业新金融等为增值服务的数字建筑平台服务商。经过20年的发展，公司业务领域由招投标阶段拓展至设计阶段和施工阶段；产品从单一的预算软件扩展到造价、施工、创新、战略等多个业务板块的近百款产品，涵盖工具类、解决方案类、大数据、移动互联网、云、智能硬件设备、产业金融服务等业务形态。

目前，广联达提出"让每一个工程项目成功"的二次创业目标，将秉承数字建筑理念，应用 BIM、云计算、大数据、物联网、移动智能终端、人工智能等关键技术，结合先进的精益建造、项目管理理论方法，运用技术创新和管理创新，搭建数字建筑产业平台，为行业和企业提供开发建设工程领域专业应用和解决方案；以产业大数据、产业新金融为增值服务，实现建设项目的全要素、全参与方、全过程的数字化、在线化、智能化，构建项目、企业和产业的平台生态新体系；以新设计、新建造、新运维的"三新"驱动产业变革与创新发展，引领建筑产业转型升级，将建筑业提升至现代工业级精细化水平，实现建筑业提质增效和可持续发展。

现在，广联达正在为实现每一个工程项目都接水、接电、接广联达、接广联达数字建筑平台的二次创业理想而努力，在这一过程中，广联达将作为建筑产业转型升级的核心引擎，助力"中国建造"建立全球核心竞争力！

三 泰豪科技股份有限公司

泰豪科技股份有限公司成立于1996年3月，2002年7月在上海证券交易所上市。经过多年的发展与积累，建立了较为完善的治理结构，形成了完整的内控制度，并在南昌、北京、上海、深圳、长春、济南、衡阳等地拥有40多家分、子公司，以及10多个高科技产业园区。

公司致力于军工装备、智慧能源领域的产业发展。军工装备业务围绕通信指挥系统、光电探测产品、导航产品的研制与服务，重点开展军工信息技术的研究与应用；智慧能源业务围绕能源互联网、电力信息化、智能应急电源的产品研制与服务，重点开展能源互联网技术的研究与应用。同时，积极关注相关领域的并购机会，使公司成为军工装备领域的规模化企业和智慧能源领域的专家型企业。

公司总资产近105亿元，员工总数3,000多人，拥有有效专利和软件著作权1,600多项，入选"国家级创新型企业""国家知识产权示范企业"，拥有"国家认定企业技术中心""院士工作站""博士后科研工作站"，并连续通过"高新技术企业"认定；先后被评为全国实施卓越绩效先进企业、全国质量管理先进企业、全国用户满意企业、国家标准化良好行为AAAA企业、全国工业知识产权运用标杆企业、被国家工商总局评为全国"首批520家重合同、守信用企业"，公司产品被评为"中国名牌产品"。

四　抚州市创世纪科技有限公司

抚州市创世纪科技有限公司主要投资建设超级计算机运算服务中心，于2017年进驻抚州市创世纪科技有限公司自主研发的各型硬件服务器，在运算成本上只有同行的20%，却在资源整体利用效率上接近90%，远高于业内水平，为用户提供完美的计算能力服务。

创世纪超算中心拥有单精度与双精度并行运算的独有技术，并根据公司运算程序需要设计运算硬件，提高了运算效率并降低了运算成本，涉及的领域有航空航天工具制造、生物信息、天体物理、材料科学、人类组织系统研究、影视渲染等，同时创世纪秉承着不断创新的精神，致力于提供更高性能的超级计算和"云计算"服务。

创世纪科技有限公司一、二期工程建筑总面积17.02万平方米，投入运算服务器共计16万台，总计投资约100亿元人民币。目前一、二期超算数据中心已全面完工且投入运营。创世纪秉承着不断创新的精神，致力于提供更高性能的超级计算和"云计算"服务。

五 中科曙光

曙光信息产业股份有限公司（以下简称中科曙光）是高科技国有控股上市企业。从载人航天、量子计算、类脑计算、基因工程、C919国产大飞机、全球最大的射电天文望远镜FAST等一大批国家级科技创新和重大工程的背后，都有中科曙光先进计算技术和专业信息化服务的支撑。

中科曙光全资子公司曙光云计算集团有限公司，在云计算、大数据和智慧城市领域是全国领先的高新技术企业。凭借在云计算、大数据和智慧城市领域的强大技术研究以及丰富运营经验积累，公司在全国首创"企业投资、政府采购"云服务模式，依托创新性提出"城市云"理念与"1+2+5建设模式"投资建设了40余座城市及云计算中心，不断为各地政府、企业和公众提供优质的云计算、大数据和智慧应用开发服务。经过多年发展，目前曙光云计算集团有限公司是国内首家通过中央网信办云服务网络安全审查和工信部云服务能力评估双"增强级"的企业级IT厂商。

近年来，中科曙光将大计算和大数据作为两大核心业务体系，通过云架构及先进、高效的智能计算技术，以城市为依托，为社会提供行业业务变革和产业创新发展的驱动力。同时，曙光也在不断创新资本运作模式，以更契合的手段撬动城市生态圈。

六 科大讯飞股份有限公司

科大讯飞股份有限公司（以下简称科大讯飞）成立于1999年，是一家专业从事智能语音及语言技术、人工智能技术研究，软件及芯片产品开发，语音信息服务及电子政务系统集成的国家级骨干软件企业。2008年，科大讯飞在深圳证券交易所挂牌上市。

科大讯飞作为中国智能语音与人工智能产业领导者，在语音合成、语音识别、口语评测、自然语言处理等多项技术上拥有国际领先的成果。科大讯飞是我国唯一以语音技术为产业化方向的"国家863计划成果产业化基地""国家规划布局内重点软件企业""国家高技术产业化示范工程"，并被原信息产业部确定为中文语音交互技术标准工作组组长单位，牵头制定中文语音技术标准。

科大讯飞两次荣获"国家科技进步奖"，两次获得中国信息产业自主创新最高荣誉"信息产业重大技术发明奖"。随着移动互联网时代的到来，科大讯飞率先发布了全球首个提供移动互联网智能语音交互能力的讯飞开放平台，并持续升级优化。基于该平台，科大讯飞与广大合作伙伴携手推动各类语音应用深入到手机、汽车、家电、玩具等各个领域，引领和推动着移动互联网时代大潮下输入和交互模式的变革。

七　东软集团股份有限公司

东软集团股份有限公司成立于1991年，是中国领先的IT解决方案与服务供应商，是一家上市企业。

公司现拥有2万余名员工，在中国建立了8个区域总部，10个软件研发基地，16个软件开发与技术支持中心，在60多个城市建立营销与服务网络；在美国、日本、欧洲、中东、南美设有子公司。

公司开发的各种软件已被广泛运用于工程、电力、电信、房地产、工厂设计等行业，软件的商品化率是国内最高的。东软以软件技术为核心，提供行业解决方案和产品工程解决方案以及相关产品与服务。东软通过开放式创新、卓越运营管理、人力资源发展等战略的实施,全面构造公司的核心竞争力,创造客户和社会的价值。

八 中国移动通信集团有限公司

中国移动通信集团有限公司(以下简称中国移动或中国移动通信)于2000年4月20日成立,经过改制,由全民所有制企业变更为国有独资公司。中国移动全资拥有中国移动(香港)集团有限公司,由其控股的中国移动有限公司在国内31个省(自治区、直辖市)和香港设立全资子公司,并在香港和纽约上市,主要经营移动语音、数据、宽带、IP电话和多媒体业务,并具有计算机互联网国际联网单位经营权和国际出入口经营权。注册资本3,000亿人民币,资产规模近1.7万亿人民币,员工总数近50万人。

中国移动除原有"动感地带""神州行""全球通""动力100""G3"外,在2013年12月18日公布了4G品牌"And!和",标志着中国移动4G业务的正式启动,发展口号是:"移动4G,国际主流,快人一步。"

2018年11月9日,"5G时代:开放合作共创未来"论坛召开,中国移动副总裁李慧镝在论坛发言时介绍,中国移动5G计划2019年预商用,2019年上半年推出5G智能手机,2020年商用。中国移动年内要发布5G终端白皮书,同时计划在2019年推出中国移动自主品牌的5G终端产品。

九 中国联合网络通信集团有限公司

中国联合网络通信集团有限公司(以下简称中国联通)成立于2009年1月6日,在国内31个省(自治区、直辖市)和境外多个国家和地区设有分支机构，是中国唯一一家在纽约、香港、上海三地同时上市的电信运营企业，连续多年入选"世界500强企业"。

中国联通经营包括固定通信业务，国内、国际通信设施服务业务，卫星国际专线业务、数据通信业务、网络接入业务和各类电信增值业务，与通信信息业务相关的系统集成业务等。

中国联通拥有覆盖全国、通达世界的通信网络，积极推进固定网络和移动网络的宽带化，为广大用户提供全方位、高品质的信息通信服务。

2013年中国联通启动4G设备建网，宣布在2014年3月18日启动4G的正式商用。2015年2月27日，中国联通正式获得世界上采用的国家及地区最广泛的FDD-LTE牌照。2018年8月6日，中国联通5G创新中心挂牌成立。2018年10月31日，中国联通和首钢集团在首钢园区举行战略合作伙伴签约仪式，双方将携手把首钢园区打造成国内首个5G示范园区。

十　中国电信集团公司

中国电信集团公司成立于2000年5月17日，注册资本2204亿元人民币，资产规模超过7,000亿元人民币，年收入规模超过3,800亿元人民币。中国电信是中国三大主导电信运营商之一，位列2014年度《财富》杂志全球500强企业排名第154位，多次被国际权威机构评选为亚洲最受尊敬企业、亚洲最佳管理公司等。作为综合信息服务提供商，中国电信为客户提供包括移动通信、宽带互联网接入、信息化应用及固定电话等产品在内的综合信息解决方案。

中国电信在国内的31个省（自治区、直辖市）以及欧美、亚太等区域的主要国家均设有分支机构，拥有全球规模最大的宽带互联网络和技术领先的移动通信网络，具备为全球客户提供跨地域、全业务的综合信息服务能力和客户服务渠道体系。中国电信拥有庞大的客户资源，2014年底，宽带互联网接入用户规模1.21亿户，移动用户规模1.86亿户，固定电话用户规模约1.49亿户。

2012年，中国电信整合国际业务资源和人才队伍，组建中国电信国际有限公司，总部设于香港。中国电信国际有限公司在全球26个国家和地区设立了分支机构，建设海外PoP节点32个，拥有国际传输出口频宽达1,900G，与11个接壤国家有陆缆直连，参与了10余条海缆建设，服务网点与网路能力的全球布局已基本形成。

十一 华为技术有限公司

华为技术有限公司成立于1987年，是一家民营企业，目前有18万名员工，业务遍及170多个国家和地区。华为是全球领先的ICT（信息与通信）基础设施和智能终端提供商，致力于把数字世界带入每个人、每个家庭、每个组织，构建万物互联的智能世界。在通信网络、IT、智能终端和云服务等领域为客户提供有竞争力、安全可信赖的产品、解决方案与服务，与生态伙伴开放合作，持续为客户创造价值，释放个人潜能，丰富家庭生活，激发组织创新。

华为和运营商一起，在全球建设了1,500多张网络，帮助世界超过三分之一的人口实现连接。华为主张开放、合作、共赢，与客户合作伙伴及友商合作创新、扩大产业价值，形成健康良性的产业生态系统。

华为不仅为所在国家带来直接的税收贡献，促进当地就业，形成产业链带动效应，更重要的是通过创新的ICT解决方案打造数字化引擎，推动各行各业数字化转型，促进经济增长，提升人们的生活质量与福祉。华为致力于消除全球数字鸿沟；推进绿色、低碳的环保理念，从产品规划、设计、研发、制造、交付以及运维，华为向客户提供领先的节能环保产品和解决方案；华为"未来种子"项目已经覆盖108个国家和地区。华为30多年坚持聚焦在主航道，踏踏实实，长期投入，厚积薄发；坚持以客户为中心，以奋斗者为本，长期艰苦奋斗，坚持自我批判。

十二　北京百度网讯科技有限公司

百度是全球最大的中文搜索引擎，于2000年1月创立于北京中关村。百度拥有数千名研发工程师，这是中国乃至全球最为优秀的技术团队，这支队伍掌握着世界上最为先进的搜索引擎技术，使百度成为中国掌握世界尖端科学核心技术的中国高科技企业，也使中国成为美国、俄罗斯和韩国之外，全球仅有的4个拥有搜索引擎核心技术的国家之一。

从创立之初，百度便致力于为用户提供"简单，可依赖"的互联网搜索产品及服务，其中包括：以网络搜索为主的功能性搜索，以贴吧为主的社区搜索，针对各区域、行业所需的垂直搜索，MP3搜索，以及门户频道、IM等，全面覆盖了中文网络世界所有的搜索需求，根据第三方权威数据，百度在中国的搜索份额超过80%。

百度还创新性地推出了基于搜索的营销推广服务，并成为最受企业青睐的互联网营销推广平台。为推动中国数百万中小网站的发展，百度借助超大流量的平台优势，联合所有优质的各类网站，建立了世界上最大的网络联盟，使各类企业的搜索推广、品牌营销的价值、覆盖面均大面积提升。通过持续的商业模式创新，百度正进一步带动整个互联网行业和中小企业的经济增长，推动社会经济的发展和转型。

百度已经成为中国最具价值的品牌之一，英国《金融时报》将百度列为"中国十大世界级品牌"，成为这个榜单中最年轻的一家公司，也是唯一一家互联网公司。而"亚洲最受尊敬企业""全球最具创新力企业""中国互联网力量之星"等一系列荣誉称号的获得，也无一不向外界展示着百度成立数年来的成就。

十三　阿里巴巴网络技术有限公司

阿里巴巴创建于1998年底,总部设在杭州,并在海外设立分支机构,拥有11家旗下公司,2014年9月19日,阿里巴巴集团在纽约证券交易所正式挂牌上市。阿里巴巴是全球企业间电子商务的著名品牌,是目前全球最大的网上贸易市场和商务交流社区,拥有211万个商人的电子商务网站,成为全球商人网络推广的首选网站。2018年7月19日,全球同步《财富》世界500强排行榜发布,阿里巴巴集团排名第300位。2018年12月,阿里巴巴入围2018世界品牌500强。

阿里巴巴集团的业务包括核心电商、云计算、数字媒体和娱乐以及创新项目。此外,集团已协议收购33%股权的蚂蚁金服,为集团平台上的消费者及商家提供支付及金融服务。已经建立起围绕自身平台及业务的生态系统,涵盖消费者、商家、品牌、零售商、其他企业、第三方服务提供商及战略联盟伙伴。

阿里巴巴集团旨在构建未来的商务生态系统,赋能企业改变营销、销售和经营的方式,并提升企业效率。为商家、品牌及其他企业提供基本的科技基础设施以及营销平台,让其可借助新技术的力量与用户和客户互动,以更具效率的形式开展运营。

十四　腾讯计算机系统有限公司

腾讯成立于1998年11月,是目前中国最大的互联网综合服务提供商之一,也是中国服务用户最多的互联网企业之一。多年来,腾讯一直秉承"一切以用户价值为依归"的经营理念,始终处于稳健发展的状态。

2004年6月16日，腾讯控股有限公司在香港联交所主板公开上市。

腾讯把为用户提供"一站式在线生活服务"作为战略目标，提供互联网增值服务、网络广告服务和电子商务服务。通过即时通信工具QQ、移动社交和通信服务微信等中国领先的网络平台，打造了中国最大的网络社区，满足互联网用户沟通、资讯、娱乐和电子商务等方面的需求。腾讯拥有完善的自主研发体系，在存储技术、数据挖掘、多媒体、中文处理、分布式网络、无线技术六大方向都拥有了相当数量的专利申请，是拥有最多发明专利的中国互联网企业。

腾讯一直积极参与公益事业、努力承担企业社会责任、推动网络文明。2006年，腾讯成立了中国互联网首家慈善公益基金会——腾讯慈善公益基金会，并建立了腾讯公益网。通过互联网领域的技术、传播优势，缔造"人人可公益，民众齐参与"的互联网公益新生态。

十五 用友软件集团

用友软件集团是中国领先的企业及政府、社团组织管理与经营信息化应用软件与服务提供商，专注于软件主业发展，为客户提供优秀的应用软件产品、解决方案和服务。产品包括ERP软件、集团管理软件、人力资源管理软件、客户关系管理软件、小型企业管理软件、财政及行政事业单位管理软件、汽车行业管理软件、烟草行业管理软件、内部审计软件及服务提供。也是中国领先的企业云服务、医疗卫生软件、管理咨询及管理信息化人才培训提供商。

目前，中国及亚太地区120多万家企业与机构通过使用用友软件，实现精细管理、敏捷经营。用友软件股份有限公司连续多年被评定为国家"规划布局内重点软件企业"，2010年获得工信部系统集成一级资质企业认证。"用友ERP管理软件"系"中国名牌产品"。2001年5月18

日,用友软件股份有限公司成功在上海证券交易所发行上市。

用友拥有中国和亚太实力最强的企业管理软件研发体系,规模最大的支持、咨询、实施、应用集成、培训服务网络,以及完备的产业生态系统。用友拥有包括总部研发中心(北京用友软件园)、南京制造业研发基地、重庆 PLM 研发中心、上海先进应用研究中心、上海汽车行业应用研发中心、深圳电子行业应用开发中心等在内的中国最大的企业应用软件研发体系。用友在日本、泰国、新加坡等亚洲地区建立了分公司或代表处。

十六　浪潮集团

浪潮是中国领先的云计算整体解决方案供应商,已经形成涵盖 IaaS、PaaS、SaaS 三个层面的整体解决方案服务能力。凭借浪潮高端服务器、海量存储、云操作系统、信息安全技术为客户打造领先的云计算基础架构平台,基于浪潮政务、企业、行业信息化软件、终端产品和解决方案,全面支撑智慧政府、企业云、垂直行业云建设。

浪潮国际化业务目前已拓展至全球 85 个国家和地区,在美国、日本、拉美等多地设立研发中心和工厂,在海外 26 个国家设立分公司和展示中心。全球拥有 8,000 多家大中型渠道代理商,合作伙伴数量达到四位数,产品和方案广泛应用于全球数据中心、超算中心、税务、教育、智慧政府等领域。

浪潮与微软、思科、LG、爱立信等世界 500 强设立了合资公司,与 Intel、IBM、SAP、VMWARE、NIVIDIA、REDHAT 等建立了战略合作伙伴关系,与印度 UPTEC 合资共同发展软件实训产业。

浪潮先后加入 Open Stack、SPEC、TPC 等国际权威组织。2014 年 5 月,浪潮集团成功加入 SPEC 组织,正式成为国际标准化测试俱乐部的一员,跻身国际一线厂商行列。同年7月正式宣布加入国际云计算权威组织——Open Stack 基金会,成为全球最有活力的开源云平台管理项目的重要成员。同年8月国际标准化测试权威机构 TPC 组织宣布吸收浪潮为该组织的会员。浪潮服务器超能 3,000 在 TPC-H 测试中获得当时的最好成绩,创造了中国服务器厂商第一个国际测试世界纪录,迄今为止,浪潮先后16次打破 TPC-E、TPC-H 以及 SPECjAppServer、SPECPower 等一系列国际权威测试纪录。

十七 宝驾(北京)信息技术有限公司

宝驾(北京)信息技术有限公司成立于2014年3月,是一个自驾汽车租赁社区,在这里人们可以通过网站或手机发布、挖掘和预订全国各地的独特车源。通过互联网,帮助人们更好地分享和分配闲置汽车资源,无论用户的预算是多少,无论用户想去中国的哪个角落,都能在宝驾找到最独一无二的当地驾行。

宝驾租车所倡导的"汽车共享模式"源于美国,现已风行全球。宝驾租车的"汽车共享模式"提供了一种全新出行的解决方案。

加入宝驾租车会员,通过宝驾租车平台的网站和手机客户端,车主可以很轻松地将闲置车辆租借给亟须用车的租客,并且获得额外收入。而租客则可以随时搜索附近的车辆,并通过手机完成鸣笛寻车、开锁等操作,用比市场低30%的价格不出社区就能租到更加满意的车型,完全实现了自助式汽车租赁。

十八 北京证联信通科技发展有限公司

北京证联信通科技发展有限公司主要从事信息安全相关行业应用开

发和技术推广，公司目前研发人员有 20 多人，主要关于数字签名的相关应用研发。

公司主要产品有数字统一认证平台管理系统、一网通平台系统等。公司还发起参与了基于 Android 系统的移动代码签名应用规范的标准制定和控件开发等。

十九　青岛众恒信息科技股份有限公司

青岛众恒信息科技股份有限公司（以下简称众恒科技）成立于 2006 年，是专注于城市智能主动安全物联网解决方案提供商及内容运营商。通过自主研发的 vPaaS 智能安全物联网技术，采用"主动安全"的理念为政府和行业用户提供智慧消防、智慧安全用电、安全生产等领域的安全保护。

众恒科技拥有一支 10 年以上丰富经验的专业团队，具有引领行业发展的技术水平和持续创新的研发能力。是国家高新技术企业、千帆计划企业、双软认证企业、中国社科院"一带一路"入围企业、欧盟"Horizon 2020"研究与创新项目入围企业。作为一家领先的前沿科技公司，众恒科技取得了 40 多项软件著作权及专利技术，获得工信部中国工业物联网领军企业奖、工信部中国消防物联网领先解决方案奖。

众恒科技以"安全用电"和"智慧用电"为核心，创新性地开发出互联网+智慧用电安全服务云平台（电小保）。真正做到提前预防，早发现、快报警、自诊断、速处置、出报告，实现电气安全隐患的云管理。目前该产品已与中国联通全面合作，用户遍布全国各地。众恒科技坚持"连接和数据""安全和服务""创新和知本"的发展方向，以"减少城市安全隐患，服务居民美好生活"为使命，最终成为中国一流的城市智能安全物联网服务商。

二十　北京辰安科技股份有限公司

北京辰安科技股份有限公司是一家由清华控股的高科技企业，创业板上市公司。在应急平台关键技术系统与装备方面，拥有完整的独立自主知识产权和核心技术，取得近百项软件著作权和国内外专利，荣获"国家科学技术进步一等奖"。

辰安科技下辖政府与行业应急、城市公共安全、国际业务三大业务板块，提供的产品和服务包括公共安全综合应急、监测监控、预防预警、救援指挥、城市生命线监测防控、环境监测与安全应急等相关系统和装备。其中现场在线会商、移动应急平台、应急测控飞艇、应急个人装备、多旋翼应急飞行器、应急物联网等设备，分别在北京、武汉、合肥建有规模化研发生产基地。

辰安科技的用户群包括各级政府，以及人防、公安消防、安全监管、核与辐射应急、铁路运输、民政救灾、海洋海事、电监电力、石油化工等部门与行业，得到了政府和社会各界的认可和赞誉。

辰安科技在公共安全与应急方面的核心软硬件和整体解决方案已走向海外，为厄瓜多尔、委内瑞拉、新加坡、巴基斯坦、哈萨克斯坦、印度尼西亚、文莱等多个国家提供产品和服务，为各国构建完整的公共安全一体化平台、应急接处警与指挥控制系统等公共安全系统。

二十一　广东一一五科技股份有限公司

广东一一五科技股份有限公司（以下简称115科技），是一家拥有自主知识产权，为企业和个人提供云服务的国家高新技术企业，同时也是国内起步最早、实力最强、用户最多的创新型云计算互联网企业之一。

115科技企业共有员工近200人，技术研发人员占员工总数近70%，是国内极少数的纯内资型互联网企业。

截至2018年，115科技已深耕云计算领域9年，拥有海量数据处理经验和亿级用户技术解决方案、有强大的数据加密技术和信息安全机制，并获得国际信息安全领域极具权威的ISO27001（信息安全体系）认证。

115科技一直专注于技术研发与产品打磨，目前已推出"115"和"115＋"两大产品体系：其中"115"产品是国内最早一批云存储项目，目前已在云存储的基础上发展为一款跨平台、多端同步的云应用；"115＋"是帮助政府部门、协会、企业等组织实现精细化管理的云管理工具。"115＋"的推出，将推动万千中小微企业降本增效，提升组织信息化水平，引爆云计算带来的管理革命。

二十二 乐辰科技有限责任公司

乐辰科技有限责任公司是集医疗卫生、电子政务和IT职业教育于一体、国内率先发展起来的医疗云计算企业之一。公司现已经在北京、天津、大连、南京、银川、美国洛杉矶等地设立分支机构，业务拓展至欧美、日韩、中国内地和香港地区。通过几年国际市场开拓，公司先后与微软、IBM、SK等世界500强公司，以及华为、联想等国内行业巨头公司建立了稳定的合作伙伴关系，同时通过国际化的管理，吸引了一批海外归国人员加入乐辰，打造了一个国际化的领军团队。现已获得国际ISO9001、ISO27001、ISO20000、CMMI3认证、国内高新技术企业认定、技术先进型企业及双软认证，项目实施实现了标准化正规化管理。公司多项产品入选国家科技部火炬计划、星火计划、支撑计划、惠民计划等，是科技部认定的国家第一批现代服务业创新发展示范企业，荣获2012中国医药卫生信息化"智慧医疗创新典范"称号。

乐辰科技自主研发的基于云计算的 E-MHUB 区域医疗信息管理平台、电子病历系统、哈尔滨市卫生服务信息系统等医疗卫生软件系统已成功在美国洛杉矶郡、哈尔滨、南京、大连等地应用。

二十三 中国移动巴基斯坦公司

中国移动巴基斯坦公司（CMPAK，商业品牌 ZONG）是中国移动在巴基斯坦的全资子公司。目前全公司员工 3,267 人，中国员工只有 26 名，其中 80% 为本科或本科以上学历。公司总部设有 21 个部门和中心，总部在各省下设 8 个区域营销中心、3 个区域网络运维中心为巴基斯坦就业做出了重要贡献。

2018 年底，中国移动巴基斯坦公司 4G 用户突破 1,000 万，占该公司用户总数超三成。中国移动 2007 年收购当地 Paktel 公司成立全资子公司，公司注册名辛姆巴科公司（CMPak），是全集团唯一的海外运营子公司，推出了 ZONG 品牌。2018 年该公司加大 4G 网络建设力度，4G 基站突破 1 万座，建成巴基斯坦最大的 4G 网络。4G 领先带动客户价值提升，月收入实现连续跨越增长，全年收入突破 900 亿卢比（约合人民币 45 亿元）。

公司一直致力于本地信息化建设，助力中巴经济走廊战略项目的落地，为中巴经济走廊项目（CPEC）建设提供综合通信解决方案是中国移动巴基斯坦公司首要发展战略。瓜达尔港是 CPEC 旗舰项目，2018 年 5 月 6 日，在驻巴大使亲自关心支持下 4G 网络覆盖瓜达尔港。公司还利用 4G 网络优势引领巴基斯坦数字经济发展。巴基斯坦当地电商公司 Daraz 被阿里巴巴收购后，2018 年第一次开展天猫双十一全球狂欢节活动，公司抓住契机启动联合营销活动。公司还与南亚、中东区域最大的共享出行公司 Careem 开展后向付费合作，带动当地客户智慧出行。

二十四　北京汇真科技股份有限公司

北京汇真科技股份有限公司（以下简称汇真科技）自创立以来专注于人工智能系统研发、超大规模数据分析，提供互联网数据增值服务。公司拥有顶尖的科研团队。目前应用于全球量化广告、商务智能、量化金融等行业领域，未来将应用于医疗、资源勘探、军工等其他垂直行业领域。

汇真科技的人工智能系统可以处理千亿特征的深度学习系统和基于逻辑演绎的专家系统，并建立工作的平台，其内部含有大量的领域专家水平的知识与经验，模拟人类专家的决策过程，进行推理和判断，既可以充分利用深度学习技术来处理海量数据，也可以在处理海量数据的时候，利用分层贝叶斯网络模型挖掘数据背后隐藏的关系和关系节点，在不确定结果的状态下也具有一定的推理能力，使用演化算法和群体智慧，以合作和竞争的方式达成一定的目标，具有广泛的市场价值。

二十五　三胞集团有限公司

三胞集团有限公司是一家以信息化为特征、以现代服务业为基础，"新金融、新消费、新健康、新科技、新置业"五大板块协同发展的大型民营企业集团。

集团现拥有宏图高科、南京新百、万威国际、金鹏源康、富通电科等多家上市公司，以及宏图三胞、乐语通讯、宏图地产、广州金鹏、天下金服、中国新闻周刊、安康通、麦考林、拉手网、英国 House of Fraser、美国 Brookstone、以色列 Natali 等国内外重点企业，下属独资及控股企业超过 100 家，全球员工总数超过 10 万人，其中海外员工达 4 万人。

集团旗下"宏图""宏图三胞""金鹏""新百"商标系"中国驰名商标",品牌家喻户晓、享誉全国。

目前,集团总资产已突破1,200亿,年销售总额达1,300亿元,连续13年入围"中国企业500强"(第132名),并被全国工商联评为"中国民营企业500强"第19名、"中国民营服务业企业100强"第10名。

在创造社会财富的同时,集团积极参与慈善公益事业,在抗击自然灾害、支持教育事业、救助弱势群体、促进社会和谐等方面做出了突出的贡献,多年来捐赠金额已超过3亿元。

二十六　深圳市名家汇科技股份有限公司

深圳市名家汇科技股份有限公司,创业板上市公司,国家高新技术企业。拥有设计和施工双甲资质,也是迄今为止独立上市的照明工程公司。集团公司及控股子公司永麒光艺多次获得亚洲照明设计奖、中照照明一等奖等业界殊荣。

作为城市级光艺术作品的缔造者,相比同行业,名家汇确立了得天独厚的六大优势:完整专业产业链;系统方案专家;强劲的技术研发及创新能力;庞大的创意设计团队;汇聚万家的资源整合能力和雄厚的资金保障能力。

2018年以来,名家汇重点参与打造深圳市与青岛市国际一流的灯光夜景建设,得到了深圳市及青岛市各级领导和广大群众的一致好评。

随着国家大力创建智慧城市,建设美丽中国,发展旅游经济的良好契机,名家汇顺势而为、与时俱进,紧紧以灯光建设为主业,率先提出并践行夜游经济的发展理念,致力于成为"一流的智慧城市灯光与文旅夜游投资运营商"!

二十七　杭州安恒信息技术股份有限公司

杭州安恒信息技术股份有限公司于 2007 年创办。作为云安全、互联网应用安全、大数据安全、智慧城市安全和工控安全等前沿领域的知名企业，多次入选全球网络安全 500 强。曾先后为北京奥运会、国庆 60 周年庆典、上海世博会、广州亚运会、抗战 70 周年、连续四届世界互联网大会、G20 杭州峰会、厦门金砖峰会等众多重大活动提供网络信息安全保障。

公司主营业务涵盖云计算安全，大数据安全以及应用安全、数据库安全、移动互联网安全、智慧城市安全等，包括安全态势感知、威胁情报分析、攻防实战培训、顶层设计、标准制定、课题和安全技术研究、产品研发、产品及服务综合解决方案提供等。

◇◇ 第五节　智库与服务业

一　中国生产力学会

中国生产力学会成立于 1980 年 11 月，原名中国生产力经济学研究会。经国家民政部批准 1995 年 11 月更改为现名。中国生产力学会为研究生产力理论和实践问题的群众性学术团体，在国家民政部注册，业务主管部门为国家统计局。1987 年被接纳为世界生产力科学联盟正式成员。

中国生产力学会会员已出版生产力专著上百种，发表生产力论文数千篇；为一些省、市、大企业的发展组织课题研究和成果评审，其中有些课题成果受到国家领导人的好评；经温家宝总理批准的《中国生产力发展研究》课题已经取得一系列阶段性成果,温总理先后多次对成果批示,政府有关部门也把成果列入编制长期规划、制定政策的参考资料。

中国生产力学会是一个拥有丰富人力资源的储备库,会员中有大量的科学家、资深学者、商界领袖和政府官员,他们作为知识、技术、信息、资金的综合载体,是学会的强大后盾,同时学会也为他们服务,为他们组建发挥作用服务于社会的平台。

中国生产力学会将建成为一个实力雄厚的生产力研究中心、咨询中心、转化中心、促进中心和培训中心,为地区、企业、政府部门提供高质量的服务。

二 中国电子信息产业发展研究院

中国电子信息产业发展研究院是由中国电子工业发展规划研究院、信息产业部计算机与微电子发展研究中心(中国软件评测中心)、信息产业部电子信息中心、中国电子报社等四个事业单位合并运作组成。主要从事产业政策、经济形势等软科学研究,媒体出版、顾问咨询、评测认证等业务,形成了"传媒与网络服务,咨询与外包服务,评测与认证服务,软件开发与技术服务"四业并举的业务格局。

研究院控股赛迪传媒、赛迪顾问两个上市公司,培育了赛迪评测、赛迪时代、赛迪呼叫、赛迪数据、赛迪监理等一批信息服务业著名企业,形成了具有一定品牌影响力的企业集团即赛迪集团(CCID)。

研究院设立了5个专业研究所,3个研究中心对政府和行业提供服务,业务涉及产业经济、行业规划、政策法规研究等重大课题。专业的咨询顾问公司是国内首家在香港上市的咨询企业,从2001年至今国内IT咨询服务市场占有率第一,咨询业务走向国际化,产品行销亚太、日本市场,并进入美国、欧洲市场,服务于政府、跨国企业和社会各界,具有产业规划与投资咨询、企业管理顾问、电子政务咨询和市场策略咨询等专业咨询服务能力。

研究院正在按照"软硬结合、转型提升"的集团化发展战略，致力于发展成为具有国际竞争力的，集现代技术服务和信息服务于一身的企业集团。

三 国家发展和改革委员会城市和小城镇改革发展中心

国家发展和改革委员会城市和小城镇改革发展中心成立于1998年，是经中央机构编制委员会批准，由原对外贸易经济合作部、国务院经济体制改革办公室联合组建，隶属于原国务院体改办。2003年国务院机构改革后，中心现隶属于国家发展和改革委员会。

国家发展和改革委员会城市和小城镇改革发展中心是专门从事城镇化和城镇发展政策研究和决策咨询的专业机构，同时也承担了国家发展和改革委及国家相关单位部门有关农村发展改革和政策研究咨询的职能，并负责全国小城镇发展改革试点的指导工作。

国家发展和改革委员会城市和小城镇改革发展中心长期参与中央、国务院有关城镇化的政策文件的起草和咨询，并指导和推广了一批城市和小城镇在发展改革方面的试点经验。中心曾帮助各级城镇政府制定了几百个经济社会发展、空间和土地利用规划；并多次组织有关城镇化和城市发展的大型国际论坛。

为将顶层设计与基层试点相结合，推进新型城镇化又好又顺实施，中心成立规划院和综合交通研究院，致力于多规融合方法的探索，致力于交通、产业和空间协同发展规律的探究，为国家新型城镇化发展、城市发展战略、产业转型升级、综合交通体系的发展规划以及基本政策的制定及实施提供理论与技术支撑。

四　中国标准化研究院

中国标准化研究院直属于国家质量监督检验检疫总局，从事标准化研究的国家级社会公益类科研机构，主要针对我国国民经济和社会发展中全局性、战略性和综合性的标准化问题进行研究。

全院现有职工500余人，包括研究员30名、博士及博士后80名，主要开展标准化发展战略、基础理论、原理方法和标准体系研究。承担节能减排、质量管理、国际贸易便利化、视觉健康与安全防护、现代服务、公共安全、公共管理与政务信息化、信息分类编码、人类工效、食品感官分析等领域标准化研究及相关标准的制修订工作。承担相关领域的全国专业标准化技术委员会、分技术委员会秘书处工作。承担相关标准科学实验、测试等研发及科研成果的推广与应用工作。组织开展能效标识、顾客满意度测评工作，承担地理标志产品保护研究及技术支持工作。负责标准文献资源建设与社会化服务工作，承担国家标准文献共享服务平台运行和标准化基础科学数据资源建设与应用工作。同时工作直接支撑着国家质量监督检验检疫总局以及国家标准化管理委员会的相关管理职能，包括我国缺陷产品召回管理、国家标准技术审查、全国工业产品、食品生产许可证审查等。

作为国家级社会公益类科研机构，中国标准化研究院一直致力于积极参与并主导国际组织活动，维护国家利益，承担了国际地理标志网络组织（ORIGIN）副主席职务，承担了国际标准化组织（ISO）的技术委员会副主席、秘书等13个关键职务，主持制定ISO标准20项。

五 中国国家认证认可监督管理委员会认证认可技术研究所

国家认证认可监督管理委员会是国务院授权的统一管理、监督和综合协调全国认证认可工作的行政管理部门。

国家认证认可监督管理委员会认证认可技术研究所是由中央机构编制委员会批准的独立法人事业单位,直属国家认证认可监督管理委员会。是我国认证认可研究国家层面的社会公益类科研机构,是以认证认可政策理论、学术研究为主要职责的技术支撑服务机构。

研究所由综合技术研究中心、认证技术研究中心、认可技术研究中心、认证认可机构发展研究中心和办公室组成,其技术服务工作由中认国证(北京)评价技术服务有限公司承担。

根据国家事业单位登记管理局授权,研究所主体业务包括承担认证认可/合格评定理论研究;承担认证认可/合格评定标准研究;承担认证认可/合格评定专业培训与咨询;承担认证认可/合格评定技术开发与服务;承办国家质检总局、国家认监委委托事项。

主要职责为:围绕国家认证认可的方针政策,开展认证认可发展的前瞻性研究,承担国家认证认可科研课题和科研攻关项目,依据认证认可国际准则和我国认证认可工作发展需要,开展认证认可技术研究;根据认证认可客户需求,开展认证认可相关业务的培训和研讨活动;提供认证认可国内和国际相关信息,承担认证认可方针政策及相关技术的咨询服务等。

六 国浩律师事务所

国浩律师事务所创立于1998年6月,是目前中国最大的综合性律师事务所之一，在北京、上海、深圳、杭州、广州、昆明、天津、成都、宁波、福州、西安、南京、南宁、济南、重庆、苏州、长沙、太原、武汉、贵阳、乌鲁木齐、郑州、石家庄、合肥、香港、巴黎、马德里、硅谷、斯德哥尔摩、纽约等 30 地设有分支机构。

国浩律师事务所现有 600 余名合伙人，90% 以上的合伙人具有硕士、博士学位和高级职称，其中多名合伙人为我国某一法律领域及相关专业之著名专家和学者。国浩律师事务所拥有执业律师、律师助理、律师秘书及支持保障人员逾 3,000 人。

国浩律师事务所业务领域广泛，服务范围涵盖金融证券、公司商务、并购重组、跨境投资、国际贸易、知识产权、私募融资、争议解决等各项法律业务。尤其是在资本市场，国浩在境内外 IPO、再融资、重大资产重组、收购兼并等综合指标上几乎每年均排名行业第一。

国浩的服务对象多为国内外知名的跨国公司、大型国有企业及大中型民营企业，并为 300 余家上市公司提供过包括上市、并购重组、债券发行在内的法律服务。在国浩已完成的项目名单中，包括国家核电技术公司、中国航天信息、中国五矿有色、中国有色矿业集团、中国远洋运输集团、中粮集团、中国航空集团、中国东方航空、中国铝业、中国华能集团、江南重工、上海电气集团、上海百联集团、上海建工集团这样的大型国企，也有像腾讯、盛大网络、巨人集团这样的著名民营企业。完成的重大项目有以 245.3 亿港元集资规模荣膺港股"集资王"的中国核电巨头"中广核电力"香港发行上市项目、交易金额达到 30 亿美元的巨人网络私有化项目、中国南车与中国北车吸收合并项目、腾讯公司收购四维图新股权项目、阿里巴巴入股银泰商业项目、斑马技术公司收购摩托罗拉系统企业部项目等数十起。

七　德恒律师事务所

德恒律师事务所是中国规模最大的综合性律师事务所之一，1993年1月经中华人民共和国司法部批准创建于北京，原名中国律师事务中心，1995年更名为德恒律师事务所。

德恒首倡全球合伙制度，拥有一流的法律服务队伍，全球员工2,800余人，专业人士80%以上拥有硕士、博士学位和中国律师执照，具有在国内外立法、司法、行政机关、大学、研究机构、跨国公司、大型国企及金融证券机构工作的经验。德恒律师还持有美国联邦最高法院、联邦上诉法院、纽约州、新泽西州、佛罗里达州、俄亥俄州、加利福尼亚州，欧盟、巴黎上诉法院等律师执照，能熟练运用英语、法语、德语、俄语、意大利语、日语、韩语等10多种语言工作，可为中外客户提供中国资源、全球专家之服务。

在非诉领域，德恒制定了具有国际水准的法律服务标准和具有良好质量控制的实务操作规范，依靠勤勉尽责的专业化律师团队，完成了一系列具有深远影响的法律服务项目；在国内外股票、债券的发行、承销、上市，基金发起设立、投资运作，国内外公司企业创设、改制、分立分拆、重组并购、产权交易、破产重组、债务清偿、风险投资、私募融资、跨境投融资，国际招投标、房地产开发经营、重大建设项目、国际工程、矿产能源、劳动保障、专利代理、知识产权保护等方面积累了丰富经验，多次获得国内外"最佳IPO项目""最佳股权市场项目""最佳股权交易"等奖项。

德恒提供法律服务的行业包括金融、银行、保险、证券、期货、基金、医药、房地产、汽车、钢铁、家电、能源、矿业、电力、建筑、铁路、公路、桥梁、船舶、航空航天、海事海商、港口、零售、物流、计算机、软件、网络、电信、媒体、娱乐、体育、煤炭、石油、天然气、纺织、服装、家具、造纸、印刷、化学、塑胶、电子、金属、机械、设备、仪表、生物制品、食品、农业、市政、水务、公共服务等。

八 中国（海南）改革发展研究院

中国（海南）改革发展研究院（以下简称中改院）成立于1991年11月1日，是以改革发展政策研究为主要业务的研究机构。办院宗旨是"立足海南，面向全国，走向世界"，致力于服务中国经济社会改革的政策决策，坚持"小机构、大网络"的运作机制与"网络型、国际化、独立性"的机构特色。

中改院应改革而生，伴随改革而成长，以直谏改革为己任，前瞻性地围绕转型抉择、消费主导、市场决定、政府转型、公共服务体制、股份制经济、国有企业改革、金融体制改革、农村改革、基础领域改革、非公经济发展、收入分配制度改革、社会保障制度改革等展开研讨活动，适时提出具有可行性、实用性和超前性的研究报告和政策建议，努力建设中国改革智库，向中央有关部门提交改革政策、立法建议报告200余份；撰写改革调研报告500份；先后承担100多项改革政策咨询课题；出版改革研究专编著290余部，发表论文2,000余篇。所提交政策建议，有些直接为中央决策所采纳，有些被用作制定政策和法规的重要参考。获得包括国家"五个一工程"奖、"孙冶方经济科学奖"、"中国发展研究奖"等多个国家级奖项。

中改院坚持不断地开辟国际合作项目，加强国际交流。建院以来，中改院已与20多家国际组织和外国机构建立了合作关系。中改院长期执行联合国开发计划署、德国技术合作公司项目，并与世界银行、欧盟等国际机构及德国、英国、美国、加拿大、荷兰、瑞典、挪威、芬兰、澳大利亚、印度、越南等国的研究机构建立了交流关系,并进行了富有成效的合作。中改院还是博鳌亚洲论坛智力支持机构、外交部指定的亚洲合作对话的参与机构、东亚经济发展研究网络成员机构和企业组织国际网络的成员机构。

九 蓝天救援队

蓝天救援队是中国民间专业、独立的纯公益紧急救援机构,成立于2007年。

蓝天救援已在全国31个省市自治区成立品牌授权的救援队,全国登记在册的志愿者超过30,000名,其中有超过10,000名志愿者经过了专业的救援培训与认证,可随时待命应对各种紧急救援。蓝天救援是以志愿服务为原则、以建立和推动国内民间救援体系的发展,使每个国民享有免费紧急救援服务为宗旨,以专业化、国际化救援机构建设为目标。其任务是协助政府应急体系展开防灾、减灾教育培训,参与各种灾害事故救援行动,减少灾害和事故造成的财产和生命损失。经过多年的发展与实际救援,已经形成了一个建立在风险处理及预防基础上的综合性应急管理体系,成为一个涵盖生命救援、人道救助、灾害预防、应急反应能力提升、灾后恢复和减灾等各个领域的专业化、国际化的人道救援机构。

蓝天救援队成立以来参与了2007年以后国内所有大型灾害的救援工作,每年救援案例超过1,000起。2017年,在蓝迪国际智库的推动下,蓝天救援队参与了斯里兰卡自然灾害的救援,获得了斯里兰卡政界和宗教界的高度评价。

十　北京标研科技发展中心

北京标研科技发展中心（以下简称北标研）依据大质量综合法律法规体系（《标准化法》《计量法》《产品质量法》《特种设备安全法》和《认证认可条例》等），基于国家质量基础设施理论研究与应用，立足我国全面进入"质量时代"和全社会"高质量发展"的历史改革创新期，针对产业链重塑、创新技术标准化、产业化和市场化，提升区域营商能力等全方位诉求，提供法理规制、政策规制、管理规制和技术规制第三方综合性技术服务；并以国家质量基础设施为抓手，有效对接"一带一路"沿线国家质量发展诉求，提供一揽子国内外高端产业经济和区域经济质量发展规划、高端人才培养和综合质量咨询服务。

北标研在过去一年中，重点在法规研究方面，承担国家市场监督管理总局认监委秘书处《中华人民共和国认证认可条例》修订前综合评估项目，为认证认可（含检验检测）领域唯一一部行政法规的全面修订提供研究支撑；在政策攻关领域，承担国家认监委2018年度国家认证认可科技支撑项目课题，团体标准与检验检测认证有效对接关键技术研究；在部委合作方面，承担2018年中国交通运输研究院中国智慧交通产业联盟，车辆新能源、无人驾驶以及交通设施智能改造和建设"标准化+高质量发展"实施方案研究，以及支撑人民央行"中国互联网金融协会""中国互联网金融标准化院"开展相关领域高质量发展研究与合作；在区域建设领域，承担陕西省"中国酵素城"高质量发展产业规划与实施；北京顺义临空港"乳腺触诊技术癌症筛查"医疗器械高科技企业的质量发展规划与实施；服务海南省市场监督管理局全面落实支撑海南省自由贸易港高质量发展规划与咨询项目等；在国际交流方面，承担2016年至2018年商务部外交官学院以及中国社科院研究生院，"一带一路"沿线国家外交官高质量发展研修课程的授课和实地调研组织工作。

十一 中国国旅股份有限公司

中国国旅股份有限公司是经国务院和国务院国资委批准,由中国国旅集团有限公司和华侨城集团公司共同发起设立的。

中国国旅股份有限公司(以下简称国旅股份公司)是集旅游服务及旅游商品相关项目的投资与管理,旅游服务配套设施的开发、改造与经营,旅游产业研究与咨询服务于一体的大型股份制企业,注册资本6.6亿元人民币。"中国国旅·CITS"是中国驰名商标和海内外知名品牌,在2009年世界品牌实验室(WBL)公布的中国500个最具价值品牌中,"中国国旅·CITS"再度以136.92亿元的品牌价值跻身中国500最具价值品牌,名列第51名,在旅游服务类企业中名列第1名。

十二 清华大学国际传播研究中心

清华大学国际传播研究中心是清华大学校级重点研究机构,是在汪道涵先生和王大中校长的倡议下,由清华大学校务委员会于1999年夏决定成立的,李希光教授任主任。19年来,中心在全球传播、健康传播、国家软实力建设、公共品牌塑造、新闻发言人制度建设与人才培养、危机传播管理、新闻改革和新闻教育等领域积累了深厚的科研实力和大量的实践经验。中心已形成政策、学术、媒体多边互动的研究构架,被政界、学界和传媒界视为中国在国际传播和舆论研究方面的新型智库,在一些重要决策上参与咨询。

十三 清华大学中美关系研究中心

清华大学中美关系研究中心成立于 2007 年 9 月，是清华大学专门从事中美关系学术研究、政策探讨和人才培养的高校新型智库。

中美关系是当代世界最有影响的国际双边关系，对亚太地区的和平与稳定、全球治理和国际秩序的变革，都发挥着举足轻重的作用。清华中美关系研究中心积极承接国家相关职能部门的委托课题研究，致力于探讨中美之间的政治、经济和军事互动关系及其对国际合作和冲突的影响等重大战略问题，还着力推动中美两国的研究机构、高校、智库和企业界等多学科的专家学者进行沟通对话、经济和人文交流。

十四 北京大学国家战略传播研究院

北京大学国家战略传播研究院是专门致力于现代国家信息和舆论治理问题研究的科研教学机构，其筹备和发展得到了国家领导人的亲自批示和关注，并责成教育部和北京大学的有关部门协助创建和培育。研究院的主要研究和咨询领域涉及国家的对外传播和形象建设、国际政府间和民间的公共外交、中国地方政府的媒体沟通和对外联络、中国大型企业国际化发展中的传播战略、国家互联网治理和传媒产业发展政策的制定等。

研究院采取大型企业和高等院校共建的形式，既能够集纳各方资源，发挥各方优势，又能够做到信息共享、协同创新，贡献出真正符合中国国家战略实际需要的智力资源。在政府资源支持方面，研究院的核心成员有着与国家新闻宣传部门、国务院各部委新闻宣传机构和地方政府的长期合作关系。在人员构成方面，研究院集纳了一批海内外中青年高水平学者参与日常的研究、咨询和培训工作，并邀请国内外一流的中国问题研究专家和传播问题研究专家担任学术顾问和特聘研究员，充分重视研究团队的国际视野和专业水准。

研究院计划在三到五年内办成国际一流的智库机构和公共外交机构。一方面，构建成熟而高质量的国家传播政策预案体系和研究体系，领导构建现代国家传播治理体系的建设；另一方面，建成一个有国际声誉和国际视野的公共外交平台，充分利用北京大学的优势，广泛开展各种国际合作和对外传播。

十五　国家机床产品质量监督检验中心（山东）

国家机床产品质量监督检验中心（山东）（以下简称国家机床质检中心）于2010年在滕州市产品质量监督检验所（事业法人单位）基础上经国家质检总局批准筹建的第三方实验室；2012年通过实验室CNAS"三合一"认证，项目覆盖金属切削机床、锻压机床、特种机床等机床产品。2012年参加由中国机械工业联合会与中国合格评定国家认可委员会联合组织的立式加工中心位置精度检测能力验证。2013年通过国家质检总局现场验收，能力建设现状被评为"国际先进，国内领先"等级水平。国家机床质检中心机床产品检测实验室面积约3,000平方米，包括样品处理室、常规检测室、化学性能检测室、物理性能检测室、精密检测室、三坐标测量室，其中建有1,400平方米的恒温（20℃±0.5℃）、低尘、减震的精密机床检验车间；拥有先进的仪器设备200余台（套），其中一些设备属于现阶段国际领先检验设备。

中心在为国际贸易、仲裁委司法裁定提供技术支持、服务国家重大专项课题验收、为政府部门决策提供数据支持方面做了大量工作。此外，国家机床质检中心近两年还对20余项国家重大专项项目的试制样品进行了性能检测,检测结果作为国家重大专项项目验收的重要依据。国家机床质检中心还多次承担了机床产品机械、电气等安全方面的政府指令性抽查工作,并结合抽查结果和行业发展趋势,向政府提交了机床产品质量分析报告,为政府对经济宏观调控以及制定产业政策提供技术参考。

十六　国信招标集团股份有限公司

国信招标集团股份有限公司(以下简称国信招标集团)成立于1999年,注册资本金15,210.6084万元人民币,是国内最大的招标采购咨询综合性服务企业。

国信招标集团业务资质齐全。拥有各类招标甲级、工程咨询甲级、造价咨询甲级、工程监理甲级和进出口经营权证书等最高资质。

国信招标集团服务范围广泛。十几家子公司、参股公司及30多家分公司构成了覆盖全国主要省区的经营服务网络,可以向客户提供招标代理、工程咨询、项目管理、造价咨询、工程监理、投融资咨询与服务、国际贸易、信息技术服务等覆盖建设项目全产业链的综合服务。

国信招标集团经营业绩居业界首位。累计承接项目超过3万项次,委托金额近2万亿元,项目范围涵盖各行各业,连续多年获得"中国招标代理机构十大顶级品牌"及"中国最具竞争力招标代理机构"第一名的殊荣。

国信招标集团综合管理体系先进。经过十几年的发展,形成了一套管理制度化、程序规范化、办公自动化的科学管理体系;打造出一支素质过硬、德才兼备的员工队伍;在承办的各类业务中,严格执行国家法律法规,努力为客户实现综合效益最大化,赢得社会各界的高度评价。

国信招标集团是行业标准制订者,参与了《招标投标法》《政府采购法》及《招标投标法实施条例》等法律法规的起草,参与了发改委、财政部、建设部、商务部等行业部门招投标管理规范及标准的制订，参与了招标师职业水平考试大纲及辅导教材的编写，为推动国家招标投标事业发展发挥了积极作用。

十七　中外友好国际交流中心

中外友好国际交流中心是经中国人民对外友好协会批准改制设立的独立实体。中心的工作得到中国各级党政部门的支持，内外网络不断强化、国别优势不断扩展，组织多领域、多门类、多学科、多专业、多形式国际交流活动的能力不断增强。中心将努力架起国际交流的桥梁，为中外友好的崇高事业做出应有的贡献。

中心积极承办中共中央宣传部、国务院新闻办公室主办的国家对外形象推广工程"感知中国"活动；中心积极服务国家外交工作，努力为重大外交活动营造文化氛围，承担外交部、文化部、全国友协、驻外使馆交办、批准、委托的重要项目。

中心积极推动中外文化交流，为不同文明、不同文化的对话互鉴，为中国文化的国际传播，为中外艺术家的合作搭建平台、开辟渠道；中心积极制订实施"世界艺术殿堂计划""国际著名艺术展览合作计划""中国文化使者计划""世界著名高校中国艺术传播计划""中外优秀艺术家合作创展计划"。中心注重与中外媒体的合作，通过设立文化交流基金的方式，积极培育展现国家文化形象的品牌交流项目。

中心积极服务企业"走出去"的国家战略和"一带一路"建设，发挥桥梁作用，促进政府、智库、商协会组织、媒体、企业之间的交流沟通；发挥传播作用，诠释国家政策、方针，发布研究成果；发挥整合作用，凝聚内外资源，形成国别、行业投资合作优势。

十八 E20 环境平台

E20 环境平台起始于 2000 年中国水网的创建,是环境领域纵深服务生态平台,作为产业智库和资本平台,与国家发改委、财政部、生态环境部、住建部等中央部委保持良好合作关系。

E20 环境平台旗下包括中国水网、中国固废网、中国大气网、E20 研究院、E20 论坛、E20 俱乐部、中国供水服务促进联盟、污泥处理处置产业技术创新战略联盟、垃圾焚烧产业促进联盟、中宜 E20 环境医院等子品牌、子平台和机构。

截至 2018 年 6 月,拥有 330 家圈层企业,囊括 80% 的环境上市公司,覆盖环境产业所有子领域以及资本金融领域;数万专业人士深度参与平台各项基础服务互动;并成为政府有关部门的环境产业顾问和助手伙伴。

E20 环境平台以"用平台的力量助力环境企业快速成长,为生态文明打造产业根基,用产业的力量改变世界"为使命,在"绿水青山就是金山银山"和生态文明建设的指导下,发挥行业预判、顶层设计、协同创新三大核心能力,致力于产业市场化和产业转型升级的理论研究和实践推动,协助地方政府积极探索区域生态环境系统解决方案。E20 环境平台经过 18 年发展,形成了政策、产业、市场、PPP、商道、金融的六维一体融会贯通的综合研究实力,成为推动环境政策落地、引领环境产业发展,汇聚环境产业优质资源,为地方政府、产业园区和大型环境企业提供顶层设计、系统方案、资源整合和产业落地的综合服务机构。

为了适应生态型平台公司的业务体系,E20 环境平台采取事业合伙人制度,引入不同业务领域的顶尖人才担任事业合伙人,并通过生态协同实现平台业务之间的价值流转。E20 环境平台已于 2015 年 11 月 11 日在新三板挂牌。

十九　大余章源生态旅游有限公司（丫山风景区）

丫山风景区为大余章源生态旅游有限公司于2007年保护性开发的生态景区，占地面积3万余亩。景区依托原住民与大龙山区丰富的生态资源，斥巨资陆续规划建设了九成山舍、道源书院等特色的乡村休闲度假区。"第六届中国环鄱阳湖国际自行车大赛"序幕赛、2015环球小姐中国大赛澳门赛区丫山专场等众多国内外的重大活动均在大余丫山圆满举办。丫山已初步形成了一个集休闲度假、旅游观光、养生保健、户外运动于一体的生态度假胜地。其间荣获：国家4A级景区、国家全民户外活动基地、国家森林公园、中国传统文化养生基地、国家登山基地、全国青少年户外体育活动营地、中国养生食品研究基地、国家居家养老示范基地、江西十大旅游新景区、江西省重点风景名胜区、江西省优秀旅游企业等美誉。

在市、县政府"精准扶贫，旅游惠农"的政策指引下，为建一个"和谐乡村，幸福丫山"，丫山对整个山区进行了全面规划、转型升级与重新定位，将生态度假旅游、深度乡村体验、乡村特产产业链等完美结合。未来，丫山将继续以乡村旅游形成联动效应，打造中国生态乡村旅游标杆，与周边村落形成强有力的轻奢慢生活生态圈。把丫山打造成中国最具特色的户外运动景区、中国最具特色的自然影视基地、中国最宜养生养寿的颐养基地，从而带动大龙山区乃至赣南地区的全产业开发。

二十　北京大学海洋研究院

在国家"海洋强国战略"的大背景下，北京大学于2013年12月建立北京大学海洋研究院。海洋研究院采用新体制、新机制，是北京大学在海洋领域唯一的、独立的校级实体科研机构，统一负责全校海洋学科的规划协调和海洋产业及相关领域的对外合作工作。研究院将致力于大学改革和科技体制创新工作，先行先试，积极探索，争取为北京大学乃至全国高校改革，大学科研乃至全国科研工作改革摸索道路，积累经验。

研究院定位为立足深海大洋事业和现代海洋科技，以海洋战略、海洋人文社科、海洋科学和海洋工程为重点研究领域，致力于建设成为国内顶尖、国际一流，具有全球影响力的综合性海洋研究机构。

研究院使命是成为国家实现海洋强国战略的重要智库；成为深海远海科学、工程与技术的发源地和核心研究机构；成为北京大学扎根中国蓝色国土，建设世界一流大学、服务国家战略与社会发展的重要平台。

二十一　巴基斯坦中资企业服务有限公司

巴基斯坦中资企业服务有限公司坐落在素有"巴基斯坦之魂"称号的历史名城拉合尔。公司借助"一带一路"以及"中巴经济走廊"的东风，凭借对中国和巴基斯坦两国的企业组织、文化背景、风土人情、法律法规等都了解的优势，竭力架起一座为中国企业快速、有效进入巴基斯坦，以及巴基斯坦企业寻求中国合作伙伴的桥梁。

公司愿景是成为中国、巴基斯坦两国政府、组织间最专业、最诚信的合作方案供应商，以及中国企业在巴基斯坦创业、发展的全过程、全方位、最专业、最诚信、最高效的服务提供商。

主要服务内容包括提供一站式双向市场考察服务；与政府有关部门与相关机构合作，提供最新的巴基斯坦技术信息，政策法规和市场调查研究；积极为企业牵线搭桥，寻找合作项目，介绍合作伙伴；对落地项目进行跟踪、落实,确保项目健康发展;协助政府相关部门,策划并组织中国企业和巴基斯坦企业相互间的业务交流和展览、展销活动;企业注册,税务咨询,财务管理,员工代聘代管等服务。

公司成立以来,已先后接待政府、商会、企业来巴考察团数十组,接待中方企业考察人员数百人。

二十二 中国能源建设集团浙江省电力设计院有限公司

中国能源建设集团浙江省电力设计院有限公司(以下简称中国能建浙江院)始建于1956年,是中国能源建设集团旗下一家具有国家工程设计综合甲级资质的高新技术企业,拥有电力工程全过程咨询、总承包甲级资格及进出口企业资格证书、核电咨询资质证书。

中国能建浙江院在百万千瓦燃煤机组、特高压、燃气—蒸汽联合循环发电、大跨越输电、智能变电站、软土地基处理、烟气清洁排放等众多设计技术方面走在全国前列。完成了中国第一座30万千瓦级燃机电厂——浙江镇海燃机电厂、第一座9F级天然气电厂——华电半山燃机电厂、国内第一个成套出口印度尼西亚的60万千瓦电站——印度尼西亚苏娜那亚项目的勘察设计;参与了我国第一座百万千瓦超超临界燃煤电厂——华能玉环电厂的勘察设计;首个全过程自主设计的百万千瓦级燃煤电厂——浙能嘉兴发电厂三期工程创造了当时国内百万机组22个月零6天的最短建设工期纪录,获国家优质工程金质奖;完成了国内首台新建"超低排放"燃煤发电机组——神华国华舟山电厂二期4号机组、国内首台新建"超低排放"百万千瓦燃煤发电机组——浙能六横电厂1号机组的勘察设计;参与了国家电网公司1,000千伏特高压交流输电示范工程的建设、±800千伏特高压直流输电示范工程的勘察设计,成为首家承担国家电网特高压交流变电站A包、直流换流站A包设计的省级电力设计院;

完成了国内第一个 500 千伏智能型数字化变电站——500 千伏兰溪变电站、舟山与大陆联网工程世界第一输电高塔、亚洲第一大跨越工程的勘察设计。连续四年在国家电网公司输变电工程设计承包商资信评价中排名第一。

近年来，中国能建浙江院先后被授予全国勘察设计单位综合实力"百强"、全国勘察设计和工程咨询行业总承包"百强"、ENR 中国工程设计企业 60 强、全国文明单位、中国优秀勘察设计企业、全国实施卓越绩效模式先进企业特别奖、全国电力行业质量管理奖等荣誉称号。

二十三　中国国际工程咨询有限公司

中国国际工程咨询有限公司（以下简称中咨公司）是国务院国资委管理的中央企业，是国内规模最大的综合性工程咨询机构，是中央政府投资建设项目科学决策的重要咨询服务单位。注册资本 12 亿元。

中咨公司的业务领域覆盖国民经济的主要行业，具有甲级工程咨询、工程监理、工程招标、工程造价等专业资质，通过了 ISO14000、OHSAS18000 等体系认证，建立了覆盖全部业务范围、较为健全的质量管理体系，在世界银行、亚洲开发银行等国际金融组织注册登记。

自 1982 年成立以来，中咨公司为中央政府在国家重大建设项目的决策和实施方面发挥了重要的参谋作用，也为地方政府、企事业单位等各类用户提供了大量的咨询服务。

截至 2016 年底，累计完成各类咨询业务 4 万余项，涉及总投资超过 65 万亿元，累计核减投资 3 万亿元。

参与过的重要项目包括西气东输、西电东送、南水北调、退耕还林、京沪高铁、首钢搬迁、奥运场馆、百万吨级乙烯、千万吨级炼油、百万千瓦级超超临界电站、大飞机工程、载人航天、探月工程，以及十大产业调整与振兴、战略性新兴产业、全国生态保护与建设、"一带一路"与互联互通、西部大开发、东北振兴、新疆和藏区发展、三峡后续工作、汶川和玉树灾后重建规划等一大批关系国计民生、体现综合国力的建设项目和发展规划,为国家经济建设和社会发展做出了贡献。

二十四 三川智慧科技股份有限公司

三川智慧科技股份有限公司由江西三川集团有限公司发起设立,是国内首家以水表为主业的上市公司,注册资本104,003万元。公司是中国移动物联网产业联盟副理事长及秘书长单位、中国计量协会水表工作委员会副主任委员单位、中国城镇供水排水协会常务理事单位。

公司以"紧紧围绕着水做文章"为战略,以"为人类科学用水、健康饮水而努力"为使命,以涉水的相关产业链为发展目标,以物联网和大数据技术为载体,构建综合性的智慧水务数据云平台,为供水企业乃至整个城市提供包括用水计量、管网监控、产销差管理、水资源监测、水质检测在内的水务运营整体解决方案,致力于成为领先的物联网数据服务型企业。

公司主要经营理念是技术驱动,把技术进步作为推动企业发展的最主要手段。公司是"国家高新技术企业""国家技术创新示范企业",设立了行业首家博士后科研工作站和院士工作站,建立了行业唯一一家国家级企业技术中心。截至目前,公司共计拥有核心专利108项,其中发明专利13项,拥有软件著作权108项,同时参与了13个国家或行业标准的起草、制定和修改,具有引领行业技术进步和产品创新能力。

二十五　远盟康健科技有限公司

远盟康健科技有限公司（以下简称远盟康健）于2008年成立，是中国领先的智慧救援平台服务商和基因及健康大数据服务商。在车联网安全服务、旅游出行安全保障、居家养老应急保障、以基因为导向的健康管理解决方案、日常健康咨询和就医安排等领域拥有全面的解决方案和平台运营服务能力，为银行、保险、电信、旅游、汽车等大型集团企业及政府提供专业的全程无缝隙紧急救援保障。

远盟康健致力于通过创新科技手段打造优质的资源服务平台，为广大用户建立一条专业、便捷的无障碍健康与安全服务绿色通道。目前已拥有覆盖全国200多个核心城市的260多家急救中心、上千家网络医院以及全球211个国家和地区的救援服务网络，以及覆盖全国权威医院与近250位专家的优质健康服务资源。

秉承高效、专业、信赖的服务宗旨，远盟康健具有专业医护背景的服务团队24小时随时待命，为用户提供专属关怀与保障。

◇◇第六节　文化

一　野马集团有限公司

野马集团有限公司前身是1993年在阿勒泰注册的阿勒泰野马实业有限公司，2003年迁至乌鲁木齐，2009年更名为野马集团有限公司。

野马集团经历了近25年的发展，是一家涉及外贸外经、金融投资、文化旅游等跨行业、多元化发展的民营企业集团。随着新疆进入新的大发展的历史时期，野马集团也进入了快速健康发展的轨道。

野马集团传统主业为进出口贸易，主营业务为工程机械、建筑机械、重型车辆、成套设备的出口。在哈萨克斯坦、乌兹别克斯坦、俄罗斯均设有机械设备展销维修服务中心。在国内市场，与东风新汽、中国重汽、徐工集团、鸿达重工等大型生产企业建立了良好的合作关系，取得了外贸授权，成为上述企业产品出口中亚和俄罗斯的总经销商。作为传统主业，野马集团已形成了完善的外贸出口流通体系，拥有一大批优秀的外贸人才，具备较强的核心竞争力。多年来野马集团一直处于新疆维吾尔自治区外贸出口龙头地位，曾经是中国百强民营出口企业之一。公司注册商标"野马国际"在国内及中亚市场具有很高的知名度。近三年，公司累计实现进出口贸易额近15亿美元，基于长期良好的业绩和信誉，野马集团被评为"新疆银行业信贷诚信企业客户"。

2009年，野马集团在新疆首家推出外币兑换业务，迈出了进军金融产业的第一步。以新疆野马小额贷款公司、新疆野马股权投资公司、新疆野马资产管理公司为主导的金融板块，已成为集团发展的重要支撑。在海通证券的指导下，新疆野马小额贷款公司将登陆新三板；新疆野马金融板块将继续向资产收购、资产管理领域扩张，打造出融"小额贷款、股权投资、资产管理"为一体的金融企业。

二 迪岸双赢传媒集团

迪岸双赢传媒集团（以下简称DWP），成立于2005年，致力于提供一站式全媒体营销解决方案，满足客户从创意开发、品牌策略、媒体投放、效果监测以及数字营销等全方位的传播需求，旗下包括迪岸传媒、联合双赢、万途思瑞、迪昂创新、丽迪思传媒、迪岸畅达等子公司或业务中心，在北京、上海、广州等全国9大城市均设有分支机构，员工超过400名,是国内领先的综合性广告传播集团之一。

作为全国领先的机场媒体运营商,DWP拥有国内强势的机场媒体资源,资源网络辐射北京、上海、广州、武汉、南京等全国30多个机场,目前是北京首都国际机场T3航站楼、广州白云国际机场T1航站楼以及武汉天河国际机场T3航站楼最大的媒体供应商,同时也是南京禄口国际机场未来十年的合资经营商以及西藏五座机场的独家媒体代理商。DWP拥有十余年的机场媒体运营经验,全面参与机场媒体规划、运营管理、广告销售以及业态研究等各个业务环节,运营媒体面积超过60万平方米,运营媒体数量超过30,000个,涵盖各类传统灯箱、数字刷屏/LED、开放性展位、创意媒体等多种媒体类型。

作为国内一流的高端户外传播集团,DWP掌握了大量商圈、高铁、地铁、社区、公交车、影院、校园等地标级场景广告资源,资源覆盖全国60个多城市、300多个市场,囊括了户外大牌、LED、地铁、高铁、社区灯箱/海报、公交车身、影院贴片等主流户外广告媒体形式。

为了满足互联网时代下日益增长的创意融合营销需求,DWP不仅成立了专业的创意营销公司——迪昂创新,并且与韩国最大的数字化创意营销公司SMC合资成立了丽迪思传媒,为广大客户提供从平面到视频,线上到线下,静态展览到互动营销,3D到VR/AR等创意内容制作及融合传播服务。作为蓝迪国际智库的会员企业,为了积极响应国家"一带一路"的倡议,DWP勇于开拓,冲出国门,成为印度最大的户外广告公司——Times OOH集团在华业务的独家代理商,全面代理德里机场、孟买机场以及印度全境城市户外的媒体资源,迈出了国际化运营的关键一步。

未来,DWP将继续抢占以机场、高铁、地标商圈为主的优质场景媒体资源,加强新媒体、新技术、新营销方面的探索,打造更加智能化、品质化、创新型的智慧型媒体生态，实现与众多国内外高端品牌客户及合作伙伴的共赢。

三 贵州卫视《论道》

《论道》是贵州电视台于 2007 年 5 月 16 日开播的一档高端对话节目。节目由中国入世首席谈判代表、前外经贸部副部长、博鳌亚洲论坛原秘书长龙永图担纲嘉宾主持，邀请政界名人、商界明星、学界名家共同论道，致力于用理性的视角探寻话题背后的价值，用专业权威的话语权引领众说纷纭的舆论，并始终将"追求公共价值"作为最高理想。

今年已经进入开播的第 12 年，播出节目 500 多期，嘉宾涵盖国内外各领域的领军人物，其中多位前国家元首、知名政要及国际组织领导人先后做客论道。话题涉及国际关系、对外经贸、中国制造、产业升级、区域经济、文化战略、科技发展、企业经营、教育医疗、京津冀一体化、粤港澳大湾区、"一带一路"建设、改革开放 40 年等多个领域，都能得到"权威、理性、建设性"的解读。不仅关注全球化背景下的趋势性话题和宏观走向，也探讨大时代下微观企业的发展和经营之道，不仅关注转型中国的各种宏大叙事和社会命题，也体悟个体生存之惑和民生所急。

在关注国际性话题、聚焦国家重大战略、参与世界性的论坛等方面，《论道》具有样本意义。节目连续 11 年参加博鳌亚洲论坛的报道，连续 10 年在生态文明贵阳国际论坛举办电视论坛，先后举办了入世十年晚会、中国企业社会责任领袖年会、"美丽家乡　美丽心灵"公益悦读会等大型活动，在上海世博会、上海国际技术进出口交易会、中国企业全球化论坛等重大活动中举办电视专场。在"一带一路"话题方面，先后策划和录制了 20 多个选题，从中东欧、东欧、南亚、东南亚、瓜达尔港等不同国家、地区以及各个层面系统解析。

《论道》是一个务实的媒体,不仅通过话题和思想引领舆论,更希望对社会的发展有实际的贡献。通过与地区政府联合举办各种电视活动、专业研讨会,助推地方经济发展。

《论道》从一档节目出发,经过 12 年的历练,已经超越单纯的节目,成为一个内涵丰富的载体,一个高端品牌体系。而《论道》自身的探索也为中国电视谈话节目在"跨界主持""资源创新"方面提供了经典案例。

◇◇ 第七节　贸易、物流

一　中电科技国际贸易有限公司

中电科技国际贸易有限公司（以下简称电科国际）成立于 2002 年 7 月,隶属于中国电子科技集团公司,是从事电子信息产品贸易及国家特许经营防务电子产品的综合性公司,以国际市场为主导,集产品供应、系统集成、解决方案、售后服务、国内外展览于一体,以中国电子行业科研院所及高科技企业的雄厚科研、生产和服务力量为后盾,广泛服务于国防和国民经济各行业。

电科国际作为中国电子科技集团公司的国际化经营平台,作为最具实力的电子产品和系统集成供应商之一,公司业务遍布 5 大洲,100 多个国家和地区,充分发挥了国际贸易、国际工程与国际合作的三大平台作用,服务集团公司军工、民品、科技创新、资产经营和资本运作五大业务领域。公司面向国际市场提供从电子材料、元器件、部件、设备、整机到电子综合系统等各类产品和服务。主要经营的产品有电子信息高科技产品、系统集成、指挥控制系统、通信、反恐装备等电子产品;同时公司经营大型成套设备进出口、各类商品及技术进出口、对外劳务、展览展示、承包境外电子行业工程和境内国际招标工程、对外派遣电子行业劳务人员、对外贸易咨询等业务。

二 湖南五江轻化集团有限公司

湖南五江轻化集团有限公司创业于1979年9月，目前已发展成为一家集科、工、贸于一体，拥有自营进出口权，下辖湖南、广东、广西、江西、山东、山西、新疆等10省区38家生产企业及销售公司，拥有30,000余名员工的大型综合民营企业集团。公司总资产300多亿元，综合实力位居湖南省百强民营企业综合类第二名，系原国家经贸委300家重点调度扶持民营企业和湖南省经信委10家重点调度扶持民营企业之一；先后荣获全国"守合同重信用企业"、"全国工人先锋号"、湖南省十佳诚信私营企业标兵、湖南省优秀非公有制企业、湖南省高新技术企业、湖南省银行业协会"守信用企业"等荣誉称号；是湖南省首批17家循环经济试点企业之一，是湖南省"双百工程"企业。集团经营已形成轻工、化工、冶金、高新技术、农业、房地产、贸易物流七大产业。龙头企业。

集团房地产开发在长沙、湘潭、娄底、涟源都拥有本级政府的重点项目，共拥有自有商业出租面积80多万平方米。其中被称为"中南商业第一街"的娄底市春园商业步行街，在湘潭建设的中国（中部）岳塘国际商贸城被列为湖南省重点工程。

三 江苏省海外企业集团有限公司

江苏省海外企业集团有限公司（JOC）是1995年经江苏省人民政府

批准组建的国有独资公司，大型一类企业，注册资本 5 亿元人民币，1996 年被列为江苏省重点企业集团。经省政府授权，集团公司具有授权范围内国有资产的投资、经营和管理职能。经过不断发展壮大，集团目前已成长为年营业额超 120 亿元、进出口总额近 20 亿美元，总资产超 88 亿元，净资产超 23 亿元，集进出口贸易、实业投资、现代服务业和境外投资于一体的综合性投资集团。

JOC 是江苏最大的既有大额国际贸易，又有大量境内外投资的企业。集团在长江下游的泰州、江阴各拥有一个 5 万吨对外开放的液体化工码头和 52 万立方米的液体化工罐区，拥有自己的宠物用品、船舶新能源、3D 打印机、纺织服装研发及生产制造基地。

集团目前在境内有 12 家全资或控股的生产企业，及部分参股企业；集团在境外分别有中国香港、印度、美国、南非、比利时、澳大利亚、澳门等 7 家机构，并在柬埔寨、缅甸和坦桑尼亚建立了 4 个纺织服装生产基地，境外企业雇员超过 2,000 人，已成为江苏企业"走出去"的一支生力军。

JOC 是江苏最大的省属进出口企业，已有 23 年国际贸易史，进口产品主要是设备与原材料两大类，设备包含城市交通、纺织机械、医疗器械、船用设备、成套设备及市政基础设施等相关设备，原材料主要包含铁矿砂、钢铁制品、化工原料、纺织原料、造纸原料、木材、轻工原料和化工中间体等；出口产品主要是机电设备及成套设备、电力设备、船舶、金属与化工产品、纺织服装与轻工产品、宠物用品等。

作为江苏"一带一路"高质量建设中的主力军，2018 年，海企成套工程围绕氯碱及其下游产品链的技术和核心系统，提供规划、设计、技术转让、设备供应安装、培训等全过程咨询及工程承包服务，其中"一带一路"沿线国家出口交货金额占总出口额的 47%，利润占海企成套工程出口总量的 91%。新签出口工程承包合同 4,621 万美元，比 2017 年增长240%。"一带一路"建设从理念转变为行动，从愿景转变为现实，成果丰硕。

四 中国外运长航集团有限公司

中国外运长航集团有限公司（以下简称中国外运长航）由中国对外贸易运输（集团）总公司与中国长江航运（集团）总公司于2008年12月重组成立，总部设在北京。2015年，经国务院批准，招商局集团有限公司（以下简称招商局）与中国外运长航实施战略重组，中国外运长航整体并入招商局。中国外运长航是以物流为核心主业、航运为重要支柱业务、船舶重工为相关配套业务的综合物流服务供应商。

中国外运长航的物流业务包括：海、陆、空货运代理、船务代理、供应链物流、快递、仓码、汽车运输等；在物流领域，中国外运长航是中国最大的国际货运代理公司、最大的航空货运和国际快件代理公司、第二大船务代理公司。中国外运长航的航运业务包括：干散货运输、石油运输、集装箱运输、滚装船运输、燃油贸易等；在航运领域，是中国三大船公司之一、中国内河最大的骨干航运企业集团、中国唯一能实现远洋、沿海、长江、运河全程物流服务的航运企业。船舶工业形成以船舶建造和修理、港口机械、电机产品为核心的工业体系，在国内外享有知名声誉，年造船能力超过400万载重吨。

中国外运长航自有车辆5,700余辆，仓库堆场占地面积1,200余万平方米，铁路专用线47条、55千米，自有码头90余个、泊位300余个、岸线75千米，拥有和控制各类船舶运力达1,300余万载重吨。中国外运长航控股三家A股上市公司（外运发展、长航油运、长航凤凰），两家香港上市公司（中国外运、中外运航运），下属境内外企业730余家，网络范围覆盖了全国30个省、自治区、直辖市，以及中国香港、中国台湾、韩国、日本、加拿大、美国、德国等 50 余个国家和地区，与 400 多家知名的境外运输与物流服务商建立了业务代理和战略合作伙伴关系。

中国外运长航是中国物流标准委员会审定的，中国唯一的集团整体 5A 级（中国最高级）综合服务型物流企业。中国外运长航致力于成为服务全球、世界一流的中国综合物流企业。

五 新疆亚欧国际物资交易中心有限公司

新疆亚欧国际物资交易中心有限公司（以下简称亚欧国家）于 2010 年 8 月由新疆新西亚石油化工有限公司、商务部中国国际电子商务中心、新疆农资集团北疆农家乐股份有限公司共同出资组建。

亚欧国际致力于在"上合组织"框架内寻求区域贸易便利化。开通了"中国—乌兹别克斯坦"网上跨境商品竞拍所集成的各种商品交易系统，实现在线买卖乌兹别克斯坦大宗商品物资；实现了"跨境竞价拍卖""跨境征信""跨境结算""跨境物流"等贸易金融服务，并以"中—乌"跨境交易系统为起点，将逐步接入俄、哈等国；其保税物流园区配套项目获得乌鲁木齐海关批准，并于 2008 年开工建设，2009 年 4 月正式封关运营。保税物流园区将成为地区性的出境物资集货基地、进口物资的转运基地、生产资料的供应和配送基地、货品储存基地和综合配送中心、快速通关的物流基地。保税物流中心为大宗商品交易提供了硬件支撑，有力地支撑了奎屯市国家电子商务示范基地建设。

目前，亚欧国际紧随中国"一带一路"倡议，以建立地球村命运共同体为己任，着力构筑亚欧国际跨境大宗商品交易平台，借助国家对新疆经济发展的大力支持，借助中乌经委会达成的共识、按照互联互通、西进东出的战略规划和模式，通过跨境征信、跨境物流、跨境结算、供应链金融等服务机能，实现全球大宗原料商品现货跨境即时交易，辐射中亚五国和欧洲，成为架起中国企业和国外企业合作共赢的桥梁。

六　广东省五金矿产进出口集团有限公司

广东省五金矿产进出口集团有限公司（以下简称广东五矿）成立于1953年，拥有60多年历史的广东五矿，是新中国最早成立的国营专业外贸进出口公司之一。目前广东五矿已与世界各大洲的120多个国家和地区的上千家知名企业建立了密切的贸易关系，经营范围涵盖物业租赁、进出口贸易和商贸投资等，是一家综合性的商贸型集团公司。公司年销售额近15亿元，资产总额达3亿元，连续三年获"广东省企业500强"称号。

广东五矿主要经营各类钢材、建筑材料、非金属矿产品、五金制品、有色金属等的进出口贸易，同时还开展国内贸易、生产加工、物业租赁、仓储运输、合作经营、转口贸易等多种经营，拥有"五羊"牌水泥、"长城"牌水磨石粉、"GRAND"牌镀银器皿及不锈钢洗涤槽、"钻石"牌铸铁制品等在国内外享有盛名的品牌群，其中"GRAND"被评为"广东省著名商标"以及"重点培育和发展的广东省出口名牌"，在同行业中领先并具明显的竞争优势。

2016年初，广东五矿根据省国资委外贸转型升级的要求，结合国家"一带一路"建设等重要政策举措，重点打造和培育了GXEAST建易得跨境电商平台，该平台是广东省广新控股集团旗下五大电商平台之一，由广东五矿运营，属国内首家五金建材跨境一站式集中采购综合服务平台。平台包含了报价、采购、物流、仓储、报关、退税，集海陆空运于一体，面向海外各类工程项目及五金建材经销商提供快速、优质、专业的一站式服务！

七 中国有色金属进出口江苏公司

中国有色金属进出口江苏公司于 1984 年 12 月经中国有色金属工业总公司批准成立，注册资本 55.8 万元，由中国有色金属工业公司和江苏省冶金厅双重领导。2000 年底下放至江苏省冶金资产管理公司，2006 年 5 月随省冶金资产管理公司并入江苏舜天国际集团，2010 年 7 月随江苏舜天集团并入江苏省国信集团，2016 年 2 月又划归为江苏省舜天国际集团全资子公司。随着公司发展，注册资本也逐步由 55.8 万元变更为 2.6 亿元，公司下设业务一部、业务二部、铁合金一部、铁合金二部、稀土部、实业部、财务部和综合管理部，组织结构清晰明了，在职职工 40 多人，资产总额达 7.53 亿元，净资产 3.28 亿元。公司的主营业务为进出口贸易、经营冶金、有色金属产品及设备的进出口业务和内贸业务，主要产品包括稀土类、铁合金类，2005 年公司全资收购了中国冶金进出口江苏公司，并于 2007 年 8 月将其改制更名为江苏冶金进出口有限公司。

围绕主营业务，公司积极实施多元化发展战略，投资参股一家生产企业，坚持走内外贸相结合的道路。

经过 30 多年的发展，公司已经具备一定的综合实力，在全国同类企业中各项经济指标遥遥领先，稀土出口全国名列前茅。

多年来，公司始终遵循"信誉第一、客户至上"的经营原则，发扬"励精为治，讲信修睦，务本求实，自强不息"的企业精神。

八 中国石油国际事业有限公司

中国石油国际事业有限公司作为中国石油天然气股份有限公司全资子公司，于 2002 年 1 月 18 日注册成立，注册资金 140 亿元人民币。公司主要职责是经营原油、成品油、天然气、石化产品进出口及转口、节能减排等国际贸易业务，负责组织实施中国石油境外除勘探开发项目以外的石油加工、储运码头设施、终端销售网络的建设和经营管理，以及境内沿海沿边口岸原油、成品油商业储备库和原油码头的建设与经营管理。

公司依托中国石油雄厚实力，积极开拓国际市场，增加贸易技术含量，延长贸易价值链，创新贸易方式，丰富贸易手段，国际贸易业务获得快速稳健发展。贸易方式包括进出口、转口、海外委托加工、油品炼制、调兑、仓储、运输和批发零售等多种形式。国际贸易业务已涉及80多个国家和地区，交易品种上百种。

公司积极搭建营销网络，在全球资源集散地和金融中心及境内主要沿海和陆路口岸设置多家分支机构，为拓展国际贸易创造了有利条件。

公司积极开展集仓储设施、炼制加工、油库码头、运输于一体的海外油气运营中心建设，通过兼并、收购、投资、参股等多种形式在境内外主要资源地、消费地建设石油仓储、运输等设施，为国际贸易稳健发展提供有力支持。

九 新疆三宝实业集团有限公司

新疆三宝实业集团有限公司是自治区骨干外贸企业之一，在国内外拥有20余家全资或控股企业。三宝一直与中亚各国特别是哈萨克斯坦开展进出口业务，目前已发展成为以对外贸易为主，集对外国际工程总承包、生产加工、仓储物流、旅游购物于一体的综合性外贸企业。具有商务部批准的对外承包工程业务经营权，是中国在哈萨克斯坦"中国工业园区建设项目"的承办方。

近年来，三宝累计对哈出口车辆及工程机械4,000余辆（台），多项产品填补了中国出口中亚市场的空白。先后承接国外大型工程项目21

项：其中年产 30,000T 聚丙烯、25,000T/年 MTBE 项目填补了哈萨克斯坦石油化工领域的空白，开创了新疆大型石油化工成套设备出口并在国外建设工程项目的先河。

2003 年三宝涉足哈国和中亚及俄罗斯油气田石油勘探开发项目合作，石油工程技术服务，与哈国石油公司共同开发阿克纠宾斯克州拜加宁油田，出口配套车装钻机开展钻井技术服务。

2004 年三宝出口的 5,000Nm^3/h 空分设备目前仍是哈萨克斯坦先进的空气分离装置，该项目对哈国的冶金工业具有积极助推作用。

2006 年三宝与国内钻机生产厂合作共同参与研制开发的低温耐寒石油钻机出口俄罗斯西伯利亚地区托木斯克油田（ZJ50L 1 台，ZJ40L 3 台），奠定了公司向俄罗斯出口大型设备的基础，近期又向哈国出口 3 台交流变频电驱动拖挂式钻机。

2008 年三宝承建的"科克其套"水泥厂项目是哈萨克斯坦国家级重点项目，也是目前中亚生产能力、技术水平最高的水泥厂。同年，在乌鲁木齐市经济技术开发区和高新区开始建造铝制品和石油钻机及配套设备的两家生产型企业，其产品将全部销往中亚各国。

目前，三宝已投入运营的博尔塔拉蒙古自治州三宝生物科技有限公司的卤虫卵产品达到国际先进水平，占国内销售市场份额的 40% 左右。

集团 2013 年进出口额 10.98 亿美元，是中国外贸 200 强企业之一，连续十年被自治区外经贸厅评为"先进外贸企业""十佳边贸企业"，是海关总署核定的"A 类通关企业"和"红名单"企业，被税务机关核定为"A 类纳税企业"，被金融系统授予"AAA"级信誉企业，2007 年 1 月被评为新疆十大知名商贸企业，2008 年 1 月被授予全国商务系统先进集体，是自治区"百强优势企业"。

十　新疆八钢国际贸易股份有限公司

新疆八钢国际贸易股份有限公司成立于1996年9月，原为新疆八一钢铁集团有限责任公司的全资子公司——新疆中钢冶金进出口阿拉山口公司，2002年8月经改制设立为新疆阿拉山口口岸工贸股份有限公司，2009年7月更名为新疆八钢国际贸易股份有限公司。公司现为宝钢集团新疆八一钢铁有限公司的控股子公司，注册资本为9,000万元人民币。

公司主要经营各类冶金原燃料的进口和钢材出口，目前客户已涉及中亚、俄罗斯、南亚、东欧等10多个国家和地区。进口品种主要包括球团矿、铁精粉、铁矿石、硅锰合金、高碳铬铁、锰矿、热压块、铬矿、焦煤等，在保障八钢公司、宝钢集团生产所需的基础上，还实现了对外销售；出口钢材主要包括建材、窄带钢、热轧板、冷轧板、镀锌板和彩涂板等产品，客户分布在俄罗斯、哈萨克斯坦、乌兹别克斯坦、土库曼斯坦、吉尔吉斯斯坦、阿富汗、伊朗、印度、阿联酋、尼泊尔、波兰等国家。

公司具有自理、代理国际货运代理资质。公司将积极利用宝钢集团、八钢公司的平台，立足中亚和蒙古国以及俄罗斯等周边地区不断做大做强，实现跨越式发展，打造成为国内十大钢铁资源进口公司之一。

十一　淮北皖宏贸易有限公司

淮北皖宏贸易有限公司主要是以经营煤炭、焦炭，运输物流、爆破工程、建筑工程，包装印刷材料为主的企业，公司坐落在美丽的安徽省淮北市，淮北有着"煤炭之乡"的称号，公司利用地理资源优势进行了多年的煤炭贸易经营，公司本着质量与服务并存的态度，主要和中国华润电力控股有限公司、中国华电集团有限公司进行煤炭交易，目前公司积极响应国家环保政策，正与中国华电集团有限公司共同在山西投资环保型铁路集运站。

公司与安徽雷鸣科化股份有限公司合作，在爆破工程方面也取得重大突破，先后在新疆、云南、安徽、山东等地方进行大型矿山项目的爆破作业。

公司实体企业也在不断创新，纸业包装印刷也响应国家环保政策，积极建设改进，扩大规模。

目前公司响应国家淘汰过剩产能企业，正着手转型向新能源产业迈进，公司将紧跟"一带一路"的投资建设，在国际化进程中加快企业发展。

十二 天津世纪五矿贸易有限公司

天津世纪五矿贸易有限公司（以下简称天津世纪五矿）是由公司本部、出口生产基地、境内外营销公司及境外代表处构成的大型专业化进出口公司，凭借多年的对外贸易经验及人才优势，在对外贸易领域中始终保持着长足、稳定的发展。

天津世纪五矿经营的商品主要包括各类管材及配件、金属制品、小五金、钢材制品、焊接材料、密封绝缘材料、耐火材料、有色金属、非金属矿产品等十几大系列，百余种商品。拥有中国驰名商标"永久牌"以及"MT-12"牌、"金杯牌"、"TJWELD"、"CENMET"等国际知名品牌。公司主项商品均通过了国内外权威机构的质量认证，其中"永久牌"、"MT-12"牌电焊条在中国率先通过了美国船级社（ABS）、法国船级社（BV）、中国船级社（CCS）、挪威船级社（DNV）、英国劳埃德船级社（LR）、德意志劳埃德船级社（GL）和日本海事协会（NK）共七国船级社的质量认证。

天津世纪五矿不仅拥有自己的生产基地，还与国内外数百家厂矿企业建立了长期稳定的合作关系，并且在东南亚、中东、澳洲和拉丁美洲等地区设立有子公司和境外代表处，形成了覆盖国内外市场的完整的销售体系。同时，公司还与科研机构保持着技术和信息共享，积极进行产品研发。凭借优质的产品和服务，公司与世界上众多国家和地区的客户保持着良好的业务往来，建立了长期的互惠互利的合作关系。

十三　中国电子进出口有限公司

中国电子进出口有限公司成立于1980年4月，原名"中国电子进出口总公司"，2017年10月完成改制更名为"中国电子进出口有限公司"，注册资本金为69,421.6万元。2017年底，公司总资产达195.9亿元人民币，当年实现销售收入93.7亿元人民币，利润总额3.4亿元人民币。经过多年的诚信经营，公司已与全世界160多个国家和地区建立了广泛的业务合作，为中国的改革开放和中国电子工业的发展做出了重要贡献。

公司具有国际贸易、国际工程总承包、招标代理、展览广告等多种业务的甲级经营资质。当前，公司的战略重点立足于打造国际业务、招标贸服两大主业。其中，国际业务以防务为核心、以安防为基础、以工程为溢出。

防务业务主要涉及防务电子装备的进出口。公司致力于为客户提供先进的国家防御系统和全方位的服务支持，协助客户建立高效、安全、可靠的国家防御系统，以捍卫国家主权和领土完整，保持地区稳定及世界和平。

安防业务是公司针对国际反恐新局势所重点部署的战略高地。公司在信息电子领域拥有超过三十年的专业经验，通过构建理论模型、技术平台、项目实践三位一体的解决方案,为国家和城市解决公共安全问题。

工程业务是公司为响应国家"一带一路"建设的号召而打造的核心业务。公司将市场、渠道、项目优势广泛溢出,集成各类资源,通过采用 EPC、BOT、PPP 等模式与世界各国政府及企业在工程领域进行广泛的合作,全力服务于高速发展的世界城市和高速增长的经济体。

招标贸服业务整合了公司原有的招标及国际贸易业务,公司充分发挥团队、渠道及资源优势,为客户提供量身定制的服务解决方案,将卓越的服务理念融入到价值链的各个环节,以客户为中心,为客户提供全方位、"一条龙"的服务。

十四 中国成套设备进出口(集团)总公司

中国成套设备进出口(集团)总公司成立于 1959 年 11 月,是国家开发投资公司的全资子公司。公司注册资本 10.14 亿元。拥有 8 家全资子公司、5 家控股子公司、1 家分公司。其中:中成进出口股份有限公司在深圳交易所上市,华联国际(控股)有限公司为香港主板上市公司。

公司主要业务:一是国际合作(包括援外,国际承包工程、劳务,成套设备出口及相关服务业务);二是境外糖业的投资与租赁经营(包括以糖联业务为基础的产业链延伸);三是符合国家开发投资公司发展战略的国际市场开发业务。

公司成立以来,长期受政府委托统一组织实施中国政府对外经济技术援助项目,同世界上 100 多个国家和地区的政府及工商界建立了良好的关系,建成了一大批各类对外工程成套项目,赢得了广泛赞誉。公司业务分布在 50 多个国家和地区。境外糖联业务主要分布在多哥、贝宁、塞拉利昂、马达加斯加和牙买加,拥有 8 家糖联投资与租赁经营企业。

十五　安徽省外经建设（集团）有限公司

安徽省外经建设（集团）有限公司是以经营国际工程承包、境外矿产资源开发、房地产开发、珠宝加工、连锁超市、连锁酒店、建材加工和温泉旅游度假等业务为主的大型综合性企业，具有房屋建筑工程总承包和机电安装工程总承包一级、装修装饰专业承包一级、公路工程施工总承包二级和房地产开发二级等企业资质，并通过了ISO质量管理体系、环境管理体系和职业健康安全管理体系认证。

公司自成立以来，积极响应国家"一带一路"倡议，先后在非洲、欧洲、亚洲、中南美洲和大洋洲等地区近30个国家圆满承建了近百个中国大中型援外项目、驻外使馆和经商处项目、中国优惠贷款项目和一系列国际工程承包项目。

公司还先后在马达加斯加、莫桑比克、多哥、科特迪瓦、津巴布韦、格林纳达、法国、比利时等20多个国家注册成立了分支机构，分别在相关国家投资开展房地产开发、宾馆酒店和大型连锁超市经营等业务。2009年，公司迈入了一个全新的领域——境外矿产资源开发，先后在津巴布韦、赞比亚、莫桑比克、刚果金等非洲国家获得了钻石矿、金矿、祖母绿矿、钛锆矿和铜矿等矿产资源的特许勘探和开采权，其中在津巴布韦已建成投产了安津和津安两大矿区。近年来，公司连续四届被评为"全国文明单位"，连续多年位列ENR全球最大250家国际承包商排行榜，并被评为全国优秀施工企业、全国外经贸先进企业、全国商务系统先进单位、中国建筑业竞争力百强企业、感动非洲十大中国企业、中国企业海外投资100强、对外工程承包及劳务输出"AAA"级信用企业、中国进出口银行"两优两贷最佳执行企业"、安徽省先进企业、安徽省百强企业、安徽省优秀建筑施工企业等称号。

十六　中国河南国际合作集团有限公司

中国河南国际合作集团有限公司是一家国有独资大型外经外贸企业，公司注册资本为2亿元人民币。主要经营：国际承包工程、劳务合作、进出口贸易，提供技术服务、对外投资、承担国家对外经援项目。公司具有组织全省力量对外开展经济技术合作的职能，先后在60多个国家和地区开展了业务，并获得了优良的经营业绩。

经过30多年的努力和发展，公司已经拥有了一支雄厚的包括项目工程管理、国际贸易、外语以及包括机电、纺织、粮油、轻工等各行业的高级工程师在内的技术力量队伍。国际承包工程方面，能胜任各类工业和民用建筑、道路桥梁、农田水利、电力、地质勘探、打井、城市公共设施等建设领域的工程承包业务。已经在亚洲、非洲的20多个国家和地区完成了100多个国际承包工程和对外经援项目；劳务合作方面，向30多个国家和地区提供各类劳务合作服务，建有设备配套、管理规范的外派劳务培训中心，能够根据业务需要培训各类合格的劳务人员；国际贸易方面，公司与全世界50多个国家和地区建立了密切的贸易合作关系。公司2002年的对外经营额达到8,000万美元。为了大力开展国际贸易，广泛开辟国际市场，公司还在塞内加尔、尼泊尔、坦桑尼亚、尼日利亚等国设立了分公司。同时，公司还积极开展代理进出口业务，为企业提供全面周到的代理服务。

公司素以诚信为本，拥有良好的商业信誉和银行信用。已连续三年被中国银行授予AAA级单位，被郑州海关授予A类企业。

十七　威海国际经济技术合作股份有限公司

威海国际经济技术合作股份有限公司成立于1989年1月，是经国家商务部批准的具有对外业务经营权的综合性企业。经过近29年的发展，公司逐渐形成了工程建设、人才交流、船务合作、房地产开发、矿产资源开发、资本运营、物流服务等多项产业协调发展的跨国经营格局，业务遍及日本、德国、刚果（布）、刚果（金）、莫桑比克、印度尼西亚、缅甸等30多个国家和地区，并在其中十几个国家设立了属地公司或分支机构，综合实力位于行业前列。

多年来，公司先后在非洲、亚洲、南美洲实施了近500个工程项目，累计完成营业额40多亿美元，涉及国际机场、城市供水、道路、体育场馆、市政广场、住房等领域；累计向20多个国家和地区外派高级船员、医疗护理、厨师、电焊、机械加工等各类劳务人员10余万人次；在非洲多个国家开展矿产资源开发、林业开发等投资业务；在国内和非洲多国开发房地产业务。

凭借突出的业绩和良好的信誉，公司先后荣获全国商务系统先进集体、全国对外劳务合作优秀企业、中国对外承包工程和对外劳务合作AAA级信用企业、中国对外承包工程企业履行社会责任绩效评价领先型企业、多个国家总统授予的荣誉勋章等数十项殊荣，并自2007年起，连续入选美国《工程新闻记录》杂志评选的全球最大250家国际工程承包商榜单，2016年位列第104位。此外，公司同时担任中国对外承包工程商会副会长、中国中日研修生协力机构副会长、中国外派海员协调机构副会长等职务。

结合国家"一带一路"建设等重要政策举措，公司积极履行企业社会责任，注重可持续发展，创造了健康和谐的良好发展环境。在"筑梦全球，乐活世界"的愿景指引下，公司上下秉持"诚信、包容、关爱、创新、卓越"的核心价值观，朝着宏伟的战略目标砥砺前行。

十八　烟台国际经济技术合作集团有限公司

烟台国际经济技术合作集团有限公司是由国家商务部授权经营，主营业务涵盖日本技能实习生、国内外建筑工程、房地产开发、教育、金融投资、国际贸易、运动健身等，实行集团化运营。

公司成立30多年来，矢志不渝地致力于"赴日研修、改变人生、出国劳务、富民强国"事业的追求和发展，在行业内享有盛誉。作为行业龙头，公司蝉联"全国对外劳务合作行业企业信用评价AAA级信用企业"（烟台市唯一一家），是中日研修生、技能实习生合作优秀派遣机构，连续多年获评"山东省外经贸优秀企业"，并荣获"烟台市对外开放30多年功勋企业"等荣誉称号。

面向未来，公司将继续秉承"创造无限、诚信永远"的经营宗旨，全面加快"走出去"步伐，依托和服务于"一带一路"的国家建设，不断拓展新的发展领域，努力打造长青基业，让"烟台国际"品牌走出中国，走向世界。

十九　中国江苏国际经济技术合作集团有限公司

中国江苏国际经济技术合作集团有限公司（以下简称中江国际）前身为1980年12月经国务院批准成立的中国江苏国际经济技术合作公司，是全国最早获批拥有对外经营权的8家综合性国营外经企业之一，系江苏省大型国有独资公司。集团公司注册资本金5亿元人民币，资产总额182亿元，所属二级经营机构40家。

中江国际坚持国际化战略、多元化战略和人才强企战略，以"国际知名、国内一流"企业为发展愿景，以转型升级、创新发展为动力，大力弘扬"合作、超越、尽责、守信"的企业精神，致力于做大做强国际工程、国内工程、国际贸易和城镇投资四项主营业务，做优做专咨询服务和国际劳务两项辅营业务，推动国内外两个市场、各产业板块之间协同发展，打造国内外项目投（融）资、建设、运营产业链和价值链，积极构建新一轮发展的竞争新优势。

中江国际拥有国家商务部授予的对外承包工程和劳务合作经营权、进出口贸易经营权、对外援助成套项目施工任务和对外援助物资项目A级实施企业资格；国家住建部授予的房建工程施工总承包特级资质、市政公用工程总承包一级资质、建筑行业设计甲级资质、人防工程和防护设施专业设计甲级资质及建筑装修装饰、机电设备安装、钢结构、建筑幕墙、电子与智能化等专业工程承包一级资质；通过ISO9001质量管理体系、ISO14001环境管理体系和GB/T28001职业健康安全体系认证。

经过30多年发展，中江国际已成为年营业收入近200亿元、市场遍布全球数十个国家、产业多元化的跨国经营公司，连续22年被美国《工程新闻记录》评为"全球最大的250家承包商"，荣膺"中国服务业500强企业""中国建筑业综合竞争力百强企业""全国优秀施工企业""中国对外贸易500强企业"等称号，被江苏省名牌战略推进委员会授予"江苏服务业名牌"。

二十　中国大连国际经济技术合作集团有限公司

中国大连国际经济技术合作集团有限公司是经中华人民共和国国务院批准成立，是以对外经济、技术合作业务为主的综合性大型国有企业集团。

公司业务涉及工程承包、国际劳务合作、房地产开发、远洋运输、国际贸易、远洋渔业、生物制药等领域，在新加坡、苏里南、俄罗斯、加蓬、几内亚、塞拉利昂、阿根廷、西班牙、韩国和日本等国进行投资并设立了分支机构，与世界30多个国家和地区的数百家客户建立了友好、稳定的经贸合作关系。

公司构建了公司制的现代企业管理体制，拥有一支千余人的高素质、专业化员工队伍，形成了"携手合作、立业五洲"的企业精神。经过多年发展，公司逐步树立起良好的品牌形象，被评为国家级"守合同、重信用"单位。

二十一 中国山东国际经济技术合作公司

中国山东国际经济技术合作公司是经国务院批准成立的大型外经企业集团，2008年成为山东省最大的国有企业山东高速集团的全资子公司，主营业务涵盖境外投资、国际承包工程、国家经援项目承建、人力资源合作与交流、留学、培训等多个领域，在境外投资建设的基础设施项目遍及五大洲106个国家和地区，在国际市场上具有较高声誉。

多年来，公司依托山东高速集团雄厚的实力背景，凭借一批优秀的国际商务、工程、投资管理人才，以及多年积累的对外经济合作经验，积极开拓国际市场，广泛开展国际合作，通过转方式、调结构，深化转型升级，在经济发展的浪潮中迅速崛起。作为山东高速集团实施国际化战略的平台和窗口，正积极开拓国际港口、路桥、能源、农业、国际人才交流和培训等领域业务。

公司通过了ISO9001质量管理体系、ISO14001环境管理体系、OHSAS18001职业健康安全管理体系国际认证，先后获得"中国500家最大服务企业第41名""海关信得过企业""中国对外承包劳务最大50家公司之一""山东省最佳对外承包劳务企业"等荣誉称号。公司作为中国对外承包工程商会理事和国际公司工作委员会副会长、山东省对外承包劳务商会会长，为推动中国与世界各国经济技术合作做出了重要贡献。

二十二　中国江西国际经济技术合作公司

中国江西国际经济技术合作公司是1983年经国务院批准成立，隶属于江西省人民政府的大型综合外向型国有企业。公司主要经营境内外工程承包、境内外房地产开发、对外劳务合作、矿产资源开发、对外贸易、建筑设计和设计咨询，承担国家对外经济援助项目等。

具有建筑工程、市政公用工程施工总承包一级资质和中国政府对外援助项目实施A级资质，具有水利水电工程、市政公用工程、机电设备安装工程、电梯安装工程、体育场地设施工程等十余项施工总承包和专业承包资质，在博茨瓦纳、津巴布韦、赞比亚、肯尼亚、加纳等国家取得水利工程、设计、土建工程、道路桥梁等十余项当地最高等级总承包资质。

公司在国际工程承包领域享有较高的知名度，系中国对外承包工程商会副会长单位，江西"走出去"战略合作联盟轮值主席单位，江西国际商会会长单位。连续四次获得中国对外承包工程和对外劳务合作双"AAA"级信用等级评价，荣获中国对外承包工程企业履行社会责任金奖，获评对外承包工程企业社会责任绩效评价领先型企业。自2003年以来连续16年入选全球250家（2012年以前为225家）最大国际承包商行列，且位次不断前移，2018年名列第92位。对外承包工程新签合同额和营业额连续五年双双进入全国50强，2017年分别名列第28位和第36位。

二十三　中国沈阳国际经济技术合作有限公司

中国沈阳国际经济技术合作有限公司于1984年经中华人民共和国国务院批准成立，为沈阳市人民政府直属国有企业。公司是沈阳市唯一一家开展综合类对外经济技术合作业务的专业公司。主要从事国内外承包工程、国家援外工程、境内外投资经营、对外劳务合作、进出口贸易等业务。

公司具有中国政府对外援助项目实施A级资质，对外援助物资项目实施B级资格。获得国家建设主管部门颁发的房屋建筑工程施工总承包、市政公用工程总承包、机电安装工程总承包、建筑装修装饰工程、建筑智能化工程、钢结构工程等一级或专业承包资质；在塞舌尔、喀麦隆、科摩罗、多哥、阿尔及利亚、布基纳法索、蒙古、越南、柬埔寨等国具有房建、路桥的总承包资质。公司通过了质量管理体系ISO9001：2008、环境管理体系ISO14001：2004、职业健康安全管理体系GB/T 28001—2001认证。

公司成立以来，以其自身的实力和特色同世界70多个国家、地区的客户建立了经济技术合作关系，在亚、非、拉等30多个国家承建了200余项工业民用建筑、水利电力、港口、市政公用工程等国际承包和国家援外工程项目，先后向日本、韩国、新加坡、约旦、沙特阿拉伯、美国、俄罗斯、澳大利亚等国家和地区派遣各类劳务人员7万余人次，与多个国家开展了境外合资合营、进出口贸易业务。近年来公司大力开展国内工程开发、建设，境内外业务累计实现营业额30多亿美元。并连续多年入选全球225家最大国际承包商，所承担的国家援外工程均被评为优良工程。

二十四　中国国际海运集装箱（集团）股份有限公司

中国国际海运集装箱（集团）股份有限公司，是世界领先的物流装备和能源装备供应商，总部位于中国深圳。公司致力于如下主要业务领域：集装箱、道路运输车辆、能源化工及食品装备、海洋工程、物流服务、空港设备等，提供高品质与可信赖的装备和服务。支持这些业务蓬勃发展的有：提供专业资金管理的财务公司，以及提供金融解决方案的融资租赁公司。作为一家为全球市场服务的多元化跨国产业集团，中集在亚洲、北美、欧洲、澳洲等地区拥有300余家成员企业及3家上市公司，客户和销售网络分布在全球100多个国家和地区。2017年，5万优秀的中集员工，创造了约763亿元的销售业绩，净利润约25亿元。

中集集团于1980年1月创立于深圳，由招商局与丹麦宝隆洋行合资成立，初期由宝隆洋行派员管理。1994年公司在深圳证券交易所上市，2012年12月在香港联交所上市，目前是A+H股公众上市公司，主要股东为招商局集团、中国远洋海运集团和弘毅投资等。诞生时即深深植入的国际化基因，出类拔萃的公司治理结构，长期以来对于技术创新和管理效率的不懈追求，使得中集快速成长为在全球多个行业具有领先地位的企业。

作为一家为全球市场服务的跨国经营集团，中集集团在亚洲、北美、欧洲、澳洲等地区拥有200余家成员企业，客户和销售网络分布在全球100多个国家和地区。2013年，6.4万优秀的中集集团员工，创造了578.7亿元的销售业绩，净利润21.1亿元。2016年8月，中国国际海运集装箱（集团）在"2016中国企业500强"中排名第232位。2018年10月11日，福布斯发布2018年全球最佳雇主榜单，中集集团位列第

367位。

二十五　物产中大集团股份有限公司

物产中大集团股份有限公司的发展深深根植于浙江改革开放的历史。前身为浙江省物资局，1996年改制为集团公司，2007年与中大集团股份有限公司合并，2016年完成混合所有制改革并实现整体上市，是全国国企改革十二个样本之一。

集团坚持"一体两翼"战略，主营商贸流通、金融投资和高端实业，拥有各级成员公司350余家，员工近2万人。自2004年起稳居浙江省百强企业前两位，是全国首家获评双AAA主体信用评级（评级机构：中诚信、大公国际）的地方流通企业，2011年以来，连续跻身世界500强，2018年7月，美国《财富》杂志发布2018年世界500强排行榜，物产中大集团排名第270位。2017年营业收入超过2,762亿元人民币，2004年至2017年，营业收入、利润总额、净资产复合增长率分别高达18.05%、17.11%、21.68%。

物产通全球，服务惠天下。坚定不移走专业化之路，变革创新，追求价值创造，不忘初心，砥砺奋进，加快实施"流通4.0"，深耕二次混改，致力于打造具有国际竞争力的产业生态组织者。与时代脉搏同频共振，优化产业布局，继续巩固中国供应链集成服务引领者地位，积极拓展基金投资、期货经纪、融资租赁、财务投资等金融业务，大力发展低风险、抗周期性的环保发电、水务等公用事业以及医药医疗、养生养老等大健康产业，推动集团全球化进程，为广大客户、员工和投资者创造新价值。

二十六　重庆刘一手集团

重庆刘一手集团是一家大型火锅连锁餐饮公司。公司门店目前已遍布全球，并多次获得中国火锅50强、中国名火锅等荣誉，享誉全球。

建店的初衷是经营"小家"，而后来的事业是成就"大家"！逐梦商海，刘一手从一个200平方米的街边小店发展成目前在全国拥有500余家分店，遍及中国31个省、自治区、直辖市，解决就业岗位6万余个，为1,000多人圆了创业梦。

刘一手集团自2009年至今在全球建立了20余家分店，拥有北美、欧洲两大分公司，门店分布于美国、加拿大、阿联酋迪拜、法国、澳大利亚、印度尼西亚巴厘岛、日本、新加坡、韩国、老挝、新西兰等11个国家和地区。为践行国家战略迈出了坚实的步伐，体现了民营企业的担当和责任。

历经17年的拼搏进取，刘一手集团旗下现包含"刘一手火锅、刘一手心火锅、刘口水老火锅、六十一度老火锅、流口水火锅小面、曼客小牛"等多个品牌；先后荣获"重庆市著名商标、2016年中国餐饮百强企业、2015中国火锅50强企业、中国名火锅、中国10大火锅品牌、中国十佳火锅连锁品牌、中国十佳火锅连锁品牌、重庆名火锅、2017年度中国十大火锅品牌"等诸多荣誉，企业年创营业总额超过37亿元，成为一家全球知名的国际化餐饮企业，集合了餐饮管理、饮食文化研究、酱料研发生产、绿色食材种养殖开发、新品牌孵化、国际餐饮拓展、餐饮人才教育培训及餐饮互联网大数据平台等数十家全资或控股子公司。

刘一手集团将携手全球刘一手人为构筑"'一带一路'国家建设，美食先行火锅引领"的宏伟蓝图而不懈追求！

二十七　中腾时代集团

中腾时代集团始建于1993年，是以古典红木家具研发制作销售、木材销售流通、文化创意产业为主，集投资、专业建材市场开发、贸易、金融等于一体的多元化企业。

集团国际木业板块以大宗木材进口贸易为主线，商业渠道覆盖全球30多个国家和地区，在国内15个省市拥有分销渠道和代理合作机构，年贸易总量近30亿元人民币。

集团金融板块以交易所业态为主线，控股北京木交所、大同林交所和大同票交所三家交易所，致力于打通传统木业+互联网+金融的新型产业链条，发展视野正逐步延伸到国际化、综合性的商品交易领域。

集团文化地产板块以弘扬中华传统文化为主线，分别在福建莆田和北京平谷规划建设两个红木文化产业园，总占地面积超过300亩，投资总额超过10亿元。以"回味中华盛世，雕琢建筑精品"为理念，开创了红木文化产业园综合开发运营的商业典范，成为京闽两地旅游观光、商贸荟萃、文化交流、扶持双创的新地标。

集团电商投资板块以现代绿色林木精品电商为主线，投资5,000多万元，控股北京和木家科技有限公司，以"线上+线下""消费+投资""合伙+孵化"三维矩阵的商业模式为核心，借力资本和技术优势，致力于创建中国绿色林木精品产融结合与高品质垂直电商服务体系。

集团中式家居业务板块以中式家居整体解决方案为主线，控股北京瑞祥安古典家具有限公司，福建瑞祥安古典家具有限公司，年产值超过10亿元人民币。十年磨一剑，以"诚以瑞祥，德而有安"的大工匠精神，从红木家具生产不断延展到中式家居设计、定制化生产加工、装饰装修等全套解决方案，塑造了瑞祥安中国京作家具传承人和中国红木十大品牌的企业形象和卓越的市场口碑。

◇◇第八节 基础设施

一 中国化学工程集团有限公司

中国化学工程集团有限公司是国务院国资委直接监管的大型工程建设企业集团,是我国工业工程领域资质最为齐全、功能最为完备、业务链最为完整、知识技术相对密集的工程公司;是国内最早开展对外工程承包的企业之一。自1995年以来连续被美国权威刊物《工程新闻记录》(ENR)发布为全球最大的250家承包商之一,2017年度名列第38位。2018年10月,中国化学工程集团有限公司登上福布斯2018年全球最佳雇主榜单。

60余年来,公司始终致力于我国的工业体系建设,专注于化工、石油化工、电力、市政、建筑、环保等工程建设、服务及相关业务,承建了我国绝大部分化工、部分石油化工和炼油项目及一大批电力、建筑、市政、环保、医药等领域的工程项目,为构筑共和国的工业体系,推进国民经济发展以及我国化工、石油化工工业整体水平的提高做出了重要贡献,开创了我国以工程总承包带动成套设备出口的先河。

在经济全球化的时代背景下,企业面对的市场是更广阔的国内和国际化平台。中国化学工程集团公司集承包商、投资商、专利商功能于一体,拥有近千项专利和专有技术,在工艺技术、工程技术和项目管理技术等方面一直保持领先优势;与多家金融机构建立长期稳定的合作,可以采用买(卖)方出口信贷等方式融资;还可为业主提供EPC、PMC、BLT、BOT、BOOT等多种形式工程建设服务。业务范围遍及世界40多个国家和地区，公司品牌在国际市场上具有一定的影响力，承揽、设计并建造了大量具有标志性和代表性的化工、石油化工、炼油等行业的工厂或装置，并获得多项优质工程项目奖。

二　中国港湾工程有限责任公司

中国港湾工程有限责任公司成立于20世纪80年代，是世界500强企业中国交通建设股份有限公司的全资子公司，代表中国交建开拓海外市场。目前中国港湾在世界各地设有90多个分（子）公司和办事处，业务涵盖100多个国家和地区，在建项目合同额约300亿美元，全球从业人员超过15,000人。"CHEC"已成为国际工程行业美誉度很高的知名品牌。

中国港湾从创建初始，便跻身于风云变幻的国际市场。以一体化服务为己任，形成了针对不同需求和细分市场的服务阵列，以及适应经济全球化和产业快速发展变革的公司运行机制。业务主要集中在交通基础设施建设方面，核心事业拓展到海事工程、疏浚吹填、公路桥梁、港口机械、勘察设计五大业务领域，涉及沿海及内河的港口港湾和船坞与船台、疏浚、路桥、隧道、机场、水利、环保、市政、工民建、港口机械、航标制造安装、勘察设计、工程监理、外经外贸等多项业务。依靠中国港湾的信誉和实力，充分发挥融资功能，形成以一体化服务为基础，涉及设计总承包、工程建造总承包、BT、BOT、EPC、MPC等多种服务模式。

中国港湾坚持产业引领，积极推动"五商中交"海外落地，在海事工程、疏浚吹填、道路桥梁、轨道交通、航空枢纽、市政环保、成套设备等领域，具有覆盖全产业链的投建营一体化能力，凭借资金、技术、营销、人才、设备等方面的优势，中国港湾为全球客户提供优质服务，建设了一大批具有国际影响的标志性工程，先后荣获"中国建筑工程鲁班奖""中国土木工程詹天佑奖""国家优质工程金奖""布鲁内尔奖""ENR全球优秀项目奖"等一系列重要奖项。

在"一带一路"倡议的指引下，中国港湾成为沿线国家经济社会发展的参与者，公共服务的提供者。为所在国的经济社会发展做出了积极贡献。

三 中国海外港口控股有限公司

中国海外港口控股有限公司是一家在香港成立的新兴、快速发展的公司，其在巴基斯坦的子公司负责自由区、港口、海事服务和物流领域的开发和经营。

中国港控目前下设四家子公司，包括中国港控（巴基斯坦）公司、瓜达尔码头公司、瓜达尔海事服务公司、瓜达尔自由区公司，系统化为前往瓜达尔港参与开发的公司提供服务。

中国港控于2013年接管了瓜达尔港及923公顷自由区的开发权和运营权。

计划共分4个阶段开发，于2015年至2030年15年的时间来完成。当前已实施了一整套务实发展，不仅继续港口的基础设施建设，修复港口各项功能，并加快配套设施和民生项目如学校、职业培训、海水淡化、照明等项目以及机场、通港公路等的设计和建设，同时筹组瓜达尔自由区建设。作为巴基斯坦的第三大港，瓜达尔港是南亚和中东地区的重要深水港，具备极其重要的战略位置，也是中巴经济走廊（CPEC）和21世纪海上丝绸之路的重要节点和旗舰项目。我国的"一带一路"倡议将和巴基斯坦的"2025年愿景"高度对接，从而让巴基斯坦将自身的地缘战略地位转变为地缘经济优势，让巴基斯坦成为南亚乃至辐射中亚地区的商贸中心,由中国海外港口控股有限公司开发运营的瓜达尔港将在这一进程中扮演重要角色,致力于将其发展成为区域的重要枢纽。

四 岚桥集团

岚桥集团是一家以基础设施和能源产业为核心,拥有多个产业实体的综合性企业集团。岚桥集团重点围绕基础设施和能源产业,进行产业链的优化整合,打造企业核心竞争力,已形成港口物流、石油化工、文化旅游等主要产业,国内外总资产价值516亿元,是山东省大型民营企业集团之一。

岚桥集团2004年投资兴建岚桥港,构建港口物流产业的战略发展布局,在黄海海州湾北岸规划建设年通过能力3亿吨、50余个泊位的深水大港。岚桥港于2009年6月正式对外运营,2011年8月被山东省政府批准为国家一类开放口岸,现已建成16个泊位。目前,岚桥集团以港口为载体集港口装卸、仓储物流、国际贸易、船舶代理、外轮供应于一体的港口物流产业链已经形成,岚桥港已成为我国最大的民营港口。

岚桥集团坚持合作共赢的理念,主动走出国门,参与国际竞争,为世界经济贡献"中国力量",2014年成功收购澳大利亚上市公司——西部能源公司,2015年通过竞标方式获得澳大利亚达尔文港99年产权。以岚桥港、达尔文港、玛岛港,三港互联互通,助力"一带一路",努力把岚桥集团建设成为具有一定影响力的现代化国际企业集团。

五 中铁十八局集团有限公司

中铁十八局集团有限公司为世界500强企业中国铁建的旗舰企业,组建于1958年10月,是全国首批工程施工总承包特级企业,并具有对外承包工程资质和对外经营权,可承担铁路工程、房屋建筑工程施工总承包特级;公路、水利水电、市政公用工程施工总承包一级;隧道、桥梁、城市轨道交通、机场场道、公路路面工程专业承包一级、地质灾害防治工程施工甲级资质、建筑行业甲级设计资质经营范围的施工和设计项目。

2008年3月随中国铁建股份有限公司整体上市。现辖11个全资子公司,4个专业分公司,10个区域经营指挥部和若干个工程指挥(项目)部。全集团公司注册资本金30亿元,资产总额371亿元。拥有以TBM全断面隧道掘进机、盾构机和900吨梁制运架设备为代表的各类机械设备7,500多台(套),年施工生产能力600亿元以上。

中铁十八局始终与时代同步,近60年的发展历程中,创造了优良的施工业绩。先后参加了100多条铁路新线、复线施工和京津城际、京沪高铁、武广客专等52条高铁、城际铁路、客运专线建设;巩固并拓展了北京、天津、上海、重庆、广州、深圳等29个大中城市的轨道交通市场;承建了工业与民用建筑工程670多项,市政工程1,350多项,大型水利与电力工程260多项,修建了京沪、京沈、武昆、大广等高速公路200多条,总里程超过3,000公里;承接了17个国家和地区的180多项海外工程;实施了30多个投融资项目,总投资400多亿元,开发运作的房地产项目,总建筑面积200多万平方米。所承建的工程大面积创优,相继获得国家优质工程数个奖项。

中铁十八局集团有限公司将继续开拓和统筹国内和国际两大市场,大力实施转型升级、创新驱动、管理提升、协同发展四大战略,努力建设"新时代质量效益型现代化企业集团"!

六 广东合力建造科技有限公司

广东合力建造科技有限公司是一家致力于建筑工业化与住宅产业化的国家高新技术企业。合力建造致力于"住宅建筑"的工业化和产品化，目前已形成体系性的自主知识产权体系，已有发明专利等18项，在申请专利20多项，2018年度计划专利30多项，逐步形成了从基础安装、结构体系、机械制造、施工工艺到节点构造全系统的专利体系。2017年获得高新技术企业认证，广东省工程勘察设计行业协会科技创新一等奖两项、二等奖两项，参与编制广东省装配建筑设计规范，并与英国剑桥建筑研究中心、香港科技大学先进材料研究院、亚热带建筑科学国家重点实验室、广东省建筑科学研究院、白俄罗斯国立工业大学等世界各地科学研究机构建立学术联系和开展共同课题研究。

合力建造的装配式工业住宅体系给世界住宅产业带来了巨大的变革。目前与合力建造进行项目商务洽谈联系的"一带一路"国家和地区已有巴拿马、巴西、文莱、马来西亚、南非、卢旺达、科特迪瓦、加纳、澳洲、巴布亚新几内亚、菲律宾、俄罗斯、刚果金、安哥拉等20多个，涉及项目超过100亿美元。其中卢旺达国家发展委员会与合力建造已签订15万套保障房建设的合作备忘书，刚果（金）政府50万套保障房的计划也在商议签订中。随着项目的优选和落实，合力建造将打开一个千亿级的规模产业并保持持续的科技创新动力。

七 龙浩集团有限公司

龙浩集团有限公司是一家聚焦重大基础设施建设和航空产业发展的大型国际化企业。龙浩集团旗下拥有浩邦建设集团有限公司、龙浩航空集团有限公司、龙浩机场集团有限公司、龙浩基建集团有限公司等多个子集团和70多家具有相关资质的子公司，并在全国设有20多家区域（分）公司。

龙浩集团已取得公路工程施工总承包一级资质等10多项专业资质，投资建设、经营管理了多个高速公路项目，总里程约1,000公里，总投资超过1,000亿元；依托在高速公路领域的工程设计、施工建设、投融资能力，龙浩集团投资建设了云南凤庆中心城区供水工程PPP项目和长春空港产业园市政项目等，积极参与各地方政府PPP项目投资。

为响应国家"一带一路"倡议及新兴产业规划，龙浩集团成功承办了连续三届"空中丝绸之路国际论坛"。龙浩集团致力于打造业务覆盖机场投资建设与运营管理、低空飞行信息服务、货运航空、通用航空、飞行培训、航空港经济区开发的航空全产业链。机场建设运营方面，布局由运输机场和通用机场组成的"1+8+N"机场网络，截至目前已与120多个地方政府签署了合作协议，并围绕机场打造航空港经济区和航空小镇。

航空产业方面，龙浩集团组建121部航空公司、135部通用航空公司和多家141部航校，并与军方、民航局紧密合作，建设网络化低空飞行信息服务与保障系统，实现机场、航路、航线及主要区域的低空监管，提供低空通航飞行信息服务。目前，广东龙浩航空有限公司已有6架波音737货机投入运营并开通了十几条货运航线；龙浩通用航空有限公司具备CCAR91部、135部运行资质和145部维修资质，已开通克拉玛依—博乐短途客货运航线、克拉玛依—魔鬼城及博乐—赛里木湖两条低空旅游航线；四川龙浩飞行驾驶培训有限公司正在培训100多名商照学员，湖北航校已于2018年4月启动训练，新疆航校已通过CCAR-141部运行资质审定。

龙浩集团以"践行国家战略、共享发展成果，与地方经济共同成长"

为发展策略，紧跟国家经济与社会发展动向，科学制定企业发展战略规划，为实现航空腾飞的伟大事业不懈奋斗。

八　中阳建设集团有限公司

中阳建设集团有限公司业务涉及四大板块：中阳工程、中阳资本、中阳工业及中阳地产。其中中阳工程板块是中阳建设集团的核心业务，年经营规模逾20亿美元，跻身江西省民营企业20强。

中阳工程分为国内国外两个市场。集团现有房屋建筑工程施工总承包特级资质及建筑行业（建筑工程、人防工程）设计甲级资质，公路工程、市政公用工程、机电工程一级施工总承包资质，以及地基基础、建筑装修装饰、消防设施、钢结构等四项专业承包一级资质。业务遍布全国22个省、市、自治区。同时，集团还具有国家商务部对外援助成套项目总承包企业资格，在赞比亚、埃塞俄比亚、吉布提等国家设立海外分公司并积极拓展对外投资和工程建设项目。目前，集团在海外承接的医院、学校、社保大楼、粮库、教师住房等项目正在快速建设中。

中阳资本的投资领域主要在基础设施、产业园区、新型建材、房地产和新能源开发方面，近年也积极探索生态农业、酒店业和银行业的投资。集团先后在非洲参与了赞比亚、吉布提、埃塞俄比亚等国的投资项目建设。

中阳工业主要涉及装配式建筑及新型建材研发生产。集团投资的装配式建筑生产基地是抚州市首家装配式PC构件生产企业，以打造成国家级装配式建筑产业基地为目标，以国内外先进技术力量为支撑，致力于建设从建筑设计、构件生产、构件研发、施工安装到人才培训等装配式建筑全产业链体系。集团全资子公司——中阳德欣科技有限公司致力于新型绿色建材的研发生产，研发生产的新型建筑塑料复合模板质量指标国内领先,是全国建设行业科技成果推广项目,全面建成后将成为全国规模最大的塑料模板生产基地,为推进建筑业"以塑代木""以塑代钢",实现行业节能环保发展做出贡献。

九 塑和集团

塑和集团为一家集科技、产业、文化、地产、投资五大业务板块于一体的多元化产业集团,下属企业15家。从最初的建筑装饰、园林领域扩展到科技、文化、教育、投资、房地产开发领域,积聚了厚实的事业基础,成功构建了以产业园区投资开发和营运为一体的业务模式。集团目前在深圳华侨城、坂田、福永、观澜等地已有一系列产业园区项目在建及处于前期阶段,将在深圳及粤港澳大湾区的核心区域提供超过100万平方米的优质产业空间,全面打造创造中心CBD——中小企业总部集聚基地和新兴产业服务基地,成为国际化生态型的湾区产业核心。

塑和集团目前全面推进一大批重点产业项目。其中:中国新产业(深圳·塑和)促进中心、塑和·中关村青创南方总部、中国中小企业(深圳·塑和)科创基地、塑和科技国际共享实验室、塑和技术转移中心、塑和国际云教育平台、塑和文化产业综合平台等项目正加快落地,通过建立产、学、研全周期的产业体系,在空间载体、高新技术、投融资、市场应用等方面提供立体式创新服务体系,推动深圳在新兴产业领域快速发展。

塑和集团中长期发展战略规划至2035年,塑和集团将发展成为投资超过50家规模以上"科技+"实体企业、总产值超100亿元,投资总额超200亿元,开发建设运营产业载体超过100万平方米的大型综合性企业集团。

十　中进控股集团有限公司

中进控股集团有限公司为国有建筑公司，经改制与重组，从单一的建筑行业起步，快速发展成为多元化投资控股公司。

中进建设集团经营范围包括建筑施工、市政设施施工、建筑设计、机械设备租赁、建材生产销售等，其中，商品混凝土生产线和沥青生产线，皆属目前国内乃至世界最先进的生产线，可以实现真正意义上的无污染的零排放。自主品牌的建筑相关产品，使中进建设日趋成为一家产业链完整、专业门类齐全、市场准入条件好的建设集团。

中进控股积极推进国际化发展战略，将业务陆续扩张到境外，是广西唯一一家对欧洲投资的企业，并连续两年荣获"对外投资先进企业"的称号。先后全资控股成立了香港粤翔（亚洲）商贸有限公司、中进国际香港投资有限公司和瑞典中进投资有限责任公司。中进控股于2014年收购了位于瑞典厄勒布鲁省卡尔斯库加市大型机床车削公司（Karlskoga Automatsvarvning）和Hartivig工业技术有限公司两家公司，计划成立中进瑞典精工制造集团，完成立足广西，面向全球发展的战略布局，逐步实现品牌、市场、团队、技术、管理与国际化标准接轨。

近年来，中进控股根据国内国际经济形势的变化，充分利用国家"一带一路"的有利政策，不断扩大和深化业务范围，除了传统的建筑产业，还涉及石油化工、精工制造、建材生产等多个领域，业务遍及国内外。

十一　中国建筑第三工程局有限公司

中国建筑第三工程局有限公司是世界500强（排名第24位）企业，

是中国建筑股份有限公司的重要全资子公司。1965年7月经国务院批准成立,连续7年排名中国建筑业竞争力百强企业榜首。

中建三局坚持建造与投资"两轮"驱动发展战略,如今已发展成为年合同额超3,500亿元,营业收入超1,800亿元的大型企业集团。

中建三局充分利用已有的技术优势,在超高层建筑施工、复杂空间钢结构建筑安装、特殊构筑物施工、大型工业建筑施工、清水混凝土施工、高级装饰施工、复杂深基础施工、超厚钢板焊接、大型超长预应力张拉施工、计算机信息技术等方面具有独特优势,达到国内和国际先进水平。

中建三局"两轮驱动"。通过创新商业模式,促进企业转型升级,推动中建三局由一般性房屋承建商向高端化综合建设服务商转变,由传统施工企业向建造商、投资商、运营商一体化的现代综合企业集团转变,业务国内全覆盖,海外业务已覆盖南亚、东南亚、中亚、中东、北非、南美等区域。截至目前海外中标额93.75亿元,新签合同额33.22亿元,产值39.94亿元。中建三局"十三五"海外经营目标,加快融投资带动总承包步伐,实现房建、基础设施、工业与能源领域共同发展,扩大海外市场布局,即2020年,实现海外签约额300亿元人民币。

中建三局将建设为中国建筑业最具价值创造力的现代化企业集团,力争成为成长性、创新性、持续性和信誉度最好的企业。达到世界企业500强的标准。

十二 中国铁建股份有限公司

中国铁建股份有限公司2008年3月10日至13日分别在上海和香港上市。公司注册资本135.8亿元。中国铁建是中国乃至全球最具实力、最具规模的特大型综合建设集团之一。2014年世界500强企业排名第79

位，中国企业 500 强排名第 11 位。

公司业务涵盖工程承包、勘察设计咨询、房地产、投资服务、装备制造、物资物流、金融服务以及新兴产业。经营范围遍及包括台湾省在内的全国 32 个省、自治区、直辖市和香港、澳门特别行政区，以及世界 116 个国家。已经从以施工承包为主发展成为具有科研、规划、勘察、设计、施工、监理、维护、运营和投融资完整的行业产业链，具备了为业主提供一站式综合服务的能力。在高原铁路、高速铁路、高速公路、桥梁、隧道和城市轨道交通工程设计及建设领域确立了行业领先地位。

中国铁建正向"建筑为本、相关多元、协同一体、转型升级，发展成为技术创新国际领先、竞争能力国际领先、经济实力国际领先，最具价值创造力的综合建筑产业集团"的发展战略迈进。

十三 中国交通建设股份有限公司

中国交通建设股份有限公司是全球领先的特大型基础设施综合服务商，主要从事交通基础设施的投资建设运营、装备制造、房地产及城市综合开发等，为客户提供投资融资、咨询规划、设计建造、管理运营一揽子解决方案和一体化服务。

中国交建在香港、上海两地上市，公司盈利能力和价值创造能力在全球同行中处于领先地位。2018 年，中国交建居《财富》世界 500 强第 91 位。

目前，中国交建是世界最大的港口设计建设公司、世界最大的公路与桥梁设计建设公司、世界最大的疏浚公司、世界最大的集装箱起重机制造公司、世界最大的海上石油钻井平台设计公司；是中国最大的国际工程承包公司、中国最大的高速公路投资商；拥有中国最大的民用船队。

中国交建有 60 多家全资、控股子公司。其中有作为中国诸多行业先行者的百年老店；有与共和国一同成长壮大的国企骨干；有在改革开放大潮中涌现的现代企业；有推动公司结构调整而成立的后起之秀；有并购而来的国内外先进企业。

中国交建从事相关业务已有一百多年历史，产品和服务遍及150多个国家，通过几代员工的持续努力，建设了一大批代表世界、代表时代最高水平的交通基础设施，为客户提供了成熟完备的服务，形成了全球领先的技术体系。

中国交建确立了中长期发展目标：到2035年左右，建立起全球产业链和全球化治理的体制机制，跨国指数超过50%，基本完成由一流跨国公司向一流全球公司的转型。

十四 中国建筑集团有限公司

中国建筑集团有限公司是我国专业化发展最久、市场化经营最早、一体化程度最高、全球规模最大的投资建设集团。中建集团主要以上市企业中国建筑股份有限公司为平台开展经营管理活动，拥有上市公司7家，二级控股子公司100余家。

中国建筑营业收入平均每十二年增长十倍。截至2018年10月，公司海外业务新签合同额182.22亿美元，完成营业收入93.26亿美元，实现利润总额6.91亿美元，位居2018年度《财富》世界500强第23位、《财富》中国500强第3位、全球品牌价值500强第44位，获得标普、穆迪、惠誉等国际三大评级机构信用评级A级，为全球建筑行业最高信用评级。

中国建筑的经营业绩遍布国内及海外一百多个国家和地区，业务布局涵盖投资开发（地产开发、建造融资、持有运营）、工程建设（房屋建筑、基础设施建设）、勘察设计、新业务（绿色建造、节能环保、电子商务)等板块。"一带一路"倡议提出以来,公司海外业务快速发展,将致力打造具有全球竞争力的世界一流企业。

十五 中国海外集团有限公司

中国海外集团有限公司隶属于中国建筑工程总公司,目前拥有五家上市公司,市值合计超过 3,500 亿港元。业务领域以建筑、地产和基建投资为主体,悉心构建集投资、建造、运营和服务于一体的全产业链业务模式和竞争优势,创造与当代城市共生共赢共荣的价值体系。

房地产开发及物业投资方面,业务遍布中国港澳地区和内地 60 余个经济活跃城市,以及英国伦敦、美国纽约、澳大利亚悉尼等海外重点城市。

基础设施建设投资方面,投资建设总里程超过 1,600 公里的道路和桥梁等基础设施项目,以及总建筑面积超过 3,200 万平方米的保障性住房、医院和学校等社会性项目,实现"装配式建筑+""产业导入+""政府平台+"的"3+"差异化发展,适时拓展产业新城、片区综合开发等具有广阔前景的投资业务。

建造方面,"中国海外"持续研发崭新的建筑技术和方法,是香港最早获得 ISO9001、ISO14001 及 OHSAS18001 认证的大型承建商之一,持有香港五个最高等级 C 牌执照,可竞投标额不受限制的楼宇建筑、海港工程、道路与渠务、地盘开拓及水务等工程。

运营方面,"中国海外"构建业态多元、产业多样的城市运营产业群,打造产城融合新引擎,涵盖写字楼、商业中心、星级酒店、地铁上盖、旅游度假、现代物流等产业,积极拓展长租公寓、教育产业、养老产业等新产业。

服务方面,"中国海外"以精细化管理和人性化服务,开创了香港物业管理模式运用于内地、国内物业管理国际化输出等一系列行业先河，形成综合增值服务模式，业务分布于中国70余个主要城市，签约项目超过672个，服务面积超过1.3亿平方米。"中国海外"旗下华艺设计、中海监理等均以专业而高效的表现，在现代服务领域占据一席之地。

"中国海外"将发挥在"一带一路"倡议和粤港澳大湾区战略叠加的区位优势和先发优势，致力打造卓越的国际化投资建造运营集团，为未来城市和新型城镇化发展集成专业资源、提供系统解决方案，昂首迈向"二次创业"新征程。

十六　中建钢构有限公司

中建钢构有限公司是中国最大的钢结构企业、国家高新技术企业，隶属于世界500强中国建筑股份有限公司。中建钢构聚焦以钢结构为主体结构的工程业务，为客户提供"投资+建造+运营"整体解决方案。

中建钢构经营区域覆盖全国，下设东西南北中五个大区及现代化钢结构制造基地，制造年产能超过120万吨，位居行业首位；进入了港澳、东南亚、南亚、中东、北非、澳洲、美洲等国内外市场；响应国家供给侧结构性改革，与众多政府机构、大型投资商、骨干钢铁厂商、高等院校、科研机构、金融机构等达成战略合作伙伴关系。

中建钢构主营业务为高端房建、基础设施工程，通过钢结构专业承包、EPC、PPP等模式在国内外承建了一大批体量大、难度高、工期紧的标志性建筑。

中建钢构坚持科技创新，建立了高水平的研究院和设计院，形成了完整的研发设计体系。打造了具有自主知识产权的GS-Building、ME-House装配式钢结构建筑产品体系，承建了全国首条、世界最长的空中自行车高速公路——厦门云顶路自行车快速道示范段、全球首例填岛钢围堰工程、国内首个兆瓦级聚风发电系统。大力研发及实施了城市慢行系统、智能立体车库、中小跨径桥梁、海洋绿色人居系统建设等一系列新兴产品。

中建钢构正逐步实现从高端承建商向产品开发商、产业集成商转型，实现从建筑钢结构到钢结构建筑、从钢结构到"钢结构+"的转型，中建钢构秉承中建信条和铁骨仁心文化，继续坚持初心和愿景——成为全球最具竞争力的钢结构产业集团，将打造创新型、资本型、全球型企业作为长期的战略目标。

十七 中国中铁航空港建设集团有限公司

中国中铁航空港建设集团有限公司隶属于中国铁路工程总公司。2010年10月进行了改制重组，原中铁一局集团第一工程有限公司、中铁三局集团第一工程有限公司、中铁建工集团北京有限公司三支生力军整体划入。从此，中国中铁航空港建设集团以崭新的面貌，勃发的生机跻身于国内外建筑市场。

中国中铁航空港建设集团有限公司，注册资本9亿元，下辖15个子（分）公司，具有房屋建筑工程施工总承包特级、铁路工程建设总承包特级资质，公路工程总承包一级、市政公用工程总承包一级资质和机场场道、公路路基与路面、桥梁、隧道、装饰装修、钢结构、土石方工程专业承包一级资质，具有进出口贸易和劳务输出经营权。

中国中铁航空港建设集团有限公司所属子（分）公司，均为共和国建设史上的劲旅。60多年来，先后参加了国内外120余项长大铁路干线、客运专线及高速铁路工程建设，新建、改建、扩建铁路4,300余公里；参加了国内外140余项高等级和高速公路工程建设，累计完成新建、改建、扩建公路700余公里；承建了国内外120余项工业与民用建筑及国家重点公共设施工程建设，30多项机场新建、改建、扩建工程，40多项市政工程和城市轨道交通工程，30多项大跨度、高难度、新工艺的钢结构工程，50多项装饰装修工程以及大型水利水电工程，为国内外铁路、公路、城市交通、军用及民用机场、工业与民用建筑、水利水电工程建设做出了卓越的贡献。

十八　中铁十七局集团有限公司

中铁十七局集团有限公司是中国铁建股份有限公司旗下核心成员单位。2001年9月，企业建立现代企业制度，名称变更为"中铁十七局集团有限公司"。下设6个综合工程公司涵盖了建筑、电气化、轨道交通、市政、物资、房地产、股权投资、勘察设计、铺架、城市管廊、国际建设、西藏、大同13个专业公司（院），以及中心医院、物业管理中心、抢险救援队、北京事业部和工程检测中心共24个成员单位。

集团公司拥有承包境外工程、设备物资进出口和对外派遣劳务等涉外经营权，企业注册资本金300,372.44万元，年施工能力达500亿元以上。

多年来，企业经营业绩覆盖全国、辐射海外。先后承建了400多条铁路、500多条高速公路、50多条城市轨道交通和一大批市政、房建、水利、机场和"四电"等重点工程项目，建成了多项世界之最、亚洲第一和全国知名的地标式建筑，确立了在长大隧道、高难度桥梁、大型市政、房屋建筑、水利水电、民航机场、地下综合管廊等领域的竞争优势。修建了高精尖桥梁工程3,000多座。

中铁十七局积极践行国家"一带一路"倡议，以国际化视野把东南亚、南亚和非洲作为"大海外"布局的着力点和突破口，先后在巴基斯坦、印度尼西亚、老挝等7个沿线国家开展互联互通、产能合作、工业园区等基础设施建设，承建工程项目21个；在非洲8个国家承建工程项目72个，成为落实央企"走出去"战略的实践者和先锋队。

十九　青建集团股份公司

青建集团股份公司是一家大型综合跨国企业集团，是中国国际工程承包商会中排名第一的民营股份制企业，主要从事国内外工程项目建设与投资、地产开发、资本运营、物流、设计咨询等业务。

青建拥有行业内山东省首个国内领先的国家级技术中心；设立了行业内山东省首家博士后科研工作站；累计开发完成90余项国内领先以上水平的科技成果；荣获省部级以上科技奖400余项，"沿海混凝土结构耐久性理论及应用技术"等2项技术荣获国家科技进步二等奖。

青建集团自1983年开始走出国门开拓国际市场，目前市场已遍布亚洲、非洲、欧洲、大洋洲、美洲的30多个国家和地区。青建承建了多个国家的大使馆重点工程，6名员工获商务部"中国援外奉献奖"银奖。

青建在青岛、济南、北京、沈阳等国内十几个城市以及新加坡、澳大利亚、美国等海外国家开发商业和住宅地产，是第一家在新加坡开发建设DBSS项目、第一家标获高级私人公寓项目的外资企业。青建在强化主业的基础上，探索转型升级模式，开创了"多元化运营，专业化发展"的新格局，通过产融双驱，致力于打通建筑业的全产业链，在工程承建和房地产两大主业的带动下，产业链上游，资本运营业务快速增长，银行授信额度三年间增长了五倍，成立了山东省行业内第一家财务公司；设计咨询板块在国内外承接了20余个EPC项目，产业链下游，物流业务已在国内十几个省市开展业务，商品混凝土、机具租赁业务规模位居青岛首位。

二十　北京建工博海建设有限公司

北京建工博海建设有限公司是2007年由北京建工集团与青岛建设集团共同出资组建。企业下属有4个投资子公司，北京建工博海置业有限公司、北京恺建建筑工程有限公司、北京信远博恒检测科技有限责任公司、北京博海国际贸易有限公司。

北京建工博海建设有限公司具有辉煌的历史、雄厚的实力和显著的业绩。在不同的历史时期先后承建了人民大会堂、民族文化宫、中国科技会堂、北京西站、中国银行金融大楼、中国大百科全书出版社、北京月坛体育馆、北京东方广场、北京奥林匹克公园（B区）国家会议中心等一系列国家及省市级重点工程和标志性工程。

北京建工博海建设有限公司始终秉持"质量第一，塑造精品工程；用户至上，提供优质服务"的质量方针，近年来累计竣工建筑面积达450余万平方米。获得中国建筑工程鲁班奖5项、中国土木工程詹天佑大奖2项、国家优质工程1项、国家级工法4项；全国用户满意工程7项；被评为全国优秀施工企业、全国质量效益型企业、全国用户满意施工企业、北京市优秀建筑企业和北京市质量管理规范单位。

二十一　中国海外工程有限责任公司

中国海外工程有限责任公司系中国中铁股份有限公司全资子公司，作为中国中铁开展海外业务的"旗舰"，中海外是最早进入国际工程承包市场和劳务输出领域的国有企业，在国际工程承包、对外经援、资源开发、境外实业投资、劳务输出和进出口贸易、基建物资、房地产开发等领域具备雄厚实力，尤其在项目的运作、实施、管理及融资等方面优势显著。

20世纪90年代中期以来,中海外连年入选美国《工程新闻记录》全球最大225家国际工程承包商行列,在国际工程承包市场中树立了良好的企业信誉和知名度,在非洲、南部太平洋和东南亚等区域市场上,"COVEC"已发展成为著名的国际工程承包商品牌。作为最早进入国际工程承包、实业投资和劳务输出领域的中国企业,中海外在全球许多地区陆续承建大、中型项目1,000多个,累计合同额112.72亿美元,营业额77.2亿美元,进出口贸易额10亿美元,派出各类劳务人员5万余人次。

数十年来,在国家"走出去"战略的正确引导下,在母公司中国中铁的大力支持下,一代又一代的中海外人锐意进取,实干创业,足迹遍布非洲、亚洲、大洋洲、中东、南美等世界各地,并在全球20余个国家和地区设立分支机构,为当地的基础设施建设及经济社会发展做出了突出贡献。

二十二　中南建设集团有限公司

中南建设集团,成立于1988年2月,现有员工70,000余人,总资产逾2,000亿元,2017年总营收达1,536亿元,是南通市首个综合总营收超千亿的企业。

中南集团下设中南置地、中南建筑、中南土木、中南资本、中南金融、中南建投、中南工业七大产业板块及中南高科、中南教育、中南园林三大事业部,拥有424家公司,其中独立法人企业360家,子(分)公司64家,业务涵盖房地产开发、工程总承包、海绵城市建设、地下管廊建造、市政工程、轨道交通、安装、装饰、钢结构、能源、工程装备业、矿产、金融投资、商业运营等领域,业务遍及全国20多个省、100多个地县级城市及海外市场。

房地产业是中南建设目前重点发展的业务领域，重点从事房地产开发、销售、物业管理、酒店商业运营等多种业务，年开发面积400万平方米。与同行业相比，中南专注大盘开发，形成集住宅地产、商业地产、旅游地产、文化地产、养老地产及工业地产于一体的中国新兴城市综合运营商。

中南集团30年的发展历程，是中国民营企业奋斗成长的典范。30年来中南集团敢想敢闯敢干，敏锐地抓住了四大机遇获得了长足发展：一是并购南通总承包，创立了中南建筑；二是开发南通CBD，开启了房地产黄金十年；三是收购北京城建市政，创立中南土木，开辟基础设施业务领域；四是主板借壳上市，成功进入资本经营快车道。中南建设2015年获评"亚洲品牌500强"，刷新中国《财富》500强第238位；中国企业500强第259位；被美国ENR《工程新闻记录》评为全球最大250家国际承包商排行榜第42名；中国建筑企业500强第9名。

在国家"两个一百年"伟大战略的引领下，中南集团各产业板块协力共生，四商联动，建立全集团发展生态圈，强调"实业经营、资本经营、资产经营"三轮驱动，通过"战略、投资、创新、文化、人才"五大引领推动企业健康、稳定、持续发展。中南将以"同心共信"的企业文化体系，以及全产业链优势，参与和推动中国城镇化进程，向中国企业500强前100名、世界企业500强的战略目标迈进。

二十三 中铁三局集团有限公司

中铁三局集团有限公司2007年作为世界"双500强"中国中铁股份有限公司的全资子公司同步在沪港上市。中铁三局主要从事交通基础设施工程建设施工，是全国首批工程总承包建筑企业，具有铁路工程施工总承包特级资质及建筑工程施工总承包特级资质，是可承接房屋建筑、公路、铁路、市政公用、港口与航道、水利水电各类别施工总承包、工程总承包和项目管理业务的大型综合性建筑施工企业。中铁三局经营范围涵盖：国内外土木工程施工、机械租赁、地方和专用铁路运营与管理、投资及BT项目建设、房地产开发、建筑工程勘测设计咨询服务等。

建局60余年来，中铁三局先后承建了600余项国家重点工程和国外工程，累计完成国家投资1,200多亿元，建成铁路里程总长度超万公里，占我国铁路通车里程的1/10。进入21世纪以来，先后参加了80余条铁路新线、复线建设、技术改造工程，特别是在新一轮高标准铁路建设中，先后参加了多条重点客运专线和高速铁路工程的建设。在城市轨道工程施工中，承建了北京、上海、广州等大城市地铁工程，积累了多种复杂地质条件下车站、区间浅埋暗挖、整体道床铺轨、长轨焊接、换铺无缝线路和电力通信等综合施工的丰富经验。在高速公路、市政工程施工中，参加了北京—珠海、北京—上海、石家庄—太原等数十条高速公路工程及上海南浦、杨浦大桥等市政工程的施工。公司还先后承建了新加坡、印度、阿联酋、坦桑尼亚、尼日利亚、埃塞俄比亚等十几个国家地区的建设工程，积累了丰富的国外工程施工管理经验。

二十四　中国上海外经（集团）有限公司

中国上海外经（集团）有限公司是经国家商务部和上海市人民政府批准成立的综合涉外国有企业。净资产近8亿元人民币，总资产35亿元人民币，拥有6家全资子公司、3家控股公司和10个常驻境外机构，业务涉及138个国家和地区。

集团公司经营范围包括境内外工业与民用建筑、路桥等土木工程项目承包；劳务技术合作、研修人员派遣；境内外投资，兴办中外合资、合作及独资企业；国际招标、国际采购、政府项目采购及科技咨询；货物进出口贸易、转口贸易、技术进出口贸易，来料加工、来样装配、来样加工、补偿贸易、代理报关；外商来沪投资的咨询代理，在沪外资工程的代为转分包及施工人员招用；国内贸易批发、零售；房地产开发、经营、室内装潢、旧房置换等不动产业务；石油制品经营，为油、气开采提供各项服务。

集团以国际工程承包为核心业务，主要有五大产品：民用房屋土木工程、工业成套设备工程、现代农业工程、工程配套咨询、工程配套服务贸易。其中，工业成套设备工程是集团五大拳头产品之一，分别承接了缅甸照济电站、蒙古都日根电站、越南山洞电站、泰国BNS钢厂、巴基斯坦液化气储罐等超过600个项目。

自1993年至今，集团已连续15年入选全球最大225家国际工程承包商，被授予ENR荣誉牌，并成为中国服务企业500强、全球华人企业500强、上海企业100强；同时也被中国对外承包商会评为中国对外承包工程企业信用等级AAA级，对外劳务合作企业信用等级AAA级，是上海市唯一的一家获得双AAA级的外经企业。多次被国务院发展研究中心的11个国家部委评为中国最大500家服务企业和中国60家最大外经企业。

二十五　中国石油集团西部钻探工程有限公司

中国石油集团西部钻探工程有限公司是西部和中亚地区规模最大的工程技术服务企业。拥有各类大型工程技术装备1.5万余台（套），工程技术服务队伍700余支，其中，钻井队200余支，资产总额近180亿元。

公司具有行业领先的科技创新体系和研发能力，建立了以地质工程一体化研究院、5个研究中心、4个工作站、2个产业化基地、8个专业实验室为主体的"15428"创新体系，打造了钻探各专业60余项特色技术和近30项拳头产品，其中，自主研发的SAGD成对水平井钻井、精细控压钻井、自动垂直钻井、雪狼3.0综合录井仪等11项特色技术和产品，顺利通过中石油鉴定，部分达到国际先进水平。先后荣获国家科技进步一等奖1项、二等奖5项、省部级以上成果奖48项，保持"国家级高新技术企业"称号。

公司市场范围主要包括国内西部与中亚、中东等地区。在国内，主要为克拉玛依、吐哈、青海、塔里木、玉门、长庆、西南、浙江煤层气等油田提供钻探一体化服务；在海外，形成了以中亚为主体、中东为接替区，覆盖哈萨克斯坦、乌兹别克斯坦、吉尔吉斯斯坦、埃及、沙特阿拉伯、阿联酋、伊朗、俄罗斯等八个国家的市场布局，合作伙伴30余个。同时，在长庆苏里格气田开展油气风险作业，年外输油气约70万吨当量。此外，服务区域还包括中石化西北油田、陕西延长石油等外部油气田。

二十六　中国石油集团工程设计有限责任公司

中国石油集团工程设计有限责任公司是中国石油天然气集团公司的全资子公司，是一家致力于油气田上游地面工程建设的专业化国际工程公司。业务涵盖油气田地面工程、长输管道、LNG和LPG工程、油气储备终端、基础设施和市政工程等，提供包括勘察、设计、采购、施工、工程总承包、工程咨询、项目管理和橇装设备、药剂供货等全套服务。

CPE总部位于北京，国内下设8个分、子公司，并在海外设有12家分支机构，业务遍布中东、中亚—俄罗斯、非洲、亚太、美洲，涉及伊拉克、伊朗、土库曼斯坦、坦桑尼亚等近30个国家。

CPE连续三年上榜ENR排名，2015年在国际工程设计公司225强榜单中位列第70位，在全球工程设计公司150强榜单中位列第92位，并成功跻身中华人民共和国商务部对外援助成套项目实施企业短名单。

二十七 江苏燕宁工程科技集团有限公司

江苏燕宁工程科技集团有限公司是苏交科集团股份有限公司控股子公司,拥有公路工程施工总承包一级、市政公用工程施工总承包一级、桥梁工程专业承包一级、路基工程专业承包一级等多项专业资质。并被授予"重合同守信用企业"和"AAA"企业。

公司一直致力于打造一流的项目管理型工程施工企业。获得质量管理体系认证证书、职业健康安全管理体系认证证书和环境管理体系认证证书。

公司主要从事公路、市政和环保类PPP项目投资、EPC项目工程总承包、工程项目建设施工、资产运维管理。利用自身管理、技术、资本等方面的优势,结合智慧施工、智慧运维管理平台,通过项目投建运一体化、资产运营、设计施工总承包、施工总承包和项目管理等业务模式为客户提供多元化的服务。

二十八 中国中铁股份有限公司

中国中铁股份有限公司是集勘察设计、施工安装、工业制造、房地产开发、资源矿产、金融投资和其他业务于一体的特大型企业集团,总部设在北京。

中国中铁先后参与建设的铁路占中国铁路总里程的三分之二以上;建成的电气化铁路占中国电气化铁路的90%;参与建设的高速公路约占中国高速公路总里程的八分之一;建设了中国五分之三的城市轨道工程。

中国中铁业务范围涵盖了几乎所有基本建设领域,包括铁路、公路、市政、房建、城市轨道交通、水利水电、机场、港口、码头,等等,能够提供建筑业"纵向一体化"的一揽子交钥匙服务。此外，公司实施有限相关多元化战略，在勘察设计与咨询、工业设备和零部件制造、房地产开发、矿产资源开发、高速公路运营、金融等业务方面也取得了较好的发展。

中国中铁在特大桥、深水桥、长大隧道、铁路电气化、桥梁钢结构、盾构及高速道岔的研发制造、试车场建设等方面，积累了丰富的经验，形成了独特的管理和技术优势。桥梁修建技术方面，有多项修建技术处于世界先进水平；隧道及城市地铁修建技术处于国内领先水平，部分技术达到世界先进水平；铁路电气化技术代表着当前中国最高水平。

中国中铁机械装备领先。拥有国内数量最多的隧道掘进机械（盾构、TBM）、亚洲起重能力最大的吊装船、整套深海水上作业施工装备、国内数量最多的用于铁路建设的架桥机及铺轨机，以及国内数量最多的用于电气化铁路建设的架空接触线路施工设备。公司能够自行开发及制造具有国际先进水平的专用重工机械，同时公司是世界上能够独立生产TBM并具有知识产权的三大企业之一。

中国中铁在全球市场久负盛名。自20世纪70年代建设长达1861公里的坦桑尼亚至赞比亚铁路项目开始至今，先后在亚洲、非洲、欧洲、南美洲、大洋洲等多个国家和地区建设了一大批精品工程。目前在全球90多个国家和地区设有机构和实施项目。

中国中铁愿与国内外各界朋友携手合作，为全球经济社会发展和基础设施建设做出新的更大贡献。

二十九　中铁国际集团有限公司

中铁国际集团有限公司是由世界企业500强、世界品牌500强企业——中国中铁股份有限公司（CREC）为实施"大海外"战略、加快

"走出去"步伐、整合系统内外经资源而设立的专业化外经公司。公司成立于2013年，由原中铁国际经济合作有限公司、中国中铁委内瑞拉分公司、东方国际建设分公司、中国中铁老挝分公司整合组建，注册资本金10亿元人民币。

中铁国际集团作为专业的外经公司，承担着"履行做大做强中国中铁外经事业责任，成就中铁国际人精彩人生"的使命与责任。公司的总体发展目标是："建设主业突出、多元经营、联合发展、具有较强国际竞争力的学习型、效益型国际工程承包商"。项目运作模式主要以设计、施工、采购总承包（EPC）、带资承包（EPC+F：出口信贷、资源项目贷款一揽子合作、双边和多边合作）、特许经营（BOT、PPP）和海外投资等业务模式为主，形成施工承包业务、EPC总承包和投资业务有效互补协调、可持续发展的格局，工程项目建设中充当计划者、组织者、融资者、设计者和管理者的角色。

目前，中铁国际集团下辖8家全资子公司、8家分公司、3家控股子公司、9个境外办事处，业务范围遍及亚洲、非洲、南美洲、大洋洲和中东欧等区域的多个国家和地区。在委内瑞拉、中国香港、马来西亚、印度尼西亚、南非、尼日利亚等17个国家和地区均有在建项目。

三十　中国葛洲坝集团股份有限公司

中国葛洲坝集团股份有限公司是一家集建筑、环保、房地产、水泥、民爆、公路、水务、装备制造、金融等主营业务于一体的具有较强国际竞争力的企业集团。业务遍及全球140多个国家和地区。

公司联合世界顶尖的高端装备制造核心技术，提供分布式能源、储能装备、环保装备等一站式解决方案，具备低成本、多渠道、可持续的强大融资能力，为全球客户提供优质的资金解决方案。在中国大型基础设施投资建设领域具有核心竞争力。通过投资建设和承包施工等方式，广泛参与电力、交通、市政、环保、水利等基础设施建设，在大江大河导截流、筑坝施工、地下工程、大型金属结构制造安装、大型机组安装等领域占据了世界技术制高点。

公司积极抢抓国家推进的生态文明建设，努力将环保业务打造成推动公司持续健康发展的新增长点，推动公司结构调整和转型升级。环保业务覆盖垃圾处理、固废回收与深加工、钢渣利用、污水污土处理、新能源工程、节能减排工程、智慧能源、高效储能、节能环保、智能制造、环保材料等领域，形成了集规划、研发、设计、制造、施工和运营于一体的全产业链。

三十一 中国土木工程集团有限公司

中国土木工程集团有限公司是拥有中国铁路工程施工总承包特级资质的大型国有企业，连续多年入选美国ENR《工程新闻记录》全球最大250家国际工程承包商百强行列。已逐步发展成为以铁路工程为特色，以工程承包为主业，设计咨询、劳务合作、房地产开发、进出口贸易、实业投资、酒店餐饮等多业并举的大型企业集团。

自20世纪60年代承建中国最大的援外项目坦赞铁路开始，中土集团公司不断发展壮大，目前经营领域涵盖工程承包、设计咨询、房地产开发、进出口贸易等，经营范围遍及亚洲、欧洲、非洲、美洲、大洋洲近89个国家和地区。近年来，公司先后承揽并实施了一大批铁路、公路、桥梁、房建、市政等重点工程。

中土集团公司是拥有"中国铁路工程施工总承包特级资质"且连续17年被国际承包工程领域权威刊物——美国《工程新闻记录》（ENR）杂志评为全球最大225/250家国际工程承包商之一，并在入选中国企业中名列前茅。

三十二　中信建设有限责任公司

中信建设有限责任公司为中国中信集团公司旗下从事国内外工程总承包及相关业务的全资子公司，在 ENR 250 家全球最大国际工程承包商排名中连续多年跻身前列。中信建设致力于成为国际领先的工程建设综合服务商。多年来，公司坚持"以投融资和为业主提供前期服务为先导，取得工程总承包，以工程总承包带动相关产业发展"的经营战略，目前已发展成为具有承揽国际重大工程实力的综合服务商。

中信建设不仅仅关切客户当下的需求，更着眼未来的区域规划和产业发展，赋予工程可持续的生命力。从前期策划开始，中信建设致力于为业主提供包括：项目可行性研究、立项、融资、工程建设及运营服务在内的、全生命周期的"一揽子"解决方案。帮助客户拓展上下游产业空间，形成完整的产业链条。

中信建设不仅仅专心于工程本身，同时借助中信集团综合性产业的优势资源，在更广阔的领域通过产业融合为客户提供利益最大化的增值服务。依托中信集团业务领域覆盖金融、资源能源、制造、工程承包、房地产及基础设施等六大板块的综合优势，为业主提供中信品牌的全方位综合服务。

中信建设在阿尔及利亚、安哥拉、委内瑞拉、巴西、阿根廷、乌兹别克斯坦、哈萨克斯坦、白俄罗斯、南非、肯尼亚、俄罗斯、缅甸等地多个海外市场拥有分支机构。

三十三　中石化炼化工程（集团）股份有限公司

中石化炼化工程（集团）股份有限公司是由中国石油化工集团公司控股、面向境内外炼油化工工程市场的大型综合一体化工程服务商，是目前国内最大的工程建设企业之一。2013年5月23日在香港联合交易所挂牌交易，成功进入国际资本市场。

公司持有国家发改委、住房和城乡建设部、商务部、安全生产监督管理总局、环境保护总局，以及英国劳氏船级社、国际咨询工程师联合会等国际国内政府部门和权威机构颁发的资格证书，并形成了全方位、多层次、宽领域的人才架构。凭借高素质的人才、丰富的工程设计和建设经验、雄厚的技术实力，可在石油炼制和石油化工、煤化工、天然气化工、环境工程与公用工程等诸多领域为境内外客户提供优质全面的服务。

公司从1990年开始成功进入国际市场，建立的业务平台覆盖了中东、中亚、亚太、非洲、南美等全球炼油和石油化工工程业务资本支出较多的地区，在科威特、沙特、卡塔尔、哈萨克斯坦、尼日利亚、新加坡、孟加拉国等国家和地区承担了多个炼油和石油化工工程项目，取得了良好的国际声誉并形成了固定的客户群，从2005年至今在国际工程市场执行项目累计100余个。

三十四　上海建工集团

上海建工集团是国务院和上海市政府重点扶持的大型企业集团，下辖全资、控股企业300余家，拥有总资产238亿元，国家所有者权益48亿元，具有建设部核发的国内最高等级的房屋建筑和市政公用工程总承包双特级资质；同时还具有商务部核准的进出口经营权和外交部授权的因公外事审批权；集团形成了建安主业、工业、房产、投资四大发展板块。

上海建工集团承担了中国城市现代化建设的重任，集团优势使上海建工具备工程总承包能力、成套施工技术研发和集成能力、工程设计咨询和技术研发和集成能力、工程配套服务集成能力、产业集成能力和社会资源整合能力，形成了强大的综合实力。2018年10月，上海建工集团登上福布斯2018年全球最佳雇主榜单。

上海建工积极参与中国城市化进程中，为各地奉献了众多工程精品，包括超高层建筑、大型桥梁工程、轨道交通工程、宾馆商贸楼宇工程、公共文化体育工程、工业工程、环保工程等。同时，在全球30多个国家和地区，承担了近百项工程。

上海建工致力打造完整的产业链，从规划、设计、施工到运行保障维护；从工程建设全过程到高性能商品混凝土和建筑构配件生产供应；从房地产开发到城市基础设施项目的投资、融资、建设、运营。一大批专业技术能力强、经营管理素质高的企业在为社会提供全面服务的同时，塑造了"上海建工"优质品牌的形象。上海建工的"SCG"商标获得国家工商总局认定的"中国驰名商标"称号。

三十五 北京建工集团有限责任公司

北京建工集团有限责任公司自1953年成立至今，始终保持着中国建筑业的领先地位，并逐步发展成为一家具有国际竞争力的新型企业集团，跻身美国ENR《工程新闻记录》全球250家最大国际工程承包商、中国500强企业、中国工程承包商10强企业。

北京建工集团是一家跨行业、跨所有制、跨地区、跨国发展的大型企业集团。经营地域遍布国内30多个省（自治区、直辖市）、港澳地区，在全球20多个国家（地区）设有区域分公司或办事机构。

年新签合同额超过1,000亿元。拥有全资企业、控股企业、参股企业50余家。

北京建工集团是房屋建筑工程施工总承包特级企业。集团年开复工面积3,600万平方米。自成立以来，累计建设各类建筑2亿平方米，合格率达到100%，优良率达到80%以上。

北京建工集团的业务格局为"双主业双培育"。"双主业"为工程建设、房地产开发和物业管理，"双培育"包括节能环保和设计咨询服务。集团形成了一条集"生态评估、城市规划、环境改造、建筑设计、技术研发、投资开发、施工建造、运营服务"等于一体的产业链条，构建起绿色、智慧、协同、高效的集成平台，能够以PPP等多种投融资模式运作各种重大项目，致力于为城市提供工程建设和综合服务。

三十六　新疆生产建设兵团建设工程（集团）有限责任公司

新疆生产建设兵团建设工程（集团）有限责任公司是一家集科研、设计、道路、桥隧、铁路、水利、电力、工民建施工、设备安装、建材生产、房地产开发、商贸物流等于一体的多元经营的企业集团，现为房屋建筑工程施工总承包特级资质，国家公路、铁路、水利、工业施工总承包一级资质。

集团公司总部在中国新疆乌鲁木齐市，下设12个子公司、3个分公司，并在北京、上海、成都、巴基斯坦等地设有分支机构。2006年获北京世标质量/环境/职业健康安全体系认证中心质量体系认证证书；银行资信AAA级。注册资金10.18亿元，净资产10.59亿元，资产总额44亿元。

集团公司连续四年跻身于全球225家最大国际承包商之列，连续两年荣获国家商务系统先进集体和全国优秀施工企业。集团公司社会信誉良好，经济实力雄厚，是新疆道路、桥隧、铁路、水利、电力、工民建等工程建设的主要施工力量。

三十七 浙江省建设投资集团有限公司

浙江省建设投资集团有限公司是成立最早的国有企业，也是浙江最大的建筑业企业集团。

历经70年的发展，集团已发展成为产业链完整、专业门类齐全、市场准入条件好的大型集团。现拥有各类企业资质35类94项，其中房屋建筑工程施工总承包特级资质4项，甲级设计资质8项，其中获得资质为行业内最高资质的共计19类45项。同时拥有对外经营权、外派劳务权和进出口权，是浙江省建筑业走向世界参与国际建筑和贸易市场竞争的重要窗口，生产经营业务遍布国内31个省市自治区和阿尔及利亚、尼日利亚、日本、新加坡、中国香港等全球10多个国家和地区。

多年来综合经济技术指标保持全国各省区市同行领先地位，连续入选ENR全球250家最大国际承包商、中国承包商60强、中国企业500强、浙江省百强企业和纳税百强企业。

三十八 沈阳远大铝业工程有限公司

沈阳远大铝业工程有限公司是大型多元化企业集团——沈阳远大企业集团的核心子公司，是从事建筑幕墙和铝合金门窗工程的专业化公司，能够全方位为客户提供幕墙设计、加工制造、安装施工、维修保养专业化服务。公司总部位于中国装备制造业基地——沈阳市，在沈阳市、上海市、成都市、佛山市建有四个大型现代化加工制造基地，以四大基地为依托辐射并服务于全球市场。经过多年的稳健发展，业务已经覆盖了国内全部大中城市以及国际上数十个国家和地区。

远大公司是国家建设部首批授予的建筑幕墙甲级设计和施工一级企业，是国家建设部命名的建筑幕墙定点企业。遵循"服务、质量、成本"的产品理念，远大公司向客户提供最优质的一站式幕墙解决方案，服务范围包括幕墙系统的设计、材料采购、制造及装配幕墙产品、性能检测、安装以及售后服务。1996年，远大公司率先通过ISO9001国际质量体系认证；1998年，投资并建立国家合格评定认可委员会批准的，全球互认的"工程实验室"，检验检测能力全面满足并符合国标、美标、英标、欧标四大标准体系的建筑幕墙检测，卓越的工程品质和完善的服务体系成为中国建筑幕墙行业超越世界先进水平的标志。以人为本，科技当先，人才是远大发展的原动力。

三十九　南通建工集团股份有限公司

南通建工集团股份有限公司为国家房屋建筑工程施工总承包特级资质企业，同时拥有国家房屋建筑和市政公用工程施工总承包一级资质，建筑装饰装修、机电设备安装、起重设备安装、地基与基础、钢结构、消防工程等专业承包一级资质，以及建筑装饰设计甲级资质和多项二级资质，并拥有对外承包工程资格和对外援助成套项目A级实施企业资格。

公司业务遍及全国大部分省、市、自治区，在苏丹、津巴布韦、莫桑比克、塞内加尔、坦桑尼亚、肯尼亚等海外地区设有分支机构和业务基地。现有8个子公司、29个土建和专业分公司；并拥有各类机械设备4,000余台（套），年施工能力200亿元以上。

四十　江苏南通三建集团有限公司

江苏南通三建集团有限公司以建筑施工为基础，集金融、投资、房地产、运营服务、海外经营、科技孵化六大产业于一体的大型综合性现代建筑企业集团。

集团拥有江苏南通三建集团股份有限公司、青岛涌泰置业有限公司、中通盛建集团有限公司及国内地区公司、海外公司等60多家全资、控股子公司。建筑主业拥有房屋建筑施工总承包特级资质，多项一级资质及其他施工资质；具备对外承包工程和劳务合作经营权、对外援助成套项目总承包企业资格，业务涵盖房建、机电、装饰、市政、公路、园林、古建筑等领域，工程遍及全国28个省、市、自治区120多个大中城市以及美国、俄罗斯、印度、澳大利亚、泰国、新加坡、塞尔维亚、安哥拉、也门、多哥、刚果（金）等30多个国家和地区，先后创获鲁班、国优、詹天佑奖工程36项，建造了一批享誉中外、穿越世纪的建筑经典。2013年，荣登"中国驰名商标"榜首。

2015年度，公司在建施工面积逾3,300万平方米，经济总量突破550亿元，荣列"中国企业500强"第216位、"中国民营企业500强"第34位、"中国承包商80强"第14位、"中国建筑业竞争力百强企业"第10位、"ENR全球最大250家国家承包商"第48位，获"中国建筑业行业标杆"称号。

四十一　江苏南通六建建设集团有限公司

江苏南通六建建设集团有限公司创建于1956年10月，位列中国企业500强，中国民营企业500强、是国家特级资质企业，拥有商务部批准的境外工程承包资格，是一家以建筑施工为基础，集金融、投资、开发、运营、海外经营于一体的跨区域、跨国界发展的大型综合性现代建筑产业集团公司。公司现下辖15个区域公司和4个工程处，拥有施工人数3.5万余人，总资产28亿元，各类大、中型机械12,000台（套）；具有独立承建境内外各类高、大、难工程的综合施工能力。

集团总部位于世界长寿之乡——江苏如皋。现拥有北京、上海、深圳等14个总部公司，地基基础、市政路桥、海外、装饰装潢等8个专业公司，房地产、贸易、互联网等17家控股公司。施工范围涵盖房建、机电、装饰、市政、公路、园林、古建、环境等领域。市场覆盖除西藏以外的国内10多个地区。

2016年7月，股权重组后的集团母公司业务范围分为"地产""建筑""金融""投资"四大板块，涉及房地产开发、产业地产开发、特色小镇、运营管理、工程总承包、环境工程、设备配套、金融投资、酒店、银行、产业基金、保险、生物制药、互联网、教育等领域。

集团连续多年获中国建筑业企业竞争力百强企业、国际工程承包商ENR 250强、江苏省建筑业最佳企业、江苏省建筑业百强企业综合实力50强、江苏省建筑业百强企业建筑外经10强、江苏省建筑业科技进步和技术创新先进单位等荣誉称号。

四十二　云南省建设投资控股集团有限公司

云南省建设投资控股集团有限公司注册资本金为271.79亿元，总资产3,325.63亿元，净资产894.66亿元。有全资子公司、控股公司和直管企事业单位61个。拥有各类资质514项，其中施工总承包资质168项、专业承包资质242项、勘察设计资质45项、检测资质25项、监理咨询等资质34项；拥有8项施工总承包特级资质，包括6项房屋建筑工程施工总承包特级资质、1项公路工程施工总承包特级资质、1项市政公用工程施工总承包特级资质。

集团业务涵盖基础设施投资建设、城市建设投资开发、房地产开发、国际投资与建设、新兴产业投资开发；工业与民用建筑、路桥市政、钢结构、水利、水电机电设备安装、铁路、轻轨、机场、港口与航道、地基、矿山和冶炼等工程施工；商品混凝土生产、建材与设备供销、冶炼化工装备制造、建筑科研、勘察设计、职业教育、建筑劳务等范围。

集团连续23次入选中国企业500强，位列第295名；连续5次入选ENR 250强（美国《工程新闻记录》杂志），位列第166位；在中国承包商80强中位列第13位，在中国100大跨国公司及跨国指数排名中位列第72位，有较强的综合竞争实力、品牌影响力和社会信誉度，集团已成功转型为集投融资、房地产开发、工程施工总承包于一体的大型建设企业集团。

云南建投集团全面打造基础设施投资、城乡建设投资、房地产开发投资、海外投资和新兴产业投资"五大投融资平台"，全面提升投融资、工程建设、"走出去"、综合管控、资源整合"五大竞争能力"，全面构建投资金融、工程建设、资产运营、设计科研、协同发展"五大业务板块"，致力于把云南建投集团打造成为国内一流、国际知名、产业优化、管理科学、员工幸福的现代大型建设投资控股集团。

四十三 北京城建集团

北京城建集团是以城建工程、城建地产、城建设计、城建园林、城建置业、城建资本为六大产业的大型综合性建筑企业集团，从前期投资规划至后期服务经营，拥有上下游联动的完整产业链。是"中国企业500强"和，"ENR全球最大250家国际承包商"之一。

北京城建集团现有总资产1,730亿元，2017年实现新签合同额1,506亿元，营业收入700亿元，开复工面积4,530万平方米以上，自营房地产开发面积500万平方米以上，主要经济技术指标在北京市属建筑企业中均排名第一。集团现有120余家法人企业、42家分公司，包括境内（A股）上市公司1家，境外（H股）上市公司一家，全资、控股子公司29家。集团公司及所属40家企业通过了ISO9000、ISO14001、OHS18000认证。

北京城建集团具有房屋建筑工程、公路工程施工总承包特级，工程设计综合甲级和市政公用工程、机电安装、地基与基础、钢结构、公路路面、城市轨道交通工程等一批专业总承包一级资质。在工业与民用建筑、市政工程、城市轨道交通、高速公路、园林绿化、深基础、长输管线等领域的设计和施工业务遍及全国，并涉足东南亚、中东、南美和非洲多国。地产开发业务秉承"品质·人生"理念，在全国多个省市拥有地产开发项目。城建设计拥有全国轨道交通创新平台，形成了设计引领、产品研发、市场推广的一体化发展模式。连续32年承担天安门广场摆花任务，园林绿化形成了集设计、施工养护、苗木花卉研发、古建建设于一体的大园林业务格局。

四十四　重庆对外建设（集团）有限公司

重庆对外建设（集团）有限公司是重庆对外经贸（集团）有限公司的骨干子企业，成立于1985年，注册资本金6.2亿元人民币。拥有对外工程承包、对外劳务输出、进出口贸易经营权，具有对外援助成套项目实施企业A级、市政公用工程施工总承包一级、房屋建筑工程施工总承包一级、公路工程总承包二级、港口与海岸工程专业承包二级、装饰及装修专业承包二级、机电安装专业承包二级、土石方专业施工一级等资质。在苏丹、坦桑尼亚、乌干达、约旦、利比里亚设有海外分公司，在国内拥有5个全资或控股子公司和12个分公司，业务覆盖海内外工程承包、进出口贸易、劳务输出、设备租赁、项目咨询、工程监理、建筑设计、机电安装和建筑材料生产等相关领域。集团先后在亚、非国家和地区承建了近60个大、中型国际工程项目，其中多个项目以进度快、质量优受到业主、监理、世行代表及驻外使馆的好评。集团还在国内承建了近200多项工程项目，工程一次性交验合格率达到100%，多个项目荣获鲁班奖、国家优质工程奖、重庆市巴渝杯和重庆市市政工程金杯奖等。连续5年被评为重庆市优秀建筑企业，连续4年进入"ENR全球最大250家国际承包商排行榜"，近3年入选重庆百强企业，连续两年荣获重庆市发展开放型经济先进单位，被评为重庆市最佳诚信企业。

四十五　神州长城股份有限公司

神州长城股份有限公司是中国深交所主板上市公司，注册资本16.98亿元人民币。公司主要在国内外从事工程投资、医疗投资业务。投资领域涵盖房屋建筑、道路桥梁、能源化工、健康医疗等，是国内领先的建筑工程领域投建一体化企业。具有大型工程PM、EPC、BT、BOT、PPP等领先的综合承包能力。

神州长城是中国对外承包工程百强企业、"一带一路"民营企业龙头。公司旗下拥有几十家全资附属公司及海外分支机构，截至目前已签约国内PPP项目超过100亿元人民币，已签约海外工程订单超过70亿美元。

公司目前完成及在建的国际代表工程有：科威特财政部等八部委办公大楼、科威特国防部军事学院、阿尔及利亚嘉玛大清真寺、阿尔及利亚120医院、阿尔及利亚体育场、科威特石油公司新房建、斯里兰卡阿洪拉加大酒店、柬埔寨国民议会大楼及NAGA2、柬埔寨豪利·世界桥综合体、柬埔寨安达大都会综合体、马来西亚森美兰州芙蓉综合楼工程、卡塔尔新港工程项目、菲律宾马尼拉湾度假酒店、缅甸M-Tower办公大楼等"高、大、难、精"项目。

公司始终秉承"诚信、敬业、完美、荣誉"的价值观念。以敬业的精神聆听客户内心的需求，为客户提供真正需要的服务，为客户创造超越想象的价值。

◇◇ 第九节　医药

一　华润（集团）有限公司

华润（集团）有限公司的前身是于1938年在香港成立的"联和行"；1954年华润公司成为中国进出口公司在香港总代理，在这一时期，华润的主要任务是组织对港出口，为内地进口重要物资，保证香港市场供应，贸易额曾占全国外贸总额的三分之一；1983年华润集团成立后，因应外贸体制改革的形势，企业逐渐从综合性贸易公司转型为以实业为核心的多元化控股企业集团。2000年以来，经过两次"再造华润"，华润奠定了目前的业务格局和经营规模。集团主营业务涉及大消费（零售、啤酒、食品、饮料）、电力、地产、水泥、燃气、大健康（医药、医疗）、金融等。目前，华润零售、啤酒、燃气的经营规模为全国第一。电力、水泥业务的经营业绩、经营效率在行业中表现突出。华润置地是中国内地最具实力的综合地产开发商之一。医药销售规模在全国位居前列。

目前，华润集团正在实施"十三五"发展战略，按照"做实、做强、做大、做好、做长"的发展方式，依托实业发展、资本运营的"双擎"

之力，借助"国际化、+互联网"的"两翼"之势，成为受大众信赖和喜爱的全球化企业。

二 华大基因

华大基因成立于1999年，是全球领先的基因组学研发机构。华大以"产学研"一体化的发展模式引领基因组学的创新发展，通过遍布全球100多个国家和地区的分支机构与产业链各方建立广泛的合作，将前沿的多组学科研成果应用于医学健康、农业育种、资源保存、司法服务等领域，坚持走"自我实践、民生切入、科研拓展、产业放大、人才成长"的新型发展道路，做到五环联动、循序递进，切实推动基因科技成果转化，实现基因科技造福人类。

目前，华大的整体发展布局包括深圳华大生命科学研究院、深圳国家基因库运营专项、华大基因学院和 *GigaScience* 四个全新体制机制的非营利性机构，以及深圳华大基因股份有限公司、华大农业集团、华大智造、华大司法、华大运动、华大营养、华大健康、华大医疗及华大保险等多个专注不同方向的产业化机构。

通过建立世界领先的高端仪器研发和制造平台、大规模测序、生物信息、基因检测、农业基因组、蛋白组等技术平台和大数据中心，结合其独特的创新教育和人才培养模式，华大践行基础研究、产业应用和教育实践的并行发展。

在未来发展中，华大将依托先进的测序和检测技术、高效的信息分析能力、丰富的生物资源，以多学科结合的新型生物科研体系为基础，丰富和完善核酸研究、蛋白研究、生物信息等平台，为全球的科研工作者提供创新型生物研究的科技服务，进一步推动基因组学研究、分子育种、医疗健康、环境能源等领域的科研发展。同时，为广大普通民众提供前沿生命科学在医疗、农业、环境及能源等领域的应用服务，真正做到"科技惠民"，为我国生命科学产业的战略发展奠定基础。华大将实现大平台、大数据、大科学、大产业、大民生的贯穿，通过产业联盟合作，形成集群与中心，构建生命科学与生物医药最具影响力的资源数据库，服务全社会，成为中国战略新兴产业和生命科学发展的先行先试者。

三 武汉兰丁医学高科技有限公司

武汉兰丁医学高科技有限公司成立于 2000 年，主要从事人工智能癌细胞诊断技术及仪器研究、生产、销售、临床筛查服务等业务。其自主研发的人工智能宫颈癌筛查诊断技术与互联网结合，已为中国千万妇女提供高质量低成本的宫颈癌筛查服务。兰丁率先在世界范围内将宫颈癌筛查引入 AI + 互联网的新时代。

通过光机电电脑技术与临床细胞病理诊断等多学科跨领域、跨平台整合，完成全球第一台人工智能癌细胞诊断机器人"Landing"的自主研发生产。通过与阿里巴巴合作，建立了宫颈癌筛查诊断云平台，首创将细胞病理的第三方临床检验服务工作移到云平台上完成，并已开始为国内外大规模宫颈癌筛查提供高质量低成本的筛查服务。目前，"Landing"机器人已分别获中国 CFDA、美国 FDA 及欧盟 CE 认证，兰丁公司还是全国 CFDA 认证的两家人工智能医疗科技企业之一。

在中国政府大力推动人工智能和医疗大数据服务深度融合的机遇中，兰丁将加快发展步伐，在建立世界人工智能细胞病理大数据云诊断行业标准的同时，为中国及发展中国家提供高质量低成本的人工智能细胞病理云诊断服务，解决世界性缺乏细胞病理医技人员的难题。

四 上海安翰医疗技术有限公司

上海安翰医疗技术有限公司成立于2014年，是安翰科技（武汉）股份有限公司全资子公司，是一家高科技医疗器械研发、生产、经营公司，自主研发"磁控胶囊胃镜系统"并实现商业化的公司。安翰NaviCam©"磁控胶囊胃镜"机器人是能够对人体胃部进行精准检查的胶囊胃镜，获得国家药监总局三类医疗器械注册证。

2016年9月，国际消化病与肝病权威学术期刊《CGH》上发表封面文章《磁控胶囊胃镜与电子胃镜诊断胃疾病的准确性比较》，该论文对磁控胶囊胃镜和电子胃镜在胃疾病的诊断准确性进行了系统比较，结果表明：安翰"磁控胶囊胃镜"机器人具有极高的准确性，检查结果与"金标准"电子胃镜一致。日本消化器内视镜学会的权威期刊《日本消化器内视镜学会杂志》于2017年1月转载该文。

安翰"磁控胶囊胃镜"机器人被誉为"21世纪消化道疾病检查和内镜发展的革命性创新"，荣膺"中国十大医学进展奖"。该技术创造了"不插管做胃镜"的全新检查模式，无痛无创无麻醉，无交叉感染风险，诊断结果高度准确，可以为广泛人群进行舒适、安全、准确的胃部检查，是消化道疾病早期检查利器，大幅提高中国早癌检出率。

安翰自成立以来，始终坚持自主创新之路，拥有磁场控制、光学成像、芯片集成及相关软件等多项专利技术。历经多年发展形成了美国硅谷，中国上海、武汉、无锡的四大研发中心，建立了武汉和上海两大百万颗生产线。

目前，安翰"磁控胶囊胃镜"机器人已经在全国近千家医疗机构投入大规模临床应用，胃镜检查再也不是令人望而生畏的医学检查手段，而将成为每个人的日常体检项目和健康生活方式。

五 珠海健帆生物科技股份有限公司

珠海健帆生物科技股份有限公司创建于1989年，专业从事生物材料和高科技医疗器械的研发、生产及销售，是国内第一家以血液净化产品为主营业务的A股创业板上市公司。

目前公司市值稳居我国医疗器械上市公司前列，公司产品已通过CE认证、ISO国际质量管理体系认证，承担两项"国家重点新产品项目"和三项"国家级火炬计划项目"，获批组建广东省血液净化工程技术研究开发中心、省级企业技术中心、博士后科研工作站、院士工作站。公司拥有强大的研发、生产能力以及遍布全国的销售网络，产品技术达到国际先进水平，主营产品"DNA免疫吸附柱""血浆胆红素吸附器"和"树脂血液灌流器"的市场占有率高。公司自主投资新建的世界一流的血液净化科研生产基地（健帆科技园）已于2015年胜利竣工并顺利投产。

2020年健帆将发展成为"血液净化全面解决方案的专业提供商"，并适时拓展生物医药其他领域，为实现成为"世界一流的高科技医疗技术企业集团"的企业愿景奠定坚实的基础。

六 深圳市蓝韵实业有限公司

深圳市蓝韵实业有限公司自1994年创立以来，立足"自主创新、自主品牌"的发展战略，不断在技术、营销、品牌等方面积极探索，迅速发展成为中国领先的高科技医疗设备研发制造厂商。

蓝韵凭借前瞻的市场意识和综合实力，在十余年的发展历程中，在医学影像设备和医院信息化管理系统的技术和市场得到充足积淀后，又向体外诊断和血液净化设备以及呼吸麻醉领域迈进，目前共向市场推出了数字超声、放射影像、临床检验、血液透析、呼吸麻醉、医疗IT六大系列产品，部分产品获得了省级新产品奖、国家级科学进步奖。

蓝韵建立了强大的营销网络，成立了以深圳、广州为核心总部，在全国拥有28家分支机构的专业化公司，包括新加坡、欧洲、美洲等海外机构，以及超过1,500家分销合作伙伴，并与全球80余个国家和地区跨国集团在技术、市场、服务等领域建立了长期的战略伙伴关系。累计装机超过3万台，蓝韵销售额以每年40%的增长率飞速发展。蓝韵凭借优良的产品性能、完善的客户服务、全球营销网络运筹帷幄，在海内外市场打造了蓝韵国际竞争力和全球知名度，成为全球医疗健康产业最具价值的中国品牌之一。

七 江苏康缘集团有限责任公司

江苏康缘集团有限责任公司是以大健康产业为主线，以现代制药为核心，融医药工业、医药商业、生态农业、地产投资、国际贸易、科研为一体的高科技健康产业集团。集团下属11家企业，资产总额达88亿元，综合经营业绩连续十多年排名全国医药行业前列。

集团核心企业——江苏康缘药业股份有限公司于2002年在上海证券交易所挂牌上市，是国家创新型试点企业、国家技术创新示范企业、国家中药现代化示范企业、国家重点高新技术企业、中国制药工业百强企业。拥有中药制药过程新技术国家重点实验室、国家重大新药创制企业大平台、国家博士后科研工作站等国家级科研创新平台。是中国中药行业当中获得新药证书最多、拥有发明专利最多的企业，以及推进中药国际化最为深入的企业之一。公司核心产品热毒宁注射液获得第十五届中国专利奖金奖、国内妇科血瘀证首选用药——桂枝茯苓胶囊2000年被国家科技部推荐申报美国FDA认证，目前已进入三期临床研究准备阶段、

"康缘"牌商标被评为中国驰名商标。

公司建成了中国第一个中药数字化提取工厂——康缘现代中药数字化提取精制工厂，拥有国内第一条中药智能化提取精制生产线，年产提取物达1,500吨，入选国家工信部智能制造试点示范项目。康缘现代中药数字化提取精制工厂将引领中药产业转型升级，开启制药工业智能化时代，为中国药品制造工业4.0、中药先进制造2025树立了标杆。

八 南京世和基因生物技术有限公司

南京世和基因生物技术有限公司是致力于癌症个体化医疗诊断的生物技术公司，由一批在生物医药领域有突出贡献的北美华人科学家于2008年创建。

世和北美总部坐落于加拿大多伦多，中国总部落户于南京，并在美国斯坦福设有科研分部。世和基因的核心团队拥有多名专攻癌症的生物学博士和生物信息学博士，以及具有丰富企业及资本市场经验的高级企管，成员均来自北美和中国著名高校，如斯坦福大学、多伦多大学、哥伦比亚大学和北京大学等。世和的科学顾问团队由多位国际顶级肿瘤专家组成，包括来自哈佛大学、麻省理工学院、多伦多大学和中国科学院的专家学者，与国内外多所著名医院以合作方式进行临床诊断以及开展转化医学研究。

世和核心技术流程研发在北美进行，与多伦多大学及多家国际知名医院合作，如多伦多综合医院、多伦多玛丽公主肿瘤医院等。世和基因北美总部已入驻加拿大MaRS孵化园；美国分部位于世界高科技产业的中心美国"硅谷"，依托科研人才群集的斯坦福大学。世和生物信息平台研发实验室坐落于斯坦福大学，与斯坦福大学医学院合作，完全自主开发核心技术，并已申报多项专利保护。

九　正大天晴药业集团

正大天晴药业集团是集科研、生产和销售于一体的创新型医药集团企业，是国内知名的肝健康药物研发和生产基地，为国家重点高新技术企业、国家火炬计划连云港新医药产业基地重点骨干企业，2017年位列中国医药工业百强企业榜第17位。

正大天晴始终将科技创新作为企业发展的重要战略，是国内创新药物研究投入较多的药企之一。随着企业的发展和研发能力的提升，正大天晴的研发费用投入每年已超过10亿元，并将逐步向跨国公司看齐。目前，研究院在研项目270多个，其中一类新药45个，生物药25个。

2014年6月，制剂基地通过欧盟认证，获得了德国药品管理局颁发的欧盟认可的GMP认证证书。这标志着企业药品生产质量和管理水平走在了全国医药行业前列。目前，正大天晴正在为四大拳头产品进军国际市场做准备，未来这些药物将成为正大天晴打开国际市场的新利器。

在未来发展中，正大天晴药业将继续强化核心竞争力的打造，建立健全科学高效的研发体系，使公司的研发水平始终与国际前沿接轨。将企业发展为科研实力位居全国医药企业前五强、综合实力全国前十强的大型医药集团；并启动国际化战略，把企业打造成为科技型、以制药为核心的国际化公司。

十　太安堂集团有限公司

太安堂是中医药著名的老字号，始创于明隆庆元年即1567年。其医药核心技术源自太医院。"太安堂"第十三代传人柯树泉先生秉承太安堂古训"秉德济世，为而不争"的精神，荟萃祖传御医宝典《万氏医贯》

的医药精髓，从医数十年后，于2000年接过祖传"法宝"，创办制药企业，复兴五百年老字号"太安堂"。

太安堂集团是一家集科研、生产、销售高效中药皮肤内外用药、心血管药、妇儿科药等特殊疗效中成药于一体的专业化药业集团。主导产品铍宝消炎癣湿药膏成为中国皮肤外用药的领军品牌，外用药年销售额达2亿元；特效中成药麒麟牌麒麟丸和心宝丸分别成为国内治疗不孕不育和心血管药的第一品牌。

太安堂在2013年至2017年的"三五规划"期间，开创互联网大健康总路线，以国家政策为指南，以上海为总部，以粤沪为重点的五大基地构建全产业链，以差异化互联网电商为核动力，建成太安堂国内大健康医药市场；以自贸区等为通道，以公司五大绝技产品和欧美高科技产品为武器，融汇建立公司国内外医药市场新态势；以互联网金融杠杆撬动倍增资本，走"五化闭环发展模式"之路，建成世界一流的以太安堂绝技传承和国际高科技为特色的互联网大健康医药企业。

十一　国药集团药业股份有限公司

国药集团药业股份有限公司前身为中国医药公司，1999年由中国医药集团发起并组建成立，2002年公司在上海证券交易所上市，2018年12月5日，荣获第八届香港国际金融论坛暨中国证券金紫荆奖最佳上市公司。

国药集团以"关爱生命、呵护健康"为企业理念，全力打造国药品牌。聚焦打造特色医药健康产业专业化品牌的核心定位，国药股份深耕北京区域市场，辐射全国医药市场，下辖11家全资或控股子公司，4家参股公司，经营业态涵盖医药商业、医药工业、物流仓储、进口保税等多项业务。同时借助资本驱动和创新驱动，延伸上下游产业链，布局全国特色大健康医疗市场。2017年,国药股份实现营业收入363亿元,位列北京区域药品流通行业批发企业第1位。

十二 石药集团有限公司

石药集团有限公司是我国医药行业的龙头企业之一,总资产200亿元。在港上市公司市值400亿港元,是香港知名医药上市企业之一,也是香港恒生红筹股指数成分股。

石药集团拥有原料药、成药、创新药、抗肿瘤药、医药商业和大健康六大业务板块,主要从事医药及相关产品的开发、生产和销售,产品主要包括抗生素、维生素、心脑血管、解热镇痛、消化系统用药、抗肿瘤用药和中成药等七大系列近千个品种。石药集团有30余家下属公司,分别位于冀、吉、晋、辽、鲁、苏和香港等地,其中设在香港的控股子公司——香港石药集团有限公司是中国医药行业首家境外上市公司,是目前香港最大的制药上市公司之一,同时也是香港恒生红筹股指数成分股之一,连续两次被世界著名的《福布斯》杂志评为全球亚洲区营业额10亿美元以下的100家优秀上市公司之一。

石药集团是国家科技部等三部委认定为"国家创新型企业",新药研发实力位居全国药企最前列。依托于企业的博士后科研工作站、国家级企业技术中心、"863计划"高技术产业化基地、药物制剂及释药技术国家重点实验室和国家手性药物中心,目前石药集团在研的新药项目有170项,仅国家一类新药就有25个,涉及心脑血管、精神神经、内分泌、抗肿瘤等七大领域。集团已成功上市的具有自主知识产权的国家一类新药"恩必普"是脑卒中治疗领域的全球领先药物,是我国第三个拥有自主知识产权的国家一类新药,并在全球86个国家受到专利保护。

石药集团建立了完备的三级质量管理体系,所有药品都通过了GMP

认证，所有下属企业都通过了 ISO9000、OHSAS18000 和 ISO14001 认证，产品市场检合格率始终保持 100%。同时，企业以技术提升质量内涵，目前集团共取得了 16 张 CEP 证书和 33 个 DMF 登记号，有 15 个产品顺利通过美国 FDA 现场检查，这标志着石药集团的产品已经可以拿到国外高端市场参与竞争，固体制剂可以直接摆上美国的药房和柜台，也标志着石药集团的药品质量已与国际先进水平实现对接。

十三 江阴天江药业有限公司

江阴天江药业有限公司创建于 1992 年，是中药配方颗粒的研制者和行业开创者。

公司首次在国内集成、创新多种先进技术与装备，研制了 600 多种中药单味配方颗粒，建立了科学的制备工艺并实现了产业化，创建了中药配方颗粒质量标准与质量控制体系，通过多中心、多学科协作，揭示了中药配方颗粒的相关药理活性和临床效应。

迄今为止，其产品已在国内 32 个省、自治区、直辖市、特别行政区及国际亚、非、欧、美等 30 多个国家和地区不同程度地得到了临床应用。公司先后承担和完成国家省部级重点科研课题 18 项，取得配方颗粒发明专利授权 13 项，获"国家科技进步二等奖" 1 项，省部级科技进步一、二、三等奖和地市级科技奖多项，在国际上首次出版发行了《中药配方颗粒薄层色谱彩色图集》2 册，配方颗粒临床研究著作 2 部，发表学术论文 260 多篇，编集临床应用研究总结 900 多个。

目前，江阴天江建有全国最先进的中药配方颗粒全自动生产线，拥有规模化现代中药生产设备和高级分析仪器 300 多台（套），设有"中药配方颗粒研究院""博士后科研工作站""中药配方颗粒工程技术研究中心"，是一个在中药配方颗粒生产规模、工艺技术、质量标准和科学研究等方面具有领先优势的国家重点高新技术企业。

十四　华兰生物工程股份有限公司

华兰生物工程股份有限公司是从事血液制品研发和生产的国家级重点高新技术企业。目前华兰生物拥有 20 余家全资控股子公司，总市值超过 280 亿元，是国内拥有产品品种最多、规格最全的血液制品生产企业，血浆处理能力居国内乃至亚洲前列，这标志着公司已成为亚洲大型血液制品生产企业。其中主导产品国内市场占有率居同行业前列，主要财务指标连续多年高速增长，综合实力公司进入中国国家医药工业行业 30 强。

作为国家定点大型生物制品生产企业，华兰先后承担多项国家、省、市级科技攻关项目，其中外科用冻干人纤维蛋白胶被列入国家 863 项目。华兰博士后科研工作站、河南省生物医药工程技术中心和中国科学院生物技术创新与产业化共同基金及中国科学院的多个联合实验室的成立，为企业的高成长性和核心竞争力奠定了坚实的基础。

十五　佩兰生物科技（上海）股份有限公司

佩兰生物科技（上海）股份有限公司专注于纯植物防腐除霉技术开发、种植、萃取、产业转化和应用，皂料、精油、香皂等产品生产销售的芳香全产业链布局。

佩兰联合上海交通大学和吉林农业科技学院，建立上海交大佩兰特色植物健康资源和研究中心，形成强有力的研发体系。同时与上海交通大学联合开设全国首个农业 EMBA 课程，培养农业产业化人才。

佩兰以上海安亭大众创意工业园为大本营，汇聚了上海市嘉定区安亭郊野公园、浦东新区周浦花海、崇明横沙生态岛，江苏省苏州市太湖西山香满庭、浙江省杭州市萧山绿科秀、安徽省黄山市休宁齐云山、吉林省延边市安图长白山、新疆伊犁薰衣草、马来西亚吉隆坡热带雨林、印度尼西亚棉兰等香草园基地，采用佩兰品牌定制形式完善标准体系打造美丽中国、芳香世界。

十六　广誉远中药股份有限公司

广誉远中药股份有限公司为我国历史最悠久的中药企业，2006年被中华人民共和国商务部认定为首批"中华老字号"。其主导产品龟龄集、定坤丹都为国家保密配方，国家级非物质文化遗产。

2003年，广誉远由全国著名的大型现代化医药企业——西安东盛集团投资控股。结合现代管理运营理念，广誉远这一百年老字号，已发展成为集中成药研发、生产、销售于一体的高科技现代化制药企业。

475年来，广誉远秉承"修合虽无人见，存心自有天知"的古训，严苛制药，精益求精；遵循"非义而为，一介不取；合情之道，九百何辞"的准则，诚信自律，以义制利；铸就了百年老店的辉煌。

传承有自，反本开新，广誉远以"尊德贵生、传承创新"为企业理念。尊德贵生，体现着中华优秀传统文化以德为本，注重生命的思想文化，更承载着中医药文化仁德济世的胸怀与心志。传承创新，400余年广誉远不断实践着中医药文化的方剂学、制药学，反复锤炼着秘不外传的道家炉鼎升炼技术，对炮制古法精益求精，在今天推出系列养生精品中药，开创智慧养生的新纪元。为振兴传统中医药文化，贡献应尽的社会责任与历史使命。

十七　深圳易特科集团

深圳易特科集团是业内领先的从事"互联网+医疗+健康+养老"服务的高新技术企业，是国内外领先的生物传感器、生命搜索与定位技术、医学物联网、健康管理、网络医院的技术提供商和服务运营商。

易特科集团总部位于深圳南山科技园数字技术园，在全国设有十个分部，并在美国硅谷、欧洲爱尔兰和芬兰及中国香港地区等地设有分支机构。目前，医疗智能化、智能检测设备、医疗信息化、健康信息化、区域卫生信息化等产品和解决方案入选国家工信部产品服务推广目录，并广泛应用于全国650多家三甲医院、二甲医院以及450家社康中心和健康管理中心，得到了市场的积极响应和广泛好评。

依托集团互联网和物联网技术，以连锁化经营模式，提供O2O健康管理服务，现已成为首家拥有一级综合门诊部医疗机构牌照的互联网医疗公司。集团产品已广泛应用于医疗信息化、移动健康管理、智慧养老和慢病干预等领域，精心打造的一站式自助健康管理服务平台、社区医疗工作站、"治未病中心"服务系统、慢病管理系统、乳腺肿瘤筛查整体解决方案、医养护理中心整体解决方案等产品和服务赢得了广大客户的青睐。

目前，易特科不仅在线下拥有和运营12家健康管理中心、24家社康合作店，在线上自主研发的安测健康APP也受到了各界广泛关注，下载量高达3,340万人次，注册用户达到855万人次。此外，易特科（前海安测）在医疗大数据挖掘方面也拥有强劲实力，已与南方医科大学、都柏林城市大学以及海南医学院建立了长期紧密合作关系，拥有"广东省互联网医疗工程中心"和"广东省医疗大数据研究应用示范基地"等资质和荣誉。

十八　微医贝联（上海）信息科技有限公司

微医贝联（上海）信息科技有限公司创办于2014年，由原贝联（上海）信息科技有限公司和微医集团（原挂号网）母婴板块合并而成，是一家以AI技术和大数据为驱动的互联网母婴医疗公司，专注于生命与遗传科学，旗下两大业务板块分别为母婴大数据管理平台和互联网妇儿医院。

微医贝联凭借互联网妇儿医院牌照，排他性的母婴医院Hos-Wi-Fi网络以及微医母婴板块大数据，占据着精准的母婴互联网入口。经过多年的数据沉淀，公司打造了母婴专业DMP平台，用精准数据赋能母婴产业，洞悉行业需求与用户痛点，并不断致力于搭建中国母婴大数据生态圈。

互联网妇儿医院聚焦于IVF全产业链，以国际领先的IVF研究机构为中心，以AI及大数据驱动，打造互联网不孕不育医疗平台、辅助生殖医联体、跨境医疗、备孕中心及生殖诊所，并与有IVF资质的医院进行科室共建等多种合作。公司以"让天下家庭快乐起来"为使命，致力解决当代家庭的不孕不育问题。

微医贝联投资人包括腾讯、复星、高翎、高盛、红杉、景林、唯品会、开物等。微医贝联发起的妇幼医疗产业基金拥有100亿的资金规模，专注于妇幼医疗机构的投资。

十九　北京万泰生物药业股份有限公司

北京万泰生物药业股份有限公司隶属于养生堂有限公司，是从事生物诊断试剂与疫苗研发及生产的高新技术企业。

公司成立于 1991 年，经过 20 余年的发展积累，从设立之初的小规模实验室发展到目前占地面积达 3.5 万平方米，建筑面积达 2 万平方米的现代化诊断试剂生产基地，企业员工总数超过 800 人，并成为亚太最大的艾滋诊断试剂生产基地、中国最大的免疫诊断试剂及国家生物高新技术产业化示范工程基地。

公司产品线逐渐增加，除生产酶免及金标法快速诊断试剂外，亦致力于化学发光、核酸、临床生化等检测试剂和临床检验质控品以及疫苗等百余种产品的研发、生产和销售。

二十　江苏苏云医疗器材有限公司

江苏苏云医疗器材有限公司位于江苏省连云港市，是国内生产一次性医疗器材、技术设施先进的企业。

公司通过 ISO13485 质量体系认证，数十个产品通过 CE 认证。欧美及北美地区一直是公司主要的国际市场，包括西亚、俄罗斯等 30 个国家和地区；在中国国内，产品主要销往 20 多个省、自治区、直辖市的大中城市大医院及各大军区所属医院。

公司遵循"以现代医学为指导，发展医疗器械科学技术，致力于国际医疗水平的提高"的质量方针，竭诚为医疗事业和人类健康奉献优质的产品及服务。

二十一　昂科生物医学技术（苏州）有限公司

昂科生物医学技术（苏州）有限公司是开发用于实体肿瘤诊治及预防技术的高科技生物医学专业公司。公司主要从事生物医药试剂（体外诊断试剂）的研发、生产、销售、技术转让、技术咨询服务。昂科生物孕育于美国北卡罗来纳州 RTP 高科技园地，落户太仓，采用全球最新的基因变异和癌症特异蛋白检测技术以及炎症外泄蛋白检测技术，旨在开发新型的、非侵入性的、基于体液的肿瘤及炎症特异检测平台和试剂盒。

昂科公司拥有全球原创产品：前列腺小体外泄蛋白（PSEP）检测试剂盒（酶联免疫法）。该试剂盒采用基于尿液的非侵入性前列腺炎分子检验诊断方法，简便可靠，灵敏度达到 85% 以上，特异性达到 82% 以上，可用于普通临床参照和中青年男性普查。

公司已经申请中国发明专利 4 项，其中 2014 年 6 月 20 日获得 "一种 Cdc42 抑制剂及其应用"中国国家知识产权局授予发明专利权，并申请 PCT，已获得日本、德国以及美国专利授权，2016 年 1 月 13 日获得 "一种检测或诊断前列腺癌的试剂盒"中国国家知识产权局授予发明专利权。

昂科公司首批 PSEP 胶体金试纸已销往印度，这也是昂科公司创新产品走向海外的里程碑。与此同时，昂科生物也重视基于体液的疾病诊断和治疗研究，原创性地推出了基于尿液环连蛋白 LTCa25 检测技术用于前列腺癌早期诊断，另外公司还致力于基于尿液的脑膜炎诊断和抑制癌症转移的药物研发。

二十二　北京世康口腔门诊

北京世康口腔门诊是第一家门诊部专业从事口腔医疗健康的防护诊治以及健康教育等，倡导用最好的技术和治疗方法来适应人们的根本需求，即尽最大可能保留我们身体的原生态，尽最大可能减轻治疗痛苦，将治疗关口前移，关注预防和护理。公司在口腔医疗领域，拥有自己独特的发明专利技术和护理理念，取得了修复技术上的突破，使口腔疾病的治疗不再像过去那样复杂、痛苦而漫长。

在很多方面吸取了国际上新技术的精华，攻克了树脂修复义齿容易脱落的难题，在松动牙固定、牙齿缺失、断牙再接、关闭牙缝、缺损修复、畸形牙修复、快速牙齿美容修复等常见疾病上开创了全新的治疗方法，并实现了专利修复与常规修复的完美衔接。其技术操作实现了无创伤，治疗过程更细腻、更简捷、更舒适。目前该公司积极参与"一带一路"实践，将这一新技术推向全球。

◇◇ 第十节 房地产

一 中冶置业集团有限公司

中冶置业集团有限公司是新中国五矿、中冶集团独资的大型国有房地产开发企业，也是中冶集团房地产业务的核心企业，拥有房地产开发、物业管理两项一级资质。公司全力打造以项目开发能力、资本整合能力、产业整合能力为基础的核心竞争力，坚持走精品化、专业化、品牌化的发展路径，全面布局三大经济圈热点城市，开创了统一品牌与区域化经营相结合的发展新纪元。

2012年以来，中冶置业集团加快转型发展脚步，着力提升发展质量，不断推进"3+6"区域布局战略和"3+1"区域深耕战略，以"京津冀、长三角、珠三角"为中心，深耕北京、天津、上海、南京、广州、深圳、杭州、珠海等重点城市，积极向中原经济区、长江中游城市群等热点地区拓展，获取石家庄、青岛等地优质项目，巩固西安、烟台、包头等已进入地区，形成区域协同发展的良好态势。

通过五年的发展变革，中冶置业集团成功跻身中国房地产百强企业行列，还与清华大学、北京大学、SOM、KPF、华为等国内外知名院校及机构建立战略合作关系，成为国际"金钥匙"物业联盟成员，实现了企业品牌向高端领域的华丽蜕变。集团联合全球行业优质资源，发挥产业整合优势，积极开拓文旅地产、康养地产、产业园、主题乐园、教育地产等新领域，实现从"一主两翼"到"一主N翼"的延伸拓展。

二 中国新兴集团有限责任公司

中国新兴集团有限责任公司以大宗工业原料、产成品贸易物流和电子商务经营为主，包括建筑地产和贸易物流等主营业务，兼营煤炭开采、宾馆餐饮、物业出租、资产管理等业务。新兴集团具有两家企业，具备国家房屋建筑工程施工总承包特级资质，拥有公路工程和机电安装两个总承包一级和装修装饰、钢结构等六个专业承包一级，以及建筑装饰、建筑幕墙、钢结构设计甲级资质，拥有对外承包工程经营资格证书，营业资质达到了国家建筑施工行业的顶级水平。在承建中央国家机关办公大楼、首都标志性建筑以及涉及国家安全的保密工程方面，有着不俗业绩和良好口碑。集团房地产企业以雄厚的建筑业为基础，20多年来为军队和企业住房建设做出了突出的贡献，形成了"销售、建设、储备"滚动式发展态势，具备了区域发展的良好基础。

新兴集团所属的进出口贸易企业，长期担负对外军援军贸任务，在国家计划单列，是国家工商总局和海关A类管理企业，享有国务院、中央军委授予的军需与后勤装备出口专营权。与全球100多个国家和地区建立了稳定的军品贸易关系，在海外军需品市场上形成了良好的声誉和影响。

三 建业住宅集团（中国）有限公司

建业住宅集团（中国）有限公司是香港建业住宅集团有限公司于

1992年5月在国内创办的独资企业，以房地产开发经营为主业，并成功涉足教育、体育、文化等相关产业领域的集团化企业。公司于2008年6月6日在香港联合交易所有限公司主板上市，具有中国房地产开发企业一级资质。

建业首创并践行"省域化发展战略"，定位为中原城市化进程和社会全面进步的推动者，因业务模式所具的独特性，也被中国房地产界誉为"建业模式"。扎根河南27年，坚守"让河南人民都住上好房子"的企业理想与使命，提升了河南各城市的人居水平，为河南城镇化进程的推进做出了重要贡献。与此同时，建业首创整合相关物业、教育、酒店、足球、商业、绿色基地等资源，构建"私人定制"式大服务体系，于2015年6月开启由城市综合开发企业向城市居民新型生活方式服务企业的转型。

截至2018年12月31日，公司已进入河南省的18个地级城市和77个县级城市，开发项目累计交付面积约3,006万平方米，拥有在建项目共123个，在建总建筑面积约2,448万平方米，土地储备建筑面积约4,515万平方米，其中权益建筑面积约3,411万平方米。累计签约轻资产项目110个，计容面积1,662万平方米，预期品牌费总计金额35亿元人民币。27年来，建业连续10多年蝉联河南省房地产行业纳税冠军，2018年企业纳税总额50亿元人民币，累计纳税逾百亿。

建业成立以来，坚守了高品质住宅开发的专业化方向，打造了一个富有社会责任感的品牌，培养了一支优秀的管理团队。

四 青岛政建投资集团有限公司

青岛政建投资集团有限公司成立于2005年10月，目前拥有20余家全资及控股企业，初步形成以地产开发为核心，集地产开发、商业市场运营、酒店管理、物流贸易、动漫游戏产业及其他服务业于一体的大型综合性集团。

公司以打造国际化专业市场为目标，成为中国北方唯一囊括海、陆、空三港地域优势，辐射欧美、日韩等国家和地区的大型国际化市场，公司累计开发面积超过200万平方米，产品涵盖住宅、商业、酒店、写字楼等多种业态。

公司始终坚持以市场为导向，充分尊重市场规律、密切关注市场态势、认真研究市场变化带来的机会和挑战，在企业发展的各个阶段，积极寻找价值发展空间、灵活把握市场需求变化脉搏、不断完善和调整运营战略、执着而不保守、敢干而不蛮干，较好地把握和抓住了发展机遇。

五 中融国投集团公司

中融国投集团公司创建于2000年，目前公司资产规模逾100亿元，是一家多重股份制形式的具有雄厚资产规模的大型企业集团。现已发展成为以科技创意园区、主题文化小镇、城市住宅综合开发与服务产业为主要业务运营模块的，跨国及地区专业化的大型企业集团。

一直以来，中融国投集团以增强城市综合竞争力，实现城市的可持续发展为目标，业务范围涉及国有资本运营、城市建设及房地产开发等领域，包括城市功能性公益性项目投资融资、城市基础设施施工建设、土地一级开发、保障性住房建设、大型工程的施工建设以及城市功能性公益性设施的经营管理等。

中融国投集团一直积极探索适合自身的发展之道。于2009年6月正式开拓海外业务，先后成立ZRT中融国投置业株式会社和海外公司，拥有从产品技术研发、勘察设计、工程承包、地产开发、设备制造到物业管理等完整的建筑产品产业链条。并先后进入马来西亚、新加坡、韩国市场,实现了在地产、文化领域的稳步发展。

中融国投集团紧跟"一带一路"发展倡议,"一带一路"建设植根于丝绸之路的历史土壤,重点面向亚非欧大陆。集团致力于"走出去""请进来",打造以中东地区为中心的企业战略资源输出平台,以迪拜为中心覆盖亚非欧大陆 15 亿人口,促进区域科技进步,实现共赢发展。

六 卓达房地产集团有限公司

卓达房地产集团有限公司创建于 1993 年 7 月,现净资产超过千亿元,企业员工达 1.5 万余人。卓达集团业务涵盖新型材料、养老健康产业、现代农业、卓达物业、旅游产业、文化产业、创意产业、低碳智慧城市建设、港口建设及运营等实业,拥有新型材料、竹钢、木钢、养老等方面数千项专利与技术,项目遍及全国 20 多个省市,并且走出了国门,分别在马来西亚、俄罗斯等国进行大开发。

以国际视野统揽海内外市场,以大需求规划集团大战略,是卓达集团高速发展的保障。瞄准国际国内 30 万亿绿色建材、绿色建筑市场旺盛需求,卓达集团创新科技,填补世界空白,自主研发高科技绿色新型材料和模块化组装式绿色建筑,掀起建筑业、建材业和房地产业革命,被国家住建部确定为"国家住宅产业化基地"。产品风行世界,仅在俄罗斯,卓达新型材料一举通过联邦合格认证、防火认证、卫生检疫合格认证等三项国家认证。

经过多年探索,卓达集团独创"居家+社区+机构"三位一体的全龄化养生养老社区模式,在京东南开发建设了中国首家养老示范基地——卓达太阳城养老示范社区,共建集养老、文化、生态休闲、健康、教育等于一体的养老社区,目前已被列入民政部确定的五大养老基地之一。卓达集团已成功走向海外。在马来西亚麦迪尼开发总面积达 100 万平方米国际高端住宅项目，开创国际化发展的新兴之路。

七 贵州黔中铁旅文化产业发展有限公司

贵州黔中铁旅文化产业发展有限公司顺应中铁国际旅游度假区的开发要求，成立于2012年9月，系中国中铁直属企业中铁贵州旅游文化发展有限公司的核心企业，注册资本2亿元人民币，是一家涉及旅游、酒店、商业、医疗、养老等领域项目投资开发和建设的专业型公司。公司旗下拥有10余家全资子公司及一家控股子公司；同时与美国、英国、奥地利、中国台湾地区等国际公司合作，致力于打造中国最高端的养生养老项目。

公司依托贵州冬无严寒、夏无酷暑、秀丽的山水、绚烂的民族文化等得天独厚的资源优势，提供专业的国际性养生养老项目建设和服务。

太阳谷国家级康养示范项目位于中铁国际生态城太阳谷康体养生区南部，是中铁国际生态城核心功能区之一，项目规划面积约2,037亩，总投资50多亿元，建设周期8~10年。项目分两期开发，一期占地面积804亩，总投资约30亿元。项目依托良好的区位优势以及自然资源，整合国内外优质健康产业资源，构建以养老服务体系为核心，医养结合为特色的大健康产业链，形成集"居家养老、健康养生、医疗康复、休闲度假"于一体的国际标杆性康养生活社区，形成四大功能板块，即养老照护板块、医疗康复板块、活力社区板块、养生度假酒店板块。

◇◇第十一节 金融

一 亚洲基础设施投资银行（亚投行）

亚洲基础设施投资银行（Asian Infrastructure Investment Bank，AIIB），是首个由中国倡议筹建、由亚洲发展中国家共同发起并主导的多边开发性金融机构，于2015年12月正式宣告成立，于2016年1月开业，总部设在北京。

亚投行的职责主要是：通过开发性金融工具，重点推进亚洲区域的基础设施及其互联互通建设，打破各经济体之间投资、贸易和人员往来的屏障，带动投资增长，促进贸易以至全球经济血脉更加畅通，为构建更加广泛、更高水平、更深层次的开放型区域经济和世界经济提供基础保障条件。这是中国政府携手国际社会构建与发展新时代开放型世界经济，坚持走大开放、大融合、大发展道路的积极体现。

亚洲基础设施投资银行是继提出建立金砖国家开发银行、上合组织开发银行之后，中国主导国际金融体系的又一举措，将同域外现有多边开发银行合作，相互补充，共同促进亚洲经济持续稳定发展，将填补亚洲发展中国家在基础设施投资领域存在的巨大缺口，减少亚洲区内资金外流，投资于亚洲的"活力与增长"。这也体现出中国在外交战略中发挥资本在国际金融中的力量。更值得期待的是亚洲基础设施投资银行将可能成为人民币国际化的制度保障，方便人民币"出海"。

亚投行遵循高效、精简、清廉、清洁的原则，通过贷款、担保、股权投资等多种金融工具，致力于亚洲区域基础设施建设和互联互通，促进区域经济一体化和区域经济繁荣。2017年5月13日,亚洲基础设施投资银行在北京宣布,其理事会已批准7个新意向成员加入亚投行。其中,包含3个域内成员和4个非域内成员,分别是巴林、塞浦路斯、萨摩亚、玻利维亚、智利、希腊和罗马尼亚。至此,亚投行成员已扩容至77个。2017年12月19日,亚洲基础设施投资银行对外发布消息称,已经批准通过库克群岛、白俄罗斯、瓦努阿图和厄瓜多尔4个成员加入亚投行,亚投行成员共84个。2018年6月26日,亚洲基础设施投资银行理事会在此间举行的年会上宣布,已批准黎巴嫩作为意向成员加入,其成员总数将增至87个。

亚洲的绝大多数国家正处于工业化、城市化快速推进的进程中,工业化和城市化的前提条件就是基础设施建设要加快。亚洲基础设施投资银行的建设不仅可以加快亚洲国家的发展,亦可带动全球经济的复苏。

二 国家开发银行

国家开发银行成立于1994年,是直属中国国务院领导的政策性金融机构。2008年12月改制为国家开发银行股份有限公司。2015年3月,国务院明确国开行定位为开发性金融机构。

国开行注册资本4,212.48亿元,股东是中华人民共和国财政部、中央汇金投资有限责任公司、梧桐树投资平台有限公司和全国社会保障基金理事会,持股比例分别为36.54%、34.68%、27.19%和1.59%。

国开行主要通过开展中长期信贷与投资等金融业务,为国民经济重大中长期发展战略服务。2017年4月19日,开行名称变更为"国家开发银行",组织形式变更为有限责任公司。2017年底,资产总额15.96万亿元,贷款余额11.04万亿元;净利润1,136亿元,ROA0.75%,ROE9.45%,资本充足率11.57%,可持续发展能力和抗风险能力进一步增强。2018年9月5日,中非银联体由中国国家开发银行牵头成立。2018年10月15日,国家开发银行阿斯塔纳代表处在哈萨克斯坦首都阿斯塔纳挂牌开业。穆迪、标准普尔等专业评级机构,连续多年对国开行评级与中国主权评级保持一致。

国开行是全球最大的开发性金融机构,中国最大的中长期信贷银行和债券银行。

国开行目前在中国内地设有37家一级分行和3家二级分行,境外设有香港分行和开罗、莫斯科、里约热内卢、加拉加斯、伦敦、万象、阿斯塔纳、明斯克、雅加达、悉尼等10家代表处。全行员工9,000余人。旗下拥有国开金融、国开证券、国银租赁、中非基金和国开发展基金等子公司。

三 中国开发性金融促进会

为促进开发性金融社会化,建立开发性领域的广大企业与各级政府、金融机构、科研院所的交流合作平台,更好地运用开发性金融方法推动市场建设、信用建设和制度建设,服务我国工业化、信息化、城镇化和农业现代化同步发展,服务我国开发性金融领域的各类市场主体,促进政府、市场、企业、金融合作,共同推进开发性金融事业发展,国家开发银行发起成立中国开发性金融促进会。2013年4月,中国开发性金融促进会正式成立。

国家开发银行在近20年的实践中,把中国国情与国际先进金融原理相结合,探索出一条有中国特色的开发性金融之路,形成一套独特的开发性金融理念和方法,成为我国经济社会发展全局和金融体系中不可替代的重要力量。今天的开行发展成为我国最大的中长期投融资银行、最大的债券银行、最大的对外投融资合作银行和全球最大的开发性金融机构。

第十二届全国政协副主席陈元任促进会会长，促进会积极探索支持经济社会发展的新模式：一是开展"融资、融智、融商"综合服务，把促进会"融商"（招商、投资、并购等）与开行"融资、融智"相结合，协助企业完善产业链，帮助地方政府打造产业生态圈。目前，内蒙古包头、浙江台州等地"三融"试点效果显著。二是创办并连续举办六期开发性金融大讲堂，包括与中国城投公司联络会举办的"开发性金融与中国城市化"，与中国新闻文化促进会举办的"以开发性金融助推文化发展"研讨会，以及中法养老产业合作洽谈会等，大讲堂已成为集研究、宣介、项目对接等于一体的综合平台。三是以上海远东资信评估有限公司为平台，为会员企业提供规划、咨询、评级等服务，汇聚标普、穆迪、联合信用等国内外评级机构举办信用建设论坛，为构建民族品牌评级机构、服务民族企业评级需求奠定了基础。四是深化与行业协会、社团组织合作，与中国新闻文化促进会签署《合作备忘录》，与中国扶贫开发协会推进产业扶贫等领域合作。促进会还将在设立城市发展和产业基金、参与多层次资本市场建设等领域不断创新，为会员提供更丰富的综合服务。

中国开发性金融促进会实施会员与开行客户一体化管理，推动符合条件的会员向开行客户转化；在开发性金融理论和实践研究、开发性金融社会化与国际化、产学研交流、银政企合作等领域与开行协同发展，共同为开发性领域的广大企事业单位提供规划、投融资、信息咨询、信用评级、产业链合作等综合服务。

促进会发挥"提供服务、反映诉求、规范行为"功能，通过与其他行业协会、社团组织合作，创办论坛、投资洽谈会等社会平台，组织培训、讲座、经验交流等活动，为会员间的合作铺路搭桥；通过调查研究，向政府和有关机构建言献策，为会员发展争取更有利的政策环境。同时，促进会将建设信息化便捷高效的会员交流与合作平台，以社团自律引导和规范会员稳健经营和健康发展。

四 横琴金融投资集团有限公司

横琴金融投资集团有限公司于2014年1月28日成立,实缴注册资本金40亿元,是横琴管理委员会深化对澳合作、加速产业培育、探索国有资本市场化运营新模式而设立的国有独资企业,是横琴新区投融资的首要平台。

公司系以投融资手段促进横琴产业培育,推动经济社会发展的有力抓手;探索国有资本运营新模式,助力横琴产业发展的核心载体;横琴自贸试验片区开展金融创新,建立金融服务平台的重要布局。业务板块包括产业项目投融资、引导基金、横琴·澳门青年创业谷、融资租赁业务、金融要素平台、投融资服务平台。

五 中国平安财产保险股份有限公司

中国平安财产保险股份有限公司隶属于中国平安保险(集团)股份有限公司,平安产险是中国第二大财产保险公司。成立30年来,平安产险坚持稳定、健康的发展方略。最近10年,其实现保费收入、总客户数复合增长率近25%,市场份额年均提升1%,ROE持续保持20%以上。2018年上半年,平安产险保费收入1,188.78亿元,稳居市场第二位,综合成本率为95.8%,累计为近6,215.6万个人及团体客户提供风险保障,旗下42家分公司及2,580余家三、四级机构遍布全国。

截至目前,平安产险开发、经营的主险已超过1,000种,经营业务范围涵盖车险、企财险、工程险、责任险、货运险、农业保险、短期健康险与意外险等一切法定产险业务及国际再保险业务。

平安产险将通过数字化、线上化、生态化，实现"科技+渠道"的战略转型，致力成为中国领先的科技型财产保险公司。目前，平安产险将每年利润的10%投入科技应用研发，其科技中心有1,500余名技术人员。而人工智能、区块链、云计算、大数据等技术已在平安产险前中后台多个业务节点开花落地，从承保、风控、运营、理赔到客户服务。平安车险建立了AI车主评分定价体系，从人、车、环境、保险、历史赔付记录等维度，全面扩展风险因子库，建立动态核保模型，通过机器学习不断迭代实现精准定价；为车主量身打造的"用车助手、安全管家"——平安好车主APP，能为车主提供涵盖"车服务""车生活""车保险"的一站式服务，目前累计注册用户突破4,628万。而风控方面，平安产险推出国内首个基于物理空间的数字化风险管理系统——DRS鹰眼，内嵌超过140亿数据，结合线上线下多种技术能力拓展，能为客户持续输出风险管理能力。2017年平安将AI应用于车险理赔业务，推出智能闪赔，能够实现图片精准定损、秒级赔付、全流程智能风控阻断，极大地提升理赔效率。此外，平安产险还将牲畜识别、人脸识别、声纹识别、OCR票证通、卫星遥感、无人机等科技创新引入农险，开创农险作业新时代，为农险承保、查勘、风控、理赔等环节的难题提供相应解决方案并大幅提升作业效率。

六　瀚华金控股份有限公司

瀚华金控股份有限公司创立于2004年。2014年在香港联交所上市，是中国首家登陆国际资本市场的普惠金融集团。瀚华金控坚持以伙伴金融、平台金融、生态金融为发展战略，历时十余年时间打造了囊括民营银行、资产管理、私募股权投资、融资担保、互联网信贷、保理、租赁、保险经纪的多元金融业态，在28个重点省市设立了分支机构，业务能力覆盖全国，形成了"股权、债权、交易"三大平台服务体系，为客户提供专业、安全、可控的一站式定制化产融解决方案。

瀚华金控以"打造世界普惠金融的中国样本"为愿景，重塑伙伴式产融关系，以卓越金融服务与客户共同成长。瀚华金控以增强金融服务可得性为己任，提供专业、安全、可控的一站式综合产融解决方案。以"开放、合作、共享"的理念，开放平台，链接资源，鼓励内外部合伙人在产融平台上创新创业，与客户、股东、员工、合作伙伴一起创造价值、分享价值。

七　启迪控股股份有限公司

启迪控股股份有限公司是清华科技园的开发、建设、运营单位，是清华控股有限公司旗下的国有控股混合所有制企业，是启迪桑德、启迪古汉、启迪国际、世纪互联（VNET）的第一大股东，是紫光股份、中文在线、汉邦高科等的重要股东。公司旗下控参股企业200多家，管理总资产逾1,500亿元。

经过22年的发展与探索，启迪控股积累了丰富的科技园开发与运营经验，形成了一支高素质的经营管理队伍，积极推动创新资源与区域经济的有机互动，成功构建起辐射全国的以科技园区为载体的创新体系，辐射网络覆盖50多个城市及地区，并已在美国、中国香港、韩国、俄罗斯、以色列等地建立了国际化的孵化网络基地群，成为中国创新体系中的一支生力军。

作为启迪控股的旗舰产品，清华科技园北京主园区是目前世界上单体最大的大学科技园，已经成为清华大学实现社会服务功能的重要平台，成为推动区域自主创新的重要平台，成为中国乃至世界科技园行业的知名品牌。

启迪控股响应国家创新驱动发展战略，落实清华大学服务社会职能，在"致力于成为科技服务业的中国引领者和全球典范"这一总体目标下，依托已经形成的科技创新创业服务平台、园区与新型城镇化建设平台、金融资产管理平台，逐步形成了以启迪科技服务、启迪科技城投资开发、启迪科技园及孵化器运营管理、启迪科技金融平台为核心，教育、传媒、酒店等为支撑的业务架构，已经成为中国新型城镇化进程中的一支生力军，成为拥有丰富经验和智慧、具备全面业务能力的科技服务提供商。

启迪控股通过整合内部的孵化器、创业投资和科技实业等业务，同时并购重组了桑德环境和紫光古汉等外部知名企业，组建了启迪科技服务集团，启迪科服集团业务聚焦节能环保和大健康领域，建立了中国独特的具备"孵化+金融+云服务"生态概念的中国新经济生态系统——科技服务生态系统；并通过整合内部地产资源，成立了启迪科技城集团，负责利用创新思维推进科技新城的开发建设、运营。

八 昆仑银行

昆仑银行的前身是克拉玛依市商业银行，系2006年6月6日由克拉玛依市城市信用社改制成立。2009年4月中国石油集团通过增资控股对克拉玛依市商业银行进行重组，2010年4月正式更名为昆仑银行。重组伊始，昆仑银行就确立了产融结合发展战略，坚定不移走差异化经营、特色化发展道路。

2017年，面对复杂多变的国际经济形势，在国家持续深入实施"一带一路"倡议大背景下，昆仑银行国际业务充分发挥渠道优势，坚持走产融结合特色发展道路，以大型央企、石油石化企业客户为重点，以服务和助力中资企业走出去为己任，主动适应市场变化，大力加强市场营销,积极提升服务水平,持续夯实管理基础。抢抓机遇成功开拓委内瑞拉市场,新市场开拓取得实质性突破。

主营业务快速发展。公司业务强化客户营销,推进服务创新、产品创新,突出产融特色,产融专属产品较快增长,余额突破200亿元,对公客户数新增4,500余户,以产促融、以融助产、协同发展的效应逐步凸显。新业务新亮点不断涌现,获得多方面的荣誉与奖励。信息科技工作以"夯基础、抓执行、提质效"为总体工作思路,以"五抓五提高"为具体工作措施,生产系统安全稳定运行,重要系统服务可用率保持在99.9%以上。

截至目前,昆仑银行已为中伊两国企业提供了包括国际结算、外汇交易、跨境担保和跨境融资在内的多方面金融服务,成为中伊双边经贸往来的金融窗口和主渠道。截至2017年末,公司资产总额3,175亿元,存款余额1,510亿元,贷款余额1,111亿元,利润总额35.09亿元。

近年来,昆仑银行突出发展对公业务,大力发展零售业务,积极发展国际业务,稳健发展金融市场业务,经营业绩屡创新高,规模实力持续增强,特色鲜明、富有活力的能源银行已具雏形:建立营业网点80余个,为客户提供了多元化、特色化的金融产品和服务。昆仑银行产融结合特色初具规模,综合实力持续增强,从一家小型区域性城商行逐步发展成为跨区经营、具有一定国际影响力的特色商业银行,资产规模迈入全国城市商业银行前列,是近年来国内成长最快的银行之一。

九 嘉实基金管理有限公司

嘉实基金管理有限公司是由广发证券有限责任公司、北京证券有限责任公司、吉林省信托投资公司、中煤信托投资有限责任公司共同发起设立，经中国证监会批准成立的基金公司，旗下已有十几个基金产品。嘉实基金是中国知名的基金管理公司，目前总共管理规模近6,000亿元。

2002年初与英国保诚集团公司签订技术合作协议，英国保诚集团是拥有150余年历史的英国最大规模的金融服务集团之一，该公司旗下管理的全球基金规模超过2,500亿美元。

2003年10月，经中国证监会证监基金字55〔2003〕号文批准，公司股东广发证券股份有限公司将其所持公司出资额转让给中煤信托投资有限责任公司，公司增加注册资本600万元，公司新增股东立信投资有限责任公司。

嘉实投资是嘉实基金旗下的私募股权管理公司，2014年以创新方式150亿元领投中石化销售公司混合所有制改革，2015年以来先后投资中国顶级科技孵化企业、医药企业、城市租车等，并将继续围绕科技创新和国企混改开展股权投资，支持中国"一带一路"等重大倡议。

十　万贝科技发展集团（天津）有限公司

万贝科技发展集团（天津）有限公司，成立于2011年，集团注册资本3.7亿元。集团业务涉及保险金融、国际保险经纪、互联网电商、国际贸易、国际货运代理、平行进口车、企业咨询、融资租赁经纪服务等众多行业于一体的大型股份制公司。已在印度尼西亚、泰国、巴基斯坦、坦桑尼亚、北京、上海、广州、深圳等国内外40多个城市设立分支机构，未来将在国内外陆续设立超过100家分支机构。

万贝国际保险经纪公司是经中国保险监督管理委员会批准的一家全国性专业保险经纪公司。公司成立以来与瑞士再保险、人保、平安、太平洋等国内外40余家保险（集团）公司签订战略合作协议，先后为国家海外大型水电项目、国内外大型建设工程项目以及银行金融产品等提供保险经纪服务，累计保费超过 300 亿元。

平行进口车业务是万贝集团与天津天保控股（国企）合作，共同打造的进口车质保、延保、"三包"服务平台。是目前国内能承接平行进口车"三包"服务技术实力最强，网络覆盖最广的唯一平台，也是唯一能实现平行进口车免费"首保"的售后网络，将平行进口车从单一销售产业向汽车销售、售后服务、保险金融、配件零售等综合性、多元化、链条式产业发展。

十一 香港招商局集团有限公司

招商局集团是国家驻港大型企业集团，经营总部设于香港，亦被列为香港四大中资企业之一。招商局业务主要集中于交通（港口、公路、能源运输及物流、修船及海洋工程）、金融（银行、证券、基金、保险）、房地产等三大核心产业。

招商局是内地和香港交通基建产业的重要投资者和经营者，已基本形成全国性的集装箱枢纽港口战略布局，旗下港口分布于珠三角的香港、深圳，长三角的上海、宁波，渤海湾的青岛、天津，厦门湾的厦门及西南沿海的湛江，并在国际化战略上迈出了坚实的步伐。目前在全球 14 个国家和地区拥有 27 个港口。2014 年，招商局旗下港口集装箱吞吐量为 8,084 万 TEU（其中内地港口集装箱吞吐量为 5,956 万 TEU，占全国市场份额约 30%）；散杂货吞吐量达到 3.63 亿吨。招商局同时在北京、上海、江苏、广东等 18 个省市投资有总里程 7,437 公里的高等级公路、桥梁、隧道。

招商局物流业积极、审慎地进行了全国性的网络建设工作。截至 2014 年底，招商局物流在全国重要城市设立了 72 个物流网络运作节点，全国性物流网络布局初具规模。招商局还通过收购澳大利亚路凯

（Loscam）公司成功进入托盘共享租赁行业，并与全球最大冷链物流服务商 Ameri Cold 建立合资公司"招商美冷"，构建综合性冷链物流网络体系。

招商局的金融业包括银行、证券、基金及基金管理、保险及保险经纪等业务领域。招商局是招商银行的最大股东、是中国领先的零售银行。目前，在国内 110 个大中城市设有分支行，2,420 家自助银行；在香港地区设有香港分行，并拥有永隆银行及招银国际两家全资子公司；在台湾地区设有代表处；在美国设有纽约分行和代表处；在英国设有伦敦代表处。招商证券为国内 AA 级券商之一，目前，招商证券在全国 60 个城市（不包含香港）开设了 100 多个营业网点。2014 年，招商证券股基权交易量市场份额为 4.36%，市场排名第 7 位。2012 年招商局成立招商局资本，推进集团内部基金整合，建立直投基金管理的统一平台。

招商局在工业、贸易、科技产业投资等领域也都有着雄厚的实力。招商局拥有香港最大规模的修船厂；2008 年投资的世界一流的大型修船基地在深圳孖洲岛建成投产；2013 年，完成收购江苏海新重工船厂资产，进一步壮大了海工建造实力。招商局创办并为其第一大股东的中集集团是世界上最大的集装箱及机场设备制造商；旗下香港海通有限公司在中国交通海事贸易领域有着成熟的市场网络和丰富的经验；招商局在高科技风险投资领域也走在了全国的前列。

十二 中国华夏文化遗产基金会

中国华夏文化遗产基金会是享有海内外募资资格的公募基金会，是我国文化遗产发现研究、保护的社会组织之一。基金会于 2007 年 8 月 28 日在民政部正式注册登记，由文化部作为业务主管单位，以"唤醒公民保护文化遗产的意识及责任，配合政府调动民间力量修缮和保护中国文化、历史遗迹，推动社会发展和经济建设"为宗旨，以"取之于民、用之于民、造福人类"为原则而成立。

基金会发挥优势平台效应，自成立之初便致力于同与中国友好的各个国家进行深层次的国际文化交流活动，基金会品牌活动"东方之韵"已成为中国对外友好活动的一张亮眼名片。同时，基金会还积极探索"一带一路"下的民间文化交流。基金会自2014年开始，已连续两年举办"两岸四地青年牵手丝绸之路行"活动，通过组织香港、澳门、台湾及内地（大陆）十几所高校的百余名师生重走甘肃、新疆的古丝绸之路，获取深入体验与感受，建立属于青年人互动、交流的新丝绸之路，主动承担起振兴丝绸之路的文化责任。

通过深耕"一带一路"沿线地区和国家，针对"一带一路"文化及文化产业，基金会已累积深厚的学术研究和文化项目生产能力，首先提出了"中巴文化走廊"的概念，并得到了巴方的认可，更好地为"一带一路"的发展打下坚实的根基。

十三　华侨基金管理有限公司

华侨基金管理有限公司成立于2013年5月，注册资本2.8亿元，是中国领先的政府跟投型基金，由剑桥和耶鲁等海归精英联合创办。

华侨基金响应"浙商回归"口号，带领海外华侨、海内侨眷回国参与家乡建设，跟投地方政府产业引导基金，积极投资实体经济。华侨基金专注于投资国企、央企和地方政府类优质项目，设立五大领域主题投资基金，即中国新型城镇化基金、旅游酒店基金、科技创新基金、健康产业基金、绿色能源基金。同时，下辖资产管理、投资银行、兼并收购和金融咨询等四大板块业务，深耕财富管理领域。

华侨基金现已拥有一支300余人组成的专业投研团队，管理规模超

100亿元人民币，先后获得由中国证券投资基金业协会颁发的基金管理人牌照和由新加坡金融管理局（MAS）颁发的注册基金管理公司牌照，是国内为数不多的拥有海内海外双牌照的基金管理公司。

华侨基金立足浙江，辐射全国，放眼全球，以浙江杭州为总部，在北京、上海、江苏（南京、无锡）、浙江（丽水、绍兴）、福建、广西、贵州、香港、新加坡等地设立分公司，形成海内外双向布局。

十四　深圳博林集团有限公司

深圳博林集团有限公司成立于1997年，前身为深圳市创意实业发展有限公司。历经20年的发展，博林集团拥有控股、参股企业16家。

博林集团以深圳为基地，投资遍布深圳、广州、南京、芜湖、滁州、池州、黄山、长沙等主流发展城市及热点区域，已经发展成为集金融、房地产、商业、酒店、餐饮、物业管理等多元化产业经营于一体的综合性企业。

博林集团旗下的深圳博林文创股份有限公司于2015年成立，是一家集文化创意、文化投资、创意创业孵化于一体的文创企业。现有HelloKongzi全球文化巡展、体验空间、影视娱乐及文化演艺四大业务板块。在2016年获深圳文化创意产业大会"十佳企业"称号。

十五　广西泓浩投资集团有限公司

广西泓浩投资集团有限公司从房地产行业起步，借助国家改革开放的东风，历经20多年的发展，不断开拓进取、拼搏创新，逐步发展成为一家综合性的企业集团。集团以"立足广西走向世界"为发展定位，以资本、技术和品牌为核心，以现代企业管理制度为驱动力，以质量求生存,以效益促发展,具有较强的综合竞争力。

集团开展的业务涉及五大行业板块:化工板块(基础化工、精细化工产业)、金融板块(小额贷款、融资性担保业务)、房地产板块(商品房开发、工程建设)、贸易板块(国内、国际贸易)、市场服务板块(建材市场租赁及服务),成员及下属企业20余家,各类专家及管理人才100多人,员工600多人,集团总资产25亿元。

集团以"忠诚、守信、创新、共享"为发展宗旨,真诚期待与国内外企业开展经贸交流与合作。

◇◇第十二节 园区港口

一 中新苏州工业园区开发集团股份有限公司

中新苏州工业园区开发集团股份有限公司由中国、新加坡两国政府于1994年8月合作设立,作为园区开发主体和中新合作载体,为苏州工业园区开发建设做出了重大贡献。2016年1月,中新集团首发申请通过了中国证监会主板发行审核委员会的审核。

中新集团以"筑中国梦想、建新型园区"为己任,确立了以园区开发运营为主体板块,以产业载体配套和绿色公用为两翼支撑板块,通过板块联动、资源集聚,实现高水平产城融合的"一体两翼"协同发展格局。目前集团旗下拥有50多家子公司,总资产超200亿元。

中新集团积极融入国家战略,不断输出苏州工业园区成功经验,已在江苏宿迁、南通、常熟海虞、张家港凤凰,安徽滁州,浙江嘉善,宁夏银川等地实施园区开发运营项目。围绕园区开发运营,集团旗下中新置地专注于区中园建设、招商与运营,着力提升区域产业发展水平;集团旗下中新公用围绕绿色公用发展方向，着力开发新型环保事业。

中新集团将不断聚集园区开发运营的核心资源要素，搭建战略合作平台，致力成为中国园区开发运营领军企业。

二 珠海横琴新区金融服务中心

珠海横琴新区金融服务中心是国家公益一类事业单位。珠海横琴金融服务中心致力于优化金融服务——完善金融机构生态，引进境内外各类金融机构和交易主体，建立健全多层次金融服务体系；深化金融创新——加强金融创新政策研究，深化与港澳金融机构合作，推进与港澳金融市场对接；支持实体经济——促进金融与实体产业融合，提供投融资服务，举办投融资培训班，提升金融服务实体经济作用。

目前，横琴新区金融组织体系基本完善，金融产业影响力显著提升，金融改革创新持续推进，与港澳金融合作成果显著，对加快横琴开发、深化粤港澳金融合作发挥了积极的作用。

珠海横琴金融服务中心积极加强产业引导和服务，开拓金融全面发展新格局，引进和服务了包括易方达基金、广发基金、中科沃土基金、横琴人寿保险、久隆财产保险等持牌法人机构和KKR、工银国际、普思资本、IDG、中植集团、中科招商、诺亚财富等新兴金融机构；出台了包括区块链、保险业、私募基金、量化金融、上市企业挂牌等金融政策，构建起较为完善的金融业扶持政策。截至2018年12月底，横琴新区共有金融和类金融企业6,547家，注册资本达9,902亿元；财富管理机构资产管理规模达2.47万亿元。

未来，珠海横琴金融服务中心将紧紧抓住港珠澳大桥开通和粤港澳大湾区建设的机遇，以服务实体经济为出发点，以防范金融风险为生命线，以港澳金融合作为特色，加快金融改革创新，全力做好粤港澳深度合作的探索者和示范者。

三 海南生态软件园集团有限公司

海南生态软件园集团有限公司由海南省政府与中国电子信息产业集团公司共同成立，按照"政府支持，市场化运作"的模式负责园区开发、招商、运营和管理。

海南生态软件园一期规划面积3,000亩，二期14.5平方公里。位于海南岛西侧，盈滨半岛美仑河畔。发挥海南环境、政策、政务三大优势，打造区别大城市，集工作、生活、商务休闲、教育、医疗等于一体的互联网"微城市"。

海南生态软件园2009年10月正式开工建设。截至2018年12月，已吸引了腾讯、华为、百度等3,593家企业落户。2017年实现税收14.31亿元，2018年1~12月税收20.28亿元，同比增长41.72%。海南腾讯生态村、中国游戏数码港、中国智力运动产业基地、百度海南生态村等一批100亿项目相继落户。其中，海南腾讯生态村、中国游戏数码港、中国智力运动产业基地已于2018年5月9日集体开工建设。海南生态软件园是海南发展互联网产业的重要载体和平台，也是中国互联网产业新的集聚地。

海南生态软件园一方面把海南自然生态环境发挥到极致，为IT人才打造花园式办公环境，实现"在公园里工作，在生活中创新"。另一方面把产业生态环境打造到极致，提供企业融资、人才、技术、市场等专业服务。设立了企业服务超市，提供工商、税务、社保、公积金、公安局、银行等"一站式"服务，企业注册最快3小时办结。此外，围绕人的需求，打造高品质配套设施，花园办公系统、居住配套、商业配套第三时间商业街、商务配套蓝海钧华大饭店、顶级国际幼儿园均已投入使用，微城未来学校将于 2019 年 9 月正式开学。

"十三五"期间新增投资 300 亿元，一次性建成 500 万平方米产业新城，2020 年园区预计实现收入 500 亿元，累计税收超 100 亿元，为海南经济结构调整，助力 1,000 亿互联网产业目标实现做出更大贡献。

四　海尔·鲁巴经济园

海尔·鲁巴经济园区坐落于巴基斯坦第二大城市拉合尔。海尔·鲁巴经济区是以现有的海尔巴基斯坦工业园为基础，规划面积为 1 平方公里，总投资约 2.5 亿美元，包括大家电生产、小家电生产、配套产业、原材料、成品物流、生活区等六大区域。2006 年，巴基斯坦总统亲自颁发了"最佳社会贡献奖"给巴基斯坦海尔。

海尔·鲁巴经济区中的核心企业巴基斯坦海尔，投建于 2001 年，是中国海尔集团与巴基斯坦实力较强的鲁巴集团共同投资兴建的，主要生产海尔品牌的电冰箱、洗衣机、空调器。单班年产能力 15 万台。在巴基斯坦本土的海尔有三个"本土化"的特征：产品本土化、采购本土化和文化融合本土化。

针对巴基斯坦当地人的需求，根据巴基斯坦经常停电、电压不稳开发了"大功率洗衣机""具有停电补偿功能的空调""宽电压带冰箱"等一系列本土化产品，打开了巴基斯坦的家电市场。目前，海尔冰箱、洗衣机、空调在巴基斯坦当地的市场份额均名列前三；其中，中高端产品的份额分别达到 30%、35%、33%，均列市场第一，海尔产品深受巴基斯坦消费者的喜爱。

海尔·鲁巴经济园，不仅将成为巴基斯坦最大的品牌园区，经济园还将十分注重社会责任，以环保、和平、和谐为宗旨，与巴基斯坦社会融为一体。

五 巴基斯坦瓜达尔港

瓜达尔港位于巴基斯坦俾路支省西南沿岸，东距卡拉奇约460公里，西距巴基斯坦—伊朗边境约120公里，南临印度洋的阿拉伯海。它位于具有重要战略意义的波斯湾的咽喉附近，紧扼从非洲、欧洲经红海、霍尔木兹海峡、波斯湾通往东亚、太平洋地区数条海上重要航线的咽喉。

2001年中国应巴基斯坦政府邀请，决定援建瓜达尔港，瓜港的开发才得以真正实施。2005年结束了第一期项目工程，建成了一个拥有三个2万吨级泊位的多用途码头。2015年，习近平主席访问巴基斯坦，中巴双方同意，以中巴经济走廊为引领，以瓜达尔港、能源、交通基础设施和产业合作为重点，形成"1+4"经济合作布局。2016年11月，瓜达尔港正式开航，中巴两国共同见证了首批中国商船从瓜达尔港出海。2017年5月，习近平主席在"一带一路"国际合作高峰论坛开幕式上的演讲中又提及瓜达尔港，并强调要"规划实施一大批互联互通项目"。

2016年11月，瓜达尔港正式运营。能源大动脉将以瓜港为起点，待到未来中巴经济走廊全线畅通后，石油等能源从沙特阿拉伯到达中国上海的时间将从25天至30天缩短至12天，到达新疆喀什的时间更是缩短至5天。2018年3月7日，中远海运集装箱运输有限公司开辟了巴基斯坦瓜达尔中东快航，正式挂靠瓜达尔港。每周三都会有集装箱船停靠瓜达尔港。这条固定集装箱航线，从根本上解决了瓜港此前"有船无货，有货无船"的局面。中国货轮运来的多是工程机械、建筑预制件、重型卡车和建筑材料，这些来自中国的物资不仅能保障瓜港建设急需，而且还能满足中巴经济走廊其他项目的需要。

瓜达尔港已成为中巴经济走廊建设中最重要的组成部分，实现了和世界主要港口连接的目标，提高了瓜达尔港口在整个南亚和中亚地区的航运地位,从根本上解决了瓜港建设完成后十几年都未能形成商业运营的问题。这些都将有益于巴基斯坦乃至整个南亚、中亚地区的经济繁荣。

六 杭州东部软件园

杭州东部软件园位于中国东部经济最为发达的长江三角洲区域城市——杭州,地处杭州市中心、文教区与杭州国家级高新技术产业开发区江北区东部,文三路信息一条街的首位,是杭州市天堂硅谷重要组成部分,信息港的形象和窗口。园区周围汇集了大量的高等院校、科研院所和一批实力雄厚的高科技企业,是科技、智力、人才和信息最密集的区域。

杭州东部软件园成立于2001年,园区以"企业化管理、市场化运作、专业化服务、国际化道路"的运行模式,实施专业化园区开发、投资、管理、服务,将政府政策的导向功能与企业的市场提升能力有效结合,赋予园区以思想与生命力。阿里巴巴、神州数码、中兴通讯、华为杭研所、联想科技、Amdocs、CSK、Webex等国内外著名的高科技企业云集于东部软件园,天夏科技、中正生物、家和智能、星软科技、国芯科技等一大批中小型科技企业在东软得到快速的成长。整个园区呈现出科技企业集聚、科技氛围浓厚、创业环境优良、创新活力强盛、中小企业快速成长、创新服务显著的生动局面。东部软件园已成为国内具有相当影响力的高科技聚集辐射中心。

七 克拉玛依云计算产业园

克拉玛依云计算产业园区于2012年11月15日经自治区人民政府正式批准成立,2013年5月19日开园奠基,是自治区"天山云"计划的核心基地,也是自治区目前批准的唯一一家云计算产业园区。2014年,园区建设项目被列为国家重点项目;2015年,园区管委会获得工信部颁发的首届"云帆奖"之"2014年至2015年推动云计算产业发展突出贡献单位"。

园区近期规划用地10.84平方公里,中期规划用地20平方公里,远期规划用地30平方公里。将重点发展云计算、大数据、服务外包、电子商务、软件研发、物联网、地理信息等产业集群。预计到2020年,将建成拥有3.5万个机柜数的大型云计算数据中心和灾备中心聚集区。

目前,园区已聚集了华为云服务数据中心、中国石油数据中心(克拉玛依)、新疆唯于尔自治区重要信息系统异地灾难备份中心、中国移动集团(新疆)数据中心等大型数据中心项目以及国家信息中心电子政务外网西北数据中心和灾备中心、国家天地图克拉玛依数据中心暨北方灾备中心、中国航天集团西北卫星通讯网基地、新疆亿赞普科技有限公司"亚欧跨境电子商务平台"、中心通讯、清华同方、北京超图等国家重点项目和业内重要企业。

园区将通过推进全球云计算数据中心基地、全国大数据应用基地、全国云计算应用示范基地、中亚信息服务外包基地建设,支撑市"石油中心"建设以及新疆丝绸之路经济带核心区建设,同时,向丝绸之路经济带沿线上的国家和地区提供优质、低廉的云服务。最终将克拉玛依建成丝绸之路经济带信息中心。

八 日照港集团有限公司

日照港集团有限公司拥有各类子、分公司49家,业务涵盖港口业务、物流服务、建筑制造、金融商贸等领域,总资产超过550亿元,2016年吞吐量超过3.5亿吨,其中铁矿石进口量和木片、大豆等货种吞吐量居沿海港口首位。

日照港是中国重点发展的沿海主要港口，"一带一路"重要枢纽，新亚欧大陆桥东方桥头堡。1982年开工建设，1986年投产运营，现拥有石臼、岚山两大港区，58个生产性泊位，年通过能力超过3亿吨。

日照港区位优势显著，地处中国海岸线中部，山东半岛南翼，环太平洋经济圈和新亚欧大陆桥经济带的接合部，"一带一路"交汇点，隔黄海与韩国、日本相望，在中国生产力布局和全球能源、原材料运输格局中具有重要战略地位，是中国中西部地区乃至中亚、西亚国家和中俄蒙经济走廊主要出海口。

日照港建港条件得天独厚，港区湾阔水深，陆域宽广，气候温和，不冻不淤，适宜建设包括20万~40万吨级在内的大型深水泊位200余个，是难得的天然深水良港。经济腹地纵深广阔，运输需求旺盛，集疏运高效便捷，海上航线可达世界各港，已与100多个国家和地区通航。陆上通过新菏兖日铁路、陇海铁路向西经新疆阿拉山口和霍尔果斯出境可达中亚、西亚国家及荷兰鹿特丹，通过瓦日铁路向西将经甘其毛都出境直达蒙古；日兰、沈海、潍日3条高速和4条国道干线直联港口，通往全国各地。日照至江苏仪征、日照到山东东明和已列入规划的岚山到莒县、日照至京博、日照至河南洛阳5条输油管线年总运力超过1亿吨，直接连通原油码头与石化企业。港口码头与临港企业通过皮带机相互连，岚山港区拥有亚洲最长的铁矿石管状皮带机。日照港已形成整合航运、铁路、公路、管道、皮带等多种运输方式、大进大出、集疏运便捷的综合运输格局。

九 巴中苏斯特口岸有限公司

巴中苏斯特口岸有限公司是经中华人民共和国商务部和巴基斯坦政

府有关部门批准,由中外运长航集团新疆有限公司与巴基斯坦丝路口岸有限公司合作建立。注册地址为巴基斯坦吉尔吉特。主要经营范围为汽车运输,海、陆、空国际化货运代理及进出口贸易、仓储、集装箱(货柜)中转、专业报关、宾馆、旅游。

苏斯特干港是由中方控股的中巴贸易口岸,于2004年竣工,2005年5月正式营业。巴中苏斯特口岸干港项目,是两国企业间的经济项目,更是关系到国家利益的政治战略项目。苏斯特干港与瓜达尔、卡拉奇、卡斯木港为贯穿巴国南北的重要陆港和海港。

苏斯特干港有力改善了中巴陆路口岸的通关环境,辅助中巴企业更顺利地进行跨境贸易,对促进巴基斯坦北部地区的经济发展、扩大就业,以及促进中巴友好交流都起到重要的纽带作用。

十 陕西西咸新区

陕西西咸新区是经国务院批准设立的首个以创新城市发展方式为主题的国家级新区。新区位于陕西省西安市和咸阳市建成区之间,区域范围涉及西安、咸阳两市所辖7县(区)23个乡镇和街道办事处,规划控制面积882平方公里。西咸新区着力建设丝绸之路经济带重要支点,建设成为我国向西开放的重要枢纽、西部大开发的新引擎和中国特色新型城镇化的范例。2015年,国家发改委出台关于推动国家级新区深化重点领域体制机制创新的通知,其中明确要求西咸新区2015年要重点围绕推进"一带一路"建设的有效途径开展探索。

陕西西咸新区发展集团有限公司(以下简称西咸集团)成立于2011年9月,是由陕西省人民政府批准,西咸新区开发建设管委会组建的大型国有企业。注册资本100亿元人民币,业务范围涵盖土地开发和整理,基础设施、生态及水利工程建设,文化产业、农业、旅游、房地产项目的开发和经营管理，资本运营等。公司重点围绕"一带一路"沿线国家开展"一园两地"模式的园区开发建设及作为省级层面的跨境合作平台建设。

按照《西咸新区贯彻落实〈陕西省"一带一路"建设 2015 年行动计划〉实施方案》，西咸集团将从促进互联互通、加强科教合作、深化经贸合作、创新金融合作等七个方面，发挥西咸新区"一带一路"中心区域作用。为此，专门组建了以做实、做成、做精为核心竞争力，以促进互联互通、加强科教合作、深化经贸合作这三个方面为重点，以培育、参与、融合为抓手，以信息平台、资源平台、整合平台和服务平台建设为中心，以新机制建设为重点的资源整合平台。

十一　青岛欧亚经贸合作产业园区

青岛欧亚经贸合作产业园是经商务部批准的我国唯一横跨欧亚大陆、境内外双向投资互动合作的园区。

青岛成立以市政府分管领导为组长，胶州市政府，胶州开发区管委，青岛市商务、发改、财政、金融等 18 个单位为成员的欧亚经贸合作产业园区建设领导小组，并迅速研究确定了欧亚园区工作机制、双向合作招商项目、争取多边合作政策支持、海外推介等重点事项。

有别于传统的产业园区概念，欧亚经贸合作产业园是以跨境合作、多边合作为特色的"一带一路"重点园区，主要面向欧亚大陆对接日韩市场开展跨境合作，实施国际物流贸易引领、境内外布局双向联动。

在中国境内，依托胶州经济技术开发区的陆海空铁多式联运海关监管中心的功能优势设立境内物流贸易先导区，与我国西北、西南市场互联互通，沿丝绸之路经济带新亚欧大陆桥一线和泛亚铁路大通道与欧亚国家合作发展国际贸易和物流产业，使青岛成为欧亚国家对接亚太市场的"出海口"。

目前，位于胶州经济技术开发区的欧亚经贸合作产业园区核心区已签约落户德国欧磊、日本欧克玛、新加坡丰树、俄罗斯盛纳润迪等21个欧亚项目，总投资180亿元。

同时，依托青岛对外开放优势，在俄罗斯、哈萨克斯坦、吉尔吉斯斯坦、乌兹别克斯坦等中亚国家以及中东欧、东盟、南亚、东亚国家建设一批境外加工装配基地、境外物流产业园区以及跨境电商贸易平台。周边各国家和地区可以通过当地欧亚经贸合作产业园的互动，参与到"一带一路"建设，贯通驶向中国的大通道，共享发展红利。目前，这些园区中已有6个被商务部纳入国家级境外合作园区。在这种模式下，政策效应叠加，优势资源互补，国际产能合作，物流、人流、资金流、信息流更加畅通，丰富了"一带一路"内涵，为欧亚双向投资贸易合作注入了新动能。

十二　南京经济技术开发区

南京经济技术开发区由西部（新港建成区）、中部、东部（龙潭）三大片区组成，拥有经济技术开发区、综合保税区、新港高新园三个国家级功能平台以及中国南京液晶谷、华侨城等特色功能平台。自成立以来，累计引进企业3,500家，总投资2,080亿元，其中外资企业460家，总投资110亿美元，世界500强企业65家。经过26年的发展，南京开发区形成了光电显示、高端装备、生物医药、现代服务业四大主导产业。

近年来，南京开发区抢抓"一带一路"、长江经济带等国家重大机遇，加快经济转型升级，大力发展创新型、服务型、枢纽型、开放型、生态型"五型经济"，做到招项目与引技术双管齐下，先进制造业和现代服务业同步推进，攻坚克难、逆势而上，各项事业发展呈现蓬勃态势。

2018年，开发区完成地区生产总值1,010亿元、一般公共预算收入96.1亿元、规模以上工业产值2,888亿元、外贸出口275亿元、实际利用外资5.8亿美元。在2017年商务部公布的219家国家级开发区中综合实力排名第10位。

下一步，南京开发区将围绕进入全国国家级经开区第一方阵和争当苏南自主创新示范区建设排头兵的目标，按照"产业引领、城市提整，东中西三片联动，产城融合发展"的总体思路，努力把开发区打造成"产城融合示范区、宁镇扬同城化核心区和南京东部城市副中心"。

十三 湖州莫干山高新技术产业开发区

湖州莫干山高新技术产业开发区前身为德清经济开发区，2010年6月经浙江省人民政府批准增挂德清高新技术产业园区牌子，2015年2月更名为湖州莫干山高新技术产业园区，同年9月，经国务院批准升级为国家高新技术产业开发区，并于2016年2月正式挂牌。园区核准规划面积6.65平方公里，管辖区域总面积74.74平方公里，包括城北高新区、康乾科教区、地理信息产业园和通用航空产业园。

园区科技创新和创新孵化环境不断完善，形成了生物医药、生物农药、生物保健品、医药中间体和医疗器械为重点的特色产业集群，被命名为"国家火炬计划生物与医药特色产业基地"和"生物与医药国家科技兴贸创新基地"。

围绕"平台+小镇"的发展模式，以智能汽车、地理信息、生物医药、通用航空四大产业为引领，精准招引项目，积极培育和发展地理信息小镇、通航智造小镇、智能汽车小镇和高铁科创小镇，吸引了省地理信息产业园、联合国地理信息国际论坛永久会址、中国联通华东数据中心、省长三角金融后台基地、IBM德清再制造中心等项目落户。截至目前，高新区共集聚规模以上企业197家，拥有佐力药业、欧诗漫、泰普森、正大青春宝、华莹电子、我武生物等一大批高新技术企业。

十四 德清通航智造小镇

德清通航智造小镇位于湖州莫干山高新区通用航空产业园，是浙江十个航空特色小镇之一，规划面积3.46平方公里，建设面积2.96平方公里。通用航空产业规划面积27.6平方公里，机场一期建设跑道960米，二期延伸至1,800米，同时配套建设水上跑道1,000米。围绕水、陆双跑道（2017年12月建成），重点发展通航智造小镇建设。德清通用机场是"7个一类通航机场"之一，占地430多亩，计划总投资4.36亿元。

小镇围绕通航先进智造一个主导，同步发展通航智慧科技服务、通航运营服务、通航旅游休闲三大现代服务业领域，构建"1+3"的特色产业体系。其中，通航先进智造，将充分结合智能制造的五种新模式（离散型智能制造、流程型智能制造、网络协同制造、大规模个性化定制及远程运维服务），加快发展先进轻型飞机、机载电子设备、通航关键设备及精密零部件等细分领域。重点推进浙江瀚星通用航空有限公司格莱斯艾尔（Glasair）飞机中国生产基地、中航通飞航电设计生产基地、浙江鼎力机械有限公司大型智能高空作业平台、浙江天马轴承有限公司航空轴承等项目建设。

通航智慧科技服务，将强化通航产业创新能力，突破一批通航关键技术，孵化一批通航创新型企业，大力发展通航技术研发服务、通航科技孵化、通航教育培训等细分领域。重点推进中航通飞浙江分院、浙江瀚星通用航空有限公司航空培训学校、德清通航机场有限公司通航产业孵化中心等项目建设。通航运营服务，将加快发展面向轻型飞机的通航飞行服务、展示销售服务、航空物流服务等领域，推动无人机参与德清城市管理、"五水共治"等服务领域。重点推进国网通航华东中心基地、浙江瀚星通用航空有限公司通用航空代理销售与通航飞机经营（FBO）、德清乐创数码科技有限公司TCL航空物流等项目建设。

通航旅游休闲，利用德清和小镇的景观结构，充分发挥通用航空的旅游、休闲、体验、博览等功能，加快发展通航体验旅游、通航知识博览和通航文化创意与主题休闲等，全力打造小镇3A级景区标准，划设"空中览莫干山、空中看下渚湖"等空中观光旅游航线和开通周边机场游客转运服务；同时在小镇布局航空休闲体验和航空工业专业观光两条游览线路，重点推进浙江瀚星通用航空有限公司航空俱乐部、中航通飞公司爱飞客通航体验中心、中航通飞公司爱飞客航空会展中心等项目建设；加快约2万平方米通航博物馆项目建设，深入挖掘和收集航空藏品资源，研究拓展科教功能，开发高科技展览展示形式，逐步发展成为德清县爱国主义、国防教育和科普教育基地。

◇◇ 第十三节　矿业

一　中国五矿集团有限公司

中国五矿集团有限公司是由两个世界500强企业（原中国五矿和中冶集团）战略重组形成的中国最大、国际化程度最高的金属矿产企业集团，是全球最大最强的冶金建设运营服务商。公司总部位于北京，掌控的资产总规模达到1.68万亿元人民币，其中资产总额8,600亿元，金融业务管理资产8,200亿元，境外机构、资源项目与承建工程遍布全球60

多个国家和地区。2017年，公司实现营业收入5,000亿元，利润总额130亿元。在2017年世界500强排名第109位，其中在金属行业中排名第一。

在冶金工业建设领域，公司积累了贯穿各环节的核心技术优势和设计施工能力，承担了中国大中型钢铁企业超过90%的设计施工任务和全球60%冶金建设任务，是冶金建设的"国家队"；公司是全球最大的钨资源生产商，硬质合金产量全球第一；公司拥有遍布全球的贸易流通网络，全球采购、全球营销，金属矿产品流通规模稳居国内第一。

公司还拥有合理的多元资产组合，在城市交通基础设施建设业务中，公司完成了多个城市新区的整体开发建设，是国内领先的城市建设全方位方案解决专家；在金融业务中，公司拥有金融业务全牌照，信托、租赁、证券等业务优势显著；在房地产业务中，公司是国资委首批确定的16家以房地产为主业的央企之一，旗下五矿地产、中冶置业，享有较高知名度；在战略新兴产业中，公司在地下综合管廊建设、海绵城市、特色主题工程建设等六大方面提前布局，形成显著的竞争优势。

新形势下，全体五矿员工正秉承"珍惜有限，创造无限"的发展理念，积极践行"一天也不耽误，一天也不懈怠"的企业精神，通过打造金属矿产领域的国有资本投资公司，努力承担"资源保障主力军、冶金建设国家队、产业综合服务商"的光荣使命，为打造世界一流的金属矿产企业集团而不懈奋斗。

二 中国石化阿达克斯石油公司

2009年8月，中国石化以76亿美元从多伦多和伦敦股票市场整体收购原阿达克斯石油公司，这是中国迄今为止规模最大的海外油气资产并购之一。中国石化阿达克斯石油公司总部位于瑞士日内瓦，资产主要分布在尼日利亚、加蓬、喀麦隆等国家以及英国北海和伊拉克库尔德地区。公司资产横跨陆地和海洋,海上的产量占65%,是典型的高度国际化的油气勘探开发公司。

阿达克斯公司立足中国石化"国际化战略、资源战略和差异化战略",积极实施国际化经营,全力促进中国石化海外上游业务的快速增值发展,实现了内涵式高效发展和外延式快速扩充:权益油产量稳步增长,年产原油近1,000万吨;资产快速扩充,并购壳牌喀麦隆资产实现增值发展,并购塔利斯曼英国公司,实现中国油企首次进入北海富油区。阿达克斯公司成为中国石化海外上游产量规模最大的原油生产基地和效益最好的公司之一,也是中国石化国际化程度最高的油气勘探开发公司。

阿达克斯公司注重国际化声誉管理,通过开展多元文化融合,积极落实社会责任,对环境、安全和员工的利益负责,得到了资源国政府、当地人民以及员工的高度认可。通过中国石化 Addax 基金会积极参与公益事业,提升了中国石化高度负责任的国际化品牌和声誉。

2011年和2013年,阿达克斯公司的文化融合和高效管理案例先后两次成为国资委中央企业海外并购整合发展经验交流材料;2012年,瑞士洛桑国际管理学院 IMD(世界排名前三、欧洲排名第一)将中国石化成功并购整合阿达克斯公司经验编写为 MBA 全球经典案例;2013年7月6日,阿达克斯公司荣获"瑞士2013年度最佳中国投资者奖"。

未来,阿达克斯公司将继续充分利用好自身高度国际化的平台优势,坚定不移地走"集群化、区域化、规模化"发展之路,加快打造中国石化海外开放式的国际化资产增值发展平台,成为具有世界领先水平的中国石化海外国际石油气公司。

三 中国有色金属建设股份有限公司

中国有色金属建设股份有限公司主要从事国际工程承包和有色金属矿业资源开发。1997年4月16日进行资产重组，并在深圳证券交易所挂牌上市。公司连续数年被美国《工程新闻记录》杂志评选为全球最大225家承包商和200家设计公司之一，2008年获评中国机电产品进出口商会首批大型成套设备AAA级信用等级企业和中国对外承包工程AAA级信用等级企业。连续荣登年度中国主板上市公司价值百强榜；累计13次当选深证100指数样本股；以优异成绩荣获"第十届（2007年度）中国上市公司金牛奖百强、成长性百强和股东回报百强"3项大奖；2008年，入选中国最具竞争力的上市公司20强（第16名）。

中色股份是国际大型技术管理型企业，在国际工程技术业务合作中，本着"诚信为本、创新为实、追求卓越"的企业宗旨，凭借完善的商务、技术管理体系，高素质的工程师队伍以及强大的海外机构，公司的业务领域已经覆盖了设计、技术咨询、成套设备供货、施工安装、技术服务、试车投产、人员培训等有色金属工业的全过程，形成了"以中国成套设备制造供应优势和有色金属人才技术优势为依托的，集国家支持、市场开发、科研设计、投融资、资源调查勘探、项目管理、设备供应网络等多种单项能力于一身"的资源整合能力和综合比较优势。在有色金属矿产资源开发过程中，中色股份把环保作为主要考量，贯彻于有色金属产品生产的各个环节，使自然资源得到更加合理的有效利用，促进社会经济发展，使人与自然更加和谐。

◇◇ 第十四节　商会协会

一　中国对外承包工程商会

中国对外承包工程商会是由在中华人民共和国境内依法注册从事对外投资、对外承包工程、劳务合作和其他国际经济技术合作业务的企业及开展相关活动的单位依法自愿成立的具有社团法人资格的全国性行业社会团体。中国对外承包工程商会于1988年4月成立。商会的工作理念：建设会员之家，促进会员企业携手同心，促进我国对外经济合作事业更快发展。

成立30年来，承包商会紧跟行业发展脚步，秉承"提供服务、反映诉求、规范行为"的职能，积极探索、求真务实、开拓创新，为助力会员企业业务能力提升、促进我国对外经济合作事业的稳步健康发展不懈努力，成为"政府信赖、企业支持、社会认可、国际知名"的中国行业协会。在国家民政部组织的"全国行业协会商会评估"中，承包商会荣获最高等级5A级，并被评为"全国先进社会组织"。

中国对外承包工程商会现有会员企业1,500余家。改革开放以来，会员企业昂首阔步走出国门，凭借精湛的施工技术、优质的服务和雄厚的实力，在全球190多个国家和地区开展承包工程、劳务合作以及工程项目投资等业务，在交通、建筑、电力、石化、通信等各领域实施了一大批惠及各国经济发展、社会进步和民生改善的工程项目，在国际基础设施建设市场唱响了"中国建设"品牌，树立了"负责任中国承包商"的国际形象，增进了中国与世界各国人民之间的交流与友谊，赢得国际业界的高度信任和广泛赞誉。

中国对外承包工程商会将以国家"一带一路"倡议、国际产能合作等政策为引领,以企业业务发展需求为导向、以深化会员服务为根本,努力促进新时代我国对外经济合作事业的可持续发展。

二 丝路产业与金融国际联盟

丝路产业与金融国际联盟的宗旨是全面落实习近平总书记"一带一路"倡议,对接国家发展战略,强化产融结合,推动"一带一路"倡议落地,助力联盟企业从中受益。丝路产业与金融国际联盟致力于组织和聚集国内和国际实体产业和金融资源,强化产融结合;在各国政府的政策指导和规划合作下,开展跨国互联互通,提高贸易和投资合作水平,推动国际产能和装备制造合作;同时通过联盟机制,实现"一带一路"产业信息共享、融资共享和服务共享,使会员企业在"一带一路"倡议实施过程中受益,为"一带一路"建设保驾护航。

丝路产业与金融国际联盟是由丝路规划研究中心和国家发展和改革委员会国际合作中心联合发起,国内国际各级各类大型实体企业和金融机构自发自愿组织的非营利性企业联盟组织。

丝路产业与金融国际联盟的主要任务包括:组织和引导国内外实体企业和金融机构的资源整合;规划合作,推动双边合作协议实施;搭建信息平台;整合政策资源和市场资源为联盟成员提供政策、项目、融资、融智、人才、技术、信息、生产、管理、法规等一揽子咨询服务;加大交流合作,增进国内外联盟成员间的交流合作;调查研究,提出一系列有关经济发展和金融支持等方面的政策建议;人才培训等。

丝路产业与金融国际联盟具有高度的开放性和包容性,将帮助企业发挥各自领域优势,利用好这一创新平台,共同推进"一带一路"倡议落地。

三 "一带一路"智库合作联盟

2015年由中共中央对外联络部牵头，联合国务院发展研究中心、中国社会科学院、复旦大学成立了"一带一路"智库合作联盟。

为了配合"一带一路"的合作倡议，由当代世界研究中心联合国内涉"一带一路"的50多家智库和研究机构成立了"一带一路"智库合作联盟理事会，讨论通过《"一带一路"智库合作联盟章程》，并发表《"一带一路"智库合作联盟成立宣言》。其旨在为各研究机构搭建信息共享、资源共享、成果共享的交流平台，提高涉"一带一路"研究水平，同时具有政策研究、资政建言、推动交流的高端智库职能。

联盟旨在凝聚国内外各方力量，围绕"一带一路"建设开展政策性、前瞻性研究，为中国及沿线国家政府建言献策，增进国家间政策沟通，推动各方将共商、共建、共享原则落到实处。同时，智库联盟致力于以智库交往带动人文交流，通过中外智库共同发布联合研究报告等方式，增进"一带一路"沿线民众对倡议的准确理解，增进民众之间的友好感情，为"一带一路"建设营造良好的舆论氛围，打造坚实的社会民意基础。

未来，"一带一路"智库合作联盟将会为"一带一路"倡议生产出丰富的智库成果。同样也会吸纳更多的沿线国家智库参与，推动中国智库走向世界，实现"一带一路"沿线国家的合作共赢。

四 中国石油和化学工业联合会

中国石油和化学工业联合会是由石油和化工行业的企业、事业单位、专业协会、地方协会等自愿联合组成的自律性、非营利性的社会团体，是具有服务职能和一定管理职能的全国性、综合性的行业组织。主要任务是以行业发展为宗旨，对内联合行业力量，对外代表中国石油和化工行业，促进行业技术进步和产业升级，加强国际经济合作与交流，推动石油和化学工业更快发展；反映企业呼声，维护企业权益，为会员单位及石油和化工全行业服务；加强与政府部门沟通，在企业和政府间发挥桥梁纽带作用。

联合会的主要业务包括：承担进口原油使用权资质审核和油品质量升级工作；规范行业行为，加强行业自律，维护行业利益和市场公平竞争；调查研究行业经济发展态势，向政府提出有关产业政策、经济立法和发展战略等方面的建议；开展行业数据统计与分析，定期发布行业信息；参与制定行业规划，对行业的重大投资与开发、技术改造、技术引进项目进行前期论证；开展国内外经济技术交流与合作，组织展览会、技术交流会与学术报告会等；参与相关产品市场建设，开展知识产权保护、反倾销、反补贴、打击走私等咨询服务工作。组织重大科研项目推荐、科技成果的鉴定和推广应用；参与制定、修订国家标准和行业标准，组织贯彻实施并进行监督；开展质量管理，参与质量监督等。

五 中国民营经济国际合作商会

中国民营经济国际合作商会是民政部批准的专门服务民营企业进行海外投资和国际经济合作交流的全国性国际商会，全国工商联为主管部门。

现有核心会员企业500家，服务各级工商联会员企业420万家。在核心会员企业中，有各行业中民营经济的领军企业。其中，包括世界500强，中国500强中的多家民营企业以及部分中国民营500强企业；会员企业覆盖了20多个细分产业，投资项目遍及国内各省区、行业以及全球

100多个国家和地区。2015年会员企业入选财富世界500强4家，入选福布斯全球企业2,000强8家，入选中国企业500强26家，入选新财富500富人榜58名。

在服务"一带一路"建设上，建立了沿线国家商协会合作组织，努力推动投资、商贸、科技、文化、媒体等合作。为此建立了中外经济合作国别工作委员会，已建立起中国—伊朗、中国—德国、中国与欧洲等工作机构，确保对外合作有组织保障。

商会通过合作共建，先后建立起了金融支持、科技创新、人才培养、国际合作、政府联络、法律维权、信息舆情、国际安保、媒体宣传、健康保障、商会智库、大型活动的服务平台，并设有金融服务中心、国际技术转移中心、教育培训中心、"一带一路"发展中心、媒体宣传中心、健康服务保障中心、国际产能合作研究院、军民融合创新科技研究院。此外，商会还在10多个国家和地区设有国别事务高级顾问，并在"一带一路"沿线国家建立商会服务民营企业海外发展。

六 中国医药创新促进会

中国医药创新促进会成立于1988年，是经国家民政部登记注册的非营利性全国性一级社会团体组织。中国医药创新促进会秉承"创新、产业化、国际化"的宗旨，以临床需求为导向，长期致力于"产学研用"紧密结合，促进医药行业创新发展。

目前，药促会有会员单位143家，主要由六个方面成员构成：一是专注于药品自主创新的在国内医药创新领域处于领先地位的医药企业；二是专注于医药创新研发的初创型研发企业；三是专注于医药创新研发服务的机构；四是从事医药创新研发的国内一流高等院校和科研院所；五是在新药临床研究领域具有较高水平的临床医疗机构；六是致力于医药创新投资的金融、投资机构。另外，中国药促会还成立了药物研发专业委员会、药物临床研究专业委员会、医药政策专业委员会、医药创新投资专业委员会和创新研发服务专业委员会，形成了以创新为核心，以促进创新为目标的涵盖药物研发、生产、使用、投资以及资本市场的全链条组织构架，并作为国际药品制造商协会联合会（IFPMA）的成员继续拓展国际交流渠道。

七　中国五矿化工进出口商会

中国五矿化工进出口商会有会员 6,000 多家，集中了本行业经营进出口贸易的企业。会员的经营范围涵盖了黑色金属、有色金属、非金属矿产及制品、煤炭及制品、建材制品、五金制品、石油及制品、化工原料、塑料及制品、精细化工品、农用化工品和橡胶及制品等五矿化工商品。

会员企业每年进出口总额在本行业中占据了近 30% 的比重，每年有 250 多家会员企业进入全国进出口额 500 强之列，代表了我国五矿化工行业的整体实力和水平。

八　清华房地产总裁商会

清华房地产总裁商会由全联房地产商会和清华大学联合发起成立，其核心成员由清华大学房地产总裁班学员构成。自 2003 年成立以来，至今已有 15 年历史。

目前，商会拥有房地产开发、投资、运营等各类企业会员 4,000 余名，其中国有企业、上市公司、集团控股企业 400 多家，会员企业所在区域遍及国内 200 多个核心城市。商会已成为目前国内规模最大、直属会员最多、联系最紧密的行业商会之一，其服务体系涵盖金融投资、联合（土地）开发、国际合作、专业服务等内容，已经形成了"培训+俱乐部+投资基金"三位一体的成熟发展模式。

新的形势下，商会正在积极进行转型和布局，主要分国际和国内两方面。国际方面，商会积极和蓝迪国际智库平台进行合作，在"一带一路"建设方面取得了实质性进展，积极推进卡拉奇轻轨等项目；国内方面，商会凭借十几年的教育培训经验和项目实操经验，逐渐形成了房地产产业化、城镇化、智能化、数字化、资本化和国际化的"六化"体系。商会联合中国开发性金融促进会、中国市长协会小城市（镇）发展专业委员会、大型金融机构和央企发起成立中国新城镇投资与建设联盟及推动中国新城镇投资与建设基金的落地。

九 中国对外贸易500强企业俱乐部

中国对外贸易500强企业俱乐部主管部门为中国对外经济贸易统计学会，学会成立于1993年6月，是商务部领导和管理下的全国性非营利社团组织。主要负责开展对我国商务统计工作的调查、收集、汇总、分析工作，为企业会员"走出去"拓展国际市场提供统计数据和调研支持。

俱乐部与亚洲区、亚欧区、拉美区、非洲区的80多个驻华使馆建立了合作关系，为俱乐部会员企业提供国别投资环境政策咨询。在500强企业中选择在相关区域和国别有丰富投资及运营经验的企业负责人，作为俱乐部的企业顾问，从企业的实际需求出发，与会员企业分享国别投资贸易经验，提示风险。

俱乐部与各国的主要银行有广泛的合作，邀请尼日利亚第一银行、智利银行、马来西亚银行、秘鲁国际银行等国别金融机构为金融顾问，为会员企业了解国别金融环境与风险，提供顾问服务。

俱乐部的主管部门中国对外经济贸易统计学会作为商务部数据统计、

调研的学术机构，可以根据会员企业拓展国别市场的需要，整合政策、金融、法律、管理等顾问资源，定制国别市场研究报告。

十　北京市律师协会

北京市律师协会是依法成立的社会团体法人，是北京律师的自律性行业组织，依据《中华人民共和国律师法》《律师协会章程》，对北京执业律师实行行业管理。

北京市律师协会始建于1952年，恢复于1979年8月10日，1982年4月召开了第一次北京律师代表大会，宣告北京市律师协会正式成立，通过了北京市律师协会第一个《章程》。这是北京律师制度发展史上的一个里程碑。

从第一次北京律师代表大会到第三次北京律师代表大会，每届为4年，律师协会的领导都由司法行政官员担任。1995年第四次律师代表大会进行了改革，改为每届3年，律师协会的会长、副会长、常务理事和理事全部由经代表大会选举产生的执业律师担任。2005年3月，第七次北京律师代表大会对律师行业管理体制进行调整，取消了常务理事会，会长由全体代表直接选举产生，形成了以律师代表大会、理事会、会长会议为主的三级组织构架，建立了代表常任制。截至2008年底，协会共有团体会员1,211家，个人会员18,635人。

北京市律师协会的宗旨是：团结和教育会员维护宪法和法律的尊严，忠实于律师事业，恪守律师职业道德和执业纪律；维护会员的合法权益，提高会员的执业素质；加强行业自律，促进律师事业的健康发展，为依法治国，建设社会主义法治国家，促进社会的文明和进步而奋斗。

十一 新疆律师协会

新疆律师协会始建立于 1980 年。1982 年召开了新疆第一次协会代表大会，协会建立之初只有律师事务所 71 家、律师 204 人，新疆律师的业务基本以刑事诉讼案件为主。自新疆第五届、第六届、第七届律师代表大会以来，新疆律师协会加强了自身建设，积极开展了各项工作。

新疆律师协会于 2012 年 4 月召开了第八次律师代表大会，选举产生了由 69 人组成的理事会和 23 人组成的常务理事会，首次由执业律师担任会长。现有会长 1 人、副会长 6 人。截至目前，已经成立了 15 个地方律师协会，一个律协联络部，一个直属分会。

加强各专门、专业机构建设。新疆律师协会现有专门委员会 18 个：律师事务所规范建设指导委员会、律师参政议政工作协调委员会、复查委员会、扶持发展基金管理委员会、互助金管理委员会、青年律师工作委员会、宣传联络委员会、规章制度建设委员会、直属分会（新疆律师协会直属所工作委员会）、行业发展战略委员会、会员事务及文体福利委员会、律师权益保障委员会、律师业务指导及继续教育委员会、执业纠纷调处委员会、新疆女律师联谊会、惩戒委员会、财务管理委员会、少数民族律师工作委员会。专业委员会 12 个：民商专业委员会、刑事专业委员会、行政专业委员会、建筑房地产专业委员会、金融专业委员会、知识产权专业委员会、涉外法律专业委员会、公司及证券专业委员会、未成年人权益保障专业委员会、法律援助专业委员会、劳动法与社会保障专业委员会、消费者权益保障专业委员会。目前，参与各专门、专业委员会工作的律师达 260 人。

◇◇ 第十五节　教育培训

一　商务部国际商务官员研修学院

商务部国际商务官员研修学院是商务部直属的教育培训机构，由原外经贸部管理干部学院、亚太地区国际贸易培训中心合并而成。学院的主要职责是负责全国援外培训协调管理、援外培训执行、商务领域业务培训、党校培训和会议服务。

研修学院以服务商务发展为大局，以高度的政治责任感，认真做好全国援外培训项目管理和执行工作。学院承担对全国援外培训项目承办单位有关培训项目立项之后的管理、协调、监督与评估工作，均圆满完成工作任务。学院重点工作是开展对外援助项目下的援外培训，承办了数百期发展中国家官员研修班，培训了来自世界160多个国家和地区的近两万名官员，工作语言涉及英语、法语、葡语、阿拉伯语、老挝语、俄语、西语、朝鲜语等8种语言。

商务领域业务培训方面，学院紧紧围绕商务中心工作和热点问题，积极为商务部机关司局和地方政府量身定制开展多层次、多领域的干部人才培训，高质量地举办驻外人员培训、任职培训等培训班和专题特色培训班。另外积极开展国际合作，与国外知名培训机构探讨合作开展国际培训事宜，为学院进一步迈向国际化奠定基础。

与此同时，研修学院还承担着中共商务部党校培训的具体任务。在部党组及部直属机关党委等有关部门的领导下，党校积极探索新时期工作新举措，创新教学模式，凸显商务特色，增强教学效果。自2008年起连续被评为中央党校和中央国家机关分校教学管理先进单位，荣获2006

年至2010年度"优秀办学单位"称号,是中央党政机关和北京市党政机关会议定点单位。

学院自成立以来,锐意进取、改革创新、扎实奋斗,坚持"一切为推进我国商务事业的发展,一切为商务教育培训事业服务的主导思想",培养了大批的优秀人才,为我国商务事业发展做出了积极的贡献。

二 大连海事大学

大连海事大学是交通运输部所属的全国重点大学,是中国著名的高等航海学府,是被国际海事组织认定的世界上少数几所"享有国际盛誉"的海事院校之一。

大连海事大学拥有一支整体素质好、层次结构较合理、相对稳定的师资队伍,现有专任教师1,170名,其中教授297名,专职博士生导师132名,聘任二级教授25名,三级教授62名,并涌现了大批优秀中青年教师。学校还聘请共享院士8名、"长江学者"8名、讲座教授110名,通过聘请国内外知名专家学者来校开展实质性工作与交流,使大连海事大学师生能够近距离接触各学科前沿理论,进一步拓展视野,活跃学术气氛。

大连海事大学十分注重对外交往和校际交流。改革开放以来,先后与俄罗斯、美国、加拿大、日本、英国、韩国、澳大利亚、瑞典、埃及、越南、斯里兰卡等35个国家和地区的134所国际著名院校、单位正式建立合作关系,在合作办学、师生交流、合作科研等方面一直保持着实质性联系,合作的领域正在不断拓宽。2005年3月学校与世界海事大学合作举办的"海上安全与环境管理硕士班"首次招生,进一步提升了学校国际合作办学层次。学校在斯里兰卡科伦坡国际航海工程学院建立了该校海外校区,并于2007年在斯里兰卡开始招生,实现了我国高等航海教育的首次输出。学校还与多个国际组织和机构保持了长期合作关系,不断拓宽合作渠道,引进相关资源。

三 中山大学公共卫生学院

中山大学公共卫生学院设有预防医学系、营养学系、妇幼卫生学系、医学统计与流行病学系、卫生管理学系、卫生检验与检疫中心、实验教学中心。

长期以来,始终把培养高水平的公共卫生与预防医学专门人才作为最根本的任务,坚持"教学一体、以教带学、学以致用"的指导方针,形成了富有特色的"教学育人为主体、科学研究为先导、服务社会为己任"的治院理念。经过40多年几代人辛勤耕耘和共同努力,公共卫生学院在教学、科研、人才培养、学科建设等方面取得了令人瞩目的成绩,综合实力显著提升。其中"公共卫生与预防医学"一级学科,在2012年国家教育部第三轮学科水平评估中,排名全国第5位,是教育部批准的全国首批办学的公共卫生学院。

公共卫生学院目前拥有"公共卫生与预防医学"一级学科博士点、"公共卫生与预防医学"博士后流动站。其中,"公共卫生与预防医学"是广东省一级重点学科——攀峰重点学科;"卫生毒理学"是国家二级重点学科;"预防医学"是教育部特色专业和广东省名牌专业;"医学统计学"是国家精品课程,拥有国家教学名师。并与广东省医疗卫生相关单位共同建立了教学科研基地,其中与中山市疾病预防控制中心联合成立了"中山大学公共卫生学院中山研究院",为人群队列研究、慢病防治、卫生政策、疾病预防控制策略的研究及实践教学提供了重要支撑。公共卫生学院各个方向在国内处于领先地位,承担国家和省市资助的重大、重点科研项目能力不断提高,获得多项科技进步奖。在公共卫生人才培养、科学研究、关键技术研发和社会服务方面取得了显著的成绩，为国家和广东省的公共卫生建设和发展提供重要的技术支撑。

学院与美国、英国、加拿大、澳大利亚、芬兰、日本、新加坡、中国香港等国家和地区的公共卫生教育与科研机构建立了长期合作伙伴关系，聘请了名誉教授、客座教授30余人，在公共卫生各学科领域的科学研究以及人才培养等方面开展了多层面的国际交流与合作。

四　浙江大学中国西部发展研究院

浙江大学中国西部发展研究院由国家发展和改革委员会与浙江大学共建，旨在落实中央决策部署、促进东西部合作，为西部发展多出成果，出人才，努力建设成为西部发展的强大助推器孵化器。

建院以来，西部院按照理事会要求，紧紧围绕建设"高层次、开放式、前瞻性、具有国内一流水平和重要国际影响的创新科研实体"和"科学研究基地、科技服务基地、人才培养和培训基地、国际合作与交流基地"的目标，紧紧围绕不同阶段国家战略需求和关键发展领域，从西部大开发战略研究，沿边开发开放及国际次区域合作研究，拓展到为全球化提供解决方案的"一带一路"建设研究，研究领域和层次不断深化，决策服务能力快速提升，智库治理体系逐步完善，核心人才团队持续优化，支撑硬件条件明显改善，社会影响力显著提高。

为更全面高效汇聚优势资源，更紧密对接国家"一带一路"建设和区域发展战略需求，2014年12月，以西部院为依托，整合浙江大学相关学科和研究机构力量成立了区域协调发展研究中心，与此同时，联合北京大学、中国科学院地理科学与资源研究所成立了"一带一路"合作与发展协同创新中心。

五 德稻教育集团

德稻教育集团是中国的高端教育品牌,以其丰富的国际大师资源和人才培养解决方案在行业中独树一帜。依托集团雄厚的全球资源网络,德稻教育引进国际级行业领军人物,为其在中国开设工作室,开展商业项目运营,同时以德稻教育研究院为引导,对大师智慧进行科学化、系统化的采集,传承大师的行业经验和隐性知识;以东方哲学思想融入国际行业趋势,用原生教学体系融汇全球智慧,培养符合中国未来发展所需要的创新型复合型人才。

基于对"智慧、采集、传承"的核心价值观的认同,目前已有来自全球30多个国家和地区百余位兼具业界经验与学界地位的行业领军人物汇聚在德稻,其中包括47位院士、90位名校教授、近百位各国工程院、科学院院士和牛津、哈佛等名校教授,以及红点至尊奖、iF金奖、奥斯卡奖、艾美奖、泰勒奖、罗维奖等155类3,360余项顶级行业奖项的得主。学习者一经录取便投身于大师门下,站在行业尖端了解世界,有潜力成为世界级、产业级的未来精英。

德稻教育的学科专业集中在艺术设计、影视动漫、智能科技、生态环境、创新创业和文化传播等领域,提供系统化的课程设计和教学综合解决方案,帮助高校和教育机构提升国际化程度和教育教学水准。目前,德稻教育在北京沙河高教园总部、德稻上海中心运营着几十间大师实体工作室,同时孵化近百个产学研市场项目,开展学历教育、PBL大师课、创新教师交流、企业高端培训、海内外研学、公开演讲等多项业务。

德稻教育致力于成为行业领先的创新教育内容与综合服务的提供者。

六 巨人教育集团

巨人教育集团是由一所培训机构发展成的大型综合教育集团机构，巨人教育总部在北京，其教学点遍布京城并在全国设立分校。涉及的领域有教育培训、全日制教育、出版、加盟等。其培训覆盖幼儿、青少年、成人教育领域。集团结构完善、部门设置科学。拥有杰出的管理团队和优秀的师资队伍，同时拥有最具核心竞争力的教学研发队伍。目前开设科目涉及英语、中小学、文体艺术、计算机、职业认证、家教等各个领域，科目达100余种，遍布范围之广，科目设置之多，在我国民办培训教育领域中，独占鳌头，堪称典范。

肩负着要把教育当成事业和产业来做的使命，巨人始终坚持着"做感动中国人的教育"的理念和"再创业"的心态，来构建和培育公司的竞争优势。巨人各学科分别成立了招聘培训学院，设立由清华、北大、北师大等知名高等学府毕业的教师组成的核心教师团。以学科教学研究、考试研究、中小学教育教学研究、教师培训为方向，培养了一批极具竞争力的教学研发团队和优秀的师资队伍，在推进巨人教育教学研究工作的同时，也为广大学生提供优秀的考试技能与学科学习指导。2014年9月，清华大学旗下的启迪控股股份有限公司战略投资巨人教育，启迪控股的战略投资，不仅带来了清华的品牌效益，更带来了新的管理思想和服务理念。在和启迪合作后，巨人的品牌升级为启迪巨人。2015年巨人在校区服务、教学品质、师资水平上实现了飞跃式的晋级，进一步提升了启迪巨人整体的服务和教学水平，成功引入清华基因的启迪巨人，开启了全新的发展时代！

七 北京传智播客教育科技有限公司

北京传智播客教育科技有限公司是一家专门致力于高素质软件开发人才培养的高科技公司,直营分校遍布全国各大城市。它依托程序员平台 CSDN,整合了国内众多知名软件企业的资源,并邀请跨国公司和国内大中型企业架构师、系统分析师、企业培训师组成自己的团队。传智播客致力于为企业培养人才的培训理念,以"学员自学入门教程,通过基础考核后进行强化培训"为招生原则,以"针对企业需求,重视基础理论建设,强化高端应用技能"为教学目标。传智播客开设 JavaEE、Android、PHP、UI、IOS、前端、C++、网络营销、Python、云计算、全栈工程师、产品经理等培训学科,并提供免费的视频教程。获 2017 年新浪教育盛典"中国品牌实力教育集团"奖。

第四章 蓝迪国际智库2018年度优秀创新企业

蓝迪国际智库自建立以来,即致力于企业品牌建设,致力于帮助企业的健康发展,从中发掘、培育和推荐优秀企业,促使其积极参与新一轮的发展和"一带一路"的实践。2018年蓝迪国际智库专家委员会在319个平台企业中推出了20家优秀创新企业(按加入蓝迪企业平台的时间为序),它们分别是瓜达尔港、中国化学工程集团有限公司、珠海横琴新区金融服务中心、中国电子科技集团有限公司、泰豪科技股份有限公司、腾风集团有限公司、国浩律师事务所、亚欧国际物资交易中心有限公司、广联达科技股份有限公司、龙浩集团有限公司、盈创建筑科技有限公司、兰丁医学高科技有限公司、天壮环保科技有限公司、抚州创世纪科技有限公司、江联重工集团股份有限公司、晶科电力科技股份有限公司、北京标研科技发展中心、蓝韵医疗科技有限公司、江苏欧尔润生物科技有限公司、广西中科曙光云计算有限公司。

◇◇ 第一节 瓜达尔港

瓜达尔港是中巴经济走廊的旗舰项目,在中巴经济走廊以及"一带一路"建设中发挥了引领作用。2015年、2016年蓝迪国际智库在新疆策划了中巴合作的新疆克拉玛依论坛,旨在加强中巴战略层面的合作,提供政策支持,以鼓励投资瓜达尔港,促进中巴经济走廊建设。

一 2018年瓜达尔港所取得的重大进展

1. 桑吉拉尼代总统出席瓜达尔淡水供应启动仪式

5月15日,巴基斯坦代总统兼参议院主席萨迪克·桑吉拉尼率团视察瓜达尔港及自贸区,出席中国港控瓜达尔淡水供应启动仪式,中国驻卡拉奇总领馆经商室参赞郭春水、巴方参议员卡伍达·巴尔陪同出席相关活动。

2. 巴基斯坦代总统出席公司绿色瓜达尔启动仪式

10月30日,正值"2018亚洲议会联盟大会"召开之际,巴基斯坦代总统、参议院主席萨迪克·桑吉拉尼及中国全国人大常委会委员、外事委员会委员陈福利等26个国家议会领导人出席公司发起组织的"共建绿色与清洁巴基斯坦""瓜达尔百万棵树"种植项目启动仪式。

3. 沙特阿拉伯政商代表团访问瓜港及自贸区

10月2日,沙特阿拉伯驻巴基斯坦大使 Nawaf Saeed Al-Maliki 阁下及沙特能源、工业矿产部顾问 Ahmed H. Ghamdi 先生率领的沙特阿拉伯政商代表团访问瓜港及自贸区。中国港控董事长张保中、巴基斯坦计划发展部、石油部等官员陪同参观访问。

4. 亚洲议会联盟大会在瓜达尔港圆满落幕

11月1日,亚洲议会联盟大会在巴基斯坦港口城市瓜达尔顺利召开。巴基斯坦代总统萨迪克·桑吉拉尼及中国全国人大常委会委员、外事委员会委员陈福利等26个国家议会领导人出席会议。

二　蓝迪国际智库在瓜达尔港建设中扮演了重要的角色

蓝迪国际智库成立以来即建立了中巴合作委员会，设立了共同主席制度，在中巴经济走廊合作中，特别是瓜达尔港的建设扮演了重要角色。2015年和2016年分别在新疆举办了克拉玛依论坛，取得了丰硕的成果，签订各类意向书。五年来，瓜达尔港终于实现了和世界主要港口连接的目标，从根本上解决了瓜港建设完成后十几年都未能形成商业运营的问题。瓜达尔港的建设不仅为中国商品的进出口节约了时间，更使得巴基斯坦和周边国家因贸易繁荣而受益。

◇◇第二节　中国化学工程集团有限公司

中国化学工程集团有限公司于2015年加入蓝迪企业平台，是最早加入蓝迪企业平台成员之一，蓝迪国际智库在其国际化建设中提供了大量系统性的服务和支持，在"一带一路"沿线国家，特别是中东、北非、东南亚地区的工业及能源基础设施的建设中发挥了重要的作用。

2018年中国化学工程集团有限公司开展了以下有效工作：

一　参加世界达沃斯经济论坛

世界经济论坛第12届年会（即"夏季达沃斯论坛"）于2018年9月19日在天津开幕，应组委会邀请，中国化学工程集团有限公司党委常委、中国化学工程股份有限公司监事会主席敦忆岚参加了会议。国务院总理李克强出席开幕式并发表特别致辞。

二　重要签约

1. 印度尼西亚油田伴生气处理工程总承包项目；
2. 沙特纯碱氯化钙工程总承包项目；
3. 沙特阿美气体压缩施工总承包；
4. 俄罗斯鄂木斯克原油深度转化施工总承包；
5. 刚果（金）基础设施一揽子及垃圾处理工程总承包项目。

2018年境外市场新签合同额超过600亿元，与上年同期相比增长70%以上。

◇◇第三节　珠海横琴新区金融服务中心

珠海横琴新区金融服务中心于2015年加入蓝迪企业平台，是最早加入蓝迪企业平台成员之一，蓝迪国际智库参与了重点课题研究并设计了2018中国·横琴十字门金融周论坛。

珠海横琴新区2018年取得傲人的成绩：

一　发展指数

在横琴注册的港澳企业达2,610家，其中澳资企业1,526家、港资企业1,084家，横琴新区金融类企业合计6,499家，注册资本10,242.53亿元；全区上市企业共11家，全年跨境人民币结算金额超1,500亿元，财富管理机构资产管理规模达2.32万亿元。在中基协完成登记的私募基金管理公司共计530家，管理基金规模2,281.13亿元；完成备案私募基金

1,110只，管理基金规模2678.31亿元。累计企业扶持奖励金融类企业21亿元。其中2018年扶持奖励金融类企业135家，金额达7亿元。2018年奖励金融类人才4,000余人，金额约4.7亿元。

二　政策突破与创新

1. 拓展横琴"分线管理"，探索横琴更大程度的开放；
2. 横琴口岸实施"合作查验""一次放行"政策；
3. 推行医疗健康政策先行先试；
4. 创立跨境电子商务综合试验区；
5. 推进合格境内投资者（QDIE）和合格境外有限合伙人（QFLP）政策试点工作；
6. 研究横琴与澳门共同分享经济收益和财税机制。

三　主要会议

1. 中国·横琴十字门金融周论坛

10月25日至27日，2018中国横琴十字门金融周论坛在横琴拉开序幕。本次活动由珠海市人民政府指导，横琴新区管理委员会、中国社科院"一带一路"国际智库、澳门中国企业协会、中国金融博物馆主办。十字门金融周论坛将成为珠海横琴新区的重要品牌。

2. 中国横琴量化金融高峰论坛

3月18日，由横琴新区金融服务局、横琴新区金融服务中心支持，北京大学深圳研究院、清华大学深圳研究生院、横琴新区金融行业协会、中国金融量化科学与技术协同创新中心共同主办的"2018中国横琴量化金融高峰论坛"在横琴成功举办。

3. 中国保险业人才发展沙龙

1月11日至12日,由中国保险行业协会、广东珠海横琴新区金融服务局、横琴新区金融服务中心联合主办、广东珠海横琴新区金融行业协会协办的"中国保险业人才发展沙龙暨中国保险行业协会人力资源专委会、教育培训专委会工作部会议"在珠海横琴成功举办。

4. 横琴私募实盘大赛

8月29日,由珠海横琴新区金融服务局、广发证券股份有限公司主办,横琴新区金融服务中心、私募排排网协办的"横琴·广发智慧金融杯"私募实盘大赛新闻发布会在珠海横琴举行。

◇◇ 第四节 中国电子科技集团有限公司

中国电子科技集团有限公司于2015年加入蓝迪企业平台,是最早加入蓝迪企业平台成员之一,蓝迪国际智库支持其开拓了东南亚市场,特别是巴基斯坦和斯里兰卡市场,促进其国际合作与交流,进一步提升国际化竞争能力。

2018年中国电子科技集团的重大事件:

一 习近平总书记视察海南省政务数据中心

4月13日,习近平总书记前往海南省政务数据中心进行视察,对包括中国电科太极股份技术团队等工作人员进行亲切慰问,并作出重要指示。中国电科全面支撑"数字海南"建设的成果,获习总书记表扬。

二 中国电科获中国改革发展杰出贡献企业荣誉

中国企业改革与发展研究会主办的 2018 中国企业改革发展优秀成果发布会在京召开。中国电科上榜中国改革发展杰出贡献企业名单,党组书记、董事长熊群力被授予中国企业改革奖。

三 中国电科参与第五届世界互联网大会

11 月 7 日,第五届世界互联网大会在乌镇正式开幕。中共中央政治局委员、中宣部部长黄坤明在开幕式后参观了"互联网之光博览会"中国电科展台。中国电科领导汇报了"构建端到端的数字连接,创造互信共治的数字世界"的思考与实践成果。

四 中国电科与上海市签署战略合作框架协议

5 月 19 日,上海市人民政府与中国电子科技集团有限公司在沪签署战略合作框架协议。上海市委副书记、市长应勇,中国电科董事长、党组书记熊群力出席。上海市委常委、常务副市长周波与中国电科总经理、党组副书记刘烈宏代表双方签订了框架协议。

五 中国电科主导研制的全球最大"平方公里阵列射电天文望远镜"(SKA)取得重要进展

2 月 6 日,由中国主导研制的国际大科学工程"平方公里阵列射电望远镜"(SKA)"SKA 首台天线"(SKA-P)在中国电科成功研制,标志着中国在 SKA 核心设备研发中发挥引领和主导作用,在国际大科学工程中,为世界成功提供"天线解决方案"。

◇◇第五节　泰豪科技股份有限公司

泰豪科技股份有限公司于 2015 年加入蓝迪企业平台,蓝迪国际智库为其策划了军民融合项目及 2018 世界 VR 产业大会,并为其参与军民融合项目提供了智力支持。2018 年泰豪入选"2018 中国品牌影响力百强"及中国制造业 500 强等多个榜单,荣膺"中华慈善奖"。

一　泰豪公司入选"2018 中国品牌影响力百强"企业

5 月 24 日,2018(第五届)中国品牌影响力评价成果发布会在北京钓鱼台国宾馆举行,泰豪公司入选"2018 中国品牌影响力百强"企业。全国政协原副主席张梅颖出席大会,国资委国有重点大型企业监事会原主席、中央第九巡视组副组长季晓南出席大会并发表主旨演讲,共 500 余名品牌专家、企业代表参加大会并就中国企业品牌战略和建设进行探讨,公司董事会副主席李春生代表公司出席大会。

二　世界 VR 产业大会

2018 世界 VR 产业大会在南昌盛大开幕,全国政协副主席卢展工宣读习近平总书记贺信。江西省委书记刘奇,工业和信息化部部长苗圩,江西省委常委、南昌市委书记殷美根致辞;江西省委副书记、代省长易炼红主持。泰豪作为世界 VR 产业大会的重要参与者,联合承办了文旅及教育两个分论坛,并携多个 VR/AR 产品亮相大会,其中 VR + 思政教育《红色文化——VR 井冈山会师》、VR + 文化旅游《虚拟旅游——滕王阁之滕派蝶画》、VR + 医疗教学《临床基础 VR 医疗——腹部穿刺术》三大行业应用为重磅新作。泰豪集团紧随行业发展趋势,致力 VR 产业发展,打造特色经济名片,助力世界 VR 产业大会,为推动 VR 技术的传播做出了贡献。

三 泰豪公司领军智慧城市

10月18日,第二届中国智慧城市百人论坛暨颁奖典礼在海南省博鳌亚洲论坛国际会议中心盛大举行,泰豪智能公司副总裁曾德华出席大会并获评"2018 中国智慧城市十大领军人物奖",泰豪智能公司荣膺"2018 中国智慧城市百佳考察目的地奖"和"2018 中国智慧城市百佳核心企业奖",泰豪"城市大脑"荣获"2018 中国智慧城市百佳应用场景奖"。

四 泰豪公司董事会主席黄代放受邀参加全国工商联主席峰会

11月7日至8日,首届全国工商联主席高端峰会在山东济南召开,全国政协副主席、全国工商联主席高云龙,山东省委书记刘家义,中央统战部副部长、全国工商联党组书记、常务副主席徐乐江等领导出席,第十一届中国民间商会副会长、泰豪公司董事会主席黄代放应邀参加,并作为企业家代表在山东省委主要领导恳谈会上发言,为山东智能化装备、能源互联网、智慧城市大数据等产业发展建言献策,引起与会领导的重视和支持。

五 泰豪荣膺中国军民两用技术创新应用大赛多个奖项

11月26日至28日，以"军民融合·协同创新"为主题的第三届中国军民两用技术创新应用大赛决赛在长沙举行，共有120个"高精尖"项目参与角逐，包括79个技术创新类项目和41个产业化类项目。泰豪旗下两家公司挺进决赛，泰豪三波电机公司"3kW高效碳化硅变频交直流柴油精密电源机"荣获铜奖，基石通信技术公司"新一代软件无线电宽带自组网系统"荣获优胜奖。

六 泰豪军工集团获国家科技部年度重点科研项目

泰豪军工集团科研项目基于氢燃料电池的"风光油储"多能源应急电源系统通过审核，并接到科技部下达研制任务书，成为今年江西省唯一获得国家科技部2018年度重点专项"公共安全风险防控与应急技术装备"的企业，标志着公司在新能源方面的科研实力迈上新台阶。

七 泰豪中标北京城市副中心行政办公区域智慧应用工程项目

北京泰豪一举中标北京城市副中心行政办公区域智慧应用工程——城市大数据平台及领导驾驶舱项目。该项目是北京市实施大数据行动计划的重点项目。项目建成之后，将为全市政府提供数据汇聚和共享服务，形成全市数据资源"一次汇聚、多次共享"的新格局。

八　泰豪供电服务指挥系统通过验收

泰豪供电服务指挥系统完成在14个地区电力公司的推广应用，同时负责开发与建设的全国首个省市企三级联动工业能耗在线监测平台通过验收。

九　江西省委副书记省长易炼红莅临泰豪考察

江西省委副书记省长易炼红莅临泰豪考察时夸赞泰豪"态势很好""目标好""定位好"，鼓励公司坚持技术创新，精益求精，抢占更大市场份额，打造成国际化的一流高科技民营企业。

第六节　腾风集团有限公司

腾风集团于2015年加入蓝迪企业平台，是最早加入蓝迪企业平台成员之一，蓝迪国际智库对其创新理念和技术予以支持，促进其与中国科学院的战略合作，向工信部重点推荐其科学技术以及核心专利发明。

经过6年多孜孜不倦的自主研发，腾风集团攻克了微型燃气轮机最核心的空气轴承技术，可批量化生产的Tx15微型燃气轮机于2018年11月1日点火成功，系完全自主设计、自主研发，将从根本上解决微型燃气轮机低成本批量化生产难题，填补了国内、国际空白。

2018年腾风集团的重大事件：

一 全国人大常委会副委员长丁仲礼接见腾风集团

12月17日,由蓝迪国际智库组织,向全国人大常委会副委员长、民盟中央主席、中国科学院副院长丁仲礼汇报了腾风集团技术与产业研发的工作情况。

二 腾风集团荣选国家知识产权局审查员实践基地

9月27日,至玥腾风科技投资集团有限公司荣选国家知识产权局审查员实践基地。审查员小组28日前往腾风集团位于亦庄的研发中心参观,参与了微型燃气轮机的点火实验、空气轴承的静态悬浮实验和空气轴承转子升速实验。亦庄研发中心是腾风集团进行微型燃气轮机及空气轴承的实验基地,腾风集团首席技术专家靳普在研发中心为审查员小组详细介绍了空气轴承及微型燃气轮机技术,深度阐述了腾风微型燃气轮机高效、环保的特点及原因。

三 腾风集团荣获国家高新技术企业认定

至玥腾风科技投资集团有限公司顺利通过国家高新技术企业认定,荣获北京市科学技术委员会、北京市财政局、北京市税务局联合颁发的"高新技术企业"证书,由此正式迈入国家高新技术企业行列。

四 腾风集团微燃机发电系统项目荣获政府科技创新类支持

12月3日,腾风集团自主研发的"微型燃气轮机发电系统"项目经专家评审、组织研究以及北京市西城区政府批准，荣获北京市西城区财政科技专项科技创新类项目的立项支持。

五 腾风集团领导受邀参加中国企业家俱乐部"2018年道农会"

1月19日，一年一度的"道农会"在北京举办，腾风集团作为国家创新与发展战略研究会推荐企业，受邀出席了本次"道农会"，集团领导与包括马云、马蔚华、雷军等知名企业家、各国驻华使节、艺术家在内的200余位嘉宾共迎新春。

六 腾风集团与中国中车签订战略合作协议

3月7日，腾风集团与中国中车集团所属中车时代电气有限公司（TEC）签署了战略合作框架协议。中国中车集团是世界最大的轨道交通设备供应商。

七 腾风集团领导受邀参加中国电动汽车百人会研讨会

6月9日，由中国电动汽车百人会主办的"电动汽车热点问题系列研讨会"在清华大学举行。腾风集团技术总监靳普应邀在会上发言。腾风增程技术受到了欧阳明高院士、杨裕生院士、陈清泰理事长在内的电动汽车专家的高度关注和好评。

◇◇ 第七节　国浩律师事务所

国浩律师事务所于 2015 年加入蓝迪企业平台，是最早加入蓝迪企业平台成员之一，蓝迪国际智库为其策划了 2018 年第四届"国浩法治论坛"，并邀请重庆市人民政府原市长黄奇帆、中国中信改革发展研究基金会的理事长孔丹及相关领域的著名专家学者把脉重大金融风险，纵论防范化解之道，以及促进国浩律师事务所为企业服务并且对《国浩·蓝迪"一带一路"周讯》进行广泛传播。

2018 年国浩律师事务所在资讯策划及服务项目上都取得优异成绩：

一　重要资讯

联合蓝迪国际智库共发布《国浩·蓝迪"一带一路"投资与法律资讯》251 期，《国浩·蓝迪"一带一路"周讯》51 期。

二　重大法律服务项目

1. 以色列高等法院首次承认和执行中国法院判决案；
2. 上海证券交易所与深圳证券交易所收购孟加拉国达卡证券交易所 25% 股权项目；
3. 国浩服务的"一带一路"项目覆盖印度尼西亚、尼泊尔、巴基斯坦、印度、斯里兰卡、柬埔寨、老挝、新加坡、哈萨克斯坦、乌兹别克斯坦、塞尔维亚、埃塞俄比亚、坦桑尼亚、埃及、南非、巴西等国。

◇◇第八节　亚欧国际物资交易中心有限公司

新疆亚欧国际物资交易中心有限公司于2015年加入蓝迪企业平台。蓝迪国际智库指导并策划商业计划，进行现场考察、调研并推动亚欧国际与"一带一路"经济带对接，促进与中亚五国和欧洲间的国际合作。

2018年亚欧国际取得重大进展。

一　成为首届中国国际进口博览会服务单位

新疆亚欧国际物资交易中心有限公司成为首届中国国际进口博览会服务单位，在进博会设立交易窗口，将乌兹别克斯坦国家商品原料交易平台引入进博会。

二　制订跨境大宗商品交易规则

3月19日，制订由国家标准化研究院和新疆亚欧国际物资交易中心有限公司共同起草的《新疆亚欧国际跨境大宗商品交易规则》并由国家标准化研究院发布。

三　亚欧国际公益行

新疆亚欧国际物资交易中心有限公司践行"一带一路"公益行，通过蓝迪国际智库平台对巴基斯坦五个地区捐赠了1,000盏太阳能灯，其中瓜达尔港捐赠了500盏。

四 在乌兹别克斯坦举办"一带一路"文化摄影展

5月17日,新疆亚欧国际物资交易中心有限公司、中国工业摄影协会、卡里莫夫科学教育纪念馆、乌兹别克斯坦摄影之家在乌兹别克斯坦共同举办了"'一带一路'亚欧国际丝路文化摄影展",宣传了大美新疆、展现了新疆的无穷魅力。乌兹别克斯坦前总统夫人卡里莫娃亲自参加了"'一带一路'亚欧国际丝路文化摄影展"。

五 举办第九届新疆和田墨玉县爱心光明行活动

8月2日至7日,由新疆亚欧国际物资交易中心有限公司发起的第九届新疆和田墨玉县爱心光明行活动共为342例少数民族贫困白内障患者免费进行复明手术,让新疆各族人民群众感受到了党的温暖和社会各界对新疆各族人民的深厚感情,为健康扶贫做出贡献。

◇◇第九节 广联达科技股份有限公司

广联达科技股份有限公司于2016年加入蓝迪企业平台,蓝迪国际智库为其推荐数字建筑的理念,并向决策者们介绍及推荐广联达。2018年在蓝迪国际智库的帮助下,向中央和国务院递交了关于发展数字建筑产业的建议,并获得批示。

2018年广联达在数字建筑、产品发展以及行业创新上成绩斐然。

一 首提数字建筑平台生态概念

1. 以数字建筑助力数字中国，出席2018首届数字中国建设峰会

4月22日首届数字中国建设峰会召开，广联达科技股份有限公司董事长刁志中出席新型智慧城市分论坛，并参与高端对话，探讨关于城市规划、建设、管理的新理念、新目标。

2. 数字建筑赋能产业转型升级，举办2018中国建设行业年度峰会

6月28日到30日，由全联房地产商会和广联达科技股份有限公司联合主办，以"数字建筑赋能产业升级"为主题的第九届中国建设行业年度峰会，重点研讨"数字中国"发展过程中建筑业的数字化转型升级之道。

3. 首提"数字建筑平台生态"体系建设

广联达2018年度投资者大会于5月3日如期举办，多家知名投资机构与会。广联达董事长刁志中表示，数字助推未来社会发展，而广联达将积极拥抱建筑产业的数字化变革，坚持"数字建筑"战略方向，助力建筑产业转型升级。

4. 牵手华中科技大学，共建数字建筑研究中心

11月13日，华中科技大学与广联达科技股份有限公司共同组建的数字建筑研究中心正式成立。研究中心将充分发挥华中科技大学土木学院的数字建筑理论和技术研究基础，结合广联达数字建筑方面的产品研发和推广应用优势，在数字建筑理论与应用研究、人才培养、产业应用三大领域共同探索，为我国建筑业的数字化变革与发展注入新的力量。

二 行业创新

1. 新计价、新管理、新服务：《数字造价管理白皮书》重磅发布

在2018中国建设行业年度峰会上中国首部《数字造价管理白皮书》成功发布。

2. 首提BIM3.0时代：BIM价值从施工阶段向建筑全生命周期应用扩展

第五届"BIM技术在设计、施工及房地产企业协同工作中的应用"国际技术交流会在北京举行。广联达总裁袁正刚首次提出BIM3.0概念，并指出中国的BIM应用正在进入到BIM3.0阶段，BIM的价值将会得到更明显的体现。

3. 与中国建筑业协会联合主编《建筑业企业BIM应用分析暨数字建筑发展展望（2018）》

本报告由中国建筑业协会和广联达科技股份有限公司联合主编，是对推广BIM技术应用积极努力的一次尝试，通过推广行业创新实践和专家观点，让更多的人了解BIM、应用和创新BIM，同时开始对推动数字建筑和数字建筑业进行有益的探索。

三 智慧工地建设

广联达智慧工地平台聚焦施工现场岗位一线作业层，通过"云大物移智＋BIM"等先进技术和综合应用，自动采集各专业应用和智能设备的数据，无须填报，将现场的应用和硬件设备集成到一个统一平台，同时保证施工现场作业数据留痕，可查询可追溯，并将产生的数据汇集，形成数据中心，集中展现、分析、预警，实现对项目情况的动态监控和高

效管理。

广联达智慧工地以项目各岗位作业层级为出发点，围绕安全环保管理、进度管理、质量管理、成本管理四大主题，集成应用各个智能建造产品；使用手机 APP 即可随时随地了解项目情况，大大提高了管理效率。

◇◇第十节　龙浩集团有限公司

龙浩集团有限公司于 2016 年加入蓝迪企业平台，蓝迪国际智库为其策划空中丝绸之路论坛，特别是组织 2019 年香港"空中丝绸之路"国际论坛。集团已在钓鱼台国宾馆成功独家承办了连续三届"空中丝绸之路"国际论坛，第四届论坛将在香港举办。

2018 年龙浩集团主要取得了以下成绩：

一　筹备 2019 年第四届"空中丝绸之路"国际论坛

第四届"空中丝绸之路"国际论坛拟于 2019 年 4 月 2 日在香港举办。此次论坛由丝路规划研究中心、"一带一路"国际合作香港中心、中国社会科学院"一带一路"国际智库、国家发展和改革委员会城市和小城镇改革发展中心、中国民用机场协会等 5 个单位联合主办，龙浩集团有限公司承办，香港机场管理局、香港贸易发展局支持，邀请国内外各级政府、民航行业相关组织、知名智库、相关企业等 600 多位各界代表和行业专家与会。

二 龙浩航空公司连续 2 年荣获"航空业最具发展潜力雇主"荣誉称号

11月21日,由民航资源网发起的"2018航空业年度雇主"获奖名单新鲜出炉,龙浩航空公司荣获"2018航空业最具发展潜力雇主"荣誉称号,龙浩航空公司已连续两年获此殊荣。

三 龙浩集团与青海省通用航空集团签署合作协议

8月7日,青海省通用航空集团与龙浩集团在青海省西宁市签署合作协议。青海省通用航空集团总经理石少峰、副总经理康雪梅,龙浩集团副总经理高宏图出席了此次合作协议签约仪式。

四 龙浩集团与贵港市人民政府签署合作框架协议

8月27日上午,贵港市委书记、市人大常委会主任李新元一行莅临龙浩集团总部,与龙浩集团高层围绕贵港蒙圩军民合用机场、贵港城区通用机场规划建设与运营管理、航空产业园规划建设及配套市政基础设施投资建设等方面展开合作洽谈并签署了合作框架协议。

五 加强培训,满足中国飞行员市场需求

与地方政府积极合作,大力开展飞行驾驶员培训,目前已与东航、南航、厦门航空、西藏航空、龙浩航空、深圳航空、吉祥航空、昆明航空等企业签署了委托培训协议,2018年又分别成立了湖北荆门航校和新疆克拉玛依航校,未来每年在吉林、陕西、甘肃、贵州、湖南、河南、

安徽、江苏等省进行，以满足中国飞行员市场的井喷需求。

◇◇第十一节 盈创建筑科技有限公司

盈创建筑科技有限公司于2017年加入蓝迪企业平台，蓝迪国际智库为其技术标准建立以及对新技术推广给予了智力支持。盈创3D打印新型绿色建筑材料GRG、SRC、盈恒石、FRP、建筑打印油墨及3D打印建筑产品广泛应用于400项国家级地标性建筑中。

2018年盈创建筑的大事件：

一 盈创发布全球首个3D打印建筑企业标准

作为全球首家真正实现3D打印建筑的高新技术企业，盈创建筑科技（上海）有限公司成功制定申请两项3D打印建筑企业标准。

二 盈创3D打印循环产业博览园盛大开启

9月15日，盈创3D打印循环产业博览园盛大开启。盈创3D打印循环产业博览园率先实施循环产业可持续全球发展共同体战略，用3D打印建筑技术开创环保新产业，让各种固废循环变成3D打印的"油墨"和各类塑形建筑。新闻发布会上，政府代表、国内外企业和机构代表与现场近500位嘉宾携手启动《全球3D打印循环产业共同体行动上海宣言》。

三 蓝迪国际智库专家团考察盈创3D打印循环产业博览园

10月17日,全国人大常委会委员、外事委员会副主任委员,中国社科院蓝迪国际智库专家委员会主席赵白鸽携蓝迪智库专家团考察盈创3D打印循环产业博览园,并与盈创董事长马义和先生、盈创3D打印建筑研发人员、上海建筑科学研究院研究人员就3D打印建筑标准、前景应用进行了一系列探讨。

四 举行3D打印技术助力"一带一路"科技产业发展研讨会

11月24日,蓝迪国际智库在盈创苏州工业园区举行了3D打印技术助力"一带一路"科技产业发展研讨会,不同领域的代表参会,以多元化的视角进行研讨,这是一次跨界交流的重要会议。国务院参事、住房和城乡建设部原副部长仇保兴在会上指出,3D打印技术在建筑领域的应用是一项革命性的技术,代表未来发展趋势,但同时需要加快在油墨技术、现场打印、标准化、新的结构体系等方面进行一系列的突破。

◇◇第十二节 兰丁医学高科技有限公司

兰丁医学高科技有限公司于2017年加入蓝迪企业平台,蓝迪国际智库帮助其形成首份商业报告,并完成企业项目推介以及企业战略计划。兰丁高科通过光机电电脑技术与临床细胞病理诊断等多学科跨领域、跨平台整合,完成全球第一台人工智能癌细胞诊断机器人"Landing"的自主研发生产并率先在世界范围内将宫颈癌筛查引入AI+互联网的新时代。

2018年兰丁高科的年度大事件：

一　兰丁高科获中银集团战略投资

由中央海外高层次人才引进工作小组指导，湖北省人民政府、国务院侨务办公室、武汉市人民政府共同主办的华侨华人创业发展洽谈会第十八届会议11月22日在湖北武汉隆重开幕，兰丁高科与中银（香港）及深圳招商局集团签订B轮战略股权投资协议，获得近亿元投资；双方还在现场举行了战略合作签约仪式。

二　兰丁AI云平台正式向印度尼西亚国家肿瘤医院开放

10月25日，兰丁创始人孙小蓉博士率团队在雅加达出席第11届亚太肿瘤预防专题高峰论坛暨印度尼西亚国家肿瘤医院兰丁AI实验室开业典礼仪式。印度尼西亚国家肿瘤医院兰丁AI实验室的开业标志着兰丁正式开启了用AI云平台为"一带一路"国家送"健康"的战略计划。

三　国家卫健委妇幼健康司领导赴兰丁考察调研

12月18日，国家卫生健康委妇幼司和湖北省卫生健康委领导考察了兰丁公司和宫颈癌筛查云诊断实验室，总结了湖北省卫健委首创采用AI+云诊断技术为80万农村妇女进行宫颈癌筛查技术的推广工作，确认了该技术的使用方向。

◇◇ 第十三节　天壮环保科技有限公司

天壮环保科技有限公司于 2017 年加入蓝迪企业平台。蓝迪国际智库对其技术标准战略规划，国际合作及企业发展予以智力支持。天壮环保拥有国家级发明专利 5 项，主持及参与制定国家标准 4 项，荣获省部级奖励十余项。

2018 年天壮环保的年度大事件：

一　天壮环保以扶贫捐赠方式推广生态降解地膜

在山东、山西、甘肃、四川等省以天壮环保"慈善基金"扶贫捐赠方式，推广生态地膜覆膜栽培技术超过 10 万亩，以环保新技术带领农户增产增收，实现可持续脱贫致富。

二　天壮环保生态塑料垃圾袋助力国际公路自行车联赛

8 月 5 日，2018 中国环四川国际自行车联赛在凉山州昭觉县谷克德开赛。蓝迪国际智库主席赵白鸽到会支持。天壮环保作为首个落户该地区的环保产业扶贫项目与昭觉妙顺环保联手助力本次活动，为组委会生产并供应了可降解生态塑料垃圾袋，旨在帮助贫困地区提高环保意识和可持续发展能力。

三　韩国前副总理吴明先生一行莅临天壮环保考察

10月11日，韩国前副总理吴明先生带领韩国当地企业考察团赴山东省济南市高新区考察天壮环保的生态塑料技术产业项目，在听取了董事长王丽红女士的精彩介绍和分享后，吴明先生对公司技术及产品产生了浓厚兴趣，并对公司从事的事业给予高度评价，现场韩国 VASTLYKOREA 公司与天壮环保签署代理授权协议，为公司产品在海外市场的拓展奠定了基础。

四　山东省政协副主席韩金峰一行莅临天壮环保考察

12月6日，山东省政协副主席韩金峰一行莅临山东天壮环保科技有限公司进行企业调研，并充分了解公司自主研发的生态塑料技术项目，以及近十年企业发展情况。

◇◇第十四节　抚州创世纪科技有限公司

抚州创世纪科技有限公司于2017年加入蓝迪企业平台，蓝迪国际智库为其提供咨询建议，促进地方政府立项、协助解决电力成本过高问题。创世纪超算平台拥有单精度与双精度并行运算的独有技术，涉及的领域有航空航天工具制造、视频转码压缩、页岩油勘探、生物信息、天体物理、材料科学、人类组织系统研究、影视渲染等。该技术将为第四次工业革命奠定重要基础。

2018年创世纪科技在服务器研发及软件开发上取得骄人的成绩：

一 自主研发服务器设备 M10

9月,自主研发服务器设备 M10,M10 为高性能 GPU 服务器设备,该服务器设备拥有全模块化热插拔、基于 RoCE V2 的 100G 网卡、GPU 动态显存时序、驱动插件、PCIE 直通的全虚拟化集群五大技术优势,牢固地支持了高速算法的技术基础。

二 自主设计开发"创世纪超算平台"

公司自主设计开发"创世纪超算平台",利用其强大的计算能力,使工程师能在几分钟或几小时内仿真和测试数千种设计方案,并通过远程可视化平台实时查看设计效果和修改设计方案。其解决方案涵盖社会安全、工业创新、科学研究、商业金融、公众服务、人工智能等多个领域。

三 自主设计研发基于 GPU 服务器设备的监测管理软件

该监测管理软件在后台实现 GPU 服务器各模块,如 GPU、风扇、电源等的监测管理,同时升级服务器设备的热插拔功能,使设备维护时间降低至5分钟。

四 与香港上市公司签订战略合作协议

12月,与香港上市公司签订战略合作协议,抚州市委书记肖毅见证了该次签约仪式。此次合作涉及服务器租赁、云端计算、容器云和深度学习项目的投资和运营,实现公司高质量跨越式发展,开启云计算的新篇章。同时为抚州市引入云科技公司，在抚州市投资设立公司。

◇◇第十五节　江联重工集团股份有限公司

江联重工集团股份有限公司于2017年加入蓝迪企业平台，蓝迪国际智库协助其开拓国际市场，特别是非洲的国际市场；促进地方政府的支持。江联重工获得六项发明专利，近百项实用新型专利，以及国家科学技术进步二等奖等多项荣誉，产品广泛应用于冶金、石化、化工、造纸、医药、建材、新能源等领域。

2018年江联重工的年度大事件：

一　集团国际公司成功入选2018年度美国《工程新闻记录》（ENR）全球最大250家国际承包商榜单

8月23日，2018年度美国《工程新闻记录》（ENR）"全球最大250家国际承包商"榜单发布。由中国对外承包工程商会组织参评的中国内地企业中共有69家企业入围"全球最大250家国际承包商"，江西江联国际工程有限公司位列第158位。

二　江西省副省长吴晓军等一行莅临公司进行生产基地调研

11月10日上午，江西省副省长吴晓军、副秘书长陈敏、省科技厅厅长万广明、省工信厅厅长杨贵平、南昌市副市长凌卫等一行莅临公司进行生产基地调研民营经济发展情况。吴省长高度肯定了公司积极响应国家"一带一路"倡议打造"江联制造"国际品牌，在装备制造业取得的显著成就；并要求公司继续加大科技创新投入、提升管理水平和产品竞争力、提高国际影响力，力争在未来三年内销售收入突破50亿目标，五年后站上百亿的台阶。

三 江联重工与南昌大学机器人研究所签署产学研合作协议

与南昌大学机器人研究所签署了产学研合作协议。江西省机械工程学会荣誉理事长李立德、南昌大学研究生院副院长张华等机械工程专家出席签约仪式。

四 MES系统试上线启动仪式

12月28日上午，在集箱车间举行了"江联重工集箱车间MES系统试上线启动仪式"。集箱车间MES系统从2018年初确定以来，汲取了管子分厂MES系统运行的经验，经过近一年的开发完善，终于试上线运行了。

◇◇第十六节 晶科电力科技股份有限公司

晶科电力科技股份有限公司于2017年加入蓝迪企业平台，蓝迪国际智库对其在南非开普敦的分公司进行了考察，并形成向中央的调查报告，对晶科电力科技公司的运行模式进行了很好的总结。晶科电力先后获得"工业领域品牌培育示范企业""2015年国家技术创新示范企业""国家企业技术中心"平台。是中国工商理事会副主席，B20全球峰会2017年度联席主席。在2018年"财富中国500强"榜单中，晋级中国500强的第 278 名。

2018 年晶科电力在企业荣誉及开拓海外项目上成绩斐然：

一 加冕"双料大奖"

荣获"2018 年光伏产业十大卓越贡献企业"和"2018 年光伏产业十大领跑企业"双料大奖。荣膺"中国工商业分布式光伏品牌领跑奖"。

二 荣誉显著

荣获"2017 年度中国分布式能源领跑品牌"奖、"年度影响力企业"奖。凭借各类"光伏+农业"的精品创新项目一举荣膺"卓越品牌奖""卓越服务奖"和"创新设计奖"三项大奖。

三 中标项目硕果累累

与国开新能源、北京京能联合中标寿阳松塔镇 100 兆瓦、西洛镇 100 兆瓦和上湖乡—马首乡 100 兆瓦项目。与陕西化工联合中标渭南 100 兆瓦和澄城县 100 兆瓦项目。与通威股份联合中标泗洪县天岗湖区域北部 100 兆瓦和中部 100 兆瓦项目。中标西班牙 182.5 兆瓦电站，这是西班牙能源改革后首次全球招标的光伏项目。阿根廷 San Juan 93.3 兆瓦电站开建。

四 领跑者项目

与北京京能联合中标浑源县蔡村镇 100 兆瓦项目。100 兆瓦领跑者水上漂浮发电项目正式在山东济宁并网发电。和京东物流联合投资建设的京东上海亚洲一号智慧物流中心屋顶项目并网。

五　强强合作

以宝马上海世博园的光储充项目荣获"2018年最佳光储充一体化解决方案奖"。为北京正大蛋业提供综合解决方案的5.46兆瓦屋顶项目并网。

六　海外项目并网

墨西哥Viborillas 130兆瓦光伏电站并网。中标普洛斯物流产业园12.8兆瓦分布式光伏电站EPC项目。

◇◇第十七节　北京标研科技发展中心

北京标研科技发展中心于2017年加入蓝迪企业平台，蓝迪国际智库为其企业战略发展规划提出建议。北标研以国家质量基础设施（NQI）为抓手，有效对接"一带一路"沿线国家质量发展需求，提供一揽子国内外高端产业经济和区域经济质量发展规划、高端人才培养和综合质量咨询服务。

2018年北标研的年度大事件：

一　获批承担 2018 年度国家认监委认证认可科技支撑计划项目

5月31日，北标研获批承担国家认监委认证认可科技支撑计划项目《团体标准符合检验检测机构资质认定制度前瞻性发展关键技术研究》，该项目获得相关产业联盟的高度重视和联合研究。

二　应邀参加第九届中国建设行业年度峰会

6月29日，谭晓东主任受邀出席"数字建筑赋能产业升级"第九届中国建设行业年度峰会，并为与会的建设行业、地产、科技领域权威专家等2,000多人做了"建筑建材产业高质量转型发展与'一带一路'实施的路径探索"的主旨演讲。

三　助力"一带一路"国家与中国质量机构战略合作

9月5日，北标研作为国家商务部"一带一路"援外培训质量发展培训机构，对来自巴勒斯坦和斯里兰卡等西亚国家外交官进行了关于"NQI助力中国企业服务'一带一路'国家高质量发展"的授课。

四　积极推进高新技术的"标准化+"建设

11月24日，北标研作为蓝迪国际智库质量发展协调机构对当今世界先进的"3D打印建筑技术"进行了现场调研和"标准化+"路径确认。

五 出席"中关村标准制定管理办法"研讨会

12月11日,北标研作为中关村科技园区"标准化+检测认证高质量发展"技术支撑单位,受中关村标准化协会邀请,出席了"中关村标准制定管理办法"研讨会。

◇◇ 第十八节 蓝韵医疗科技有限公司

蓝韵医疗科技有限公司于2018年加入蓝迪企业平台,蓝迪国际智库为其形成企业战略发展规划、促进与国际机构的合作等提供咨询建议。

2018年蓝韵公司在研发、品牌、营销成果方面都取得优异的成绩:

一 与美国哥伦比亚大学合作

运用美国的生物科技成果,为人类大健康事业服务。促进蓝韵公司与美国哥伦比亚大学就新型生物诊断技术开展合作。

二 蓝韵医疗2018年亮相于众多国际医疗盛会

2018RSNA 北美放射学年会;
2018MEDICA 德国杜塞尔多夫国际医疗器械及设备展览会;
2018ARAB HEALTH 阿拉伯(迪拜)国际医疗设备博览会;
2018MEDLAB 阿拉伯国际医疗实验室仪器及设备展览会;
2018Health Asia 亚洲健康国际展。

三 活跃于2018年国内医疗展会中的蓝色身影

2018CMEF 中国国际医疗器械博览会春季会 & 秋季会；
CACLP 中国检验医学暨输血仪器试剂博览会；
2018 中国医学装备大会；
2018 中国国际高新技术成果交易会；
2018 中国民营医院发展年会；
2018 中国康复及家庭医疗用品博览会；
2018 深圳国际礼品展春季会 & 秋季会；
2018 中国国际美博会。

四 2018年蓝韵医疗推出多款创新力作

Athena Plus 动态平板型数字胃肠 X 射线系统；
Luna mini 数字化乳腺医用 X 射线摄影系统；
LW C800 全自动生化分析仪；
X5 CRP 全自动血液细胞分析仪；
睿系列彩超。

◇◇第十九节 江苏欧尔润生物科技有限公司

江苏欧尔润生物科技有限公司于 2018 年加入蓝迪企业平台，蓝迪国际智库指导其形成商业计划书，并为其形成技术标准提供智力支持。欧尔润公司长期与中国农业科学院、复旦大学等院校专家合作，首次在世界上创新将"中医农业"原理与微生物相融合,创制了"生物降解堆技术",并获国家发明专利。

2018年欧尔润公司的工作进展:

一 建立生物降解堆示范基地

3月至12月,公司先后在江西省、福建省、浙江省、广东温氏集团等建成生物降解堆示范基地并投入正式运行。

二 组建技术专家团队

聘请中国工程院印遇龙院士为公司"首席科学家",共建企业院士工作站;聘请中国农科院原副院长章力建研究员为公司首席政策顾问;上海市人民政府参事、原上海农业科学院院长、党委书记吴爱忠研究员为公司首席技术指导;中国农科院农业环境与可持续发展研究所生态安全研究室主任、博士生导师杨正礼研究员为公司首席技术顾问;山东省农业科学院畜牧兽医研究所主任、山东大学微生物技术国家重点实验室客座教授刘玉庆研究员为公司技术顾问。

三 重要会议

5月公司参展第十六届中国畜牧业博览会、10月参展2018(南京)中国国际集约化畜牧展览会、12月参展首届中国世界猪业博览会暨第四届中国猪业高峰论坛,畜禽粪污生物降解堆喜获"猪业榜样模式"。

四 完成生物降解堆鸭粪大田试验

11月,公司与武汉神丹公司合作进行生物降解堆鸭粪大田试验,各项指标均取得预期效果,填补了鸭粪无害化处理的空白。欧尔润公司与武汉神丹生物科技有限公司合作的年存栏蛋鸭40万羽,日处理80吨鸭粪的项目正在进行中。

◇◇第二十节 广西中科曙光云计算有限公司

广西中科曙光云计算有限公司于2018年加入蓝迪企业平台,蓝迪国际智库为其形成了企业发展战略规划并向政府推荐,使之成为智慧城市的典范。广西中科曙光在云计算、大数据和智慧城市领域是全国领先的高新技术企业,同时也是国内首家通过中央网信办云服务网络安全审查和工信部云服务能力评估双"增强级"的企业级IT厂商。

2018年广西中科曙光的主要工作:

一 广西中科曙光获得"双软"企业证书

7月6日,广西软件行业协会向广西中科曙光云计算有限公司颁发软件企业证书和软件产品证书。

二 广西中科曙光受邀参加2018（第四届）中国智慧城市国际博览会

2018（第四届）中国智慧城市国际博览会于2018年8月21日至23日在深圳会展中心盛大举行。10多名国家部委领导，30多名省市长、厅长，34名中国工程院院士，以及来自英国、韩国、日本、新加坡、俄罗斯等国家和地区的政府官员和专家出席开幕式。广西中科曙光云计算有限公司董事长张爱萍受邀参加开幕式及论坛活动。

三 荣获"2018中欧绿色和智慧城市技术创新奖"

9月7日，由欧盟委员会指导，由中国城市和小城镇改革发展中心、法国展望与创新基金会主办的2018"中欧绿色和智慧城市峰会暨中欧绿色和智慧城市颁奖活动"在宁波举办。广西中科曙光以技术助力贵港荣获"2018中欧绿色和智慧城市技术创新奖"。

四 2018中国绿色智慧城市发展高峰会议在贵港圆满召开

11月8日至10日，由国家发展改革委城市和小城镇改革发展中心主办，中共贵港市委员会、贵港市人民政府承办，蓝迪国际智库、广西中科曙光云计算有限公司协办的2018中国绿色智慧城市发展高峰会议在贵港召开，广西中科曙光提供了现场案例，并作为智慧城市的典型在全区推广。

五 广西中科曙光荣获国家高新技术企业证书

2018年荣获由广西壮族自治区科学技术厅、广西壮族自治区财政厅、国家税务总局广西壮族自治区税务局联合颁发的"高新技术企业证书"。

后 记

蓝迪国际智库自2015年4月正式成立以来，以需求导向，项目导向和结果导向为原则，在智库研究、国际合作、"一带一路"建设等方面开展了大量工作。目前已经建立了完善的智库网络、国际网络和企业网络。

本书的形成离不开蓝迪平台专家及企业的大力支持，也离不开蓝迪年轻的秘书处工作团队，包括汪春牛、韦世钧、徐文清、邓秀芝等同事的高效工作，在此谨向蓝迪平台各位专家、企业家及秘书处工作团队表示衷心的感谢。

在未来的工作中，蓝迪国际智库将进一步与政府、企业、智库、国际团队密切合作，在新型全球化和"一带一路"实践中做出新的更大的贡献。

蓝迪国际智库2018年度报告编委会
2019年3月